BEITRÄGE ZUR
GESCHICHTE DER BIBLISCHEN EXEGESE

Herausgegeben von

OSCAR CULLMANN, BASEL/PARIS · NILS A. DAHL, NEW HAVEN
ERNST KÄSEMANN, TÜBINGEN · HANS-JOACHIM KRAUS, GÖTTINGEN
HEIKO A. OBERMAN, TUCSON · HARALD RIESENFELD, UPPSALA

30

De Virtute in Virtutem

Zur Auslegungs- und Wirkungsgeschichte der Bergpredigt
in Kommentaren, Predigten und hagiographischer Literatur
von der Merowingerzeit bis um 1200

von

BRIGITTA STOLL

J. C. B. Mohr (Paul Siebeck) Tübingen 1988

CIP-Titelaufnahme der Deutschen Bibliothek

Stoll, Brigitta:
De virtute in virtutem: zur Auslegung- und
Wirkungsgeschichte der Bergpredigt in Kommentaren,
Predigten und hagiographischer Literatur von der
Merowingerzeit bis um 1200 / von Brigitta Stoll. – Tübingen:
Mohr, 1988
   (Beiträge zur Geschichte der biblischen Exegese; 30)
   Zugl.: Bern, Univ., Diss., 1987
   ISBN 3-16-145351-4
   ISSN 0408-8298
NE: GT

Druck von Gulde-Druck GmbH, Tübingen. Einband von Heinrich Koch KG, Tübingen.

Printed in Germany.

Meinen Eltern

und

Susanne und Bernhard Wili

Vorwort

Die vorliegende Arbeit stellt die nur unwesentlich überarbeitete Fassung meiner Dissertation dar, die im Sommer 1986 bei der Evangelisch-Theologischen Fakultät der Universität Bern eingereicht und im folgenden Wintersemester angenommen wurde. Dissertationen pflegen nicht ohne den Rat und die Hilfe zahlreicher Personen und Institutionen zu entstehen. Das gilt auch für diese Arbeit. Daß mein Dank hier kurz und papieren bleiben muß, darf allerdings nicht als Zustimmung zu einer beliebten Mozart-Arie verstanden werden...

Mein herzlicher Dank gilt den Begleitern und Betreuern dieser Arbeit, Prof. A. Schindler, Bern und PD Dr. P. Stotz, Zürich sowie den zuständigen Herausgebern Prof. O. Cullmann, Basel und Prof. H. Oberman, Arizona, für die Aufnahme der Studie in diese Reihe. Prof. M. Klopfenstein hat mir während meiner Assistenzzeit im Fach Altes Testament in großzügiger Weise Zeit zum Abschluß dieser Arbeit gewährt. Für mannigfaltige technische und fachliche Hilfe danke ich Prof. A. Angenendt, Münster; Frau Pia Gunti, Soyhières; Prof. A. Lindt (†), Bern; Dr. H. Meyer und Prof. F. Ohly, Münster sowie dem Personal der folgenden Bibliotheken: Bibliothèque Nationale (Département des Manuscrits), Institut de recherche et d'histoire des textes, Bibliothèque Ste. Geneviève, Paris; Bayrische Staatsbibliothek München (Handschriften- und Inkunabelabteilung); Universitätsbibliotheken Münster und Bern.

Dem Schweizerischen Nationalfonds danke ich für die Gewährung eines Nachwuchsstipendiums, dem Synodalrat der Bernischen Landeskirche, der Emil-Brunner-Stiftung in Zürich und der Trächsel-Stiftung der Erziehungsdirektion des Kantons Bern für namhafte Druckkostenzuschüsse.

Bern, im Februar 1988   Brigitta Stoll

Inhalt

Vorwort   V

Inhaltsverzeichnis   VII

Vorbemerkungen   XII

A. Zum Thema   XII
B. Zu den Quellen und zum Aufbau der Arbeit   XVI

TEIL I.   Einleitung

A. Zu einigen hermeneutischen Regeln mittelalterlicher
    Bibelauslegung   1
       Exkurs I: Der Wortsinn   9

B. Zu den sprachlichen Mitteln der monastischen Exegese   13

C. Zu den untersuchten Quellengattungen   20
    1. Die Kommentare   20
       Exkurs II. Die Vertreter der irischen Auslegungstradition   24
    2. Die Predigten   27
    3. Die hagiographische Literatur   32

TEIL II.   Der Verstehenshorizont mittelalterlicher
          Bergpredigtauslegung

A. Die Bergpredigt als Neues Gesetz   38
    1. Zur Terminologie: 'sermo Domini' oder 'nova lex'?   38
       a. Mt. 5-7 als 'sermo Domini in monte'   38
       b. MT.5-7 als 'nova lex'   39
    2. Zum Inhalt: 'Gradatim de imis ad summa' oder der
       steile Weg auf den Berg   41
    3. Altes und Neues Gesetz – eine Verhältnisbestimmung   43
       a. Tatsünde und intentio animae   44
       b. Das Alte Gesetz als Propädeutik zum Neuen   45
       c. Das Neue Gesetz als Gnadengabe göttlicher
          Pädagogik   46
       d. Das Neue Gesetz als hartes Joch   48
       e. Lex spiritualiter intellecta   52

f.   Die Mitte des Gesetzes: die Goldene Regel
     (Mt.7,12) und das Liebesgebot (Mt.22,37ff.)   53
g.   Der eschatologische Horizont des Neuen Gesetzes   54

B. Der Gesetzgeber und sein Gesetz   55
1. Die Darstellungskategorien der mittelalterlichen Quellen   56
2. Novus homo – Jesus als exemplarischer Mensch   61
    a.   Inkarnation   62
    b.   Beschneidung und Taufe   65
    c.   Passion und Auferstehung   66

TEIL III. Die Adressaten des Neuen Gesetzes

A. Einleitung   68

B. Die Auslegungs- und Wirkungsgeschichte von Mt.5,13-16   70
1. Die Kommentare   70
    a.   Die irischen Auslegungen   70
    b.   Die karolingischen Kommentare des 9. Jahr-
         hunderts   71
         Hrabanus Maurus und Ps.Beda (PL 92) ... 71 –
         Paschasius Radbertus ... 75 – Christian von
         Stablo ... 78
    c.   Die Kommentare des 11. und 12. Jahrhunderts   79
         Bruno von Segni ... 79 – Rupert von Deutz ... 81
         – Zacharias Chrysopolitanus ... 84 – Die Glossa
         ordinaria ... 85 – Gottfried Babio (Ps. Anselm PL
         162) ... 86
    d.   Zusammenfassung   87
2. Die Predigten   90
    a.   Die einzelnen Predigten   90
         Beda ... 90 – Bruno von Segni ... 90 – Honorius
         Augustodunensis ... 91 – Gottfried von Admont ... 92
         – Hugo von St. Viktor ... 94 – Innozenz III. ... 95
    b.   Zusammenfassung   96
3. Die hagiographischen Quellen   97
    a.   Einleitung   97
    b.   Die Spannung zwischen Mt.5,14f. und Mt.6,1   100
    c.   Das Lichtwort in der Exordialtopik   103
    d.   Das Lichtwort im Text   104
    e.   Zusammenfassung   108

C. Die Adressaten der Bergpredigt – Gruppen und 'Stände'
    in der Kirche   110
1. Die neuen Adressaten   110

2. Laien und Kleriker – eine Verhältnisbestimmung 114
3. Viri ecclesiastici – Die Vertreter der kirchlichen
   Hierarchie 118
4. Ordo monachorum – Die Vollkommenen 120
5. Falsa doctrina und vanum exemplum – Die Gegner 125
6. Die Heiligen – Vertreter der ecclesia triumphans 130

D. Zusammenfassung 132

TEIL IV: Die Seligpreisungen

A. Einleitung 136

B. Die Hermeneutik der Seligpreisungen 140
   Exkurs III: Zu einigen Belegen aus Architektur-
   und Liturgieallegorese 143

C. Die Seligpreisungen als formales und inhaltliches
   Gestaltungsmittel 150

D. Die Auslegung der Seligpreisungen 177
   1. Die Kommentare 177
      a. Die irischen Kommentare 177
      b. Die karolingischen Kommentare 182
         Hrabanus Marus und Ps.Beda ... 182 – Paschasius
         Radbertus ... 185 – Christian von Stablo ... 190
         – Remigius von Auxerre ...191
      c. Die Kommentare des 11. und 12. Jahrhunderts 192
         Bruno von Segni ... 192 – Rupert von Deutz ... 193
         – Zacharias Chrysopolitanus ... 197 – Die Glossa
         ordinaria ... 198 – Gottfried Babio ... 199
      d. Zusammenfassung 201
   2. Die Predigten 203
      a. Die Predigten des 8. und 9. Jahrhunderts 203
         Beda ... 203 – [Bonifatius] ... 203 – Haimo von
         Auxerre ... 204 – Hrabanus Maurus ... 205
      b. Die Predigten des 11. und 12. Jahrhunderts 207
         Arnold von St. Emmeram ... 207 – Herbert von
         Losinga ... 208 – Bruno von Segni ... 209 –
         Hervaeus von Bourgdéols ... 209 – Bernhard von
         Clairvaux ... 210 – Serlo von Vaubadon ... 218
         – Isaac von Stella ... 220 – Guerricus von Igny
         ... 228 – Nikolaus von Clairvaux ... 230 –
         Helinand von Froidemont ... 231 – Richard von
         St. Viktor ... 233 – Petrus Comestor ... 234 –
         Adam von Dryburgh ... 236 – Gottfried Babio
         ... 237 – Petrus von Blois ... 238 – Radulphus

Ardens ... 240 – Innozenz III. ... 241

  c. Volkssprachliche Predigten   242
      Speculum ecclesiae ... 242 – Die Sammlung von
      Priester Konrad ... 243
  d. Zusammenfassung   244
 3. Die Seligpreisungen in der hagiographischen
     Literatur   246

TEIL V: Die Antithesen

A. Einleitung   252

B. Die Auslegung der Antithesen   253
 1. Die Kommentare   253
  a. Die irischen Kommentare   253
  b. Die karolingischen Kommentare   255
      Hrabanus Maurus und Ps.Beda ... 255 –
      Paschasius Radbertus ... 262 – Christian von
      Stablo ... 268
  c. Die Kommentare des 11. und 12. Jahrhunderts   270
      Bruno von Segni ... 270 – Rupert von Deutz
      ... 272 – Die Glossa ... 278 – Gottfried Babio
      ... 279 – Zacharias Chrysopolitanus ... 281
  d. Zusammenfassung   282
 2. Die Predigten   284
  a. Die Predigten des 8. und 9. Jahrhunderts   284
      Beda ... 284 – Hrabanus Maurus ... 285 –
      Anonymus ms.Lyon bibl. mun. 473 ... 286
  b. Die Predigten des 11. und 12. Jahrhunderts   288
      Bruno von Segni ... 288 – Honorius v. Autun
      ... 288 – Gottfried von Admont ... 289 –
      Werner von St. Blasien ... 290 – Gottfried Babio
      ... 292 – Radulphus Ardens ... 292
  c. Die volkssprachlichen Predigten   293
      Die Sammlung von Priester Konrad   294
  d. Zusammenfassung   295
 3. Die Antithesen in der hagiographischen Literatur   296

Schluß   302

Anhang I   307

Anhang II   318

Literaturverzeichnis: 319

  I. Quellen 319
    a. Handschriften 319
    b. Anonyme edierte Texte 319
    c. Edierte Texte mit Autorenangabe 321

  II. Sekundärliteratur 328
    a. Hilfsmittel 328
    b. Ausgewählte Literatur 328

Autorenregister (zu den Quellen) 343

Bibelstellenregister 345

Die Interpunktion der lateinischen Zitate ist der besseren Lesbarkeit halber nach den Regeln der deutschen Grammatik vereinheitlicht worden. Zitiert wird bei Monografien und Einzelbeiträgen nach Autor und Erscheinungsjahr, bei einzelnen Sammelwerken nach der im Literaturverzeichnis angegebenen Abkürzung, bei Zeitschriftenaufsätzen und Lexikonartikeln nach Verfasser, Zeitschrift (bzw. Lexikon) und Jahrgang. Die Verfassernamen sowie die Titel der anonymen Quellen sind nach dem *Index scriptorum novus mediae latinitatis ab anno DCCC usque ad annum MCC*, Hafniae 1973 abgekürzt. Die übrigen Abkürzungen sind die der TRE (S. Schwerdtner, Berlin/New York 1973).

Vorbemerkungen

A. Zum Thema

Zu Beginn der Siebziger Jahre war die Auslegungs- und Wirkungsgeschichte[1] nicht länger eines der Lieblingsthemen der Kirchen- und Dogmengeschichte, wie sie es nach der von breiten Kreisen zur Kenntnis genommenen Inauguration und programmatischen Darstellung der „Kirchengeschichte als Geschichte der Auslegung der Heiligen Schrift" durch Gerhard Ebeling[2] einst gewesen war. Die Auslegungsgeschichte einzelner Bibelworte galt gerade noch als unerschöpfliches Themenfeld zur Erprobung von Doktorandenfleiß, was nach Hauschilds treffender Einschätzung der Sachlage „die Frage nach dem Wert und der Bedeutung einer solchen Disziplin weckt[e]".[3]

Daß der Popularitätsverlust der Auslegungsgeschichte nicht von der Wertlosigkeit oder gar dem Überholtsein der Sache zeuge, sondern eher auf einen gewissen Überdruß der Väter der Disziplin an der hermeneutischen Frage schließen lasse, zeigte wenig später das neuerwachte Interesse einiger Exegeten. Allerdings waren damals und sind bis heute gewisse Grundsatzfragen ungelöst. Ferdinand Hahn formulierte in seiner Münchener Antrittsvorlesung präzise und provokativ: „Eine Exegese, die die Auslegungs- und Wirkungsgeschichte der Bibel immer nur in ihrer Diskrepanz zur Ursprungsüberlieferung sieht, hat von vornherein ein theologisch gebrochenes Verhältnis zur Geschichte der Kirche."[4] Hinter dieser Formulierung steht als Problem das ungeklärte Verhältnis von „Exegese, Theologie und Kirche"[5] oder anders die Stellung der Kirchengeschichte im Fächerkanon der Theologie. Auslegungsgeschichte im Sinne des Ebelingschen Programms bietet sich hier als Vermittlerin zwischen der Bibel und dem heutigen Leser an.[6] Damit entspricht sie gleichzeitig einem Anliegen, das durch die Vertreter unterschiedlichster Arten von alternativer Bibelauslegung vorgebracht wird.

---

1   Zur Definition von Auslegungs- und Wirkungsgeschichte vgl. Luz,1985,78.
2   Ebeling, 1966.
3   Hauschild, VuF 16,1971,9.
4   Hahn, ZThK 74,1977,31.
5   So der Titel des Hahn'schen Aufsatzes (vgl. Anm.4).
6   Schindler, Reformatio 30,1981,266; Luz, 1985,bes.79ff.; Stuhlmacher, 1986, 32; Kritisch dazu Weder, ZThK 84,1987,bes.155ff.

Einzelne Kommentare zum Alten wie zum Neuen Testament[7] sind —
mit durchaus unterschiedlicher Akzentsetzung im einzelnen — in den
Dialog mit der Auslegungs- und Wirkungsgeschichte des betreffenden biblischen Buches getreten. Es scheint, als ob die Auslegungsgeschichte damit ihre Heimat in der Exegese gefunden hätte.

Allerdings gibt es daneben auch stärker historisch orientierte Versuche, Auslegungs- und Wirkungsgeschichte in größerem Zusammenhang
zu betreiben. Seit 1984 erscheinen die einzelnen Bände der Reihe ,,Bible
de tous les temps''[8], die den Einfluß der Bibel auf bestimmte Autoren
(Augustin) und Epochen themenorientiert darstellt.

Weder solche Projekte noch der Dialog der Exegese mit der Ausle-
gungs- und Wirkungsgeschichte machen allerdings Einzeluntersuchungen
zu exemplarischen Bibeltexten überflüssig.

Jede Auslegung ist gewissen Traditionen verpflichtet. Gerade die Auslegungen aus der Zeit der Alten Kirche und des Mittelalters zeichnen sich
durch eine besonders starke Traditionsbindung aus. Entwicklungen, Ansätze zu neuen Interpretationsmustern sind nur durch behutsames Nach-
zeichnen auch der feinen Verästelungen einzelner Auslegungstraditionen
namhaft zu machen. Angesichts dieser ebenso aufwendigen wie notwendigen Kleinarbeit drängen sich Beschränkungen bezüglich des zu untersuchenden Bibeltextes und der zu untersuchenden Epoche seiner Aus-
legungs- und Wirkungsgeschichte auf. In der Regel handelt es sich bei
auslegungsgeschichtlichen Untersuchungen bestimmter Bibeltexte daher
nicht um Gesamtdarstellungen der Geschichte dieses Textes über Jahr-
tausende.

Im Falle der Bergpredigtauslegungs- und Wirkungsgeschichte mag die
Wahl des Zeitraumes zwischen 800 und 1200 als Untersuchungsfeld zu-
nächst befremden. Naheliegender schiene ein Überblick über die unter der
hermeneutischen Prämisse des mehrfachen Schriftsinns stehende Auslegung des Textes bis in die Zeit der Reformation oder eher noch bis ins 18.
Jahrhundert. Solche Vollständigkeit ist allerdings nicht das Ziel der vorliegenden Arbeit. Ihre spezifische Fragestellung und damit ihr besonderes Untersuchungsfeld verdanken sich der Beobachtung, daß ein altes
Vorurteil bezüglich des einheitlichen hermeneutischen Modells altkirchlicher und mittelalterlicher Bergpredigtauslegung sich bis in die For-

---

7 Childs, 1982; Luz, 1985.

8 Die Reihe wird von Ch. Kannengiesser betreut und erscheint bei Beauchesne. Bisher sind sieben der acht geplanten Bände erschienen.

schung der Gegenwart hartnäckig und ungeprüft hält. Es kann sich etwa in der folgenden Art lesen: „Als hermeneutische Regel während dieser altkirchlichen und mittelalterlichen Zeit gilt: Die Bergpredigt unterscheidet zwischen Räten und Geboten; die Gebote sind, entsprechend denen des Dekalogs, von allen Gläubigen zu erfüllen, die Räte hingegen dienen zu einem perfectum christianae vitae modum: Sie sind Gesetze für die, die Vollkommenheit anstreben."[9] Mittelalterliche Bergpredigtauslegung ist nach dieser Auffassung im Ganzen einer Zweistufenethik verpflichtet. Während ein Teil der Bergpredigt für alle Christen verbindliche Weisung (praeceptum) ist, gilt der andere Teil nur einer kleinen Gruppe radikaler Nachfolger als Ratschlag (consilium). Diese Art von Bergpredigtauslegung wird häufig als mittelalterlich-katholische bezeichnet. Woher stammt dieses Vorurteil mit seiner erstaunlichen Beharrungskraft?

Seine Wurzeln liegen in der Bergpredigtauslegung Luthers, der sich bekanntlich gegen zwei Fronten kritisch abgrenzt. Zum einen gegen die monastisch orientierte Auslegung im *regnum Papae*, zum anderen gegen die unterschiedlichen Versuche radikaler Gruppen der Reformationszeit, die Bergpredigt als Gesetz auszulegen. Uns interessiert in diesem Zusammenhang vor allem die erste Frontstellung. Luther hat sich mehrfach äußerst scharf gegen die Aufteilung des einen, allen Christen geltenden Evangeliums in eine Regel für einige wenige Elitechristen („ut commune Euangelium cunctis fidelibus faceret singularem regulam paucorum") gewandt. Er sieht in der Unterscheidung von Geboten und Räten einen Ausdruck mangelhafter Unterscheidung von Gesetz und Evangelium („Sed sicut ignorant, quid sit Euangelium, dum legem ex ipso faciunt..").[10] Der Teil der Bergpredigt nämlich, der als unverbindlicher Ratschlag verstanden wird, gilt wieder als verbindliches Gebot, wenn einer Gelübde ablegt und sich dadurch verpflichtet, nicht nur die Gebote, sondern auch die Ratschläge der Schrift zu halten. Luthers Kritik berührt also zwei systematische Problemfelder: die Mönchsgelübde und die Zuordnung von Gesetz und Evangelium.

In diesem Zusammenhang ist auf ein Forschungsdesiderat hinzuweisen. Luther bezieht sich mehrfach auf eine Liste von zwölf consilia,[11]

---

9   Berner, 1978,12. – Vgl. Barth, TRE 5,1980,612; Kantzenbach, 1982,22f. Strecker,1984,13.

10 WA 8,580.

11 Vgl. dazu Häring, LThK 3,1959,1246ff.; Lau, RGG 2,1958,758ff.; Mennessier, DTC 2,1953,1592ff.

die neben den drei Räten Armut, Keuschheit und Gehorsam neun vor allem aus Bergpredigtworten abgeleitete Räte umfaßt. Dazu gehören beispielsweise Feindesliebe, geduldiges Ertragen von Unrecht (nach Mt.5,
39), Vermeiden jeglicher occasio peccandi (nach Mt.5,29ff;6,22ff;18,9),
Verzicht auf Eidleistung, rectitudo intentionis, Werke der Barmherzigkeit etc.. Solche Rätelisten scheint Luther im Blick zu haben, wenn er
sich gegen die Bergpredigtauslegung seiner Gegner abgrenzt.

Die faktische Belegbarkeit dieser Liste von consilia ist allerdings bisher nur ungenügend erforscht.[12] Luther verweist in seiner 1550 erschie-
nenen Thesenreihe mit dem Titel *Duodecim consilia evangelica papista-*
rum auf *Hus* als einen Zeugen für die erwähnte Liste. Tatsächlich findet sich eine Zwölferliste von evangelischen Räten im *Liber egregius de*
unitate ecclesiae. Vorläufige Untersuchungen ergaben zwei weitere Belege für die Reihe, nämlich *Hugo von Strassburg* und *Berthold von Chiem-*
see.[13] Die Zwölferliste scheint allerdings verbreiteter gewesen zu sein,
als es diese drei Belege vermuten lassen. Sicher handelt es sich dabei aber
nicht um ein traditionelles Auslegungsschema aus der Zeit der Alten Kirche oder des früheren Mittelalters. Die Entstehung und Verbreitung der
Liste bedarf jedenfalls näherer Untersuchungen.

Andere Reformatoren haben sich in derselben Weise gegen eine Unterscheidung von Räten und Geboten bezüglich der Bergpredigt geäußert.[13]
So hat sich die konfessionelle Festschreibung dieses Auslegungsmodells
der Bergpredigt relativ rasch durchsetzen und bis in die Gegenwart halten können. Die Unterscheidung von Räten und Geboten gilt als katho-
lisch-mittelalterliche Auslegung der Bergpredigt, ohne daß je untersucht
worden wäre, ob und inwiefern die Äußerungen Luthers und anderer
Reformatoren der Auslegungsgeschichte der Bergpredigt im Mittelalter
tatsächlich gerecht werden.

Die vorliegende Arbeit hat es sich zum Ziel gesetzt, diese Nachprüfung
an drei Quellengattungen (Kommentar, Predigt, hagiographische Literatur) des genannten Zeitraums durchzuführen. Ihr hauptsächliches Ziel
ist es, die Entwicklung bis zur Einführung der Begriffe consilium und
praeceptum in die Bergpredigtauslegung aufzuzeigen. Umfangreiche Vor-
arbeiten im Zusammenhang mit einer theologischen Akzessarbeit hatten
vorgängig bereits gezeigt, daß der Begriff consilium in der ersten Hälfte
des 12. Jahrhunderts im großen Matthäuskommentar Ruperts von Deutz
(† 1075) auf einzelne Bergpredigtworte angewendet wird. Entsprechend

---

12 Zu Hus vgl. Luther, WA 51,458ff.; Zu Hugo von Strassburg vgl. Seeberg, 1959,
    501,Anm.2.; Zu Berthold von Chiemsee vgl. dessen Tewtsche Theologey, hg.
    W. Reithmeier, München 1852,bes.364.

13 Vgl. z.B. Zwingli, Von göttlicher und menschlicher Gerechtigkeit, CR 89,481f.
    495; Calvin, Institutio II,8,57; IV,13,12(= CR 30,307.933).

ist der zu untersuchende Zeitraum gewählt. Unberücksichtigt bleibt dagegen weitgehend die Auslegung der altkirchlichen Zeit.[14] Ein Vergleich mittelalterlicher Auslegungsmodelle mit frühen radikalen Auslegungen der Bergpredigt, wie sie etwa im syrischen *Liber Graduum* zu finden sind, ist bewußt aus der Untersuchung ausgegrenzt worden. Ausgeblendet bleibt ferner der Bereich scholastischer Auslegung bis zur Reformation. Ein systematischer Vergleich der Bergpredigtauslegung Luthers mit früh- und hochmittelalterlicher Bergpredigtauslegung ist nicht beabsichtigt. Gelegentliche Hinweise auf Luthers polemische Abgrenzung und die konfessionelle Festschreibung zweier Auslegungsmodelle, wie sie oben skizziert worden ist, dienen einzig als Hinweis auf den eigentlichen Ausgangspunkt der Arbeit.

B. Zu den Quellen und zum Aufbau der Arbeit

Im Umgang mit schriftlichen Quellen jeglicher Art und Herkunft scheint die Berücksichtigung methodischer Kriterien, wie sie die exegetischen Disziplinen in Gestalt der Form- und Gattungsgeschichte längst erarbeitet haben, eine der grundlegendsten Regeln zu sein. Trotzdem sind entsprechende methodische Kriterien von der auslegungs- und wirkungsgeschichtlichen Forschung bisher kaum angewendet worden. Angesichts dieser Vernachlässigung kann die Kritik des Ebelingschen Ansatzes als eines zu engen, weil gleichsam auf die Geschichte von Schriftkommentaren beschränkten, Zuganges zur Kirchengeschichte kaum erstaunen.

Um eine solche Engführung zu vermeiden, sind neben Kommentaren auch Predigten und hagiographische Texte in die vorliegende Untersuchung einbezogen worden. Diese drei Quellengattungen gehören alle zum Bereich monastischer Literatur, haben aber im übrigen einen durchaus unterschiedlichen Adressatenkreis ansprechen können. Der Vergleich der jeweiligen Aussagen zur Bergpredigt ermöglicht daher schlüssigere Angaben über deren Auslegungs- und Wirkungsgeschichte, als es eine Untersuchung auf der alleinigen Grundlage von Kommentaren zum Matthäusevangelium hätte tun können.

Bei den Kommentaren sind, soweit ich sehe, alle gedruckten Texte berücksichtigt worden. Es handelt sich dabei in der Mehrzahl der Fälle um Matthäuskommentare, in Einzelfällen um Evangelienharmonien. Ungedruckte Texte sind da beigezogen worden, wo konkrete Fragen der Text-

---

14 Vgl. dazu Beyschlag, ZThK 74,1977,291ff.

überlieferung oder anderer Art zu klären waren. Ferner sind einige exemplarische Vertreter der irischen Kommentarauslegung herangezogen worden. Mittelalterliche Auslegung basiert weitgehend auf altkirchlichen Quellen. Um die Bedeutung und das Gewicht dieser Tatsache zu zeigen, ist die Bergpredigtauslegung aus dem Matthäuskommentar der Hrabanus Maurus soweit möglich auf seine Quellen zurückgeführt worden (Anhang I).

Im Falle der Predigten sind zusätzlich zu den lateinischen Texten einige alt- und mittelhochdeutsche Predigten aus dem untersuchten Zeitraum herangezogen worden.

Die Auswahl der hagiographischen Texte ist enger begrenzt. Es handelt sich um sämtliche der in MGH.SS bzw. SRM gedruckten Viten, Passionen und Wunderberichte, ferner um hagiographische Texte jener Autoren, die in Kommentaren oder Predigten den Text der Bergpredigt ausgelegt haben sowie um die Viten der Begründer früher Reformbewegungen wie Robert von Arbrissel und Stefan von Grandmont.

Die hermeneutische Eigenart mittelalterlicher Bibelauslegung zusammen mit der erschreckenden Materialfülle war Anlaß zur Beschränkung der Untersuchung auf gewisse Perikopen aus der Bergpredigt nach Matthäus. Zwar ist die Bergpredigt spätestens seit der monografischen Auslegung durch Augustin als Einheit im Bewußtsein der Exegeten verankert, in der Regel werden aber doch einzelne Perikopen ausgelegt, die teilweise eine erstaunliche Eigendynamik entfaltet haben. Beispiele dafür sind etwa die Seligpreisungen (Mt.5,3-12), die Bildworte von Salz, Licht und der Stadt auf dem Berg (Mt.5,13-16), das Vaterunser (Mt.6,9-15) und die Perikope vom rechten Sorgen (Mt.6,25-34).

Die vorliegende Arbeit berücksichtigt in Aufbau und Gestaltung die genannte hermeneutische Eigenart allegorischer Bibeldeutung. Das Kapitel fünf des Matthäusevangeliums mit den drei Gruppen: Seligpreisungen, Bildworte von Salz, Licht und Stadt sowie die Antithesen bilden die Grundlage der Arbeit. Das entsprechende auslegungs- und wirkungsgeschichtliche Material zu diesen Stellen ist in chronologischer Reihenfolge ausführlich dargestellt (III A.B;IV;V). Diesen drei paraphrasierenden Blöcken stehen drei systematisch geordnete gegenüber: eine kurze Einführung in die hermeneutischen Grundlagen mittelalterlicher Bibelauslegung (I A.B) und die Erläuterung gewisser Eigenarten der untersuchten Quellengattungen (I C) bilden den Einstieg in die Thematik. Sie werden gefolgt von einer Darstellung der spezifischen hermeneutischen Kategorien der Bergpredigtauslegung (II). Die Frage nach den Adressaten der Bergpredigt ist Inhalt eines weiteren Abschnittes (III C).

Für die systematischen Partien der Arbeit sind über Matthäus fünf hinaus auch Worte aus den Kapiteln sechs und sieben herangezogen worden. Dieses Vorgehen ergab sich sozusagen aus der Sache selber, da in den untersuchten Quellen häufig Bergpredigtworte zur Interpretation der drei Perikopen von Kapitel fünf des Matthäusevangeliums herangezogen werden.

Bewußt aus der Untersuchung ausgeblendet wurde das Vaterunser;[15] Texte zur Vaterunserauslegung sind nur dort herangezogen worden, wo sie für die Interpretation von Matthäus fünf, insbesondere für die Deutung der Seligpreisungen, von Bedeutung sind.

---

15 Vgl. dazu K.B. Schnur, Hören und Handeln. Lateinische Auslegungen des Vaterunser in der alten Kirche bis zum 5. Jahrhundert (Freiburger theol. Studien 132/ Veröffentlichungen der Stiftung Oratio Dominica), Freiburg i.B. 1985.

TEIL I: EINLEITUNG

A. Zu einigen hermeneutischen Regeln mittelalterlicher Bibelauslegung

Mittelalterliche Bergpredigtauslegung teilt mit der gesamten Bibelauslegung ihrer Zeit ein geschlossenes hermeneutisches System und entsprechende methodische Regeln. Das System und seine Regeln sind nicht Originalgewächs des Mittelalters, sondern verdanken sich dem Erbe antiker Philosophie und Grammatik, wie es im christlichen Bereich durch Origenes und Augustin rezipiert worden ist.[1]

Hier sollen nicht die verschiedenen Systeme vorgestellt werden, die dem Mittelalter für die unterschiedlichen Formen und Anwendungsfelder der Allegorese zur Verfügung standen. Für unseren Zweck genügt es, einige der wichtigsten methodischen Regeln des für die mittelalterliche Bibelauslegung grundlegenden Systems darzulegen. Die Darstellung stützt sich auf die früheste vollständige Formulierung dieser Regeln durch Hugo von Sankt-Viktor in 'De scripturis et scriptoribus sacris'[2] sowie die Versuche von Vertretern der mittelalterlichen Bedeutungsforschung wie F. Ohly, Ch. Meier, H. Meyer, R. Suntrup und anderen, das System der hermeneutischen Regeln des Mittelalters aufgrund zeitgenössischer theoretischer Ausführungen und praktischen Beispielen zu rekonstruieren.[3]

---

1   Vgl. dazu Meier, FMS 1974, 405f. und Krewitt, 1971. Zur Zeichenlehre Augustins: Schindler, 1980, 674ff. und die dort genannte Lit. Brinkmann, 1980, 21ff. Glunz, 1937, 101f. Zu den verschiedenen hermeneutischen Systemen des Mittelalters: Meier, 1976, 27ff. und Brinkmann, 1980.

2   Fragmentarische Bemerkungen zur Materie macht bereits Hrabanus Maurus in 'De institutione clericorum'. Dazu Glunz, 1937, 120ff. Krewitt, 1971, 172ff.. Weitere mehr oder weniger vollständige Darstellungen hermeneutischer Methodik bringen Guibert von Nogent in der Vorrede zur Genesisauslegung (Quo ordine sermo fieri debeat, PL 156, 21-32), ein anonymer Verfasser (Apparatus Anonymi cuiusdam Scholastici, ed. J.B. Pitra. Spicilegium Solesme 3, 436-445, repr. 1963) und Hugo v. St.Viktor an verschiedenen Stellen (Didascalicon: De studio legendi, ed. Ch. B. Buttimer, 1939).

3   Vgl. dazu Meier, FMS 1974, 387: „Die relative Sparsamkeit der theoretischen Aussagen des Mittelalters zur Allegorese zwingt die Bedeutungsforschung, zur (Fortsetzung der Fußnote nächste Seite)

Die Bibel trägt wie die gesamte Schöpfung und die Geschichte einen
verborgenen, von Gott gestifteten Sinn in sich. Die Bibel unterscheidet
sich demzufolge von aller anderen Literatur: nicht nur die einzelnen
Worte (voces) tragen Bedeutung, sondern auch und vor allem die durch
Worte bezeichneten Dinge (res).[4] Die Bibel ist grundsätzlich mehrdeutig; die Worte ihres Textes verweisen auf die durch sie bedeuteten Dinge,
die Dinge verweisen auf weitere Dinge.

Weil sowohl das Wort wie das vom Wort bezeichnete Ding Bedeutung
tragen, unterscheidet mittelalterliche Bibelauslegung zwei Sinnebenen:
den Wortsinn (sensus historicus sive litteralis) und den geistlichen Sinn
(sensus mysticus sive spiritualis). In Aufnahme der paulinischen Kategorien von Geist und Buchstaben (2.Kor.3,6) drückt mittelalterliche Bibelauslegung ihre Wertschätzung des geistigen Sinnes aus. Eine reiche Metaphorik nimmt die Vorordnung des sensus spiritualis auf.[5] Die Suche nach
diesem von Gott gestifteten, oberflächlichem Sehen verborgenen Sinn
treibt die gesamte mittelalterliche Auslegung der Bibel um. Die Suche
nach dem sensus spiritualis wird mit dem Begriff der Allegorese oder der
allegorischen Auslegung bezeichnet.

Erkenntnis und nachvollziehbaren Erklärung jeden Schrittes spiritueller Deutung eben diese Rekonstruktion auf Grund der genauen Interpretation und Beurteilung der vorhandenen theoretischen Zeugnisse und der Beobachtung des
praktischen Verfahrens der Exegeten zu unternehmen. Der rationale Charakter
der mittelalterlichen Allegorese legitimiert diesen Versuch."
Zur mittelalterlichen Bedeutungsforschung, einer Sparte, die interdisziplinär
durch die Germanistik, die Mittellat. Philologie, Kunstgeschichte und Theologie
bestritten wird, äußern sich grundlegend in versch. Zusammenhängen; Ohly,
1983, Meyer, 1975, Meyer/Suntrup, FMS 1977, 1ff., Brinkmann, 1980,
de Lubac, 1959/64.

4   Typisch ist die Formulierung des Sachverhalts durch Richard von St. Viktor: „In
libris autem ethnicorum voces tantum mediantibus intellectibus res significant.
In divina pagina non solum intellectus et res significant, sed ipsae res alias res
significant. Unde claret scientiam artium ad cognitionem divinarum scripturarum valde esse utilem." (Speculum ecclesiae, PL 177, 375B, zit. nach Ohly, 1983,
4/5).

5   Vgl. dazu grundlegend Spitz, 1972, de Lubac, 1959, 301. Zusammenfassend
formuliert Ohly, 1983, 34: „Die Metaphorik für die Gewinnung des sensus spiritualis aus dem historischen Buchstaben der Schrift und aus den Dingen der
durch Gott oder Kunst geschaffenen Welt gibt das Gesuchte zu erkennen als
das im Sichtbaren Verborgene, als den Geist im Körper, als das zu offenbarende
Verdeckte, als das Ziel der Suche, die das Zeitalter bewegt...". Vgl. auch Krewitt,
1971, 113ff., 128 – Zur allegorischen Auslegung: Freytag 1975 (zur Auslegungsgeschichte von Gal.4,21ff.) Joosen/Waszink, RAC 1, 1950; Krewitt, TRE 2, 1978
und ders., 1971, 99ff.

Allegorese und Typologie[6] lassen sich – im Gegensatz zur modernen, vor allem von der protestantischen Bibelexegese der Nachkriegszeit vertretenen Auffassung[7] – weder begrifflich noch inhaltlich klar unterscheiden. Beide sind nur auf dem Hintergrund eines heilsgeschichtlich ausgerichteten Denkens zu verstehen. Allegorische Auslegung eines Textes meint die Suche nach dessen Bedeutung im Gesamten der Heilsgeschichte. Typologische Deutung betrifft einen Sonderfall der allegorischen Auslegung, indem hier der Text in die zwischen Ereignissen, Personen und Dingen unterschiedlicher Phasen der Heilsgeschichte bestehenden Beziehungen eingeordnet wird. Der Brennpunkt der gesuchten Beziehung bleibt stets Christus. Auf diesen Brennpunkt können sowohl biblische wie außerbiblische[8] Ereignisse und Sachen typologisch bezogen sein. Typologische Auslegung zeichnet sich durch eine eigene, stark antithetische Begrifflichkeit (alt–neu, vergangen–gegenwärtig etc.) aus.

Der geistige Sinn ist in zwei, häufiger in drei Einzelsinne unterteilt. Bereits die Väterzeit kennt beide Gliederungsversuche, und die mittelalterliche Auslegungspraxis verwendet sie nebeneinander.

Geläufig ist der alte Merkvers [9] zu den insgesamt vier Sinnen

Littera gesta docet; quae credas allegoria;
Moralis quid agas; quo tendas, anagogia.

Diese Terminologie und die dabei verwendete inhaltliche Näherbestimmung der drei geistigen Sinne besitzen im Mittelalter keine allgemein anerkannte Verbindlichkeit. Manche Autoren ziehen den zweifachen, andere den dreifachen geistigen Sinn vor. Je nach der dabei entstehenden Kombination kann ein Sinn die Funktion, den Inhalt und die Bezeichnung eines anderen übernehmen.[10] So kann etwa der allegorische auch als mystischer oder tropologischer Sinn bezeichnet werden.

---

6 Vergleiche zum Folgenden bes. Ohly, 1983, 313ff.; Brinkmann, 1980, 251ff. und de Lubac I/1, 1959, 352ff.

7 Vgl. dazu G.v.Rad, Theologie des Alten Testaments, Bd.2,[6]1975, bes. 388f. sowie L. Goppelt, Typos. Die typologische Deutung des Alten Testaments im Neuen, Nachdruck 1981

8 Den Begriff der ausserbiblischen bzw. halbbiblischen Typologie hat Ohly 1940 (Sage und Legende in der Kaiserchronik, Münster 1940, Nachdruck 1968 Darmstadt) in die Forschung eingeführt. Der Begriff und die damit bezeichnete Sache sind allerdings umstritten. Vgl. dazu Ohly, 1983, 361ff.; bes. Anm.1, 361.

9 Der Vers stammt von Augustin v. Dakien (ca. 1260). – Vgl. de Lubac 1948.

10 Zu den gesch. Wurzeln und der Entwicklung der beiden Schemata vgl. Meier, 1976, 50 und de Lubac, 1959a, 119ff., 139ff., 146ff., 171f. – Zur variablen Begrifflichkeit und Funktion vgl. Meier, 1976, ebd. und de Lubac, 1959a, 129ff.

Die unterschiedlichen Bestimmungsversuche der Schriftsinne können knapp auf den folgenden Begriff gebracht werden. Der Wortsinn betrifft die im Text genannten Fakten. Der allegorisch-tropologische Sinn handelt von der Heilsgeschichte und ihren einzelnen Stationen. Er umfaßt die credenda des Glaubens. In der Formulierung Guiberts von Nogent 'pene nihil aliud quam fidem aedi[fi]cat'.[11] Der moralisch-tropologische Sinn betrifft vor allem den einzelnen Gläubigen, nämlich 'de motibus interioris hominis, id est cogitationibus habeatur'. Der anagogisch-eschatologische Sinn endlich befaßt sich mit den letzten Dingen, dem Gericht und dem ewigen Leben.[12] Die einzelnen Sinne stehen in engster Beziehung zueinander. Eine Trennung ist künstlich und den Auslegungen in aller Regel nicht angemessen. Der Ausleger soll die einzelnen Schriftsinne aufeinander beziehen, einen dem anderen zuordnen. Erst dadurch erhalten die Aussagen der Schrift die ihrem Wesen gemäße perspektivische Gestalt.[13]

Zurück zu den Bedeutungsträgern, den Dingen (res). Hugo von St.Vik. unterscheidet sechs Arten von Bedeutungsträgern, die in der Bibel über deren Worte hinaus als Dinge bedeutsam sind. Er nennt diese Bedeutungsträger res significantes oder res primae. Zu ihnen gehören die Dinge im engeren Sinn, nämlich unbelebte Gegenstände, Personen, Zeiten, Orte, Zahlen und Vorgänge (res, persona, numerus, locus, tempus, gestum).[14]

Sämtliche unter diesen Bedeutungsträger fallende Dinge sind bedeutsam. Ihre Bedeutung erschließt sich aus ihren Eigenschaften (proprietates). Die Eigenschaften sind tertium commune von Bedeutendem und Bedeutetem. Jeder Bedeutungsträger hat genau soviele Bedeutungen, wie er Eigenschaften hat.[15]

---

11   PL 156, 26A. – Vgl. ebd. C „...aliqua quae ad fidem et intelligentiam Scripturae sacrae nos imbuant."

12   Vgl. ebd 26C. Hugo v. St. Viktor bringt eine auf drei Sinne reduzierte Darstellung. Vgl. PL 175, 11D/12C und Didascalicon, ed. Buttimer, 95f.

13   Vgl. dazu Ohly, 1983, 11. – Ein unerschöpfliches Arsenal zur bildlichen Umschreibung der Exegese bildet die Gebäudemetaphonik. Die Auslegung baut ein vieldimensionales Gebäude. Vgl. dazu Ohly, 1983, 13f. – de Lubac, 1964, 41ff., Brinkmann, 1980, 132ff., 230ff.

14   Vgl. PL 175, 21ff. bes. 24A.

15   „Res autem tot possunt habere significationes, quot habent proprietates". PL 177, 205D, vgl. auch Anonymus, Pitra 436.

Ein in der Bergpredigtauslegung besonders der irischen Kommentare des 7. und 8. Jahrhunderts beliebtes Beispiel mag das Geschilderte verdeutlichen. Es handelt sich um die Träne, einen Bedeutungsträger aus der Gattung der Dinge im engern Sinn.

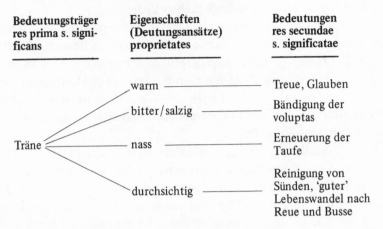

Bedeutungsträger res prima s. significans	Eigenschaften (Deutungsansätze) proprietates	Bedeutungen res secundae s. significatae
	warm	Treue, Glauben
	bitter/salzig	Bändigung der voluptas
Träne	nass	Erneuerung der Taufe
	durchsichtig	Reinigung von Sünden, 'guter' Lebenswandel nach Reue und Busse

Über ihre Eigenschaft Wärme bedeutet die Träne also Treue und Glauben, über die Salzigkeit und den bitteren Geschmack steht sie für die Bändigung der voluptas.

Bereits das Mittelalter kennt Versuche, die Eigenschaften systematisch zu klassifizieren. Der Anonymus des Ps. Hrabanus etwa gliedert nach Herkunft und Funktion der möglichen Eigenschaften von Bedeutungsträgern in der Heilsgeschichte. Die einzelnen Kategorien sind via naturae, via artis und via morum.[16] Wieder anders handhaben die allegorischen Wörterbücher den Gegenstand: sie berücksichtigen auch Eigenschaften, die dem Bedeutungsträger nur akzidentell zukommen, etwa infolge seiner Bearbeitung durch einen Handwerker. Die theoretischen Traktate des Mittelalters führen dagegen nur solche Eigenschaften auf, die dem Bedeutungsträger von Natur aus eigen sind und die ihn in seinem Sosein bestimmen.[17]

Eigenschaften eines Bedeutungsträgers können einfach oder zusammengesetzt sein. Einfach sind beispielsweise die oben genannten Eigenschaften der Träne, Wärme, Durchsichtigkeit, Klarheit und salziger Ge-

---

16 Anonymus, ed. Pitra, 437.
17 Vgl. Meyer, 1975, 43f. und Meier, 1976, 49.

schmack. Zusammengesetzt sind Eigenschaften, wenn sie selber aus vielfachen Elementen zusammengesetzt sind.[18]

Jeder Bedeutungsträger hat genau soviele Bedeutungen wie Eigenschaften. In der Regel geht die Deutung vom Bedeutungsträger über dessen Eigenschaften zu den unterschiedlichen Bedeutungen.

Der Bedeutungshorizont der einzelnen Eigenschaften und ihrer Bedeutungsträger ist weit: er umfaßt den gesamten Bereich christlicher Lehre und Heilsgeschichte, angefangen vom Paradies über das Christusgeschehen bis hin zum Jüngsten Gericht, vom Teufel und seinen Dämonen bis zur Trinität und den Engeln. In jedem Bedeutungsträger spiegelt sich mindestens potentiell dieser gesamte Bedeutungshorizont vom guten bis zum schlechten Pol.

Erst die Auslegung weist dem einzelnen bedeutsamen Ding den ihm im Horizont der Heilsgeschichte zukommenden Ort zu.[19] Entscheidend ist der biblische Kontext des auszulegenden Dinges. Er hilft massgeblich bei der Entscheidung, ob ein Ding in bonam oder in malam partem ausgelegt werden muß. Der Kontext ist direkt an der Deutung der Sinnträger beteiligt, indem er zu dessen naturgemäßen Eigenschaften häufig noch weitere kontextgebundene Proprietäten hinzufügt.

Der Kontext ist maßgebend, wenn der auszulegende Bedeutungsträger mit weiteren ursprünglich selbständigen Bedeutungsträgern verbunden wird. Häufig ist in der mittelalterlichen Bibelauslegung nicht mehr deutlich auszumachen, welcher Bedeutungsträger am Anfang des Deutungsvorgangs steht, und wer wen näher bestimmt.

Ein wichtiges Beispiel aus der Bergpredigtauslegung ist die Zahl acht. Als Zahl gehört sie zur Bedeutungsträgergattung der numeri. Diese teilt mit den restlichen fünf Gattungen dieselben methodischen Regeln der Auslegung.[20] Die Achtzahl ist, wo sie in der Bibelauslegung des Mittel-

---

18 Meier bringt dazu das Beispiel des Chalzedons. Von ihm wissen die Traktate, er ziehe Strohhalme oder Stoffteilchen an, wenn er von der Sonne oder durch Reiben mit den Fingern erhitzt werde. „Es ist je eine Eigenschaft ausgesagt, wobei die zweite aus einer Reihe von Einzelteilen wie Strohhalme, Stoffteilchen, anziehen, Sonne, Finger, reiben und erwärmen sich zusammensetzt." (ebd. 49).

19 Vgl. Ohly, 1983, 9f. – Zur Funktion des Kontextes vgl. Hugo v. St. Viktor, Didascalicon, ed. Buttimer, 97ff. (c. IV, 1.5 De septem regulis).

20 Zu den Eigenarten und Besonderheiten der Zahlenallegorese vgl. de Lubac, 1964, 7ff., Meyer, 1975, 53ff. und Meyer/Suntrup, FMS 11, 1977, 4ff.. Zur Achtzahl vgl. insbesondere Meyer, 1975, 22ff. sowie Meyer/Suntrup, 1978,565ff.

alters verwendet wird, wesentlich durch den Tag der Auferstehung Christi bestimmt. Als Tag der Auferstehung gilt der Tag nach dem Sabbat, der achte Tag. Zusammen mit den alttestamentlichen Präfigurationen, der Beschneidung am achten Tag (nach Lk.2,21), der Überlieferung von den acht Seelen in Noahs Arche (nach 1.Petr. 3,20f.) und Ps.6,1 prägt der achte Tag, der Auferstehungstag seit der patristischen Zeit die Bedeutung der Zahl acht. Prägend ist zusätzlich die Fassung der Seligpreisungen durch Matthäus (Matth.5,1-12). Zwar wird die Zahl acht dort nicht überliefert; die Tatsache, daß Matthäus acht Seligpreisungen erwähnt, genügt, um die Stelle zu einem wichtigen Beleg für die Deutung der Achtzahl werden zu lassen. Die Acht gilt in der Regel als Zahl der beatitudo, der Seligkeit und verbindet darin Elemente aus beiden biblischen Kontexten, der Auferstehung Christi – und der Gläubigen! – und der Seligpreisungen in der Fassung des Matthäus.[21]

Dabei bleibt die Auslegung nicht stehen: die einzelnen Elemente der Auslegung können ihre Funktion wechseln.[22] Eine Eigenschaft des ursprünglichen Bedeutungsträgers kann selbständiger Bedeutungsträger werden. Die (ehemalige) Eigenschaft bedeutet dann selbständig und ohne Bezug auf weitere Bedeutungsträger.

Der Sachverhalt soll wieder am Beispiel der Seligpreisungen verdeutlicht werden. Im Kontext des Matthäusevangeliums sind die Seligpreisungen Bedeutungsträger. Die Bergpredigtauslegung in Kommentaren und Predigten wird also in ihrer Deutung von der res prima 'Seligpreisung' ausgehen und über deren Eigenschaften zu einer Auslegung gelangen. So handelt etwa Augustins Bergpredigtauslegung ausführlich die besondere Bedeutung der achten Seligpreisung ab und verweist in diesem Zusammenhang auf Beschneidung, Auferstehung und Taufe.[23] Das führt Augustin zur Deutung der Seligpreisung als Hinweis auf den vollkommenen Menschen und den Verweis auf die Geistausgießung, die

---

21 Belege sind bei Meyer, 1975, 139f. und ders./Suntrup, 1987, 566 zusammengestellt.

22 Dieses Phänomen wurde im Mittelalter noch nicht theoretisch reflektiert. Als erste hat Ch. Meier darüber gehandelt und eine eigene Terminologie dazu entwickelt. Vgl. Meier, FMS 8, 1974, 410ff. – Von besonderer Bedeutung sind in diesem Zusammenhang die Farben. Von Ch. Meier und R. Suntrup wird gegenwärtig ein Farbenlexikon vorbereitet, das die Belege zusammenstellen wird.

23 CChr. SL 35,23.

das Himmelreich eröffnet. Die achte Seligpreisung ist eschatologischer
Verweis, der seine Wirkung aus der Auferstehung Christi nimmt.

Die Seligpreisungen (beatitudines) als einzelne Facetten der ewigen
beatitudo sind im mittelalterlichen Schrifttum und der Kunst weit über
die Auslegung der Bergpredigt hinaus gegenwärtig. So gut wie jede Oktade kann mit einem Hinweis auf die Seligpreisungen gedeutet werden.
Die Seligpreisungen sind dann nicht mehr eigenständige Bedeutungsträger, sondern werden zu Eigenschaften (beatitudo) der auszulegenden Ok-
taden oder sind sogar res significata, Bedeutungen eines Bedeutungsträgers. So deutet bereits Hieronymus Ps.90,10: 'Unser Leben währet siebzig Jahre, und wenn es hoch kommt, sind es achzig' mit dem Verweis auf
die sieben und acht in Koh.11,2 und schließt:

> „Legimus et in euangelio secundum Matthaeum: Beati
> pauperes, beati mites, beati esurientes et sitientes, et ce-
> tera, et sunt octo beatitudines. Ergo Dominus noster oc-
> tonario numero conclusit Euangelium. Denique nusquam
> invenimus octo pariter beatitudines nisi in Euangelio. Oc-
> tanario numero, hoc est, in die resurrectionis."[24]

Der ursprüngliche Bedeutungsträger 'Seligpreisungen' kann mit der
Zahl acht kombiniert die Funktion der Bedeutung erhalten. Gleiches gilt
für die Achtzahl. Sie wird auch dort noch als Zahl der beatitudo verstanden, wo der unmittelbare Kontext der Seligpreisungen und der Auferstehung Christi fehlt.[25]

Der Deutungsweg über die Eigenschaften kann so unter Umständen
wegfallen. Der auszulegende Sinnträger wird dann direkt mit dem Bedeuteten verbunden, ohne daß der unmittelbare Kontext des Sinnträgers berücksichtigt wird. Für die Zahl acht gilt in der gesamten Allegorese, daß
sie „signifikante Zahl für die Auferstehung"[26] ist.

Das bedeutet gleichzeitig, daß jede Oktade potentiell durch die acht
Seligpreisungen ausgelegt werden kann.

---

24 CChr. SL 78, 123, 138 – 124, 143.
25 So Meyer, 1975, 140f. – Vgl. auch de Lubac, 1964, 22: „L'octave, nombre des
    béatitudes évangéliques, est ainsi le nombre de la Béatitude, le nombre de l'har-
    monie achevée.".
26 Meyer, 1975, 140.

EXKURS I: DER WORTSINN

'...quia inrationabile mihi videtur spiritalem intellegentiam in libro aliquo quaerere et historicum penitus ignorare.'

Christian v. Stablo

Auch wenn im hermeneutischen System des mehrfachen Schriftsinns sich der sensus spiritualis zum sensus litteralis wie der Kern zur Nuß, die Früchte zum Blattwerk und das Licht zum Schatten verhält, so hat der sensus litteralis doch eine eigene Dignität.[27]

Seit den Antiochenern immer wieder von bestimmten theologischen Schulen und einzelnen Auslegern vordringlich gepflegt, ist der Wortsinn durchaus auch im breiten Traditionsstrom allegorischer Auslegung vertreten. Er übernimmt dort die Funktion des cantus firmus in einer vielstimmigen Melodie, ist teils deutlicher, teils weniger deutlich zu hören.

Den 'Sitz im Leben' des sensus litteralis mag die Einleitung zum Matthäuskommentar des Christian von Stablo verdeutlichen.[28] Der Kommentar dürfte um die Mitte der sechziger Jahre des neunten Jahrhunderts entstanden sein.[29] Unmittelbarer Anlaß zur Entstehung dieses Kommentars war die Funktion Christians von Stablo als eines Lehrers für den elementaren Unterricht im Kloster. In seiner Einleitung zum Kommentar beklagt sich Christian über den Mangel an brauchbaren Unterrichtsmitteln. Die großen patristischen Kommentare sind seiner Ansicht nach zum Anfängerunterricht wenig geeignet. Sie setzen Kenntnisse voraus, die nicht vorausgesetzt werden dürfen und überfordern damit den Schüler. Dem Hieronymus wirft der Pädagoge Christian vor, er habe in seinem berühmten Matthäuskommentar 'multa verba quasi levia praeterisse et parvulis sensu difficilia reddidisse'.[30] Die Lektüre des Hieronymuskommentars ist nicht ohne Begleitkommentar möglich, was 'der kluge Christian'[31] mit tadelndem Unterton feststellt.[32]

---

27 Vgl. dazu de Lubac, 1959, 425ff. (Le fondement de l'histoire) Ohly, 1983, 3.

28 Das Motto zu diesem Exkurs stammt aus der Einleitung zum Kommentar. (MGH.Ep.VI, 178,4/6). Über die Biographie des Autors ist recht wenig bekannt. Man hält sich mit Vorteil an folgende Titel; Worstbrock, VL 1978, 1224, Laistner, 1957, 216f., Manitius 1911/1, 432f..

29 Schönbach, 1903, 12. – Vgl. auch Dümmler, 1890, 939.

30 MGH.Ep. VI,177,30/31.

31 Bischoff, 1966, 228.

32 „...quoniam stultiloquium est in expositione alicuius libri ita loqui, ut necessarium sit expositorem ipsius expositionis quaerere.(MGH.Ep.VI,177/178,35.4/7). 'Sein eigenes Vorhaben begründet Christian geschickt aus den Mängeln der patristischen Exegese' Studui autem plus historicum sensum sequi quam spiritalem, quia inrationabile mihi videtur spiritalem intellegentiam in libro aliquo quaerere et historicum penitus ignorare, cum historica fundamentum omnis intellegentiae sit et ipsa primitus quaerenda et amplexenda, et sine ipsa perfecte ad aliam non possit transiri." (ebd. 178,4/7).

Sein eigener Matthäuskommentar berücksichtigt vor allem die Wort-
ebene. Er ist eine Fundgrube von grammatikalischen, rhetorischen, geo-
grafischen und historischen Erläuterungen des Bibeltextes.[33] Der Kommentar bringt allerdings inhaltlich wenig, was über die Ausführungen anderer Kommentare zum Wortsinn hinausginge. Wie sie reiht er zu einzelnen Textstellen traditionelle Auslegungsschemata aneinander. Im Unterschied zu anderen zeitgenössischen Kommentatoren liebt Christian weit-
schweifige Erklärungen der traditionellen Schemata. Seine Erklärungen
sind stets wortreich und gelehrt. Sie geben dem Kommentar seine eigene Note, gewissenhaft wird jede auffällige Erscheinung notiert und auf ihre grammatikalischen und historischen Zusammenhänge hin untersucht.
Inhaltlich bringt der Kommentar allermeist exegetisches Gemeingut.

Für die Bergpredigtauslegung sind die Schemata des sensus litteralis
durch die ganze hier untersuchte Zeit die folgenden.

Mt.5,18 nötigt fast jeden Kommentator zu einer Erklärung von Iota und
Apex. Quelle ist hier wie auch sonst oft Augustin. Hrabanus erläutert,
der griechische Buchstabe Iota sei kleiner als die übrigen Buchstaben.
Er werde in einem Zug geschrieben. Der Apex sei ein kleiner Punkt.
Hrabanus legt Wert darauf, daß Jesus an dieser Stelle vom griechischen
Buchstaben Iota spricht und nicht vom hebräischen Ioth. Nach der Auffassung der Griechen entspreche dem Iota der Zahlenwert zehn. Zehn
aber, und hier werden wörtliche und allegorische Auslegung vermischt,
stehe für den Dekalog, während der Apex das Evangelium bezeichne.[34]
Ausführlicher kommentiert im 12. Jh. ein anonymer Matthäuskommentar,[35] ein hebräischer Buchstabe könne mehrere Bedeutungen haben.

---

33 Das innerhalb der breiten Tradition allegorischer Auslegung singuläre Bekennt-
    nis zum Wortsinn hat seinem Autor die Sympathien vieler Forscher eingebracht,
    die ihrerseits der allegor. Auslegung kritisch und mit Mißverständnissen bela-
    stet gegenüberstanden. Zu Recht warnte allerdings de Lubac, selber einer der
    besten Kenner der Materie, vor einer Überschätzung Christians: 'Son commen-
    taire est du genre sec, et sa pensée est un peu terre à terre.' (196, 212). – Zur
    sonstigen positiven Einschätzung vgl. Spicq, 1944, 49f,; Manitius, 1911/1, 431f.;
    Laistner, 1957, 233 ('a teacher of exceptional ability'); Worstbrock, VL 1978,
    1224. – Bei der Beurteilung Christians muß zwischen dessen – unbestrittenen
    – Fähigkeiten als Pädagoge, seiner Begabung, traditionelle Auslegeschemata in
    eigene Worte zu kleiden und der systematischen Kraft, in welcher ihm aller-
    dings andere Zeitgenossen überlegen waren, unterschieden werden.

34 PL 107, 804D. – Vgl. die Fassung Augustins, CChr. SL 35, 21, 440ff. sowie die
    mittelalterlichen Varianten: Ps. Beda: PL 92, 26C/D; Radbert. CCh.CM 56,314;
    Glossa ordinaria: PL 114, 92C; Zachar. Chrysop.:PL 186, 126A.

35 Der Kommentar ist in PL 162 unter den Werken Anselms v. Laon überliefert.
    Er wird durch die Forschung mit großer Wahrscheinlichkeit Gottfried Babio zuge-
    wiesen. Vgl. Bliemetzrieder, RTAM 1,1929, 435ff. und Bonnes, RB 46,1945,
    174ff.

Die Buchstaben würden erst durch über- oder untergeschriebene Punkte näher bestimmt. Um einen solchen Punkt handle es sich im Falle des Apex.[36]

Traditionell sind ferner Erläuterungen zum Ausdruck 'Racha' (Mt. 5,22). Sie gehen auf Augustin und Hieronymus zurück. Hrabanus kombiniert die beiden Quellen, soweit mir bekannt ist, als erster.[37]

Racha ist ein Ausruf, der ohne weiteres inhaltliches Gewicht Ausdruck eines bestimmten seelischen Zustandes ist. Solche Ausdrücke, von den Grammatikern als particulae orationis bezeichnet, kennt jede Sprache. Sie sträuben sich gegen eine Übersetzung, eben weil ihnen inhaltlich keine bestimmte Bedeutung eignet.

Racha ist aber auch ein hebräischer Ausdruck und meint dann 'leer, mangelhaft' oder gar 'kopflos, dumm'!

Zu **Gehenna (Mt.5,29)** bringen die Ausleger regelmäßig den Hinweis auf das bei Jerusalem liegende Tal.

'Nomen ergo gehennam traxisse putant a valle idolis consecrata juxta murum Jerusalem, repleta olim cadaveribus mortuorum, quam et Josias rex contaminasse in libro Regum legitur'.[38]

---

36 „Hebraei significant eadem figura diversa elementa. Per Aleph significant A et E, sed per quosdam punctos distinguunt, supra positos vel infra. Apices dicuntur suprapositae distinctiones litterarum, de quibus solis agit propter significationem mysterii.." (PL 162, 1292D). Christian v. Stablo gestaltet seine Erklärung in der aus der irischen Exgese übernommenen Weise, ein Wort in den drei Sprachen Hebräisch, Griechisch und Latein aufzuführen. (Vgl. dazu Bischoff, 1966, 219). Der Apex ist diakritischer Punkt, eine Hilfe, die dazu da ist, um die Einheit der Schriftdeutung zu garantieren. Christ. Stabul.: PL 106, 1306D/1307A.

37 Zu Hieronymus:CChr. SL 77, 28. – Zu Augustin: CChr.SL 35, 24. – Hrabanus in PL 107, 806 B/C „Racha enim proprie interiectio est Hebraicae linguae, non voce aliquid significans, sed indignantis animi motum exprimens. Has interiectiones grammatici vocant particulas orationis significantes commoti animi affectum, velut cum dicitur a dolente heu, ab irascente hem; quae voces quarumque linguarum sunt propriae, nec in aliam linguam facile transferuntur. Quae causa utique coegit tam Graecum quam Latinum interpretem vocem ipsam ponere, cum quomodo interpretaretur non invenitur. Aliter racha proprie verbum Hebraeorum est, et interpretatur KOIVÕS, id est, inanis aut vacuus, quem nos possumus vulgata iniuria, absque cerebro, nuncupare." Vgl. auch Ps. Beda: PL 92, 27B; Christ. Stabul.: PL 106, 1309A; Radbert. Matth.: CChr. CM56, PL 186, 127C – Im 12. Jh. will Werner von St. Blasien die altbekannte Auslegung direkt von einem Juden gelernt haben. „Racha interiectio est, affectum indigantis ostendens. Hoc enim audivi a quodam Hebraeo. Cum id interrogassem, dixit esse vocem non significantem aliquid, sed indignantis animi motum exprimentem" (PL 157, 1055B). Vgl. aber bereits Augustin und Hieronymus, Anm. 36.

38 PL 107, 807C. – Vgl. Ps. Beda: PL 92, 27C; Glossa ordinaria: PL 114,95B.

Eine alte Tradition[39], die in der mittelalterlichen Bergpredigtauslegung mehrfach aufgenommen wird, weiß von der **unfruchtbar machenden Wirkung des Salzes (zu Mt.5,13)** zu berichten, eine Wirkung, die sich die Schlachtengewinner in der Antike nutzbar zu machen wußten.[40]

Auffällig häufig werden **die Antithesen (Mt.5,23ff.)** auf der Ebene des Wortsinnes ausgelegt Allerdings sind Elemente auch des sensus spiritualis damit vermischt. Als Beispiel sei hier auf die Auslegung Hrabans' zum Wort der Ehescheidung hingewiesen.[41]

Hrabanus geht aus von Dtn. 24, 1f. Mit dem Scheideverbot der Bergpredigt will Jesus dieses alttestamentliche Gebot genauer erläutern. Moses hat die Scheidung als vorsorgliche Maßnahme erlaubt. Er wollte allfälligen Totschlag vermeiden. Im übrigen kannte das alte Gesetz zahlreiche Gründe, die die Trennung von der Ehefrau ermöglichten. Jesus läßt nurmehr einen Grund gelten; in der Regel soll der Christ das eheliche Joch 'pro fide coniugali et pro castitate' geduldig ertragen. Die Problematik der Wiederverheiratung Geschiedener diskutiert Hrabanus anhand der paulinischen Ausführungen aus dem ersten Korintherbrief. (1.Kor.7).

Ein letztes Anliegen der Auslegung des Hrabanus ist die Harmonisierung vom Mt.5,23f., dem Scheideverbot, und Lk.14,25ff., der Anweisung Jesu an seine Nachfolger, Eltern und Gatten zu hassen.

Die Struktur dieser Auslegung nach dem sensus litteralis wiederholt sich bei der Auslegung anderer Antithesen. Die Diskussion aktueller seelsorgerlicher Fragen und die Harmonisierung einander widersprechender biblischer Stellen bilden das Gerüst dazu.

---

39 Ihr Ursprung ist unklar. Zu einem möglichen Quellennachweis der Varianten Christian v. Stablos vgl. Laistner, 1957, 220f. und die von Luz, 1985, 22, Anm. 21ff. aufgeführte Lit.

40 Hraban.: PL 107, 801C. – Ausführlich Christian v. Stablo: „Sicut sal in omnibus agris nocivum est, quia sterilis efficitur omnis terra ab eo. Unde et in subversis civitatibus hoc legimus aspersum, ne quis ibi postea vellet manere: quod Abimelech fecisse legimus Aelio Ariano de Hierusalem." PL 106, 1306A.

41 Hraban: PL 107, 812D/813D. – Die Quellen sind auch hier Augustin (CChr.SL 35, 44) und Hieronymus (CChr. CM 77, 31).

Geramus morem Scripturae, quae nostris
sapientiam in mysterio absconditam loquitur...

Bernhard von Clairvaux

B.   Zu den sprachlichen Mitteln der monastischen Exegese

Schriftauslegung des Mittelalters sucht den in der Schöpfung angelegten, 'versiegelten' Sinn namhaft zu machen. Sie fragt hinter die die Dinge
der Schöpfung benennenden Worte zurück zur Bedeutung der Dinge
im Raum der Heilsgeschichte. Exegese wird zur 'geistigen Architektur'[42],
indem sie die unterschiedlichen Dimensionen der Bedeutung aller Dinge feststellt und auf dem Fundament des Wortsinns ein ganzes Sinnge-
bäude errichtet. Die Auslegung der Bibel orientiert sich in diesem Vorhaben an der Sprache der Bibel, übernimmt aus ihr eine Fülle von Bildern
und Sprachstrukturen, die dem Verstehen des von der Bibel Gemeinten
dienen.[43] Monastische Exegese ist eine Auslegung, die stark von assozia-
tiven und bildhaften Elementen lebt. Von ihr gilt, was Ohly in Bezug auf
die geistige Auslegung des Mittelalters allgemein so formulierte:

„Die Bildersprache deutet auf das geistige Wesen des
von ihr gemeinten Vorgangs, der anders keine sprachliche Gestalt hat. Was Sünde ist, erfahren wir aus der
Sündenmetaphorik, was Liebe aus der Liesbesmetapho-
rik, und den Bedeutungswandel und die Bedeutungs-
breite dieser Abstrakta aus dem historischen Wandel
und Reichtum ihrer Metaphorik."[44]

---

42 Ohly, 1983, 173. – Vgl. ebd. 15.

43 Vgl. zu diesem Aspekt Köpf, 1987, 62; Javelet, RSR 37, 1963, 345ff., Ohly,
    1983,128f.; Mohrmann, 1961, 362ff.; Leclercq, DS 4, 1960, 187ff..

44 Ohly, 1983, 34. – Beizuziehen sind auch die grundsätzlichen Überlegungen
    Ohlys zum Wesen der Metaphorik, a.a.O., 128ff. „Als Annäherung an ein anders
    nicht oder noch nicht mit Nuance Sagbares ist die Metapher, der Fund einer
    produktiven Phantasie, gebunden an das Gebot der sprachlichen Seinserhellung,
    das Beliebigkeit und Willkür bei der schöpferischen Inbezugsetzung von Bedeu-
    tendem und Bedeutetem ebenso ausschließt, wie es den Spielraum einer geisti-
    gen Bewegung auf die sprachliche Findung von wahrer Existenz hin voraussetzt.
    Das Wort Liebe ist unendlich weit, eine Welt von Möglichkeiten, deren Grenzen,
    Ordnungen und Arten – als solche des Menschseins – mit der Sprache suchend zu
    entdecken sind... Als Annäherung an das Unsagbare haben sie [scil. Metaphern]
    zu diesem offene, aus noch stummer Erfahrung bereicherte Ränder." (128.129)
    Vgl. Riché/Lobrichon, Le Moyen Age, 1984, 261ff.

Die Metaphorik der Sprache mittelalterlicher Ausleger ist selber bereits Deutung, eine solche Weise von Deutung nämlich, die Sinnräume eröffnet, ausweitet und das zu Deutende in seinen unterschiedlichen Aspekten erfaßt.

Bildersprache und Inhalt der Auslegung lassen sich nicht voneinander trennen.[45] Die bildhafte Sprache der Ausleger nimmt Rücksicht auf die Beschaffenheit menschlichen Erkenntnisvermögens: Bilder, Gleichnisse und Parabeln sind die Mittel, um sonst Unsagbares aussagbar und damit verstehbar zu machen. Darin steht mittelalterliche Bibelauslegung ihrem Selbstverständnis nach in unmittelbarer Nähe zur Bibel selber. Bernhard von Clairvaux nennt dies 'morem Scripturae gerere'.[46] Unfassbares und Unsichtbares soll durch bildhafte Vergleiche unseren Sinnen fassbar gemacht werden. Gerade die Bibel bietet eine Fülle von Bildern und sprachlichen Mitteln, mit deren Hilfe sich eigene und fremde Erfahrung ausdrücken und interpretieren lassen. Die eigenen Erfahrungen des Auslegers werden besonders im Zusammenhang mit mystischer Deutung wichtig.[47]

Auch die Bergpredigtauslegung kennt ihre typischen Bilder und Vergleiche. Zentral ist vor allem die *Wegmetaphorik*.[48] Im neunten Jahrhundert zitiert Paschasius Radbertus Ps.118,32: Viam mandatorum tuorum cucurri, dum dilatasti cor meum. Die via mandatorum ist das Gesetz Christi, die Bergpredigt, die er seine Jünger selber lehrte. Die Botschaft Christi verschmilzt mit Christus selber. 'Via quippe Christus est, per quem et in quo recte cum adversario viciorum nostrorum gradimur,

---

45 Es ist deshalb ein neuzeitliches Mißverständnis, wenn Gaggero im Fall Isaaks von Stella versucht „to re-estate the doctrine without the accidental furnitur of Scriptural imagery." (Gaggero, COCR 1960, 26) oder Gilson bedauernd feststellt, Bernhard v. Clairvaux habe mit der zisterziensischen Askese gebrochen, wenn es um die kunstvolle, ja 'üppige' Sprache seiner Predigten ging. Den Vorwurf Gilsons hat Ch. Mohrmann überzeugend zurückgewiesen. (Mohrmann, 1961, 348ff.).

46 Vgl. das Motto dieses Kapitels. Das Zitat aus den Hoheliedpredigten lautet vollständig: „Geramus morem Scripturae, quae nostris verbis sapientiam in mysterio absconditam loquitur; nostris affectibus Deum, dum figurat, insinuat; nostris rerum sensibilium similitudinibus, tanquam quibusdam vilioris materiae poculis, ea quae pretiosa sunt, ignota et invisibilia Dei, mentibus propinat humanis." (zit. nach Leclercq, DS 4, 1960, 193).

47 Vgl. dazu Köpf, 1987,50ff.

48 Zu entsprechenden Passagen in der Benediktsregel vgl. McNally, 1959,9.

scilicet verbo euangelii, ut dum eius iussis obsecundamus ad vitam quandoque sine offensa iudicis venire valeamus ...'.

Christus und seine Bergpredigt sind Begleiter und Wegweiser des Gläubigen. 'Quasi itinerarius nobiscum temporaliter sermo euangelii ac si comes in via graditur, ad perfectionem vero identidem sermo iam deinceps aeternus erit.'[49]

Die eigenen religiösen Erfahrungen des Auslegers erhalten im 12. Jh. ein neues Gewicht. Der Benediktiner Rupert von Deutz begründet sein Vorhaben, einen Matthäuskommentar zu schreiben, mit dem Hinweis auf seine persönlichen experimenta, die die Väter vor ihm so nicht gehabt hätten.[50] Die neuen Erfahrungen fordern eine ihnen adäquate Sprache[51] und neue Bilder. Der früheren Auslegung war das Problem der Erfüllbarkeit der Bergpredigt — mindestens offiziell — kein echtes Problem. Bereits Hieronymus formulierte, was die Nachfahren dankbar und unermüdlich wiederholten: Jesus habe in der Bergpredigt nicht Unmögliches, sondern Vollkommenes verlangt.[52] Angesichts der kirchlichen Realität, die vom ständigen Kampf der verschiedenen Orden gegen Verflachung und Verwahrlosung des religiösen Lebens geprägt erscheint, ändert sich die Beurteilung der neutestamentlichen Forderungen. Ein eindrückliches Beispiel solch veränderter Einschätzung bringt der oben erwähnte Benediktiner Rupert von Deutz, prominenter Vertreter der Siegburger Reform.[53]

Rupert weiß um die Schwierigkeiten, die gerade den Ordensleuten aus den Forderungen der Bergpredigt erwachsen. Er nennt die Sache beim Namen: die Bergpredigt ist eine einzige große Zumutung, der die wenigsten Gläubigen gewachsen sind. Rupert kleidet seine Auslegung in eine

---

49   Radbert.: CChr.CM 56, 324, vgl. ebd. „Cum eo ergo sumus in via ipse sermo divinus nihil nobis aliud est quam via."

50   CChr. CM 29, 197 (Einleitung zu Buch 7). – Zu den Konsequenzen spez. monastischer Erfahrung für die Stellung des Mönchtums in der Kirche des 12. Jh. vgl. de Lubac, 1959b, 582ff.. Zum Erfahrungsbegriff der Zeit vgl. Köpf, 1980, 149ff., 234ff.

51   Zu diesem Aspekt vgl. die oben, 13 in Anm. 43 genannte Literatur.

52   „Sciendum est ergo Christum non impossibilia praecipere sed perfecta.." (CChr. SL 77, 34)

53   Vgl. dazu Semmler, 1959, 74ff., 212ff., 372ff.

ungewohnt kühne Typologie.[54] Er vergleicht den Übergang vom Alten
zum Neuen Gesetz, der unter Christus stattfindet, mit dem Übergang der
Königsgewalt in Israel von Salomo auf dessen Sohn Rehabeam. Rehabeam
ist Typus Christi. Er verschärft entgegen den Wünschen des Volkes die
Bestimmungen seines Vaters Salomo. 'Pater meus posuit super uos iugum
grave, ego autem addam super iugum vestrum.' (1.Kön.12,14). Das wird
zum Motto der Bergpredigtauslegung Ruperts.

Die Erfahrungen anderer Ausleger, vor allem derjenigen aus dem Zister-
zienserorden, betreffen eher das religiöse Individuum. Es geht diesen
Auslegern zentral um den Aufstieg der Seele zu Gott und die mystische
Vereinigung. Moralisch-asketische und mystische Auslegung sind aufs
engste verbunden. Entsprechend vielfältig sind die bei solchen Auslegern
verwendeten Bildbereiche. Sie stammen aus zwei Bereichen, nämlich dem
der Nahrungsaufnahme und des Stoffwechsels und dem der Liebe zwischen Mann und Frau.[55] Häufig sind die einzelnen Bildbereiche nicht
klar geschieden, sondern gehen ineinander über. Die Bilder sind teilweise geradezu unerträglich dicht, der Stil überladen.[56] Kaum eine Metapher
wird konsequent zu Ende geführt. Einige Beispiele aus der Bergpredigtauslegung sollen dies deutlich machen. Die einzelnen Anweisungen der
Bergpredigt werden häufig im Schema von Tugenden und Lastern dargestellt. Tugend- und Lasterschemen gehören zum traditionellen Bestand
der Predigtthematik. Einige Autoren interessieren sich besonders für die
Art und Weise der Entstehung der einzelnen Tugenden und der ihnen
entgegengesetzten Lastern. Beliebt ist ferner die Schilderung, wie Tugenden und Laster auf den Menschen wirken.

---

54 Daß sich Rupert der Anstößigkeit der von ihm bewußt gewählten Typologie be-
    wußt war, zeigt sein Legitimationsversuch. „Si enim in adulterio simul et homi-
    cidio Dauid sacrum invenerunt sancti patres exemplar caelestis mysterii, cur
    non in stultitia regis pueri reperisse non iuvet similitudinem altitudinis divitia-
    rum sapientiae et scientiae Dei?" (CChr. CM 23, 1804, 867/870). Seit Ambrosius
    sind auch die wenig heroischen Züge Davids Thema der Auslegung gemäß dem
    Motto „Instruant te Patriarchae, non solum docentes, sed etiam errantes." Her-
    meneutische Kriterien bringt Gregor: „Saepe res qualibet per historiam virtus
    est, per significationem culpa; sicut aliquando culpa in facto, in scripto prophe-
    tiae virtus." Zit. nach de Lubac, 1959b, 460.461. – Zum Ganzen ebd. 459ff.

55 Zu ähnlichen Beobachtungen von Köpf bezüglich der Hoheliedauslegung vgl.
    ders. 1987, 62f.; 67f.

56 Zum Phänomen bei Bernhard vgl. Mohrmann, 1961, 347. Wichtig ihre Feststel-
    lung, daß sich bezüglich des Bilderreichtums der Sprache eine Entwicklung bei
    Bernhard feststellen läßt.

Isaak von Stella, ein französischer Zisterzienser Abt, hat einen Zyklus von sechs Predigten zu den Seligpreisungen der Bergpredigt hinterlassen.[57] Die Seligpreisungen sind Heilmittel des göttlichen Arztes Jesus, durch die der gefallene und von Dämonen geknechtete Mensch seiner schöpfungsmäßigen Bestimmtheit als imago Dei wieder zugeführt wird. Zwei Bildbereiche sind hier vermischt; zum einen liegt den Ausführungen Isaaks die Jesus–*medicus*–Metapher zugrunde, die durch das Gleichnis vom barmherzigen Samariter (Lk.10) weiter ausgeführt wird. Zum anderen braucht Isaak den Bereich des *Stoffwechsels,* um die Wirkung der Laster auf den Menschen deutlich zu machen. Der Mensch wird zur Nahrung der unterschiedlichen Laster, die ihn verschlingen, verdauen, ausscheiden und als Kot liegenlassen.[58]

Solcherart zugerichtet liegt der gefallene Mensch am Boden, unfähig, sich aus eigenen Kräften zu erheben.

Kaum weniger drastisch fällt die Schilderung der Erlösung des Menschen in den Kategorien des Gleichnisses vom barmherzigen Samariter aus. Der *gefallene* Mensch ist der vom Teufel und seinen Dämonen auf dem Weg *überfallene* Mensch. Sein Leib ist über und über von blutenden und eiternden Wunden bedeckt, die ihm die Dämonen zugefügt haben. Hilflos liegt er am Wegrand, bis Christus als barmherziger Samariter kommt, seine Wunden pflegt und ihm so Linderung verschafft. Christus bringt die Seligpreisungen, er gießt sie als Öl in die Wunden des gefallenen Menschen; die Seligpreisungen wirken als geeignete Medizin gegen die durch die Laster verursachten Leiden.[59]

Tugenden und Laster entstehen durch denselben Mechanismus. Ihre Wirkung auf die Seele des Menschen ist äußerlich sehr ähnlich. Isaak verwendet zur Schilderung dieses Sachverhalts Parallelismen. Er setzt einander die Wirkweisen der voluptas und der virtus entgegen; die gewählten Begriffe entsprechen einander bis ins Klangliche, vier Gerundien der ne-

---

57 SC 130, 1967.

58 „Quem gula deglutiens per luxuriam egerit, ut de pretiosissimo homine fiat vilissimum stercus, impleaturque in eo, quod dicitur: Qui nutriebantur croceis, amplexati sunt stercora. Et illud: Conputruerunt ut iumenta in stercore suo. Ecce quomodo comparatur homo qui honorem suum non intellexit, iumentis non solum insipientibus, sed etiam inmundis, et similis factus est illis. Superbia spoliavit eum Deo, invidia proximo, ira seipso, tristitia in terram stravit, avaritia ligavit, gula voravit, luxuria stercoravit." (SC 130, 166, 58/67).

59 Ebd. 174.

gativen Wirkung der voluptas stehen drei Gerundien mit Verben gegenüber, die eine positive Wirkung der virtus ausmalen.[60]

> An efficacior illa pestis
>
> ad nocendum,
> ad captivandum,
> ad deglutiendum,
> ad permutandum,   quam ista virtus
>
>   ad auxiliandum,
>   ad conglutinandum,
>   ad immutandum?

Auch die Reaktion der menschlichen Natur auf Sünde und Gnade ver-
läuft nach demselben Schema. Sünde und Gnade werben um die Gunst
des Menschen, sie locken ihn; beides wird von Isaak mit analogen Verben
ausgesagt.[61]

> Itaque hinc concupiscentia, hinc gratia; natura vero iam media.
> Prurit,
> tentat, suggerit concupiscentia.   Si delectatur natura concipit;
>   si consentit, parit;
>   si parit, moritur...
>
> Suggerit etiam gratia,
> et hortatur naturam,
> praefert consilium,
> offert auxilium;   si delectatur natura, concipit;
>   si consentit, virtutem parit;
>   virtus autem parta beatitudinem
>   parit...

Ähnliche Beispiele finden sich bei Bernhard von Clairvaux. Er kann
beispielsweise Laster und Geistesgaben nach Jes. 11,1f. konfrontieren.

Den Anfang bildet die Gegenüberstellung von Laster und Gabe, die
Fortsetzung erläutert die wünschbare, bzw. unerwünschte Folge. Den
Schluß jeder Periode bildet in der Regel die Wiederaufnahme des verbal
oder substantivisch ausgedrückten Lasters, das durch die entsprechende
Geistesgabe als widerlegt gilt.[62]

---

60 SC 130, 156, 168/171. – Zur graphischen Gestaltung der Zitate vgl. die entspre-
    chende Anregung Mohrmanns, 1961, 355 Anm. 7.
61 SC 130, 174, 175/176 und 183.
62 Bernhard v. Clairvaux, op. VI/2, 1972, 66, 4/14.

Primumque

negligentiae opponit timorem, quia qui timet Deum nihil negligit.
Curiositati pietatem, id est affectum ad Deum, quae, sicut dicit
                Apostolus, ad omne opus bonum utilis est,
                ut omnino curiositate.

Concupiscentiae scientiam, ut sciat seipsam, et in interioribus
                suis vacans, non egrediatur ad concupiscen-
                tiam saeculi, ne audiat illud: Si ignoras te, o
                pulchra inter mulieres, egredere et pasce
                haedos tuos. Vel ut sciat quam vana sunt et
                caduca quae concupiscit.

Consensui fortitudinem, ne vincatur ad consensum.

Consuetudini consilium, quia cum ventum fuerit ad consuetudi-
                nem, tunc vere opus est consilio.

Contemptui intellectum, quia consilio iam hominum contempto,
                nisi per se intelligat periculum suum, iam
                proximus est desperationi.

Malitiae sapientiam, quia sola sapientia vincit malitiam.

Eine letzte sprachliche Besonderheit, die bereits an die Sprache der niederländischen Mystik erinnert,[63] ist die gehäufte *Wiederholung zentraler Begriffe.* So ruft der bereits erwähnte Isaak auf dem Höhepunkt der Vereinigung von Seele und Gott aus:

> 'O unum unum! o unum unice unum! o unum prorsus necessarium! Unum propter quod omnia mundi huius dulcia relinquenda, amara sustinenda, inhonesta fugienda, et honesta amplectanda. Unum ad quod multipliciter curritur, in quo uniformiter statur, pausatur, delectatur.'[64]

Das Ziel mystischen Strebens der Seele ist erreicht, die Vereinigung mit Gott ist vollzogen. Sogar die einzelnen Verben (stari, pausari, delectari) machen die Ruhe und den harmonischen Zustand deutlich, der der langen und mühsamen Suche folgt.[65]

---

63 Ähnlich verwendet im 13. Jh. die niederländische Mystikerin Hadewijch den Begriff des Neuen (Nyeuwe) im 7. Gedicht der 25 strophischen Gedichte. Vgl. Hadewijch, Van liefde en Minne. De strofische Gedichten (ed. M. Ortmann, Bussum 1982, 66f.). – Zur Interpretation vgl. Breuer, 1987, 103ff.

64 SC 130, 156, 184/191.

65 Das macht besonders ein Vergleich mit der vorangehenden Schilderung deutlich. Lebhaft malt Isaak dort die unterschiedlichen Fortbewegungsarten der Seele auf dem Weg zu Gott aus: erst geht sie zu Fuß, dann muß sie fliegen. (SC 130, 126). Zur traditionellen 'Vorstellung der beschleunigten Bewegung' der Seele vgl. Ohly, ZdA 84, 1952/53, 221.

Isaak stellt die unterschiedlichen Kräfte der Seele in Aufnahme einer alten Tradition[66] im Bild von *Mann und Frau* dar. Der Mann verkörpert die ratio, die Frau entweder die affectio oder das Fleisch. In Überbietung dieses Bildes schildert er die Vereinigung der Seele mit Gott in Analogie zum Liebesakt. Die intime Nähe der geläuterten Seele, die Sehnsucht nach Vereinigung lassen sich seines Erachtens anders nicht ausdrücken, auch wenn er sich beeilt zu versichern: 'Nihil enim veritate dissimilius, nihil comparatione similius',[67]

Mystische Erfahrung läßt sich vielfach nur durch ihr Gegenteil sprachlich fassen. Mystische Erfahrung, die sprachlich gefaßt wird, stößt damit an die Grenzen der Möglichkeit von Sprache.

C. Zu den untersuchten Quellengattungen

Nachdem jetzt einiges zur Hermeneutik und zur Sprache monastischer Bibelauslegung gesagt worden ist, sollen die in die Untersuchung einbezogenen literarischen Gattungen mit ihren je eigenen Merkmalen und Besonderheiten vorgestellt werden.

1. Die Kommentare

Mittelalterliche Bibelkommentare galten zu Recht als wenig originell. Spicq hat sie als 'rapsodies qui ne demandaient qu'une bonne bibliothèque et des plumes agiles'[68] bezeichnet. Es handelt sich bei diesen Werken in der Regel um Exzerptsammlungen aus patristischer Literatur. Insofern ist das Urteil 'wenig originell' gerechtfertigt. Bereits die Zusammensetzung und Verarbeitung der Exzerpte verrät aber, daß hinter diesen vielgeschmähten Kommentarwerken sehr bewußte Kompositionsabsichten und je unterschiedliche Fähigkeiten zu systematischer Reflexion und sprachlicher Formulierung stecken. Das Urteil 'wenig originell' darf also nicht den Blick für die Eigenleistung der Autoren trüben,[69] zumal

---

66 Vgl. dazu den Exkurs aus SC 207, 342-345 'Le symbolisme de l'homme et de la femme'.

67 „Numquam melius, numquam proprius, numquam expressius, haec unio sancta, spiritualis, divina, in his tenebris monstratur, quam a simili, per eius contrarium." – Beides SC 130, 156,191-158, 194.

68 Spicq, 1944, 12.

69 Glunz, 1937, 109ff.

sich ebendiese Autoren über die Eigenart ihrer Werke im Klaren waren und sie teilweise sogar gegen Zeitgenossen verteidigen mußten.[70]

Mit topischer Bescheidenheit erklärt beispielsweise Hrabanus Maurus in der Vorrede zu seiner Auslegung der Paulusbriefe, er habe hier nichts Eigenes formuliert, sondern sich mit der Wiedergabe patristischer Zeugnisse begnügt 'credens sobrio lectori sufficere quod in Patrum sententiis editum repererit.'[71] Hrabanus versteht sich als collector. Er will die Werke der Väter für die Hörer und Leser der eigenen Zeit lesbar machen. Hrabanus schreibt in einer Zeit, der weit herum die kulturellen und literarischen Vorraussetzungen fehlen, die zur gewinnbringenden Lektüre der patristischen Werke nötig sind.[72] Wie seine Zeitgenossen schreibt Hrabanus zur Hauptsache für den Bedarf der Klöster, teils aber auch für vornehme Laien.[73]

Kommentare bieten Material für die persönliche Beschäftigung mit dem Bibeltext, für Schriftlektüre und Meditation. Kommentare sind zum Teil auch für den Unterricht gedacht, wie es das oben erwähnte Beispiel Christians von Stablo erkennen ließ.[74] Unterricht, private Meditation und Predigt sind die wichtigsten Sitze im Leben mittelalterlicher Schriftkommentare. Vor allem die Beziehung der Gattung Kommentar zur Predigt stellt die Forschung vor komplizierte Probleme.

---

70 Vgl. Hraban.: PL 179, 1772 und MGH. Ep.5, 477, 21ff.

71 PL 111, 1276B. – Vgl. auch PL 110, 498 'Magis enim mihi videbatur salubre esse, ut humilitatem servans sanctorum Patrum doctrinis inniterer, quam per arrogantiam, quasi propriam laudem quaerendo, mea indecenter proferrem, quando hoc summae humilitatis exemplar et magister ipse Dominus faciendum... docere videatur. – Die Arbeitsweise mittelalterlicher Autoren wird deutlich, wenn es gelingt ihre altkirchlichen Quellen nachzuweisen. Hrabans' Matthäuskommentar ist bisher noch nicht kritisch ediert. Die Quellen sind exemplarisch bereits von Schönbach, 1903, 79ff., 109 nachgewiesen. Für den Passus zur Bergpredigt vgl. den Anhang I zur vorliegenden Arbeit. – Neben den Werken der patristischen Zeit sind die Kommentare aus dem irischen Bereich (7./8. Jh.) ein wichtiger, bisher nur von der Germanistik gebührend beachteter Teil mittelalterlicher Kommentarquellen. Vgl. dazu Bischoff, 1966, 205ff.; Taeger, 1970: Laistner, 1957, 220ff.; Huber, 1969, 65ff.

72 Vgl. dazu die Hinweise auf den Kommentar des Christian von Stablo oben,9ff. (Exkurs: Der Wortsinn).

73 Vgl. dazu Spicq, 1944, 12f.

74 Exkurs: Wortsinn, 9ff.. – Vgl. auch de Lubac, 196, 210ff.

Zahlreiche Auslegungen sind doppelt überliefert, einmal als Teil eines Schriftkommentars, dann als Predigt.[75] Welche Fassung ist dann jeweils Vorlage für die andere? Ist die Vorlage Wiedergabe eines tatsächlich so gehaltenen Vortrags oder ist sie bereits schriftlich konzipierte Lesepredigt? Seltene Hinweise stammen aus der Zeit selber. So erklärt Paschasius Radbertus im Prolog zum Matthäuskommentar, er sei aufgefordert worden, vor den Mönchen der Abtei Corbie zu predigen. Daraus sei später sein Kommentar hervorgegangen.[76] Grégoire ist im Fall Brunos von Segni zur Annahme gelangt, der Matthäuskommentar sei älter als die Predigten. Grégoire hält es für möglich, daß die Aufteilung des Kommentars in einzelne Predigten nicht von Bruno selbst stammt.[77] Die Überlieferungslage scheint offensichtlich nicht für alle Autoren dieselbe zu sein.

Im monastischen Bereich kann die Predigt überdies durchaus die Form eines Kommentars zur betreffenden Perikope annehmen.[78] Predigt und Kommentar müssen also nicht unbedingt zwei wesentlich verschiedene Gattungen sein. In ihren Funktionen ergänzen sie sich wechselseitig.

Exegetische Literatur ist in zwei Formen überliefert. Es gibt sie in der knappen Gestalt von Glossen und in der ausführlicheren, systematisierten Weise von Kommentarwerken.

---

75 Für den Bereich der Bergpredigtauslegung handelt es sich um folgende Beispiele: HRABAN. hom. 79 zu Mt. 5,17ff. (PL 110, 299D/301B) und Mt. komm. (PL 107, 804A/805C) hom. 126 zu Mt. 7,15ff. (PL 110, 386B/387C) und Mt.komm. (PL 107, 845C/849D) – mit starken Kürzungen des Kommentartextes. -- BEDA, hom. 39 zu Mt.5,48ff. (PL 94, 352/354) und Lk. komm. (CChr. SL 120, 142, 1652 – 154, 1784), vgl. Hrab. (PL 107, 825ff.) hom. 69 zu Lk.6,17ff. (PL 94, 447/450 und Lk. komm. (CChr. SL 120, 136, 1416 – 141, 1600); hom. 77 zu Lk. 11,33ff. (PL 94, 465) und Lk. komm. (CChr. SL 120, 239, 321 – 240, 371). BRUNO SIGN. hom. 26 zu Mt.5, 44ff. (PL 165, 779B/D und Mt. komm. (PL 165, 110A – 114A); hom. 94 zu Mt.5,17ff. (PL 165, 823D/824A) und Mt. komm. (PL 165, 103D/106C); hom. 95 zu Mt. 7,15ff. (PL 165, 826A/B) und Mt. komm. (PL 165, 130A/134B); hom. 131 zu Mt.5,1 (PL 165, 850B/C) und Mt. komm. (PL 165, 97B/100D); hom. 138 zu Mt. 5,13f. (PL 165,852C/D) und Mt. komm. (PL 165, 100D/103A); hom. 139 zu Mt.6,22ff. (PL 165, 852D/ 853A) und Mt. komm. (PL 165, 120C/122). – Zu Bruno v. Segni vgl. Grégoire, 1965, 86ff.
76 CChr. CM 56, 1.
77 Grégoire, 1965, 87.
78 Leclercq, 1963, 172, 189ff. und ders., RM 1, 1946, 2ff.

Glossen sind kurze Erläuterungen einzelner Stichworte oder Sätze des Bibeltextes. Auszulegender Bibeltext und Erklärungen sind in der Regel mit 'id est' oder 'hoc est' verbunden. Unterschiedliche, teilweise auch widersprüchliche Auslegungen werden kaum harmonisiert, sondern mit Partikeln wie 'aliter, alii ergo ... sed mihi' aneinandergereiht.[79]

Die Glossen sind nach einem Wort Sprandels unverbindliche Angebote des Kommentators an den Leser.[80] Glossen sind immer zusammen mit dem Bibeltext überliefert worden. Man schrieb sie zwischen die Zeilen des auszulegenden Bibeltextes oder an den Rand der betreffenden Handschriften. Zu den in dieser Arbeit untersuchten Glossen gehören sämtliche irischen Kommentare (clm 14514, Ps. Walafrid-Strabo PL 114), Ps. Beda PL 92 und die Glossen aus dem 12. Jh. (PL 114). Weitere Kommentare wie der des Hrabanus Maurus erinnern in Einzelheiten an die Glossen, gehen aber im ganzen darüber hinaus. Das gilt auch für den Kommentar des Zacharias Chrysopolitanus aus dem 12. Jh.

Die **Kommentarwerke** sind unabhängig vom Bibeltext überliefert. Der Text wird versweise, häufig auch perikopenweise kommentiert. Der Leser vermißt das 'exegetische Staccato der Erklärung von Wort zu Wort'.[81] Statt dessen bietet sich ihm eine Gesamtschau des ausgelegten Textes. Eines der ersten systematisch-heilsgeschichtlich aufgebauten Werke ist im 9. Jh. der Kommentar des Paschasius Radbertus, ihre Blütezeit hat diese Art von Kommentaren allerdings erst im 12. Jh. in den Werken Ruperts von Deutz und anderer.

Gleichzeitig beginnt sich unter dem Einfluß des Schuldbetriebs der Frühscholastik die Form des Kommentars zu verändern. Die Auslegung wird ergänzt durch einzelne Problemstellungen, deren Aspekte ausgiebig dargestellt und gegeneinander abgewogen werden. Argumente und Gegenargumente werden säuberlich aufgereiht. Eine conclusio schließt die Auslegung der einzelnen Stellen ab. Scholastische Begrifflichkeit wird neues Darstellungselement.[82] Auch da überwiegt noch die allegorische

---

79 Vgl. beispielsweise Glossa ordinaria: PL 114, 874 etc. Zu den Glossen vgl. Lobrichon 1984, 95ff.

80 Sprandel, 1982, 52.

81 Ohly, 1983, 173.

82 Das gilt etwa für die Unterscheidung zwischen der Erfüllung biblischer virtutes 'in mente' und 'in exercitio' im Anon. Mt. komm. (Gottfried Babio?), PL 162, 1289D.

Auslegung. Sie bestimmt weitgehend das Feld. Kommentare und Predigten sind darin verbunden, daß beide den verborgenen Sinn der durch
den Bibeltext bezeichneten Dinge eröffnen wollen. Rupert von Deutz
mahnt seine Hörer im Bild des Gleichnisses vom verborgenen Schatz und
der Perle (Mt.13,44-46): der verborgene Schatz, die kostbare Perle
meint den verborgenen Sinn der Heiligen Schriften. Ihn gilt es durch un-
ermüdliches Suchen ausfindig zu machen. Seine Predigten und Kommentare stehen im Dienst des geistigen Schriftsinns. Die Auslegung weist die
Hörer und Leser auf den verborgenen Schatz, die kostbare Perle hin. Auslegung bringt das Reich Gottes zum Menschen.

> 'Thesaurus est hoc Dei regnum in agro absconditus,
> thesaurus in agro litterae legalis atque propheticae,
> litterae magna ex parte parabolicae sive aenigmaticae,
> diligenter clausus atque signatus. Hunc thesaurum in-
> venire est Scripturas sacras intelligere et prae gaudio
> thesauri omnia vendere et emere agrum, hoc est, prae
> delectatione caelestium bonorum vel regni caelorum,
> quale in sanctis Scripturis promittutur, omnem solli-
> citudinem abicere ... solumque earundem amplecti stu-
> dium Scripturarum, ut semper homo sit expeditus ad
> Verbum Dei tractandum sive audiendum ..'[83]

EXKURS II: DIE VERTRETER DER IRISCHEN
AUSLEGUNGSTRADITION

Die kleine Gruppe der uns überlieferten irischen Kommentarwerke zu
verschiedenen Büchern der Bibel ist ein wichtiger, bisher zu wenig beachteter Teil frühmittelalterlicher Schriftauslegung. Sie deckt den bezüglich
der Bibelauslegung schlecht dokumentierten Zeitraum des siebten und
achten Jahrhunderts ab. Bischoff hat „eine Art Familienähnlichkeit"[84]
der einzelnen irischen Werke festgestellt, durch die sich diese Kommen-

---

83 Rup. Tuit.: CChr. CM 29, 187, 667. — Zur Metaphorik des geistigen Schriftsinns
    sei nochmals auf die Monografie von Spitz (1972) verwiesen. Vgl. oben 3.15
    Anm. 5 und 44.

84 Bischoff, 1966, 215. — Bischoff hat als erster die einschlägigen Handschriften
    zusammengestellt und systematisch beschrieben. Vgl. ebd. 205ff.
    Für die Auslegungsgeschichte sind die Kommentare, soweit ich sehe, bisher nur
    von der Germanistik fruchtbar gemacht worden. Vgl. vor allem Huber, 1969
    (m.Lit.angaben).

tare in charakteristischer Weise von der kontinentalen Auslegung abheben. Es handelt sich dabei um eine Reihe auffälliger sprachlicher und inhaltlicher Besonderheiten.[85]

An erster Stelle nennt Bischoff auffällige formale Berührungen zwischen exegetischen und grammatischen Traktaten. Beide können als Bezeichnung den Begriff *Ecloga* oder eine Formulierung in der Art von 'Pauca de ...' tragen.

Die irischen Schriftkommentare setzen in der Regel mit den aus der antiken Grammatik stammmenden Eingangsfragen nach tempus, locus und persona ein. Gewisse Werke erweitern diesen Dreierkatalog um die Frage nach der causa scribendi/scriptionis. Beliebt ist der Hinweis auf die Zugehörigkeit des kommentierten Bibeltextes zu einem der Kanones des Eusebius.[86]

Die einzelnen Abschnitte der Kommentare sind häufig durch ein 'haeret' untereinander verbunden; vor der Behandlung gewisser Fragen wird ein 'non difficile' oder 'non dubium' gesetzt.[87]

Typisch ist die Nennung bestimmter Begriffe in den drei heiligen Sprachen Hebräisch, Griechisch und Latein. Ein immer wiederkehrendes Begriffspaar ist 'vita theorica' und 'vita actualis'. Großer Beliebtheit erfreuen sich allegorische Zahlendeutungen und -schemata.[88]

Für die Bergpredigtauslegung haben sich über diese allgemeinen Merkmale hinaus einige Schemata als typisch erwiesen.

Der Vorliebe für Schemata kommt die Auslegung der Seligpreisungen als einer Einheit entgegen. Ein bestimmter Aspekt der Auslegung wird durch alle Seligpreisungen hindurch verfolgt. Am häufigsten läßt sich beobachten, daß die Ausleger sämtliche Seligpreisungen als durch Christus erfüllte darstellen.[89] Ähnliches gilt für die Erfüllung der Seligpreisungen durch die Patriarchen[90] und den Bezug der Seligpreisungen auf die Geistesgaben nach Jes.11.[91]

Die einzelnen Schemata stehen in der Regel unverbunden hintereinander. Die Angaben aus Mt.4,25; 5,1 über die Jesus nachfolgenden Volksscharen (turbae) werden häufig auf vier, bzw. sechs Arten unterschiedlicher Christusnachfolger gedeutet. Die einzelnen Nachfolgergruppen gel-

---

85   Die einzelnen Punkte sind bei Bischoff, 1966, 217ff. und Huber, 1969, 90f. zusammengestellt. Die folgende Darstellung hält sich vorwiegend an diese beiden Werke.

86   Bischoff, 1966, 218.

87   Ebd., 219.

88   Ebd., 219ff.

89   Vgl. clm 14514, f.76^r-77^r. f.109^r. f.129^v-f.130^r. f.103$^{r/v}$ clm 6302, f.41^r-f.42^r.

90   Vgl. clm 6302, f.41^v-f.42^r.

91   Vgl. clm 6302, f.43^r, und clm 14514, f.93$^{r/v}$.

ten als Teile des Volkes und werden in der Regel ohne weiteres verbindendes Element nacheinander aufgezählt.[92]

Das Begriffspaar 'vita actualis' und 'vita theorica' findet in der Auslegung von Mt. 5,1f. Verwendung.[93]

Bischoff erwähnt in seiner Zusammenstellung insgesamt 16 Auslegungen der vier Evangelien, bzw. des Matthäusevangeliums. 3 davon sind verschollen oder nur aus Zitaten bekannt. 6 behandeln die Bergpredigt oder Teile daraus. Wir berücksichtigen für unsere Untersuchung exemplarisch drei Kommentare in den Rezensionen von vier Handschriften und der Druckversion von Ps. Hieronymus 'Expositio IV Evangeliorum' PL 30 bzw. 114.[94]

Drei Handschriften (clm 14469, clm 14514, Orléans 65) stellen Rezensionen des in der Karolingerzeit vielgelesenen Ps. Hieronymus in IV Evv. dar.[95] Ps. Hieronymus ist vermutlich gegen Ende des 7. oder zu Beginn des 8. Jh. in Irland oder im irischgeprägten Oberitalien entstanden.

Rezension 1 entspricht der in PL 114, 861 - 916 (bzw. PL 30, 531 - 590) gedruckten Fassung des früher Walafrid Strabo zugeschriebenen Kommentars. Die Handschrift clm 14469 stammt aus dem 9. Jh.; sie bringt f. 1-f.39 eine Erklärung der vier Evangelien.[96]

Die Handschrift Orléans 65 stammt aus der Mitte des 9. Jh., der durch sie überlieferte *Liber de quaestionum in Evangeliis* wahrscheinlich aus der zweiten Hälfte des 8. Jh.. Die Auslegung der Bergpredigt stimmt bis auf unbedeutende Wortvarianten mit der Druckfassung aus PL 114, 861ff. überein.[97] clm 14514 enthält neben anderen Werken mehrere Redaktionen des Ps. Hieronymus Kommentars. Die Handschrift selber stammt aus dem 12. Jh., die einzelnen Kommentare dürften Ende des 7. oder Anfang des 8. Jh. in Irland oder Oberitalien entstanden sein. Die Handschrift bringt insgesamt fünf Auslegungen der Bergpredigt, zwei davon behandeln nur die Seligpreisungen und sind unverbunden in einen fremden Kontext gestellt.[98]

clm 6302 enthält eine fragmentarische Auslegung von Mt.1-5.10.13. 17.27. Der Text ist schlecht überliefert. Aus Mt.5 sind die Seligpreisun-

---

92   clm 14514, f.103[r]. ·

93   clm 6302, f.40[v]; clm 14514, f.103[r]. f.106[r]; clm 14469.

94   Vgl. Bischoff, 1966, 240ff.; Zur Auswahl von Huber, 1969, 56.

95   Zu diesem Kommentar weiteres Material zur Bergpredigtauslegung bei Huber 1969, 144ff; vgl. Griesser, ZKTh 54, 1930, 40ff. und RBen 49/50, 1937, 279ff. sowie Bischoff, 1966, 240ff. 213.

96   Vgl. Griesser, RBen 49/50, 1937, 285 Bergpredigtauslegung: f.6[r]-f.10[r].

97   Vgl. Bischoff, 1966, 244f. Bergpredigtauslegung p.293-303. − Zur Übereinstimmung mit PL 114, 861ff. vgl. Huber, 1969, 92.

98   Vgl. Griesser, ZKTh 54, 1930, 55ff. und RBen 49/50, 1937, 286f. sowie Bischoff, 1966, 223.240f. Rez. 1 von Ps. Hieronymus steht f.104[r]-f.127[v] (Bergpredigt-(Fortsetzung der Fußnote nächste Seite)

gen, aus Mt.7 ist V.6 erklärt, der Rest fehlt. Die Auslegung ist in der zweiten Hälfte des 8. Jh. in Freising entstanden.[99]

2. Die Predigten

Die Predigt ist weitaus häufigste literarische Gattung im monastischen Bereich.[100] Bis ins 12. Jh. speist auch sie sich vor allem aus patristischen Quellen.[101] Begrifflich wird bis zu diesem Zeitpunkt zwischen Sermo und Homilie noch nicht unterschieden.[102] Komplex ist die Überlieferungssituation. Handelt es sich bei den uns überlieferten Predigten um Niederschriften wirklich gehaltener Predigten? Sind es bloße Lesepredigten, von Anfang an schriftlich fixiert und zur privaten Lektüre bestimmt? Die Untersuchungen von Leclercq und Rochais zu den Predigten Bernhards von Clairvaux haben erste Ergebnisse erbracht und gleichzeitig der weiteren Forschung den Weg gewiesen.[103]

Es gibt tatsächlich beides; von Anfang an schriftlich festgehaltene Lesepredigten und wirklich vor Publikum gehaltene Predigten, die später schriftlich fixiert worden sind. Bezüglich der schriftlichen Fassung sind weitere Differenzierungen zu machen.[104] In einigen Fällen hat der Pre-

---

auslegung: f.108^v-f.111^v) f.71^r-f.104^r steht eine Ps. Gregor zugeschriebene Evangelienauslegung. (Vgl. Griesser, ZKTh 54, 1930, 55) Bergpredigtauslegung. f.76^r-f.78^r.
Die erste Erklärung der Seligpreisungen ist in die Auslegung des Johannesevang. eingeschoben (f.92^v-f.93^v), die zweite schließt sich an die Auslegung des Lk.-evang. an (f.103^r-f.104^r, vgl. Griesser, ZKTh 54,1930, 58). Eine weitere Ps. Hieronymusrezension folgt f.128^r-f.139^v (Bergpredigtauslegung: f.129^v-f.130^v).

99 Vgl. Huber, 1969, 93 (mit Hinweis auf Bischoff).

100 Leclercq, 1963, 172, 189ff.; Longère, 1983; Ghellinck, 1955, 206ff. (besonders wichtig und nützlich die Kurzcharakterisierung der franz. Prediger des 12. Jh.); Wolf, RDL 3, 1977, 223ff. (mit Lit.angaben); Fesenmayer, LThK 5, 1960, 459ff.. Einleitung zur deutschen Predigt: Ruh, 1981, 11ff.; Cruel, 1879, Schönbach, 1896; Mellbourn, 1944, 22ff.

101 Vgl. die Einschätzung Ghellincks, 1955, 208.

102 Wolf, RDL 3, 1977, 224; Mertens, 1971, 79, Anm. 1.

103 Vgl. Rochais, 1962; Leclercq, 1962, 193ff. (Les sermons sur les Cantiques ont-ils été prononcés?), ebd. 213ff. (Les étapes de la rédaction) sowie die einleitenden Bemerkungen Leclercqs zur Ed. der Predigten Bernhards, 1966, XIII. – Vgl. auch Salet, SC 120, 26ff.

104 Ruh hat die möglichen Arten der schriftlichen Überlieferung (und ihres Verhältnisses zur mündlichen 'Urform') für die deutschen Predigten systematisch dargestellt und gewertet. – Seine Ergebnisse sind für die vorliegende Darstellung übernommen und auf die lat. Predigten übertragen worden.

diger seine Predigten selber niedergeschrieben oder sie jemandem diktiert.[105] In andern Fällen wurden Predigten von fremder Hand aufgezeichnet und anschließend vom Prediger beglaubigt. Daneben gibt es freie Nachschriften von Predigthörern.[106]

Typisch für die Situation der Überlieferung ist eine Episode, die das Exordium magnum aus der Sterbestunde des Zisterzienserabtes Guerricus von Igny († 1157) überliefert. Der Abt liegt auf dem Sterbebett und wird von Gewissensbissen geplagt, weil er, ohne vorher die Erlaubnis des Generalkapitels eingeholt zu haben, ein Büchlein mit Predigten (libellus sermonum) publiziert hatte. Der sterbende Abt findet erst dann Ruhe, als jemand von den Umstehenden das Buch holt und es vor seinen Augen verbrennt. Das corpus delicti, das dem Sterbendem solch heftige Gewissensbisse verursacht, wird als 'libellus sermonum, quem rogatu vestro dictavi' bezeichnet. Es könnte sich dabei um schriftliche, nicht wirklich gehaltene Predigten gehandelt haben. Sicher hat Guerricus daneben selbst gepredigt. Das Exordium magnum rühmt ihn jedenfalls als begnadeten Festprediger.[107]

Von einigen Autoren ist bekannt, daß sie ihre Predigten für die schriftliche Fassung mehrfach selber überarbeitet haben.[108] Von Bernhard von Clairvaux sind zahlreiche Predigtentwürfe überliefert. Auch die schriftlichen Predigten, zur Lektüre bestimmt, bleiben Predigten. Die spezifisch homiletische Rhetorik, ihr 'mündlicher' Charakter, die direkte Anrede des Adressaten und manche konkrete Bezüge bleiben erhalten.[109]

---

105 Zur Bedeutung von 'dictare' vgl. Leclercq, 1963, 196ff.

106 Für die volkssprachliche Predigt ist die weitverbreitete Form der nach schriftlichen Vorlagen (Latein oder Volkssprache) komponierten Predigt zu ergänzen. Vgl. Ruh, 1981, 11ff.

107 „Plane quam sanae et uberis doctrinae fuerit, luculentissimi atque discretissimi et vere spirituales sermones eius, quos in solemnitatibus praecipuis in conventibus fratrum fecit et a cantore eiusdem ecclesiae excepti sunt, manifeste declarant." (Exordium magnum, 164, 27/28, zit. nach SC 166, 20/21, Anm. 5). – Interessant der Hinweis auf den Kantor, der die Predigten schriftlich festgehalten hat!

108 Vgl. Leclercq, 1963, 191, bes. Anm. 90 und 194 zu Bernhard und Julian v. Vézelay. – Zu Guerricus vgl. SC 166, 23. – Zum entsprechenden Passus der Instituta generalis capituli, die für die Publikation von Büchern eine Art 'Imprimatur' verlangt, vgl. die Edition C. Noschitzka, Anal. SOC 6, 1950, 34.

109 Vgl. Ruh, 1981, 14: „Die Predigt wurde vielmehr gerade deshalb literarisch, weil sie spezifische Formen der Wirkung, nämlich ihre Rhetorik, zur Verfügung stellte."

Das bringt uns zu einem weiteren Problembereich. Welches waren die Adressaten der uns überlieferten Predigten? Waren es Ordensleute, Kleriker oder Laien? Die Beantwortung dieser Frage fällt schwer. Zahlreiche 'monastische' Predigten lassen weder durch konkrete Anspielungen noch durch Benennung ihrer Adressaten erkennen, an wen sie gerichtet waren.[110] Wichtigstes Indiz ist zweifellos die Sprache. Volkspredigten sind in der Regel in der betreffenden Volkssprache gehalten worden. Mehrere monastische Prediger, unter ihnen Bernhard von Clairvaux und Maurice von Sully, haben ihre lateinischen Predigten für das Volk übersetzt. Leider sind nur wenige solche Übersetzungen erhalten.[111]

Im Bereich der volkssprachlichen Predigt hat Schönbach auf die Länge der Predigt und das Verhältnis von lateinischen zu volkssprachlichen Textteilen als Indizien für die Verwendung der Predigten hingewiesen. Längere Predigten waren seiner Ansicht nach für ein gebildetes Publikum aus Kloster, Domkirche oder geistlichem Haus bestimmt, mittlere für Laien einer größeren, kurze für eine kleine ländliche Gemeinde.[112] Mellbourn weist dagegen auf wechselnde äußere Umstände hin, die die Predigtlänge vor ein und demselben Publikum mitbeeinflußt haben könnten.[113]

Daß man sich in der Zeit selber der Problematik durchaus bewußt war, zeigen die im 12. Jh. langsam aufkommenden Zusammenstellungen hermeneutisch-homiletischer Ratschläge. Die hohe Zeit systematischer artes praedicandi ist allerdings erst das 13. Jh..[114] Bis dahin wird hauptsächlich Augustin (De doctrina christiana, De catechizandis rudibus) und Gregor der Große (Liber regulae pastoralis) rezipiert und repetiert. Den Inhalt solcher Weisungen läßt exemplarisch der dem Genesiskommentar vorangestellte Traktat *Quo ordine sermo fieri debeat* des Guibert von Nogent (1053-1124) erahnen. Guibert beginnt mit Ausführungen zur Person des Predigers. Bona voluntas, pius affectus und simplex conscien-

---

110 Dazu besonders Leclercq, RM 36, 1946, bes. 3ff.

111 Vgl. dazu Ghellinck, 1955, 210ff., 223.

112 Schönbach, 1896 (?), 140. Ähnlich Linsenmayer, 1886, 251.

113 Einleitung zur Ed. Speculum Ecclesiae, 1944, XXV.

114 Dazu Th.M. Charland, Artes praedicandi. Contribution à l'histoire de la rhétorique au moyen âge, Ottawa 1936; H. Caplan, Medieval Artes praedicandi. A handlist, Ithaca 1934; ders., Rhetorical invention in medieval tractates on preaching, Speculum 2, 1927, 284-295; ders.; The 4 senses of scriptural interpretation and the medieval theory of preaching, Speculum 4, 1929, 282-290.

tia sind Kriterien, die über die Eignung des Predigers für seine Aufgabe entscheiden. Die Lebensführung des Predigers muß vorbildlich sein. Sind diese Voraussetzungen gegeben, so unterstützt der Heilige Geist selbst den Prediger bei seiner Aufgabe. 'Canalis aquas accipit, sed ad hoc solum ut alias transmittat.'[115]

Aufbau und Inhalt der Predigt ist geprägt durch Rücksicht auf die unterschiedlichen Hörer, deren Fähigkeiten und Vorbildung. Die Predigt soll nicht allzu lang sein. Sie soll lebendig wirken, anregend sowohl für Gebildete wie für einfache Hörer. Geschichten, besonders solche aus dem Alten Testament, eignen sich, um die Aufmerksamkeit der einfachen Leute zu gewinnen. Wünschenswert sind ferner in die Predigt eingeflochtene persönliche Erfahrungen des Predigers. Sie tragen zum Gewinn des Hörers bei. Besonderes Augenmerk richte der Prediger auf das Verhalten (mores) der Leute. Der sensus moralis ist der für die Predigt geeignetste und wichtigste Schriftsinn. Besonders die Entstehung der Laster und Tugenden ist ausführlich zu behandeln, um die Unterscheidungsgabe der Hörer zu schärfen und sie vor Versuchungen zu bewahren.[116]

Die Quellen zur Geschichte der Bergpredigtauslegung lassen erkennen, daß zwischen dem Jesus der Bergpredigt und dem mittelalterlichen Prediger eine direkte Strukturanalogie besteht. Jesu auctoritas zeichnet seine Predigt vor den Predigten der Schriftgelehrten und Pharisäer aus. Jesus lebt das, was er lehrt. Sein Leben und seine Lehre sind eins. Von seinen Hörern verlangt er nichts, was er nicht selber hält. Die Bergpredigt ist Zeugnis der weisen göttlichen Pädagogik. In ihrer ausgewogenen Mischung von lockenden Verheißungen, Gaben und Forderungen nimmt sie Rücksicht auf das unterschiedliche Aufnahmevermögen der Hörer.[117] Der Prediger Jesus legt den Menschen in der Bergpredigt den wahren Sinn des Alten Gesetzes endgültig und vollkommen aus.[118]

All dies sollen die Prediger aufnehmen und weiterführen. Charitas und sapientia ist von ihnen gefordert, beispielhafter Lebenswandel und Ver-

---

115 PL 156, 23D.

116 Der Traktat des Guibert ist in PL 156, 21-32 ediert.

117 Vgl. dazu die Ausführungen Paschasius'Radbertus, CChr.CM 56, 281f., 290, 356f., 358f.

118 Radulf. Ard. PL 155, 1997D, vgl. de Lubac, 1959a, 322f.

kündigung der wahren Lehre. Die Verkündigung soll den Buchstaben töten, die unverhüllte Herrlichkeit Gottes aufscheinen lassen.[119] Gott hat
die Menschen zu Tisch gebeten und ihnen ein kümmerliches Mahl vorgesetzt: eine Nuß mit harter Schale und süßem Kern, die heilige Schrift,
hinter deren Buchstaben sich die Weisheit Gottes verbirgt. Sie ist nicht
ohne weiteres jedermann zugänglich. Es ist die Aufgabe des Predigers,
den versteckten Sinn zu finden und den Hörern zu zeigen, daß 'sub puerili
verborum superficie aliud intus latere'.[120] Darin sind sich Predigt und
Kommentarliteratur durchaus gleich. Beide spiegeln Funktion und Stellenwert der Hermeneutik des mehrfachen Schriftsinns und die Funktion
des predigenden Gelehrten.

Im Unterschied zur Kommentarliteratur nimmt die Predigt in der Regel Bezug auf die Zeiten des Kirchenjahrs. Gewisse Texte aus der Bergpredigt gehören in feste Perikopenordnungen.[121] So bildet der Komplex
der Seligpreisungen den Text des Allerheiligentages, teils aber auch den
Predigttext an Festtagen einzelner Heiliger. Die Perikopen Mt.5,20ff./
7,15ff./6,24ff. werden mit Variationen in einzelnen Fällen am sechsten,
achten und fünfzehnten Sonntag nach Pfingsten verlesen.[122]

Besonders im Fall der Seligpreisungen hat die Einbindung ins Kirchenjahr prägenden Einfluß auf den Inhalt der Predigten. Der Tagesheilige,
an Allerheiligen die unübersehbare Menge bekannter und unbekannter
Heiliger, [123] verkörpert die in den Seligpreisungen beschriebenen Verhaltensweisen. Das Beispiel der Heiligen soll die Hörer dazu anspornen, ihr
eigenes Verhalten zu ändern und nach den Weisungen der Heiligen Schriften zu gestalten. Stärker als in den Kommentaren sind die Heiligen in den
Predigten als *exempla fidei* gegenwärtig. Ihr Gedächtnis im Kirchenjahr,
ihre Stellung in der Liturgie wirkt sich stark auf die Auslegung des Peri-
kopentextes aus.

---

119 So etwa Innozenz III., PL 217, 668ff..

120 Petr. Comestor: PL 198, 1749C.

121 Vgl. den Artikel 'Perikope', LThK 8, 1963, 277/278 (B.Kraft).

122 Vgl. die Angaben bei Schönbach, 1891; und Schneyer, 1973ff.

123 Vgl. Schönbach 1891, 234 (Predigt 102, Von allen hailigen): „... unde ist
     [scil. Allerheiligen] ouch dar umbe gesetzet, wan iz ist vil maniges grozen hei-
     ligen tac in dem jare, den idoch niemen dehein ere erbiutet unde der namen
     nieman waeiz niwan got aine...".
     Näheres zur Funktion der Heiligen, siehe 104ff.; 130ff.

3. Die Hagiographische Literatur

Die erzählende hagiographische Literatur, wie sie in dieser Arbeit berücksichtigt wird, umfaßt schriftliche Äußerungen zu Leben und Wirken
von Heiligen in der Gestalt von Heiligenviten, Passionen, Translationsberichten und Mirakelsammlungen.[124] Hagiographie gehört in den Bereich
monastischer Geschichtsschreibung. Sitz im Leben ist hauptsächlich die
Liturgie. Damit sind die beiden Pole hagiographischen Selbstverständ-
nisses bereits angedeutet.[125] Hagiographische Literatur dient der aedifi-
catio der Gläubigen und dem Lob Gottes aus den Taten seiner Heiligen.
Sie faßt Gottes Gnadenhandeln am Menschen, wie es sich in den wunderbaren Taten der Heiligen äußert, in Sprache. Gottes Offenbarung im
Leben des Heiligen ist die materielle und geistige Grundlage der hagiographischen Literatur. Gemäß mittelalterlichem Verständnis setzt der
Hagiograph das Werk der Verfasser der Heiligen Schrift fort.[126]

Die Verfasser hagiographischer Schriften erheben häufig den Anspruch, Geschehenes wahrheitsgemäß wiederzugeben.[127] Bei ihren Le-
bensdarstellungen heiliger Menschen handelt es sich um Schilderungen
unter dem Aspekt des göttlichen Eingreifens in die Geschichte von Menschen. Jedes Heiligenleben ist ein Stück Heilsgeschichte. Die Darstellung
des Hagiographen möchte dies den Gläubigen seiner Zeit nahebringen
und sie zur Nachahmung gewisser virtutes des Heiligen führen. Sitz im
Leben hagiographischer Berichte ist der Kult des Heiligen in der Liturgie.
Heiligenverehrung führt weiter zur imitatio. Hagiographische Literatur

---

124 Zur Definition hagiographischer Literatur und zur Abgrenzung von einzelnen
     Teilbereichen vgl. Aigrain, 1953, 126ff.; Graus, 1965, 25f.; Rosenfeld, 1971,
     1ff. – Die Arbeit basiert auf einer Auswahl an hagiograph. Quellen, v.a. Tex-
     ten, die im Corpus der MGH.SRM und MGH.SS leicht zugänglich im Druck
     erschienen sind, ferner einige Viten mit namentlich bekannten Autoren wie
     Rupert von Deutz, die als Verfasser von Kommentaren und/oder Predigten für
     die vorliegende Arbeit von Belang sind. Was in den genannten beiden Corpora
     der MGH an hagiographischem Material vorliegt, ist vollständig auf darin ent-
     haltene Quellen zur Bergpredigtwirkungsgeschichte durchgesehen worden.

125 Zur Problematik hagiograph. Literatur, die seelsorgerlich wirken will und dazu
     das Leben des Heiligen exemplarisch darstellt, gleichzeitig aber den Anspruch
     'wahrheitsgemäßer' Darstellung erhebt, vgl. Strunk, 1970, 89ff., Graus, 1965,
     451ff., Aigrain, 1953,128ff.,195ff..Delehaye, 1927, 2ff., 58ff. und de Gaiffier,
     1961, 162ff.

126 Vgl. Leclercq, La Bibbia ... 1963, 105f.

127 Vgl. Strunk, 1970, 89; van Uitfanghe, 1987, 155ff.

ist in hohem Maße durch den Sprachstil der Bibel beeinflußt. Auch klassische Stilfiguren der antiken Rhetorik sind in diesem Sinne umgeprägt.[128] Das läßt sich besonders eindrücklich an bestimmten Topoi zeigen.[129]

Zur antiken Exordialtopik [130] gehört der Topos 'der Besitz von Wissen verpflichtet zur Mitteilung'. Die Exordialtopik christlicher hagiographischer Literatur kleidet den antiken Topos ins Bild von Licht, das nicht verborgen bleiben kann (nach Mt.5, 15f.):

> 'neque accendunt lucernam et ponunt eam sub modio,
> sed super candelabrum, ut luceat omnibus qui in do-
> mo sunt. Sic luceat lux vestra coram hominibus, ut vi-
> deant opera vestra bona et glorificent Patrem vestrum,
> qui in caelis est.'

Damit erfährt der antike Topos eine Bedeutungsverschiebung. Geht es in der antiken Exordialtopik um die Vermittlung von 'Profanwissen', das ausschließlich zum Nutzen des Menschen bestimmt ist,[131] so betrifft der Topos in der Hagiographie stärker das Verhältnis von menschlichem Wirken und göttlichem Gnadenhandeln.

Der Heilige ist nur mittelbar 'Licht der Welt'. Er ist ein von Christus, dem wahren Licht erleuchtetes Licht. Die Vermittlung der Kunde vom Verhalten und Wirken des Heiligen, wie sie in der hagiographischen Literatur erfolgt, ist ferner nicht Selbstzweck. Hagiographie ist ihrem Selbstverständnis gemäß gerade nicht Glorifizierung des Heiligen, sondern

---

128 Zum Einfluß der biblischen Sprache und Bildwelt auf die Hagiographie vgl. van Uytfanghe, RHEF 62, 1976, 106ff.; de Gaiffier, NRTh 88, 1966, 376ff. und ders., 1961, 153ff.; Leclercq, Bibbia 1963, 103ff.; Smalley, Bibbia 1963, 640ff.. Hertling, ZAM 8, 1933, 260ff.; Riché/Lobrichon, Le Moyen âge, 1984, 449ff.. Die Kontroverse über das Verständnis mittelalterlicher Topik zwischen Curtius und Schwietering faßt Strunk, 1970, 7 unter Angabe der wichtigsten Lit. knapp zusammen.

129 Zur Toposforschung zusammenfassend Baeumer, 1973; Veit, DVfLG 37, 1963, 120ff. – Zu Stellung und Funktion der Topoi in der hagiographischen Literatur vgl. Graus, 1965, 74ff.. Zur Definition ebd. 74, Anm. 83, zu Folgerungen für die hagiographische Forschung bes. 77.

130 Vgl. Curtius, 1973, 95ff.. Exordialtopik definiert Curtius knapp: „Sie dient dazu, die Abfassung einer Schrift zu begründen und ist reich ausgebildet." (ebd. 95). – Zum Topos 'der Besitz von Wissen verpflichtet zur Mitteilung' vgl. ebd. 97.

131 Man sehe sich die von Curtius genannten Belege daraufhin an! (Curtius 1973, 97).

will den sich im Leben des Heiligen offenbarenden Gott rühmen.[132]

Hagiographische Exordialtopik, ja hagiographische Literatur insgesamt, zeugt von der dialektischen Spannung zwischen Verborgenheit und Offenbarsein. Der Heilige lebt und wirkt im Verborgenen. Sein Platz ist nicht von vorneherein die Öffentlichkeit. Trotzdem müssen die Taten des Heiligen der Öffentlichkeit im Verlauf seines Lebens, spätestens aber nach dem Tod des Heiligen, bekannt werden, denn der Heilige ist aufgrund seiner besonderen Begabung 'exemplum' für die Gläubigen der Kirche. Die Funktion des Heiligen im Horizont der Kirche steht zur Art seines Wirkens in Spannung. Der Heilige sucht von sich aus die Verborgenheit.[133] Weil er aber die Gläubigen zur imitatio seines schriftgemäßen Lebenswandels ermuntern soll, muß sein Wirken notwendigerweise der Öffentlichkeit bekannt sein. Er ist die Spannung zwischen der Aufforderung Jesu, das Licht auf den Leuchter zu stellen, und seiner Warnung, die Gerechtigkeit öffentlich zur Schau zu stellen. Solche Spannung kennt aber die antike Exordialtopik nicht.

Biblischer Einfluß auf die hagiographische Literatur ist äußerst vielschichtig. Das Phänomen hat in der Forschung die Bezeichnung 'orchestration scripturaire' erhalten.[134] Je nach Bildung, literarischen Vorbildern, Geschmack und Absicht des Autors verwendet er wörtliche Bibelzitate, Halbzitate, einzelne Bilder, Assoziationen und Strukturanalogien. Die Art und Weise, in der wörtliche Schriftzitate eingeführt werden, verrät einiges über das Verhältnis von Bibeltext und Hagiographie.

Eine Reihe von Schriftzitaten weisen offensichtlich ein bestimmtes

---

132   Zur Problematik Strunk, 1970, 129ff. „Das antike Streben nach Ruhm, in dem die menschliche Versuchung der Eigenständigkeit und Unabhängigkeit von Gott ihren Ausdruck findet, wird bei den Christen überwunden durch das Lob Gottes in seinen Heiligen". (ebd. 136).

133   Belege siehe unten, 100ff.

134   Der Begriff ist der Titel eines Aufsatzes von F. Chatillon, RML X, 210ff.
       Smalley hat mit Hinweis auf die unterschiedliche Intensität und Dichte der Verwendung von Bibelsprache den Einfluß der Bibel auf die Hagiographie im Sprachlichen in 3 Kategorien gegliedert. Vgl. Bibbia, 1963, 640ff. – Ob eine solche Klassifizierung sinnvoll ist, sei dahingestellt. Zuzustimmen ist Smalley dagegen in ihrer Vermutung, gewisse Legenden mit ausserordentlich üppiger biblischer Sprache und Motivik ('style exagéré') könnten pädagogischen Zwecken gedient haben: „A lire ou écouter la vie d'un saint, toute remplie de citations bibliques, le moine-élève apprendrait les Ecritures plus facilement qu'en les abordant selon la méthode directe." (La Bibbia, 1963, 645).

Verhalten des Heiligen als schriftgemäß aus. Typische Ausdrücke dafür sind 'scriptum namque est', 'unde scriptum est'.[135]

Der Heilige kann ferner als vorbildlicher Christ dargestellt sein, der aufmerksam bedenkt, was die Schrift ihm an Verhaltensregeln vorschlägt, der sich an Gelesenes zustimmend erinnert. Die entsprechenden Ausdrücke sind 'memorans, quod', 'recordans, quod in evangelio dictum est', 'totus cogitans illud', 'illud attendens' oder mit finitem Verb 'audierat enim euangelicum illud'.[136]

Typisch ist ferner das Vertrauen des Heiligen in die biblischen Verheißungen. Die Absicht des Hagiographen, die Leser und Hörer zu ähnlichem Vertrauen anzuregen, ist mit Händen zu greifen! Formulierungen wie 'executus est ... promissa veritatis', 'euangelica attestatione meruistis esse beatus' oder 'in eorum studens numero inveniri, quibus promittitur ipsa veritate dicente'[137] weisen auf die Spannweite sprachlicher Realisierung der paränetischen Absicht.

Eine Mischung aus Halbzitat und biblischer Wortverbindung liegt dem gereimten Lob auf den Abt Achivus zugrunde:

> Qui mundi laqueos vicit, labente palestra, qui pectore
> sincero semper meruit cernere Christum, ut monachus
> Tranquillus iste mitis sanctusque sacerdos, ...[138]

Die zweite Zeile der zitierten Passage spielt sicher auf die Seligpreisung der Herzensreinen (Mt.5,8) an. *Cor* ist durch *pectus* ersetzt. Das Adjektiv *mitis* könnte aus der Seligpreisung der Sanftmütigen stammen, wahrscheinlich ist allerdings die Selbstbezeichnung Jesu aus Mt.11,29 Vorlage.

Die Verbindung mehrerer biblischer Halbzitate, Bilder und Motive zeigt eine eindrückliche Schilderung der künftigen Märtyrerin Genovefa. Täglich, so berichtet die Vita, richtet die Heilige weinend ihre Augen gen Himmel. Genovefa gehört zu den mundicordes und darf darum wie einst der Protomartyr Stephanus den offenen Himmel und darin Gott

---

135 In der genannten Reihenfolge: MGH.SS 12, 845; MGH.SRM 5, 559.

136 MGH.SRM 3, 593; MGH.SS 15/2, 949; MGH.SS 11, 100; MGH.SS 10, 586; MGH.SS 12, 544.

137 MGH.SS 15/2, 1179; MGH.SS 12, 432; MGH.SS 12, 546. – Die Reihe der Belege liesse sich beliebig verlängern. Vgl. auch die Belege unten, 301ff., 364ff.

138 MGH.SRM 3, 179, 25/27. – Vgl. die rekonstruierte Fassung Traubes, ebd. 34/36: „Qui mundi laqueos vicit, labente palestra, / Pectore sincero meruit qui cernere Christum, / Ut monachus < fuerat > mitis sanctusque sacerdos."

Vater und Sohn sehen.[139] Mt.5,9 und Act.7,55ff. geben die Vorlage für die Darstellung der Vita ab. Die assoziative Verbindung beider Bibelstellen läuft über das Motiv 'caelum' bzw. 'Deum videre'.

Ein wichtiges Merkmal hagiographischer Literatur ist die stark schematisierte Darstellungsweise.[140] So hat jede Epoche ihren bevorzugten Heiligentypus, z.B. den Märtyrer, den heiligen Abt, Bischof oder König. Graus hat gezeigt, daß die Merowingerzeit den Typus des aktiven, in die Politik intergrierten Abtes und Bischofs geschaffen hat.[141] Jeder Heiligentypus, jedes Heiligkeitsideal hat ein entsprechendes Darstellungsschema.[142] In hohem Maß prägend ist auch in diesem Bereich die Bibel. Beliebt sind längere oder kürzere Tugendkataloge.[143] Die schematisierte Darstellung bedeutet allerdings keineswegs, daß hagiographisches Schrifttum keinen historischen Aussagewert hätte. Die neuere Forschung benutzt hagiographische Literatur mit Erfolg zur Untersuchung sozial- und kulturgeschichtlicher Fragestellungen[144] der Entstehungszeit der entsprechenden Werke.

Die Untersuchung der Verwendung bestimmter biblischer Texte in hagiographischer Literatur gibt mannigfaltige Hinweise auf die Aktualität einzelner Bibelwerke in konkreten historischen Situationen. Die Untersuchung von Bergpredigtworten in der Hagiographie etwa zeigt, daß die ganze Problematik um Gewalt und Gewaltlosigkeit im Spannungsfeld zwischen kirchlicher Macht und der Machtpolitik von Kaisern und Königen nicht ohne Rekurs auf die Seligpreisung der Friedensstifter

---

139 „Quociens caelum conspexit, tociens lacrimata est. Et cum esset mundo corde, quemadmodum Lucas euangelista discripsit de beatissimo Stephano, ita et haec credebatur caelos apertos videre et dominum nostrum Iesum Christum stantem ad dexteram Dei, quoniam irritum non est promissum Domini, quo ait: Beati mundo corde, quoniam ipsi Deum videbunt." (MGH.SRM 3, 221, 7/11).

140 Vgl. dazu Graus, 1965, 62ff., 73ff.; Delehaye, Légendes, 23ff.; 92ff.

141 Graus, 1965, 353ff.

142 Vgl. Zöpf, 1908, 40ff. (mit instruktiver graphischer Darstellung).

143 Hertling, ZAM 8, 1933, 260ff.

144 Die Literatur zu diesem Forschungsgebiet ist unübersehbar. Es sollen hier nur einige wenige Titel exemplarisch genannt werden. Graus, 1965, 13 etc.; de Gaiffier, AnBoll 86, 1968, 391ff.. Die beiden Sammelbände 'Hagiographie Cultures et sociétés IVe-XIIe siècles.' Actes du colloque organisé à Nanterre et à Paris (2-5 mai 1979), Paris 1981 (darin bes. Teil 5: L'Hagiographie dans l'histoire, 435ff.) und Mönchtum, Episkopat und Adel zur Gründungszeit des Klosters-Reichenau, hg. von A. Borst, 1974.

(Mt.5,9) und die Antithesen zu Gewaltverzicht und Feindesliebe (Mt.5,38-48) auskommt. Ähnliches gilt für die Antithese vom Schwören (Mt.5,33-37); auch sie war offensichtlich Argument in zahlreichen machtpolitischen Auseinandersetzungen weltlicher und geistlicher Regenten.[145]

Hagiographische Literatur ist Teil mittelalterlicher Schriftauslegung.[146] Sie partizipiert an deren hermeneutischen Grundsätzen, allerdings zieht sie den sensus litteralis den geistigen Schriftsinnen vor.[147] Es ist aber kein sensus litteralis, wie ihn sich etwa ein Christian v. Stablo vorgestellt hat. Van Uytfanghe trifft mit seiner vorsichtigen Formulierung den Kern der Sache, wenn er bemerkt, man habe innerhalb der hagiographischen Literatur mit der 'possibilité d'une certaine exégèse suprahistorique' zu rechnen.[148]

Nach diesen bewußt exemplarischen Ausführungen über die Hermeneutik und einigen Gattungen monastischer Schriftauslegung sollen jetzt die zentralen Verstehenskategorien der Bergpredigtauslegung behandelt werden. Es geht dabei um die Bergpredigt als Ganzes. Einzelne Textabschnitte, die eigenen hermeneutischen Gesetzmäßigkeiten gehorchen, sind in besonderen Abschnitten dargestellt.

---

145 Besonders aufschlußreich ist in diesem Punkt die reichhaltige polemische Literatur aus der Zeit des Investiturstreits.

146 Leclercq hat das diesbezügliche Selbstverständnis der mittelalterlichen Quellen eindrücklich dargestellt, vgl. Leclercq, La Bibbia 1963, 123.

147 Vgl. La Bibbia 1963, 650f. (Smalley).

148 Van Uytfanghe, RHEF 62, 1976, 108. – Grundlegend dazu auch Bolton, Aevum 33, 1959, 206ff.

TEIL II: DER VERSTEHENSHORIZONT MITTELALTERLICHER BERGPREDIGTAUSLEGUNG

A.   Die Bergpredigt als Neues Gesetz

1. Zur Terminologie: 'SERMO DOMINI' oder 'NOVA LEX'?

Wenn altkirchliche und mittelalterliche Ausleger die erste Rede Jesu nach dem Matthäusevangelium (Mt.5-7) auf einen Begriff bringen, greifen sie in der Regel auf zwei Bezeichnungen zurück. Die eine ist durch die von Augustin geprägte Formel 'sermo Domini in monte' bestimmt, die andere, nova lex, hat ihren Ursprung im typologischen Vergleich der Bergpredigt Jesu mit der Übergabe des Dekaloges an Mose auf dem Sinai (nach Ex.19).

Jahrhundertelang stehen beide Bezeichnungen nebeneinander. Der jeweilige Kontext bestimmt über den zu verwendenden Begriff und sein Bedeutungsfeld. Zwar schwingt besonders in der Bezeichnung 'nova lex' von allem Anfang an etwas von dem mit, was heute den Begriff Bergpredigt ausmacht: der Verweis auf die *summa evangelii*, sämtliche Weisungen Jesu, die seine Nachfolge betreffen, das Neue im Gegensatz zum Alten Testament. Trotzdem hat sich lange Zeit keine Bezeichnung endgültig durchsetzen können.[1] Beide gehen letztlich auf die Darstellung von Mt.5,1f. zurück und knüpfen erklärend an die Figur des Berges an. Die Bezeichnung 'sermo Domini in monte' basiert auf der wörtlichen, 'nova lex' auf der allegorisch-typologischen Auslegung der Stelle.

a. Mt.5-7 als 'sermo Domini in monte'

Sermo Domini in monte ist der Titel von Augustins monografischer Auslegung der drei Matthäuskapitel aus dem letzten Jahrzent des vierten Jahrhunderts.[2] Augustin versteht die Bezeichnung 'sermo Domini in

---

1   Vgl. dazu Barth, TRE 5, 1980, 603.

2   Zur Datierung vgl. Mutzenbecher, Einleitung zur kritischen Edition CChr. SL 35, VII-IX.

monte' ganz wörtlich – er meint damit die auf dem Berg gehaltene Predigt Jesu. Die harmonisierende Auslegung von Lk. 6 und Mt. 5 aus *De consensu evangelistarum* liefert der altkirchlichen und mittelalterlichen Auslegung Gedanken und Formulierungen.

Ausgehend von Mk. 1,39 lokalisiert Augustin die Bergpredigt in Galiläa, denn Mk.1,40f. bringt parallel zu Mt.8,1ff. die Heilung von Aussätzigen: der sermo Domini in monte fällt demzufolge unter die summarischen Angaben aus Mk.1,38f. und Mt.4,23, die von Jesus berichten, er sei predigend in Galiläa umhergezogen.

Jesus scheint vorerst allein mit den Jüngern auf den Berg gestiegen zu sein (nach Lk.6,12ff.), dann stieg er vom Gipfel des Berges auf eine Ebene herunter. Augustin präzisiert: 'id est in aliquam aequalitatem, quae in latere montis erat et multas turbas capere poterat.' Dort stand er und wartete, bis das Volk sich versammelt hatte, und die Jünger um ihn herumstanden, um ihnen und dem Volk die Predigt zu halten, die Lukas und Matthäus 'diverso narrandi modo, sed eadem veritate rerum et sententiarum' wiedergeben.[3]

Die Darstellung ist häufig wörtlich oder paraphrasierend übernommen worden.[4] Ähnliche Bezeichnungen der Rede Jesu aus Mt. 5-7 sind 'sermo habitus in monte'[5], 'sermo Dei' oder 'divinus sermo'[6], 'sermo Evangelii'[7] oder einfach 'sermo'[8].

b. Mt.5-7 als 'nova lex'

Die Bezeichnung 'nova lex' setzt den alten Vergleich der Predigt Jesu mit der Gesetzesübergabe an Mose voraus. Die grundlegenden Fakten des Vergleichs bringt ausführlich eine Predigt Leos des Grossen zu Mt.5,1ff.: Jesus wählt den Berg als Predigtstandort, um dadurch an die Ereignisse auf dem Sinai zu erinnern. Das Volk läßt er stehen und steigt, nur von den Aposteln begleitet, auf den Berggipfel. Dort unterhält er sich freundlich und völlig offen mit ihnen. Er schreibt ihnen die Gebote des Neuen Bundes ins Herz, er lehrt sie 'Erhabenes', damit sie es später dem Volk

---

3 CSEL 43, 143-148 (De consensu evang. 2, c.17 und 18).

4 So etwa durch Hraban.: PL 107, 793D/794A; Ps. Beda: PL 92, 24A/B; Radbert.: CChr.CM 56, 281.

5 CChr.CM 29, 208.

6 Rup. Tuit.: CChr.CM 29, 132; Radbert.: CChr.CM 56, 325; Glossa ordinaria: PL 114, 94; Gaufrid. Babio: PL 162, 1296; Bruno Sign.: PL 165, 106A.

7 Rup.Tuit.: CChr.CM 29, 132.

8 Radbert.: CChr.CM 56, 324.

weitergeben. Seine Güte und Freundlichkeit ist Zeichen der Ablösung der Knechtschaft des Gesetzes durch die Gnade.

Ähnlich und doch wieder völlig anders Mose: er steigt ganz allein auf den Sinai. Das Volk bleibt, durch Gottes Befehl eingeschüchtert, am Fuß des Berges zurück. Auf dem Gipfel des Berges spricht Gott im Gewitter zu Mose; Blitz und Donner begleiten seine Worte. Ihr Inhalt entspricht den äußeren Umständen. Es sind furchterregende gerechte und gnadenlose Gebote, die Moses auf Steintafeln schreiben soll.[9] Die Farben zu diesem Gemälde stammen neben Mt. 5 und Ex.19 aus Jer.31,31ff., der Schilderung des neuen Bundes.

Gesetz steht gegen Gnade, Sklaverei gegen die Freiheit der Kinder Gottes. Die Predigt Jesu auf dem Berg ist die Magna Charta der durch den Geist befreiten Nachfolger Jesu.

Die Tradition kennt ähnliche Entgegensetzungen von Altem und Neuem Bund in Gestalt des Dekaloges und der Seligpreisungen. Dekalog und Seligpreisungen sind dann je pars pro toto des Alten beziehungsweise Neuen Gesetzes.[10] Die Bezeichnung 'nova lex' steht in diesem Zusammenhang neben Begriffen wie 'nova regula'[11] und 'novum testamentum'.[12]

Bezeichnungen dieser Art setzen − implizit oder explizit − den Vergleich von Altem und Neuem Testament, Altem und Neuem Gesetz voraus. Die Bergpredigt oder Teile von ihr, wie die Seligpreisungen, meinen in diesem Zusammenhang nicht nur die Worte aus den Kapiteln fünf bis sieben des Matthäusevangeliums, sondern stehen für die Sache des Neuen Testaments.

Die scholastische Theologie verwendet den Begriff 'nova lex' dann, wenn von der Bergpredigt im systematischen Zusammenhang des Neuen Gesetzes gehandelt wird.[13] Bis in die Zeit nach der Reformation bleiben beide Bezeichnungen, 'sermo Domini in monte' und 'nova lex', nebeneinander im Gebrauch. Seit ihrer Prägung in altkirchlicher Zeit decken bei-

---

9 Leo: CChr.SL 138A, 582f. − Zur Datierung der Predigt vgl. Chavasse in der Einleitung zur Edition, a.a.O. 581 'Il est mieux de ne pas chercher à préciser la date où elle fut prononcée entre 446 et 461.' Vgl. auch a.a.O., 226.

10 Vgl. etwa Radbert.: CChr.CM 56, 303, 2207ff.

11 Bruno Sign.: PL 165, 106A.

12 Radbert.: CChr.CM 56, 282, 1577.

13 Etwa Thomas von Aquino, STh I^a II^ae, 1-21.

de ein Bedeutungsfeld ab, das über den Text von Mt.5-7 hinausgeht und sowohl Anweisungen Jesu für Nachfolger wie das Ganze der neutestamentlichen Botschaft im Vergleich zum Inhalt des Alten Testamentes umfaßt.

2. Zum Inhalt: 'gradatim de imis ad summa' oder der steile Weg auf den Berg

Was monastische Ausleger zum Inhalt der Bergpredigt zu sagen haben, kleiden sie vorzüglich ins Bild vom Aufstieg auf den Berg.[14] Anlaß ist ihnen die Formulierung des Matthäus (Mt.5,1), Jesus sei auf einen Berg gestiegen, um seine Predigt zu halten. Die Situierung der Predigt Jesu auf dem Berg bietet der Auslegung Gelegenheit zu mannigfaltigen Kombinationen.

Jesus predigt nicht zufällig auf einem Berg. Er predigt als der König und Hohepriester, der von sich selber sagt: 'Ego autem constitutus sum rex ab eo super Sion montem sanctum eius, praedicans praeceptum eius.' (Ps.2,6f). Er ist 'ein Gott der Berge und nicht der Täler' (nach 1.Kön. 20,28)[15], er ist 'Zion, die Freudenbotin', die auf einen hohen Berg steigt, um ihre Frohbotschaft zu verkündigen (nach Jes.40,9f).[16] Seine Gerechtigkeit ist 'wie die Berge Gottes' (nach Ps.36,7), erhaben wie ein Berg seine Lehre.[17] Wer darf auf dem heiligen Berg weilen (Ps.15,1), wenn nicht die Kirche und aus ihr vornehmlich die Apostel 'ut montes ipsi prius ab eo qui celsior erat pacem suscipiant. Deinde colles ex quibus totus mundus colligitur, iustitiam exciperent' (nach Ps.72,3 und Ps.76,5).[18]

Der Weg auf den Berg ist steil. Der Aufstieg ist anstrengend, denn er führt zum Himmel. Es ist ein Weg, der von unten nach oben, von außen nach innen, vom Leiblich-Fleischlichen zum Geistlichen führt. Dieser Weg ist zugleich der Weg jedes Einzelnen zu sich selbst. Er führt zur Selbsterkenntnis, die mit der Gotteserkenntnis in gewisser Weise eins ist. Der Weg auf den Berg führt weg von der verwirrenden Fülle von Sinneseindrücken in die Stille, zur vollen und uneingeschränkten Hingabe an

---

14 Die Tradition ist alt und keineswegs auf die Bergpredigtauslegung beschränkt. Nützliche Hinweise bringt Salet in SC 130, 87 Anm. 3. Zu Augustin vgl. Crespin, 1965, 244.

15 Chromatius: CChr.SL 9A, 23.

16 Radbert.: CChr.CM 56, 280f.

17 Haimo: PL 118, 140A/B.

18 Zum Berg als Kirche vgl. Petrus Comestor: PL 168, 1801C. – Radbert.: CChr. CM 56, 281, 1522/1524.

Gott. Dieser Weg ist steil; wer ihn gehen will, muß Ballast abwerfen, die Verbindung zur Welt abbrechen, die Laster ablegen, vom Irdischen zum Himmlischen aufsteigen.[19] Durch die Bergpredigt lehrt Jesus seine Jünger, aufzusteigen 'de virtute in virtutem' (nach Ps.84,8).[20] Er fordert sie auf, das Tal der irdischen Leidenschaften unter sich zu lassen und zum Berg des geistlichen Lebens aufzusteigen. So gut es geht, erleichtert Jesus diesen Aufstieg: er schlägt Stufen aus kostbarem Gestein[21], die Seligpreisungen nämlich. Es sind dieselben Stufen, die zum Tempel aus der Ezechielvision führen, (Ez.40,30.37) die Sprossen aus der Jakobsleiter (Gen.28,12f.) und die Stufen der cantica graduum der Psalmen.[22] Diese Stufen schreiten die Gläubigen 'de virtute in virtutem' empor, bis sie Gott auf dem Zion schauen werden (Ps.94,8).[23]

Jesus erklärt den Weg in der Bergpredigt bis in alle Einzelheiten. Er hält nichts zurück, was den Gläubigen beim Aufstieg helfen könnte, weil er wohl weiß, daß der enge Weg zum Leben ungleich mühevoller zu gehen ist als der breite Weg ins Verderben. (Mt.7,13f.).[24]

Jesus selber ist der Weg, er wird eins mit dem Inhalt der Bergpredigt. Prediger und Predigt sind Wegweiser für den Aufstieg zu Gott, weisen die

---

19 SC 130, 96 und 112 (Isaak von Stella).

20 Helinand: PL 212, 671 und öfters.

21 Radbert.: CChr.CM 56,282,1574ff.; Chromatius: CChr.SL 9A,176,179; Leo: CChr.SL 138A,583.

22 Zur Jakobsleiter: Chromatius: CChr.SL 9A, 179; Petr.Bles.: PL 207, 703D. – Zu den Stufen des Tempels: Guerr.: SC 202, 498f. Zu den cantica graduum: Nicol.Clar.: PL 144, 812. – Ein weiteres innerbibl. Interpretament des Aufstieges ist Zachäus, der auf einen Baum steigt, um Jesus sehen zu können (!): Innoc.III: PL 217, 594A. – Zahlreiche Belege zu den genannten Interpretamenten bringen Meyer/Suntrup, 1987, zu den Zahlen 7 und 8. Typisch für die plerophore Darstellung der Quellen ist folgender Beleg aus einer Predigt des Zisterziensers Guerricus v. Igny: 'Gratum, inquam, et auspicatum novae legis initium, quandum in ipso statim initio tot beatitudinum benedictiones dat legislator, quibus delectati eant de virtute in virtutem per istos videlicet octo gradus ascensionis, quos in corde nostro disposuit structura evangelii secundum exemplar et imaginem coelestium, quod Ezechieli quoque ostensum est in monte visionum Dei. Est enim manifeste quidam ascensus cordium, et profectus meritorum iste per ordinem digestus octonarius virtutum, gradatim de imis ad summa perducens virum evangelicae perfectionis, donec ad videndum Deum deorum in Sion ingrediatur templum, de quo propheta dicit: Et in octo gradibus ascensus eius.' (SC 202, 498/500, 16/28).

23 Guerr.: SC 202, 500, vgl. Radbert.: CChr.CM 56, 405.

24 Valerian: PL 52, 697Cff.

Richtung und halten von Irrwegen ab. Dem Wanderer, der lieber den bequemeren Pfad ginge, stellen sie sich als Hindernis in den Weg. Jesus und seine Bergpredigt sind darum auch Gegner auf dem Weg zum Gericht (Mt.5,25). Sie halten dem Gläubigen seine Verfehlungen und Irrwege vor und versuchen, ihn vor dem Gericht zu bewahren.[25]

3. Altes und Neues Gesetz – eine Verhältnisbestimmung

Die inhaltliche Bestimmung der 'nova lex' hat häufig die Gestalt eines Vergleichs von Altem und Neuem Testament.[26] Schriftgrundlage sind neben Mt.5,1 besonders Mt.5,17, das 'Grundwort aller Typologie'[27] und die Antithesen (Mt.5,21ff.) sowie der Hinweis Jesu auf die christliche Gerechtigkeit, die größer sein soll als die Gerechtigkeit der Pharisäer und Schriftgelehrten (Mt.5,20).

Den einzelnen Verhältnisbestimmungen liegen in der Regel unterschiedliche Bergpredigtworte zugrunde. Ob ein Ausleger die Seligpreisungen oder die Antithesen zur Grundlage seiner Äußerungen über das Wesen des neuen Gesetzes macht, ist nicht belanglos.

Die Grundlegung bestimmter Bergpredigtworte schließt bereits eine Art Vorverständnis über das Wesen der 'nova lex' ein. Jede Verhältnisbestimmung meint aber das Ganze; die einzelnen Lösungsversuche spiegeln je unterschiedliche Aspekte der komplexen Größe Neues Gesetz. Sie schließen sich nicht aus, sondern ergänzen sich gegenseitig. Einzelne Darstellungen sind freilich typisch für bestimmte Zeiten, Autoren und Gattungen. Im Sinne eines Überblicks sollen hier die unterschiedlichen Verhältnisbestimmungen von Altem und Neuem Gesetz skizziert werden.[28]

---

25 Hraban.: PL 107, 810D; Radbert.: CChr.CM 56, 323f.; Ps.Beda: PL 92, 28A; Christ.Stabul.: PL 106, 1309B; Glossa ordinaria: PL 114, 94B; Bruno Sign.: PL 165, 106B.

26 Zur Sichtweise der Alten Kirche (Gesetz und Evangelium) vgl. Hasler, 1953.

27 Ohly, 1983, 318.

28 Vgl. zum Ganzen de Lubac, 1959a, 328ff. (L'unité des deux testaments). – Die Einbettung der einzelnen Lösungsvorschläge in das Umfeld der Textauslegung erfolgt im Rahmen der auslegungsgeschichtlichen Partien dieser Arbeit, vgl. unten zur Auslegung der Seligpreisungen und Antithesen.

a. Tatsünde und intentio animae

Zwischen den Anweisungen Jesu aus den Antithesen und den entsprechenden Worten des mosaischen Gesetzes klafft ein breiter Sinn-graben. So jedenfalls haben es die Ausleger der Bergpredigt immer wieder empfunden. Die scheinbaren oder wirklichen Widersprüche zwischen Worten aus dem Alten und dem Neuen Testament mußten einem Bibelverständnis, das von der grundsätzlichen Einheit beider Testamente ausging, ein Dorn im Auge sein. Einer der ältesten Harmonisierungsversuche[29] zwischen den entsprechenden Aussagen beider Testamente ist die Unterscheidung mehrerer Anwendungsebenen. Das Alte Gesetz berücksichtigt gemäß dieser Konzeption nur die Tatebene, das Neue Gesetz über die Tatebene hinaus auch die Ebene der Intention. Die Anwendungsebenen beziehen sowohl Weisungen und Verheißungen als auch Drohungen und Strafen ein. Das Alte Gesetz regelt demzufolge nur das, was mit dem Handeln des Menschen zu tun hat. Seinem Ansatz gemäß sind nur konkrete Handlungen, vollzogene Taten, strafbar. Anders das Neue Gesetz: es kennt auch Weisungen bezüglich der Absicht und des menschlichen Willens. Demzufolge sind bereits der fehlgerichtete Wille und die böse Absicht des Menschen strafbar. Die Absicht (intentio animae), der einer konkreten Handlung zugrundeliegende Wille, werden zum absoluten Kriterium für den Wert oder Unwert jeder menschlichen Tat. Wichtig ist nicht mehr, ob eine konkrete Tat gelingt oder mißlingt, 'gut' oder 'böse' ist. Entscheidend ist vielmehr, welche Absicht hinter der Tat steht. Vollkommenheit mißt sich nicht an fehlerlosem Verhalten als solchem, sondern am 'guten Willen' dazu. Umgekehrt ist nur der 'böse Wille' strafbar und nicht die unvollkommene oder gescheiterte Tat. Der 'gute Wille', die 'richtige Absicht' des menschlichen Verhaltens mißt sich an der ganzen und ungeteilten Ausrichtung auf Gott ('alles zur Ehre Gottes und nicht um des Ruhmes der Menschen willen tun') und am Kriterium der Übereinstimmung des menschlichen Verhaltens mit den Regeln der Kirche ('recht glauben, hoffen und lieben').[30] Diese beiden Kennzeichen sind zugleich Kriterien zur Unterscheidung von wahren Christen und Häretikern, Heuchlern und falschen Propheten.[31] Sie entscheiden ferner über

---

29 So zum Beispiel bei Hieronymus (CChr. SL 77, 27f.) und Augustin (CChr SL 35, 23ff.).

30 Vgl. beispielsweise Radulf.Ard.: PL 155, 1997B. 2012.

31 Vgl. Hraban.: PL 107, 815C.

die Bedeutung zahlreicher scheinbar widersprüchlicher Stellen innerhalb der Heiligen Schrift, etwa der Aufforderung von Mt.5,16, sein Licht vor den Menschen leuchten zu lassen und der Warnung aus Mt.6,1, die eigene Gerechtigkeit nicht vor Menschen zur Schau zu stellen.

Wie ist zum Beispiel das Verhalten Jesu während seines Verhörs vor dem Hohenpriester Hannas mit der Forderung nach Gewaltverzicht in Einklang zu bringen? Statt geduldig die andere Wange hinzuhalten, wehrt sich Jesus gegen die Schläge eines Knechts mit dem Wort, Schläge seien nur dann angebracht, wenn der Geschlagene gegen die Wahrheit verstoßen habe (nach Joh.18,22f.). Ähnliches gilt für den Apostel Paulus vor dem Hohen Rat. Der Apostel tituliert den Hohenpriester Hananias, der ihn auf den Mund geschlagen hat, als 'getünchte Wand' und verstößt dadurch scheinbar ebenso wie Jesus gegen die Forderung nach Gewaltverzicht. (nach Apg.23,1ff.).

Der Widerspruch erweist sich als Scheinwiderspruch, wenn man in die Argumentation das gesamte Leben von Jesus und Paulus einbezieht. Durch ihren Tod im Martyrium und am Kreuz überbieten beide das im Neuen Gesetz geforderte Verhalten; statt dem Angreifer die andere Wange hinzuhalten, geben sie beide sich selber ganz. Ihr Verhalten ist bestimmt durch jene Güte, Demut und Sanftmut, die Jesus sich selber zuschreibt (Mt.11,29). Die Absicht, das Verhalten und die Weisungen der Bibel stimmen darum vollkommen überein.[32]

b. Das Alte Gesetz als Propädeutik zum Neuen

Die beiden Gesetze spiegeln aber auch den unterschiedlichen Reifegrad ihrer Adressaten.[33] Israel war kindlich, roh, ungebildet und primitiv. Mose nahm auf die Entwicklungsstufe seines Volkes Rücksicht, als er den Dekalog niederschrieb. Er versuchte, wenigstens die Rachsucht einzudämmen und dem Blutvergießen zu wehren.[34] Anspruchsvollere Forderungen hätte Israel gar nicht verstehen können. Anders Jesus im Neuen Gesetz. Er richtet sich an Erwachsene, die bereit und fähig sind, auch solchen Anweisungen Folge zu leisten, die dem kindlichen Auffassungsvermögen unzumutbar erscheinen müssen. Die Adressaten des Neuen Gesetzes sind getaufte Christen. Jesus begnügt sich nicht damit, das Böse

---

32 So zum Beispiel Radbert.: CChr.CM 56, 346.
33 Vgl. dazu de Lubac, 1959a, 309ff.
34 Glossa ordinaria: PL 114, 95C.

in Schach zu halten wie Moses im Alten Gesetz. Er rottet es mitsamt der Wurzel aus.[35] Das Neue Gesetz geht bis an die Ursache des Übels, das Alte begnügt sich mit Symptombekämpfung. Trotzdem bleibt auch das Alte Gesetz weiterhin in Kraft. Es ist in Gestalt der Zehn Gebote propädeutisch zu erfüllen. Erst dann soll man sich an die Erfüllung der Anweisungen des Neuen Gesetzes wagen. Diese Verhältnisbestimmung von Altem und Neuem Gesetz kleiden die Ausleger manchmal in die Erzählung von Jakob, der zweimal sieben Jahre um die geliebte Rahel dient (nach Gen.29). Die ersten sieben Dienstjahre stehen für die 'praecepta legis quae sunt de dilectione proximi', nämlich das vierte bis zehnte Gebot. Die zweiten sieben Jahre meinen die Gebote der Bergpredigt 'ut sit pauper spiritus, mitis, lugens, esuriens sitiensque iustitiam, misericors, mundi cordis, pacificus.'[36] Beliebt ist auch hier das Bild von den sieben, bzw. acht Stufen, die erst in den äußeren, dann in den inneren Vorhof des Tempels aus der Ezechielvision führen sowie die Worte aus Koh.11,2 'da partem septem necnon et octo'. Der Ort der Achtzahl über dem der Zahl sieben bedeutet den Fortschritt von den Vorschriften des Gesetzes zu den Verheißungen des Evangeliums und zum Glauben an die ganze Schrift. Die Verbindung der Achtzahl zur Bergpredigtauslegung läuft in der Regel über die Seligpreisungen.[37]

c. Das Neue Gesetz als Gnadengabe göttlicher Pädagogik

Moses hatte im Alten Gesetz in undifferenzierter Weise an die Sklavenmoral des jüdischen Volkes appelliert. Er baute auf die Furcht der Israeliten vor Strafe. Ohne Rücksicht auf die unterschiedlichen Fähigkeiten der Menschen und ihre Schwächen forderte er von allen Leuten das-

---

35 Hraban.: PL 110, 113A/B; Bruno Sign.: PL 165, 106A; Radbert.: CChr.CM 56, 336; Ps. Beda: PL 92, 28D; Isaac Stel.: SC 130, 90.

36 So bereits Augustin, CSEL 25/1, 646f. – Für weitere Belege vgl. Meyer/Suntrup 1987, 569f.

37 Siehe oben, 8ff. und unten, 140ff. – Belege aus Augustin, CChr. SL 14, 152 und Hieronymus, CChr. SL 78,20. Weitere Belege Meyer/Suntrup 1987, 567ff. – Ebd. 1 'Der Ort der Achtzahl über der Sieben, dem in der Bibel die Überwindung des Sabbattages durch den achten Tag des Herrn entspricht, bildet den wichtigsten Ansatzpunkt für die Auslegung der Acht. Da die Acht als Zeichen der Auferstehung zugleich auf die ewige Seligkeit vorausdeutet, bietet sich der Brückenschlag zu den acht beatitudines des Evangeliums (Mt.5,3-10) an'.– Zur entsprechenden Regel der Zahlenallegorese, die dem zugrundeliegt (Der Ort der Zahl in der Zahlenreihe und im Dezimalsystem) vgl. Meyer, 1975, 64ff.

selbe und drohte allen mit denselben Strafen. Das Alte Gesetz bestand aus einer Reihe von allgemeingültigen Geboten und Verboten.

Der Gesetzgeber des Neuen Gesetzes weiß dagegen um die Schwächen der menschlichen Natur. Er kennt die unterschiedlichen Fähigkeiten und Gaben jedes einzelnen Menschen und achtet sie. Dieser Gesetzgeber wendet sich nicht an Sklaven, sondern an Freie. Die Adressaten seines Neuen Gesetzes sind seine Brüder und Freunde, Gottes Kinder.[38] Der Gesetzgeber appelliert nicht an Sklavenmoral, sondern baut auf die freie Zustimmung jedes Einzelnen. Entsprechend differenziert ist der Aufbau des Neuen Gesetzes: Bitten, Gaben und Ratschläge lösen Gebote und Verbote ab. Freie Menschen handeln nicht aus Furcht vor der Strafe, sondern lassen sich durch Verheißung locken. Freunden befiehlt man nicht, sondern gibt ihnen allenfalls gutgemeinte Ratschläge.

Jesus baut sein Gesetz stufenweise auf, beginnt mit dem Leichteren und geht über zum Anspruchsvolleren. Am Anfang stehen die Gnadengaben des Heiligen Geistes (nach Jes.11,2ff.)[39] und die Bitten des Herrengebets. Jesus schenkt den Christen aus freien Stücken alle Voraussetzungen, deren sie zur Erfüllung der neutestamentlichen Weisungen bedürfen. Das Herrengebet bereitet den Menschen zum Empfang der einzelnen Gaben des Geistes. Durch die Kraft der Bitte erhält der Gläubige all das, was er beim Aufstieg zur Vollkommenheit braucht. Was Jesus von der Einstellung und dem Verhalten des Gläubigen in den Seligpreisungen fordert, ist dem Menschen als Gnadengabe bereits geschenkt.[40]

'Ac per hoc oremus, ut percipiamus, perceptis uero donis operemur que iussa sunt, operantes autem premedimur quatinus ad singulas beatitudines diuinitus adiuti quandoque perueniamus.'

Jeder ist dadurch befähigt, seinen Fähigkeiten gemäß als Christ zu leben und die Weisungen des Neuen Gesetzes zu erfüllen. Jeder kann vollkommen werden (Mt.5,48), vollkommen 'non ex proprietate sui, sed ex gratia divine largitatis et virtutum integritate.'[41]

---

38 Vgl. de Lubac, 1959a, 317ff.

39 Zum Schema Augustins, das Gnadengaben, Vaterunserbitten und Seligpreisungen verbindet, vgl. unten 138f.

40 So etwa Radbert.: CChr.CM 56, 281, 1535ff., 408, 1525ff. Zitat: ebd. 405, 1426/1429.

41 Radbert.: CChr.CM 56, 360.

Diese Bestimmung des Neuen Gesetzes ist vor allem in den Kommentaren der Karolingerzeit (Hrabanus Maurus, Paschasius Radbertus, Druthmarus ...) und den Predigten zisterziensischer Mönche des 12. Jh. (Bernhard v. Clairvaux, Isaak v. Stella, Guerricus v. Igny) aktuell. Soteriologische Fragestellungen vereinen hier anthropologische und christologische Dimensionen.

Die Adressaten des Neuen Gesetzes gehören einem andern Stand an als diejenigen des Alten Gesetzes.[42] Es sind Freie, Kinder Gottes, nicht Sklaven. Das Wesen des Neuen Gesetzes nimmt darauf Rücksicht. Es ist Geschenk des göttlichen Pädagogen Jesus, es lockt statt zu drohen und gibt Ratschläge statt Gebote und Verbote. Das unterscheidet es vom Alten Gesetz.

d. Das Neue Gesetz als hartes Joch

Im 12. Jahrhundert stellt sich einigen Autoren die Frage nach der Erfüllbarkeit gewisser Forderungen der Bergpredigt und des Neuen Gesetzes im ganzen mit neuer, vorher ungekannter Schärfe. Zwar will bereits seit den Anfängen der Wirkungsgeschichte des Neuen Testaments die Frage nicht verstummen, wer denn überhaupt die Forderungen Jesu erfüllen könne.[43] Aber die Fragestellung wird von der offiziellen Auslegung nicht zur Kenntnis genommen. Die Ausleger handeln sie als fiktiven Einwand ab, der souverän mit dem traditionellen Hinweis des Hieronymus abgetan wird, Gott fordere keineswegs Unmögliches, wohl aber das Vollkommene ... .[44]

Das Neue Gesetz Jesu tritt nicht als Forderung, sondern als Gabe ins Blickfeld der Auslegung.[45] Das ändert sich im 12. Jahrhundert. Die Lage der Kirche spricht für sich: seit mehr als hundert Jahren versuchen verschiedenste Reformbewegungen, den inneren Zerfall der Kirche zu bekämpfen und durch Rückgriff auf die vita apostolica den Orden neue Impulse zu geben.[46] Das Gedankengut dieser Reformversuche bleibt

---

42 Zum neuen Stand der Adressaten vgl. unten, 110ff.

43 Vgl. die Belege bei Beyschlag, ZThK 74, 1977, 298, bes. Anm. 14.

44 Hier.: CChr.SL 77, 34.

45 So bereits K. Holl: 'Die Alte Kirche redete von den hohen Anforderungen des Christentums nicht als von einem Joch, das dem Gläubigen auferlegt würde, sondern von einer Gabe, die ihm geschenkt würde.' (zit. nach Beyschlag, ZThK 74, 1977, 299).

46 Vgl. dazu Lapsanski, 1974, 1ff. (mit Lit.angaben).

nicht ohne Auswirkungen für die Auslegung der Bergpredigt. Das Verständnis der 'nova lex' als Gnadengabe wird korrigiert und eingegrenzt durch eine Auslegung des Neuen Gesetzes, die sich eher an den Antithesen als an den Seligpreisungen orientiert. Deren wichtigste Vertreter sind zwei profilierte Verfechter der spätcluniazensischen Reform, Rupert von Deutz (ca. 1075-1129 od. 1130) und Gottfried von Admont (ca. 1100-1165).

Rupert von Deutz war Professe von St. Lorenz in Lüttich, bevor er als Schützling Annos von Köln (†1010-1075) 1105/1106 Abt von Siegburg, 1120 Abt von St. Heribert in Deutz bei Köln wurde. Rupert hatte sich durch 'De voluntate Dei', die Frucht seines Streits um den freien Willen gegen Wilhelm von Champeaux und Anselm von Laon, und durch 'De divinis officiis', eine Auslegung der Liturgie, eine gewisse Berühmtheit als theologischer Schriftsteller erworben, als er seine beiden Gönner und Förderer, Kuno von Siegburg und Anno von Köln kennenlernte. Kuno arbeitete an der Ausbreitung der cluniazensischen Reform im Südosten des heutigen Deutschland. Er war es, der Ruperts Schriften in diesem Gebiet publik machte und verbreitete. Siegburg war seit dem Reformabt Markward († 1120) Zentrum der antilaikal geprägten Siegburger Reformrichtung für das rheinische Gebiet. Deutz leistete der Siegburger Reform lange Widerstand. Rupert kam als Vertreter des ordo Sigebergensis nach Deutz.[47]

In Siegburg und Deutz verfaßte er auf Drängen Kunos seine berühmten Auslegungen zahlreicher biblischer Bücher, die der Reform Kunos literarisch Ausdruck verschaffen sollten.[48]

Gottfried von Admont kam als Prior des hirsauisch geprägten St.Georgenklosters, eines Reformzentrums in Schwaben[49], nach Admont, wo er von 1138 bis zu seinem Tod als Abt wirkte. „Admont wurde zum letz-

---

47 Vgl. dazu Semmler, 1959, bes. 74ff., 212ff., 282ff., 72ff.; Beinert, 1973, 12ff. Biografisches auch bei Gribomont, Einleitung zu SC 131, 7 (mit Lit.angaben).

48 Hauck schildert — wohl nicht ganz unzutreffend — 'So war Rupert jahrzehntelang tätig. Der freundliche, in älteren Jahren etwas wohlbeleibte Herr konnte niemand die Bitte um ein neues Buch abschlagen, und was er schrieb, geriet ihm in der Regel länger, als er wollte.' (Hauck, 1913 (4), 439).
Zu Ruperts Stellung in der Auslegungsgeschichte vgl. Ohly, 1958, 121ff. (mit Verweis auf ähnliche Ergebnisse Kamlahs zu Ruperts Auslegung der Apokalypse, ebd. 129f., Anm. 5).

49 Vgl. dazu Arnold, ZRG 58, 1972, 350ff. und Braun, VL 3, 1981, 119ff.

ten, hochangesehenen Zentrum der Hirsauischen Reformbewegung, die im Admonter Reformkreis eine gewisse eigenständige Ausprägung annahm."[50]

Rupert deutet die Bergpredigt als Regierungserklärung des neuen Königs Christus an seine Soldaten und Gefolgsleute. Die Vorlage für seine Auslegung liefert ihm die alttestamentliche Schilderung vom Übergang der Herrschaft Salomos auf dessen Sohn Rehabeam.[51] 'Pater meus posuit super vos iugum grave, ego autem addam super iugum vestrum.' (1.Kön.12,14). Bezeichnend ist das der Bergpredigt entnommene Motiv der ganzen Auslegung – es ist die Aufforderung, den schmalen, mühseligen Weg zu wählen und durch die enge Tür ins Leben einzutreten, statt auf dem bequemen und breiten Weg dem Verderben entgegenzugehen.

Christus, der neue König, ist ganz anders als die irdischen Machthaber. Irdische Herrscher buhlen um die Gunst ihrer Untertanen. Christus erklärt: Non vos me elegistis, sed ego elegi vos. (Joh. 15,16). Er stellt die Bedingungen, er stellt die Forderungen, die er für gut hält. An den Worten der Bergpredigt muß sich jeder messen, der zum Reich des neuen Königs gehören möchte. Es ist darum auch sinnlos, die Menschen mit süßen Worten in die Schar der Jünger Jesu locken zu wollen. Man täuscht sie dadurch. Schonungslos soll man sie auf die harten, anspruchsvollen Anforderungen aufmerksam machen.

Wie bei Rehabeam fallen darum die meisten Untertanen von einem so gnadenlos-fordernden Herrscher ab. Nur die Kirche des wahren Glaubens bleibt Gott treu. Daß Rupert sich darunter zur Hauptsache die Vertreter der Orden vorstellt, zeigt seine Auslegung der Antithesen.[52] Die Antithesen sind der eigentliche Anfang und die Mitte der Bergpredigt. Was vorher kommt, ist captatio benevolentiae, gehört eher zur Form als zum Inhalt der Predigt Jesu.[53]

Rupert unterscheidet innerhalb der Bergpredigt zum erstenmal zwischen Geboten (*praecepta*) und Räten (*consilia*). Den Räten weist er die Funktion von Stufen auf dem Weg zur Vollkommenheit zu, eine Funktion, die in der vor ihm allgemein üblichen exegetischen Tradition den Seligpreisungen zugeteilt wurde.[54]

---

50   Braun, VL 3, 1981, 119.
51   CChr.CM 23, 1803f.
52   Vgl. dazu unten, 272ff.
53   CChr.CM 29, 112, 337/341. Vgl. ebd. 123 z. Einteilung der Predigt.
54   s. unten, 272ff.

Räte sind vor allem die Antithesen zum Eidverzicht, zu Gewaltlosigkeit und Feindesliebe und die Perikope vom Sorgen (Mt.6,25ff.). Sie alle rufen zum monastischen Leben auf. Die Worte Jesu zum Schwurverbot (Mt.5,29) bedeutet für Rupert 'totum deinde ... consilium [scil.sequi] quod huiusmodi est: Si vis perfectus esse, vade et vende universa quae habes, et da pauperibus, et veni sequere me.'[55] Nur der Ordensmann, der Kontemplative kann es sich leisten, sich keine Sorgen um den kommenden Tag zu machen. Jesus lädt mit diesem Wort zum kontemplativen Leben ein. Wer seiner Einladung Folge leistet und alle Habe den Armen gibt, ist wahrer Nachfolger Christi. Solche Nachfolge fordert Christus, der neue König mit den Worten von Mt.5,48: Estote ergo et vos perfecti, sicut et Pater vester caelestis perfectus est.[56]

Faktisch gilt das Neue Gesetz, gelten die Weisungen der Bergpredigt nurmehr der kleinen 'Elitetruppe' des himmlischen Königs, den kontemplativ lebenden Ordensleuten. Nur sie sind in der Lage, den anspruchsvollen Forderungen Christi, wie sie die Bergpredigt darstellt, gerecht zu werden.

Ähnlich versteht Gottfried von Admont die Bergpredigt. Er stützt sich auf Gen.1,16 'Fecitque Deus duo luminaria magna: luminare maius, ut praeesset diei: et luminare minus, ut praeesset nocti: et stellas.' Die von Gott geschaffenen Lichter sind die Gebote der Schrift (evangelica praecepta); sie trennen die Vollkommenen von den Unvollkommenen und die Guten von den Bösen. Das große Licht, die Sonne, bezeichnet das Neue Testament. Es übertrifft mit dem Gebot der Feindesliebe das Alte Testament an Vollkommenheit. Das Alte Testament wird im Bild als Mond dargestellt. Die Sonne übertrifft den Mond an Glanz und Strahlkraft; das Neue Testament leuchtet dem Tag, den Guten und Vollkommenen. Es stellt ihnen die *evangelica perfectio* vor Augen. Das kleine Licht des Alten Testaments leuchtet den Weltleuten, den weniger vollkommenen Christen.[57]

Mt.5,20, das Wort von der christlichen Gerechtigkeit, die die Gerechtigkeit von Pharisäern und Schriftgelehrten übertreffen soll, legt Gottfried auf die Hierarchie von Laien, Klerikern und Ordensleuten aus.

---

55 CChr.CM 29, 141, 194/196.
56 Ebd. 148, 469. Zu Mt.6,25f. ebd. 187.
57 PL 174, 441B/C.

Den Mönchen aus Admont sagt Christus selbst: 'Vobis electis filiis meis loquor, qui mecum de convalle hujus saeculi in montem ascendistis, quia nisi abundaverit iustitia vestra super iustitiam illorum, qui in clericali officio sunt constituti; abundaverit etiam supra iustitiam illorum, qui continenter in saeculo viventes coniugio sibi copulati, non intrabitis in regnum coelorum.'[58]

Nur wer sich aus der Welt zurückzieht und Jesus nachfolgt, wie es der Apostel Petrus von sich und den andern Aposteln sagen kann (Mt.19,27), handelt gemäß den Weisungen der Bergpredigt, vollkommen zu sein.[59]

Das Neue Gesetz wird in der Sicht dieser Ausleger zum harten Joch. Es stellt höhere Anforderungen als etwa die zehn Gebote. Gewisse Menschen sind von vornehrein aus dem Kreis der Adressaten des Neuen Gesetzes ausgeschlossen. Weil sie die notwendigen Voraussetzungen nicht erfüllen, bleibt ihnen die von Jesus geforderte Vollkommenheit versagt.[60]

e. Lex spiritualiter intellecta

Keiner bestimmten Zeit zuordnen läßt sich die jetzt zu behandelnde Sicht des Neuen Gesetzes. Sie ist seit Origenes der Bibelauslegung geläufig.[61] Das Alte Gesetz ist zwar in irgendeiner Weise 'anders' als das Neue. Leo der Grosse vergleicht die Schrift mit einem göttlichen Heiltrank, der bittere und süße Zutaten enthält. Das Alte Gesetz meint die bitteren, das Neue die süßen Ingredienzien. Damit der heilende Trank seine Wirkung entfalten kann, müßen bittere und süße Zutaten gemischt genossen werden. Der Versuch, die bitteren Teile herauszufiltern, das heißt, das Alte Testament nicht mehr zu beachten, käme dem Verlust der ganzen Medizin gleich.[62]

Entscheidend ist das rechte Verständnis des Alten Gesetzes. Es gehört trotz 'bitteren' Anteilen untrennbar zum Neuen dazu. Im 12. Jh. erklärt der berühmte französische Prediger Radulfus Ardens in einer Predigt zu Mt.5,20, die Antithesen und die darin enthaltenen Weisungen schienen beim buchstäblichen Verständnis wie etwas, was zum Inhalt des Alten

---

58 Ebd., 479B/C.

59 Ebd., 513A.

60 Vgl. Rup. Tuit.: CChr.CM 29, 122.

61 Vgl. dazu Hasler, 1953, 74ff.

62 PL 52, 732A/B.

Gesetzes hinzugefügt worden sei. Verstehe man sie aber ihrem geistigen Sinn gemäß, so seien es mehr Auslegungen des Alten Gesetzes als Zusätze:

> 'Evangelium enim nihil aliud est quam lex spiritualiter intellecta'.[63]

Das Neue Gesetz ist nichts anderes als die geistige Auslegung des Alten. Materiell bringt es nichts Neues, sondern erläutert vielmehr das, was bereits im Alten vorhanden ist. Jesus ist als Geber des Neuen Gesetzes der Hermeneut des mosaischen Gesetzes geworden. Was bisher versiegelt war, öffnete er durch seine Predigt.[64] Den Schatten, der über dem Alten Gesetz lag, hat er durch das Licht der Wahrheit vertrieben.[65] Die Einheit der beiden Testamente ist gesichert. Widersprüche lösen sich auf, wenn man den hermeneutischen Grundsätzen des mehrfachen Schriftsinns folgt. Das Alte Gesetz ist nichts anderes als das Neue, nur daß es dem buchstäblichen Verständnis schattenhaft, dunkel, versiegelt scheint, bis das geistige Verständnis seinen wahren Sinn enthüllt.

f. Die Mitte des Gesetzes: die Goldene Regel (Mt.7,12) und das Liebesgebot (Mt.22,37ff.)

In die Reihe der Harmonisierungsversuche von Altem und Neuem Gesetz gehört auch die Auslegung beider Gesetze auf eine gemeinsame Mitte hin.[66] Diese Mitte finden die Ausleger seit alters im Liebesgebot oder in der Goldenen Regel.

Valerian von Cemele (5. Jh.) wehrt sich beispielsweise gegen die Meinung, das Alte Testament kenne im Gegensatz zum Neuen nur eine 'verbrecherische und gnadenlose' Gerechtigkeit, weil es dazu aufrufe, den Feind zu hassen. Altes und Neues Testament verfolgen dieselbe Absicht. Sie versuchen, Bosheit durch Güte zu bezwingen und die Guten durch die Fesseln des Gesetzes zu schützen. Darin besteht die Mitte beider Testamente. Altes und Neues Testament gehören nach dem Willen Gottes zusammen, keines steht für sich alleine.[67]

---

63 PL 155, 1997D.

64 Rup.Tuit.: CChr.CM 29, 105.

65 Radbert.: CChr.CM 56, 454, 2978f. – Vgl. de Lubac, 1959a, 322f. Zur entsprechenden Metaphorik vgl. Spitz, 1972, 154ff. (bitter/süß), 46ff. (Schatten/Licht), 41ff. (Siegeleröffnung).

66 Vgl. dazu de Lubac, 1959a, 328ff. (Concordance des deux testaments), bes. 330ff. und PL 114, 877A.

67 PL 52, 731C/D.

Leo der Grosse stellt fest, die ethischen Gebote aus dem Alten Gesetz gälten bis heute uneingeschränkt. Am augenfälligsten zeige dies das Liebesgebot (Mt.22,37ff.). Es sei die copula der beiden Testamente. Die Einheit von Altem und Neuem Testament sei geradezu heilsnotwendig: '... ut sine istarum conexione virtutum nec lex quemquam inveniatur iustificasse, nec gratia.'[68]

Jonas von Orléans erklärt, das Neue Testament reduziere die zehn Gebote auf zwei, nämlich die Gebote der Gottes- und Nächstenliebe. Noch weiter vereinfache die Goldene Regel das Gesetz: sie fasse in einem Satz den Inhalt des ganzen Gesetzes zusammen.[69]

g. Der eschatologische Horizont des Neuen Gesetzes

Das neue Gesetz bedenkt die Situation des Menschen 'auf dem Weg zum Gericht'[70] bzw. der via peregrinationis zur himmlischen Heimat. Es ist Gesetz unter eschatologischer Perspektive, seine Verheißungen ebenso wie seine Drohungen weisen über das Leben hier und jetzt auf das Ende der Zeiten im Gericht. An der Stellung des Gläubigen zu den Weisungen des Neuen Gesetzes entscheidet sich dessen Ergehen im Jüngsten Gericht. Hält er sich an die Forderungen Jesu, so steigt er 'de virtute in virtutem' empor, um momenthaft bereits jetzt, nach dem Tod endgültig, der Gottesschau teilhaftig zu werden und im Kreis der Heiligen Wohnung zu nehmen.[71] Verwirft er die Worte des Gesetzes, so droht ihm die Verurteilung im Gericht, Fegefeuer und die Qualen der Hölle.[72]

Seine besondere Qualität verdankt das neue Gericht wesentlich seinem Gesetzgeber. Jesus erfüllte alle Forderungen seines Gesetzes selber, bevor er sie anderen stellte.[73] Er brachte das Gesetz im Wissen um die

---

68 CChr.SL 138A, 568. Vgl. zu weiteren Belegen Ohly, 1983, 319.

69 PL 106, 172B, vgl. auch Smar.: PL 102, 962C/963A, Bruno Sign.: PL 165, 106B; Ambr.Autp.: CChr.CM 27, 533. Zum Verhältnis von Gesetz, Goldener Regel und der lex naturalis vgl. Hasler, 1953.

70 Siehe unten 238ff. – Vgl. Bernhard, op. V, 1968, 330, ebd. VI/1, 196, 376; Chromatius: CChr.SL 9A, 169, Honor.Aug.: PL 172, 885B/C.

71 Helinand: PL 212, 668ff.

72 Werner: PL 157, 1059f.; Hraban.: PL 107, 807C.

73 Jonas Aurel.: PL 106, 1305B; Glossa ordinaria: PL 114, 91D; Ivo Carnotensis: PL 162, 599Cf.

Schwäche der menschlichen Natur.[74] Beides gilt für das Alte Gesetz nicht in derselben Weise.

Nach der exemplarischen Erfüllung des Gesetzes durch Jesus sind keine Ausflüchte mehr möglich, das Gesetz sei unerfüllbar, niemand habe es je gehalten etc. '..exemplum accessit quod antiquis defuit'.[75]

Der Gesetzgeber selber wird im Jüngsten Gericht die Gläubigen an den Weisungen des Neuen Gesetzes messen. Sein Urteil ist unanfechtbar und endgültig, weil es das Urteil des erfahrenen und weisen Menschenführers ist.[76]

B. Der Gesetzgeber und sein Gesetz

Das Wesen des Neuen Gesetzes kann nicht losgelöst vom Gesetzgeber bestimmt werden. Der Gesetzgeber und sein Gesetz interpretieren sich wechselseitig. Was das Gesetz ist, erfährt nur der, der den Gesetzgeber betrachtet. Der Gesetzgeber umgekehrt offenbart sich in seinem Gesetz. Ohne Jesus, den Gesetzgeber wären beide Gesetze, das Alte wie das Neue, stumm geblieben.[77] An Jesus hängt die Wirksamkeit des Gesetzes.

Der Zisterziensermönch *Thomas* eröffnet seinen Hoheliedkommentar mir der Deutung des Kusses ('Osculetur me osculo oris sui', Cant.1,1) auf die Bergpredigt Jesu. Die Synagoge hat durch Propheten und Engel vom Kommen Christi vernommen. Sie wünscht sich seinen Kuß, nämlich 'proprii oris eruditio'. Von Jesus selbst, nicht von Mittelsleuten, will sie Weisung über die via salutis erhalten. 'Veniat igitur et erudiat me proprio ore'.

Der Wunsch ist nach Auffassung der christlichen Kirche in Erfüllung gegangen, als Jesus die Bergpredigt hielt. 'Ibi osculum dedit, quia aperiens os suum, gaudium regni coelestis apostolis promisit suis'.[78] Prophe-

---

74 Rup. Tuit.: CChr.CM 29, 104f.; Radbert.: CChr.CM 56, 297.

75 CChr.CM 29, 146, 417; vgl. auch CChr.CM 23, 1802.

76 CChr.CM 29, 105; Isaac Stel.: SC 130, 176ff.

77 Zur Funktion Jesu als Bindeglied beider Gesetze vgl. de Lubac, 1959a, 318ff. (L'acte du Christ), vgl. ders., 1961, 194: 'Mais cet Evangile annoncé par Jésus, ce mot prononcé par Lui, s'il contient tout, c'est qu'il n'est point autre que Jésus lui-même... La perfection qu'il enseigne, c'est la perfection qu'Il apporte... Il est impossible de séparer son message des sa personne...'.

78 PL 206, 21B/C. – Den Hinweis auf diese Stelle verdanke ich Ohly, 1958, 193.

ten und Patriarchen des Alten Testaments haben einzelne Worte zum
Weg des Lebens bereits gesagt. Was sie sagten, ist allerdings Fragment geblieben. Erst mit dem Kommen Jesu ist die Zeit der vollen, uneingeschränkten Offenbarung angebrochen.

1. Die Darstellungskategorien der mittelalterlichen Quellen

Die grundlegende Kategorie, in der das Verhältnis Jesu zum Alten und
Neuen Gesetz dargestellt wird, ist die Kategorie der *Erfüllung*. Die Quellen verwenden Verben wie implere, adimplere, complere, confirmare und
perficere sowie deren Ableitungen zur Umschreibung des Gemeinten.[79]

Die Schriftgrundlage zur Kategorie der Erfüllung ist Mt.5,17. *Erfüllen*
ist grundsätzlich mehrdeutig. Die eine Ebene der Bedeutung bezieht
sich auf die Erfüllung aller Weissagungen des Alten Gesetzes auf Christus:
Menschwerdung, Passion, Tod und Auferstehung und einzelne Stationen auf dem Weg des menschgewordenen Gottessohns gehören dazu.
Nur Jesus selbst konnte diese Weissagungen erfüllen, indem er ihnen gemäß lebte. 'Implevit autem ea operando..'[80] Erfüllung in diesem Sinn
meint das ganze Leben Jesu, insofern dieses den alttestamentlichen
Weissagungen entsprach. Es ist erfüllt durch Handeln, Wirken, Dulden
und Leiden; Erfüllung im Medium des Lebens. Durch diese aktive Erfüllung der Schriftworte aus dem Alten Gesetz erweist sich Jesus zugleich
als Hermeneut des Alten Gesetzes.

> 'Virtus enim legis et prophetarum Christus, quia que
> de ipso predicta et prefigurata fuerant, si ea ipse non
> implevisset, omnia verborum enigmata inperfecta et
> vacua remansissent. Implevit ... sacramenta, dum quae-
> libet praedicta erant, ad liquidum exhibuit, ut vera et
> fidelia manerent universa. Nam de his omnibus prae-
> teritarum exibitio, quae in lege aguntur aut de lege
> credita suscipiuntur, futurorum perfecta est veritatis
> adimpletio.'[81]

Er gibt den rätselhaften und vielfach dunklen Worten der Schrift Sinn.
Er setzt zugleich auch das Unvollkommen-Fragmentarische des Alten Gesetzes durch die vollkommenen Weisungen des Neuen Gesetzes. 'Nam

---

79 Vgl. Bruno Sign.: PL 165, 102A; Radbert.: CChr.CM 56, 313; Rup.Tuit.: CChr.
    CM 29, 120 etc.

80 Radbert.: CChr.CM 56, 313, 2516.

81 Ebd., 2513ff.

qui addidit quod minus habet, non utique solvit quod invenit, sed magis perficiendo confirmavit.'[82] Die Ergänzungen beziehen sich vor allem auf die ethischen Partien des Gesetzes.[83] Jesus hebt das ius talionis auf und stellt den Zorn und die verborgene concupiscentia unter Anklage.[84]

Er ergänzt die dem Alten Gesetz fehlende spiritualis intelligentia handelnd und erklärend. 'Venerat enim Dominus non tantum ad solvendum et exponendum hoc, quod lex et prophetae jubebant, verum etiam ad agendum.'[85]

Die Kategorie der *Erfüllung* besteht also aus mehreren Elementen. Erfüllen meint einmal, die im Gesetz und den Propheten niedergelegten Worte und Weisungen mit Sinn zu erfüllen, anders gesagt: sie nach ihrer geistigen Bedeutung auszulegen. Solche Auslegung beinhaltet zugleich gewisse Ergänzungen, insofern nämlich Jesus die Anwendungsebene des Neuen Gesetzes ausweitet und auch Gefühlsregungen wie Zorn, Begehren etc. durch Gebote und Verbote regelt.

Jesus ist weiter nicht einfach Hermeneut der Schrift im Medium des deutenden Wortes, sondern er erfüllt darüberhinaus die Weissagungen des Alten Gesetzes durch sein Handeln. Im Medium des Lebens vollendet er die Aussagen der Schrift und bestätigt sie, indem er ihnen ihre volle Bedeutung gibt (perficiendo confirmavit), sie gleichsam aus der Ebene der Möglichkeit in die der Realität überführt.

Sämtliche Elemente der Kategorie 'Erfüllung' weisen einen typologischen Bezug auf Wort und Inhalt des Alten Gesetzes auf. *Perfecta, completa, confirmata* ist die nova lex mit allem, was zu ihr gehört immer bezüglich der entsprechenden Partien des Alten Gesetzes.[86] Perfecta, com-

---

82 Hraban.: PL 107, 804C, vgl. Bruno Sign.: PL 165, 102Af.

83 Radbert.: CChr.CM 56, 313, 2509/2513: 'Inplevit enim legis et prophetarum omnia, quae premissa sunt ad incohationem agende vel significande vitae, dum et plura superaddidit ad perfectionem moralium preceptorum, et omnia, que de illo vel ecclesia erant, ab eo completa declarantur, que olim in his signata tegebantur.'

84 Hraban.: PL 107, 804C 'Sive ergo ea, quae de se prophetata sunt, complere venit inhumanatus, sive illa quae antea propter infirmitatem audientium rudia et imperfecta fuerant complere, iram tollens et vicem talionis excludens, et occultam in mente concupiscentiam habere prohibens.'

85 Bruno Sign.: PL 165, 102A 'Multum igitur minus habebant lex et prophetae, spiritualem videlicet intelligentiam, quae nisi per Christum adimpleri non poterat.' (ebd.).

86 Vgl. zum typologischen Vokabular (verus, perfectus, novus etc.) Ohly 1983, 331.

pleta und confirmata ist die nova lex über das Alte Gesetz hinaus, weil
Christus der Geber der nova lex und als solcher zugleich das Ende, die Erfüllung des Gesetzes ist. 'Virtus enim legis et prophetarum Christus.'[87]
Christus bringt als erster die Heilsbotschaft unvermittelt. Propheten
und Patriarchen waren Vorläufer, Typen. Ihre Wirksamkeit war eine be-
schränkte. Erst Christus ist die virtus des Gesetzes; er setzt das Gesetz in
Kraft, indem er es erfüllt. Das ist mehr, als irgendein Mensch je hätte von
sich behaupten können.[88] Christus erfüllt das Gesetz als menschgewordener Gott. Durch Passion, Tod und Auferstehung vollendet er das Gesetz
und setzt es in Kraft.[89]

Der typologische Bezug der Kategorie Erfüllung auf das Alte Gesetz
erklärt die geläufige Prädizierung des Neuen Gesetzes, bzw. einzelner
Worte daraus als vollkommen. 'Sciendum est ergo Christum non impossibilia praecipere, sed perfecta.'[90] Jede vom Neuen Gesetz empfohlene
Verhaltensweise ist darum vollkommen, weil Christus sie empfohlen und
vorgängig selber erfüllt hat.

> 'Consumata enim virtus est et perfecta morum posses-
> sio de qua salvator: Discite inquit a me, quia mitis sum
> et humilis corde. Quae profecto, si summae non esset
> perfectionis via, nequaquam hanc a se spetialiter ma-
> gister veritatis disci iuberet.'[91]

Die Kategorie der Erfüllung geht aber über einen bloßen typologischen

---

87 Radbert.: CChr.CM 56, 313, 2513.

88 Rup.Tuit.: CChr.CM 29, 120. – Vgl. CChr.CM 23, 1797, 1806f.

89 'Quid enim fecit hic tota vita sua, nisi quod vidit turbas? Vidit plane, vidit turbas generis humani, et non quomodocumque vidit, sed ita ut miseriarum nostra-
rum caperet experimentum, iuxta illud: Quoniam ipse cognovit figmentum nostrum, id est ipse suscepit et in semetipso expertus est, quia fragile est mortale
corpus nostrum. Ita vidit, ut miseretur; ita misertus est, ut miserias nostras con-
solaretur, id est beatitudinem salutis aeternae per passionem et mortem suam
nobis operaretur.' (CChr.CM 29, 104, 33-105, 41).

90 Hraban.: PL 107, 829C. – Vgl. oben 48.

91 Radbert.: CChr.CM 56, 285, 1669-286, 1673. – Weitere virtutes, die als vollkommen bezeichnet werden sind z.B. *Sanftmut:* Hraban.: PL 110, 112B; Jonas
Aurel.: PL 106, 1303D; *Barmherzigkeit:* Haimo: PL 118, 615C/616C; Bruno
Sign.: PL 165, 818Cf.; *Frieden:* Chromatius: CChr.SL 9A, 294; *Verfolgung erleiden:* Chromatius: CChr.SL 9A, 179. Entsprechendes gilt für das Adjektiv
wahr. Christus ist das *wahre Licht* (Ps.Beda: PL 92, 26A; Hraban.: PL 107,
1306B; Zachar.Chrysop.: PL 186, 124C), der *Fels* (Ps.Beda: PL 92, 38C;
Hraban.: PL 107, 851C; Radbert.: CChr.CM 56, 451), der *Berg* (Ps.Hier.: PL 114,
873C; Radbert.: CChr.CM 56, 310) etc.

Bezug auf die heilsgeschichtliche Vergangenheit hinaus. Sie umfaßt auch die Zeit nach Christus, die Zeit der Kirche und das Eschaton. Darin wird sie ergänzt durch die zweite Darstellungskategorie der mittelalterlichen Quellen, die Kategorie des *exemplum.*

Christus erfüllte alles selber, was er seinen Nachfolgern als Weisung zur Lebensführung hinterließ. Was dem Alten Gesetz unmöglich war, weil es sich nach Paulus an das schwache Fleisch, die gefallene Menschheit richtete (Röm.8,3), machte Jesus durch sein Beispiel möglich.

Der Mensch ist zwar derselbe geblieben. Von sich aus vermöchte er das Neue Gesetz nicht zu erfüllen. Aber das Beispiel Jesu überbrückt die Kluft zwischen Anforderung und Erfüllung. Jesus liebte seine Feinde; er versöhnte die Menschen mit Gott (Röm.5,10) und betete am Kreuz für seine Mörder (Lk.23,34). Dadurch erwarb er Vergebung für alle Gläubigen. Jesus schenkte den Menschen den Geist der Liebe und sein Beispiel.

> 'Hoc exemplum doctrinam eius adiuvat, quod quia defuit quando data est lex, erat ipsa lex infirma; simulque quia spiritum dilectionis dare non poterat, tale quid illi efficere, et ad perfectionem cogere homines impossibile erat.'[92]

Dem Alten Gesetz fehlten zur Vollkommenheit die beispielhafte Erfüllung und der Geist der Liebe. Jesus ergänzt im Neuen Gesetz beide Mängel, indem er die Menschen mit Gott durch den Kreuztod versöhnt. Darum darf er jetzt von den Gläubigen ein entsprechendes Handeln und Verhalten zu recht verlangen.

> Iste quia et perfectionis exemplum et dilectionis spiritum dedit, idcirco iam ex tunc iure a nobis imitationem exigit grandi proposita spe, quae cum venerit, profecto meritum omne excedit, ut simus filii Dei, fratres et coheredes unici Filii Dei.'[93]

Unter diesem Aspekt ist die Forderung Jesu zu verstehen, die am

---

92 Rup.Tuit.: CChr.CM 29, 147, 425/429. – Vgl. auch den Kontext, ebd. 146 'Dicis itaque mihi: nonne et hodie in hominibus eadem est tam duritia cordis quam infirmitas carnis? Est quidem, sed exemplum accessit, quod antiquis defuit. Debet plus valere doctrina, ubi docentem sua commendant opera. Audiri debet praeceptum, quod praeceptoris roboravit exemplum. Ecce filius Dei praeceptor et doctor de caelo venit, quod praecipit, fecit, quod docet, opere ostendit.' (146, 415/421).

93 CChr.CM 29, 147, 429/432.

Schluß der Antithesen steht und sie alle rahmt: Estote ergo et vos perfecti, sicut et Pater vester caelestis perfectus est (Mt.5,48).

Es geht um eine bestimmte Qualität von Vollkommenheit.[94] Jesus hat sie erfüllt als der Sohn Gottes, der er von Natur aus ist. Wir sind geheissen, die Vollkommenheit als von Gott an Kindes Statt angenommene Kinder zu erfüllen.

> '... imitantes ipsum Deum, qui cum inimici essemus, ultro nobis obtulit reconciliationis gratiam, tante dilectionis abundantia, ut proprio Filio suo non parceret, sed pro nobis omnibus traderet eum.'[95]

Die Kategorie exemplum umfaßt zwei Elemente. Das Beispiel Jesu ist zum einen Vorbild für Verhalten und Leben der Nachfolger. Es ist darin die dem Alten Gesetz fehlende 'virtus'. Zum andern ist das Beispiel Jesu eine Art Beweis, der Präzedenzfall von Gesetzeserfüllung, der den Nachfolgern Mut macht, daß die Erfüllung des Gesetzes auch ihnen möglich ist.[96]

Die Kategorie der Erfüllung, so sagten wir oben, umfaßt nicht nur die Vergangenheit, sondern auch die Zeit der Kirche und des Eschatons. Als Antitypus zu unzähligen Typen des Alten Gesetzes ist Jesus gleichzeitig exemplum für die Nachfolger in der Zeit der Kirche. Damit entsteht eine Art typologischen Dreischrittes.[97]

Das Beispiel Christi präfiguriert christliches Handeln seiner Nachfolger in der Zeit der Kirche. Christus wird seinerseits zum Beispiel für künftige Nachfolger.

Die Funktionen Christi als Antitypus, exemplum und Typus gehen ineinander über. Was Christus als exemplum ist, verdeutlicht er als Antityp zum Alten Gesetz. Was die Erfüllung des Alten Gesetzes durch den Antitypus Christus meint, legt Christus durch sein exemplarisches Handeln aus. Was endlich Nachfolge in der Zeit der Kirche heißt, macht Christus

---

94 CChr.CM 29, 148, 469ff.

95 CChr.CM 29, 148, 493/496.

96 Die Kategorie *exemplum* steht der entsprechenden Kategorie innerhalb der Christologie bei Augustin nahe. Vgl. dazu Handbuch der Dogmengeschichte III/2a, Freiburg i.B., 1978, 166 mit der folgenden Def. von *exemplum:* '... ein Anfang, der die Reproduktion irgendwie garantiert, ein Beweis dafür, daß etwas auch für jene möglich ist, die es befolgen.'

97 Zu Begriff und Sache vgl. Ohly, 1983, 324f.

als exemplum und Antitypus des Alten Gesetzes klar. Mit Christus beginnt die Zeit des Friedens und der Versöhnung. Was er durch seinen Tod exemplarisch erfüllte, gilt jetzt als Weisung an seine Nachfolger. Das Amt der Versöhnung geht von Christus auf die Apostel über.[98]

2. Novus homo – Jesus als exemplarischer Mensch

Seit dem Fall des ersten Menschen stand das Leben jedes Menschen von Anfang an unter dem Fluch der Sünde und des Todes. Der neue Mensch, Christus, hat diesen Fluch aufgehoben. Mit Bezug auf Hiob 3,1 erklärt *Rupert von Deutz:*

> 'In illo namque die nascitur omnis homo, quia nascitur in peccato, vivit in peccato et moritur in peccato, nisi visitetur a die isto, die hodierno sancto et benedicto, et ab hoc visitatus sive illustratus mutet originem, renovet nativitatem, ut natus in Adam renascetur in Christo; mortuus peccato vivat Deo.'[99]

Die Zeit vor Christus und die Zeit nach Christus sind wesentlich verschieden. Die Zeit davor war bestimmt durch den Fall des ersten Menschen, die Zeit danach bestimmt der novus homo Christus. Indem er die Weissagungen des Alten Gesetzes über sein Kommen erfüllte, eröffnete er eine neue Zeit, die Zeit der Gnade.[100]

> 'At vero Christus novus homo noster renovatis in se dilectionem praecipiens omnes aut in Deum aut propter Deum diligere iubet. Idcirco novum mandatum proposuit. Quia illud innovatum omnia innovat..'[101]

Der neue Mensch Christus bringt ein neues Gebot (Joh. 13,34), das fortan gelten soll. Es ist im Kern identisch mit den Aussagen der Bergpredigt.[102]

Für die Auslegung der Bergpredigt sind die einzelnen Stationen des Weges Christi darum keineswegs belanglos. Sie spielen in verschiedener

---

98 Rup.Tuit.: CChr.CM 29, 111, 276ff.

99 Rup.Tuit.: CChr.CM 29, 190, 778/783, vgl. auch ebd. 200.

100 Zum Begriff novus homo vgl. Javelet, 1967a, 299. – Jonas Aurel.: PL 106, 1307D; Radbert.: CChr.CM 56, 355, 3811ff.

101 CChr.CM 56, 355, 3810/3813. – Der Passus stammt aus der Auslegung des Feindesliebesgebots durch Paschasius Radbertus.

102 Vgl. ders., CChr.CM 56, 355ff.

Funktion eine wichtige Rolle in der Auslegungs- und Wirkungsgeschichte der Bergpredigt. Inkarnation, Beschneidung und Taufe sowie die Passion sollen in ihrer Bedeutung für die Bergpredigtauslegung kurz dargestellt werden.

a. Inkarnation

Gewisse Begriffe der Bergpredigt werden seit alters auf die Inkarnation Jesu gedeutet. Das gilt etwa für die Angabe in Mt.5,1, wonach Jesus die Bergpredigt sitzend hielt und für das Bild des Lichtes auf dem Leuchter (Mt.5,14). Die sitzende Haltung Jesu während seiner Predigt zeigt seine Herablassung. 'Mystice autem sessio Domini incarnatio eius est, quia nisi Dominus incarnatus esset, humanum genus accedere ad eum non potuisset.'[103] Nur als Menschgewordener ist er den Menschen zugänglich.

Das Bild vom Licht auf dem Leuchter (Mt.5,14f.) weist auf die universelle Bedeutung der Inkarnation Jesu hin – die Menschwerdung reicht in ihren Konsequenzen weit über Israel und das Alte Gesetz hinaus.

> Potest et lucerna haec super humanitate Salvatoris interpretari. Ipse quippe lucernam accendit, qui terram humanae naturae flamine suae divinitatis implevit. Quam profecto lucernam nec credentibus abscondere, nec modio supponere, id est sub mensura legis includere, vel intra unius Judaeae gentis terminos voluit cohibere. Candelabrum Ecclesiam dicit, cui lucernam superposuit. Quia nostris in frontibus fidem suae incarnationis affixit.'[104]

Diejenigen Kommentare und Predigten, in denen das Neue Gesetz vor allem als Gnadengabe Gottes dargestellt wird, handeln in der Regel ausführlich über die Menschwerdung Gottes und die Erlösung der Menschheit.

Zwei Metaphern sind der Thematik zugeordnet: die Christus-*medicus*-Metapher[105] und die Metapher vom *Pädagogen, Rhetoriker* und *Prediger* Jesus.

---

103 Hraban.: PL 107, 794C. – Die Tradition ist vielleicht irischen Ursprungs. Vgl. clm 14514, f.103ʳ und Ps.Hier.: PL 114, 871C. – Augustin bringt diese Auslegung in De serm.Dom. in monte nicht. – Zur Bedeutung der Inkarnation in der mittelalterl. Exegese vgl. de Lubac, 1964, 119., ebd. 121f. (zu den einzelnen Stationen Geburt, Taufe etc.).

104 Hraban.: PL 107, 803B/C. – Der Ursprung dieser Tradition konnte nicht ermittelt werden.

105 Vgl. dazu Honecker, KuD 31, 1985, 307ff.; Huebner, KuD 31, 1985, 324ff.; Fichtner, FMS 16, 1982, 1ff.

Zu Jesus als Pädagoge und Rhetoriker ist bereits einiges gesagt worden. Die Metapher umschreibt den differenzierten Aufbau des Neuen Gesetzes im Gegensatz zum Alten: Bitten, Gaben des Heiligen Geistes und Seligpreisungen zeigen das pädagogische Geschick und die Menschenkenntnis des Bergpredigers Jesu. 'Nam qui corda inspicit singulorum nulli dubium quod noverit quibus sublimiora sublimius et quibus mediocria debeat locis ac temporibus docere inferius. Non enim omnes omnia possunt.'[106] Jesus will aber alle Menschen ansprechen. Er nimmt auf die Eigenarten der Geschlechter und Lebensalter Rücksicht.

'Et ideo praeceptorum non aequalia sunt omnibus instituta, licet una sit aeternitas vitae.'[107]

Der Menschgewordene hat der Welt den Willen Gottes verbis et exemplis offenbart. Die Menschwerdung Jesu ist Grund zur Hoffnung. Gott hat der Welt mit seinem Sohn alles gegeben.

'Idcirco petamus eum quasi nostrum, ut quomodo in fide illum iam tenemus, ita in re fruamur et per eum a Patre cuncta impetremus... Ideo oramus, ut quod nostrum est per donum cottidie tribuatur et per effectum.'[108]

Die erlösende Wirkung der Menschwerdung beschreibt die Christus-*medicus*-Metapher.[109] Die Quellen des 9. Jh. verwenden die Metapher an einzelnen Stellen, ohne zur Inkarnation grundsätzlich Stellung zu neh-

---

106 Radbert.: CChr.CM 56, 281, 1535/1538.

107 CChr.CM 56, 281, 1538/1539. – Vgl. auch ebd. 408, 1524/409, 1535: 'Nam Christus Iesus omnibus venit. Venit enim admodum docere sapientes et insipientes corde omnique sexui et etati precepta salutis dare. Idcirco conpendiose satis non modo mandatorum tradidit disciplinam, verum etiam donorum atque precum, ut verbis paucioribus memoriae res multiplices et pernecessarias commendaret. Si quo modo simplicitas fidei velociter addisceret salutis suae sufficientiam et prudentia ingeniosorum amplius profunditatem mysterii obstupesceret. Hinc Esaias vaticinatur dicens: Sermonem adbreviatum faciet Dominus super terram. Quem profecto sermonem ita adbreviavit, ut memoriter eum subito capere possint.'

108 Radbert.: CChr.CM 56, 399, 1224/1229.

109 Vgl. u.a.: Hraban.: PL 107, 826D; Ps.Beda: PL 92, 29D; Radbert.: CChr.CM 56, 292; Zachar.Chrysop.: PL 186, 133D; Innoc. III: PL 217, 899. Zur erlösenden Wirkung der Inkarnation vgl. Javelet, 1967, 310 'Les auteurs du XIIe siècle sans négliger le drame du Calvaire, attachent la plus grande importance à l'incarnation: déja en elle la rédemption est engagée,' Vgl. zu Isaak v. Stella, Gaggero, COCR 22, 1960, 30ff., bes. 32.

men. Inkarnation und Passion sind in der Regel eng aufeinander bezogen. *Paschasius Radbertus* erläutert die Seligpreisung der Barmherzigen (Mt.5,8) mit dem Hinweis auf das Beispiel Jesu. 'Nam et eos, quos vulneratos invenit, livore suo sanavit propriisque humeris sanguinis sui medicina sanatos ad patriam revexit.'[110]

Heilung und Erlösung geschehen aber auch durch die *Lehre* des Bergpredigers; Jesus ist medicus animarum, wenn er lehrt, die Schwächen des Mitmenschen mit Gleichmut zu ertragen.[111]

In den Quellen des 12. Jh. wird die Christus-*medicus*-Metapher in der Regel breiter ausgeführt. Der Zisterzienser *Isaak von Stella* schildert die erlösende Inkarnation Jesu im Gleichnis vom barmherzigen Samariter. Der gefallene Mensch liegt tödlich verwundet am Straßenrand. Seine Wunden sind die Laster, corruptiones naturales vel originales; die Wunden gehören zur Natur des Menschen und sind ohne Hilfe von außen nicht heilbar.[112] Da springt Jesus ein. Er kommt als der barmherzige Samariter des Wegs. Im Gepäck trägt er die Geistesgaben mit.

Es sind genauso viele Geistesgaben wie Laster, nämlich sieben. Die Gaben sind Heilmittel gegen die Verwundungen des Menschen. 'Septem plagae, septem medicinae, ubique unum contra unum.'[113] Jesus gießt heilendes Öl in die Wunden des Menschen, er gibt ihm den Wein der Betrübnis und Buße zu trinken, salbt ihn mit dem Öl der Vergebung und des Trostes. In der Taufe geht er als Arzt selber in den Kranken ein und nimmt die Folgen der menschlichen Krankheit auf sich.[114]

So stellt er die seit Adams Fall zerstörte imago Dei wieder her und ermöglicht dem Menschen, die Annahme des gnadenhaften Angebotes.Den hilflos am Straßenrand liegenden, auf den Tod wartenden Menschen

---

110 Radbert.: CChr.CM 56, 292, 1869/1871.

111 Hraban.: PL 107, 826D. Es handelt sich dabei um ein Zitat aus Aug. De serm. Dom. CChr.SL 35, 66, 1423ff.

112 Isaac Stel.: SC 130, 168, 85ff.. Damit verbunden ist die Lehre von der zweifachen Abstammung des Menschen, von Isaak brillant formuliert: '.. ut simus filii Dei et filii diaboli, de bono boni bene conditi, de malo mali male corrupti; hinc habentes naturam, unde aliquid sumus, hinc trahentes culpam, qua nihil effecti sumus.' (SC 130, 170, 100/104).

113 SC 130, 170, 121/122.

114 'Intret medicus ad aegrotum, immo intret in aegrotum. Totum suscipiat quod est naturae, totum eiiciat quod est culpae, totum quod expedit, sufferat poenae, totum inferat, quod est gratiae, ut tandem, adiuta natura per gratiam, quod sola non poterat, vincat concupiscentiam... Cum ergo Dominus introivit in hominem, necessario homo induit Deum.' (ebd. 174, 162/169 und 178, Anm. 1).

richtet er auf und schenkt ihm neues Leben.[115]

Durch die sieben Gnadengaben des Geistes (Jes.11,2f.), die Heilmittel des göttlichen Arztes, ist der Mensch imstande, die sieben Seligpreisungen[116] bzw. die in ihnen dargestellten Verhaltensweisen als Weisung für sein Leben zu verstehen und einzuhalten. Der geheilte Mensch wirkt die sieben virtutes der Seligpreisungen und erwirbt sich damit die merita, die den Trägern und Tätern der Seligpreisungen verheißen sind.

> 'Sunt itaque gratiae septem contra corruptiones septem, ex quibus virtutes septem et beatitudines septem, contra peccata septem, et eorum poenas septem; et omnes generales, et singulae singulis oppositae. Sunt adhuc in oratione Dominica petitiones septem, singulae singulas gratias expetentes ... ut in septem septenis sit expeditio militiae christianae, dum in hoc septem dierum circulo vivitur super terram.'[117]

b. Beschneidung und Taufe

Beschneidung und Taufe sind wegen ihrer Verbindung zur Zahl acht für die Bergpredigtauslegung des Mittelalters bedeutsam.[118] Die Beschneidung Jesu gilt zahlreichen Auslegern als exemplarische Verwirklichung von Mt.5,17. Das folgende Beispiel entstammt einer Predigt aus der Oberaltaicher Sammlung vom Ende des 12. Jh..[119]

> 'iz was site in der alden ee, daz man die kint besneit des achten tages nach ir gebůrt. also wolde unser herre ouch daz man ime tete ... uf daz er ervůlte die wort, die ich zum ersten sprach zu latine, und die er selbe spricht in deme heilige ewangelio: non veni solvere legem, sed adimplere.'

Jesus erfüllt exemplarisch das Gesetz. Gleichzeitig weist er aber auf dessen wahren Sinn hin. Nicht die Beschneidung des Fleisches ist entscheidend. Sie war nur ein Zeichen für die wahre Beschneidung, die der Gläubige in der Taufe empfängt (Kol.2,11ff.): 'Beschneidung' der Sünde in Gedanken, Worten und Taten.

---

115 SC 130, 164ff.

116 Zum Verhältnis von Sieben- und Achtzahl der Seligpreisungen vgl. unten, 137f.

117 Die Erlösung und der nachfolgende, lebenslange Kampf zwischen Tugenden und Lastern ist ganz von der Siebenzahl bestimmt. SC 130, 176, 203/178, 211.

118 Vgl. oben, 6f. zur Hermeneutik mittelalterlicher Exegese.

119 Schönbach, 1886, 188, 18/24.

'alsus sule wir uns besniden und suln entphan daz nůwe
jar und suln tůn als sente Paulus spricht: Abiciamus
opera tenebrarum.'[120]

Über die Zahl acht berührt die Beschneidung auch die Auslegung der
achten Seligpreisung an die Verfolgten (Mt.5,10). Am achten Tag fand
die Beschneidung statt, die achte Seligpreisung handelt von den Verfolgungen. Bereits *Hieronymus* zieht die Verbindung: 'Simulque considera
quod octava verae circumcisionis beatitudo martyrio terminatur.' Die
Auslegung wird zum Gemeingut mittelalterlicher Bergpredigterklä-
rung.[121]

Ähnlich wie die Beschneidung ist die Taufe Jesu exemplum zu Mt.5,
17.[122] Die Taufe Jesu weist auf dessen zweifache Herkunft. Secundum
carnem gehört er zum jüdischen Volk, secundum spiritum ist er Begründer des Evangeliums und des neuen Volks der Christen.

Seit der Taufe ist Jesus Träger des Heiligen Geistes und aller sieben
Geistesgaben (Jes.11,2f.). Die Taufe Jesu ist damit auch die Quelle der
Geistbegabung aller gläubigen Christen.[123]

c. Passion und Auferstehung

Passion und Inkarnation gehören eng zusammen. Der Tod Jesu am
Kreuz findet sich losgelöst von der Inkarnation in der Bergpredigtausle-
gung und als Auslegung einzelner Begriffe. So können Jota und Apex
(Mt.5,18) auf die waagrechten und senkrechten Balken des Kreuzes ge-
deutet werden. Der Tod Jesu am Kreuz ist 'der kleinste Buchstabe' des
Gesetzes. Man darf ihn keinesfalls aufheben, denn der Kreuztod ist die

---

120 Schönbach,1886, 189, 112. – Vgl. auch Zachar.Chrysop.: PL 186, 121C. –
Zur Verbindung dieser Tradition mit der Weihnachtsoktav vgl. unten, 145ff.

121 CChr.SL 77, 25, 465/466; Aufnahme in Hrabanus' Kommentar (PL 107, 797C)
etc..

122 Ambrosius: PL 17, 679A/680C. – Zu den Implikationen der Auslegung für die
mittelalterl. Kunstgeschichte vgl. unten, 143ff.

123 Vgl. dazu die Einleitung der Bergpredigtauslegung Ruperts von Deutz (zu Cant.
5,12): CChr.CM 29, 104.

Grundlage des christlichen Glaubens.[124]

Auch das Wort vom Licht, das auf den Leuchter gestellt werden muß, um seine Leuchtkraft zu entfalten (Mt.5,15f.), kann auf die Passion Jesu gedeutet werden. Die Auslegung geht über das Faktum der Erhöhung. Der Leuchter ist das Kreuz; Christus mußte ans Kreuz genagelt werden, damit das Neue Gesetz seine volle Wirksamkeit und Geltung entfalten konnte. Erst der Kreuztod und die Auferstehung machten die Göttlichkeit des Gottmenschen Jesus deutlich.[125]

Verbreitet ist endlich eine Tradition, die anknüpfend an Mt.6,17 den Tod am Kreuz als kostbares Öl bezeichnet, mit dem Christus die Kirche salbte.[126]

Die Auferstehung und die Himmelfahrt sehen einige Ausleger darin angedeutet, daß Jesus für seine Predigt auf einen Berg steigt.[127] Auch wo auf die Auferstehung nicht explizit Bezug genommen wird, ist sie in der Auslegung durch den Bezug der Seligpreisungen auf die Zahl acht überall gegenwärtig.

---

124 'Nulla autem his minora possunt esse, quae sunt minima: minimum est autem omnium Domini passio, et crucis mors, quam si quis tanquam erubescendam non confitebitur, erit minimus, confitenti vero magnae in coelo vocationis gloriam pollicetur.' (Hraban.: PL 107, 805A). Diese Variante stammt von Hilarius, SC 254, 134. – Vgl. Glossa ordinaria: PL 114, 92D und de Lubac, 1959b, 325f..

125 Radbert.: CChr.CM 56, 312, 2466ff.; Ps.Beda: PL 92, 26D; Glossa ordinaria: PL 114, 92B.

126 Glossa ordinaria: PL 114, 103D.

127 Rup.Tuit.: CChr.CM 29, 104, 27f.

TEIL III: DIE ADRESSATEN DES NEUEN GESETZES

A. Einleitung

Die Bestimmung der von der Bergpredigt angesprochenen Adressaten stellt nach der bis heute vorherrschenden Auffassung das Schibbolet „mittelalterlich-katholischer" und reformatorischer Bergpredigtauslegung dar. Gemäß dieser Auffassung unterscheiden die Exegeten der Zeit „zwischen Augustin und Luther" zwischen Räten (consilia) und Geboten (praecepta) der Bergpredigt und ordnen die solcherart bezeichneten Worte je unterschiedlichen Adressatengruppen zu.

Während die Gebote von allen Gläubigen zu erfüllen sind, gelten die Räte verbindlich nur der kleinen Schar jener Christen, die Vollkommenheit anstreben. Die reformatorische Auslegung dagegen versteht gemäß der genannten Auffassung die ganze Bergpredigt als das allen Gläubigen gemeinsame Evangelium.[1]

Die obenstehenden Ausführungen zum Wesen der nova lex dürften bereits gezeigt haben, daß ein solches Pauschalurteil der mittelalterlichen Bergpredigtauslegung nur teilweise gerecht wird.

Allerdings ergab sich als *ein* Ergebnis der Untersuchung, daß die Auslegung der Bergpredigt im Gefolge monastischer Reformbestrebungen des 12. Jahrhunderts eine gewisse Radikalisierung erfährt, die sich in unterschiedlicher Art und Weise äußert.

Einmal legen Autoren wie *Rupert von Deutz* und *Gottfried von Admont,* beides profilierte Vertreter benediktinischer Reformkreise, vermehrt Gewicht auf die Unterscheidung vollkommener Christen, in der Regel Ordensleuten, von der breiten Schicht von Durchschnittschristen. Nur den Vollkommenen gelten ihrer Ansicht nach die Gebote des Neuen Gesetzes. Für die Unvollkommenen genügt das 'kleine Licht' des Alten Testaments.[2]

---

1   Vgl. dazu oben, XIV.

2   PL 174,441B/C.

Weiter äußert sich die Radikalisierung der Bergpredigtauslegung auch in der Übertragung der der Exegese in anderem Zusammenhang bereits geläufigen Begrifflichkeit von Räten (consilia) und Geboten (praecepta)[3] auf die Auslegung von Bergpredigtworten. Rupert von Deutz verwendet als erster den Begriff consilium zur Auslegung des Eidverbotes (Mt.5, 33 ff.).[4]

Die anstehenden Probleme sind damit freilich noch nicht gelöst. Weder ist die Stellung der beiden genannten Ausleger und der von ihnen vertretenen Bergpredigtauslegung im gesamten Feld der untersuchten Quellen hinlänglich deutlich gemacht noch ist die inhaltliche Füllung des mit Räten und Geboten, beziehungsweise mit unterschiedlichen Adressatengruppen Gemeinten geleistet worden.

Es soll darum im folgenden nach dem Bild der Adressaten der Bergpredigt in den untersuchten Quellen gefragt werden. Wer sind die Gläubigen, die durch die Worte der Bergpredigt erreicht werden sollten? Handelt es sich um genau umschriebene Einzelgruppen, die aus der Gesamtheit der Christen herausgenommen werden? Oder gilt die Bergpredigt unterschiedslos allen Gläubigen? Läßt sich vielleicht gar eine Entwicklung in Richtung auf eine durch die Zweistufenethik geprägte Auslegung deutlich machen, oder handelt es sich vielmehr um ein Nebeneinander unterschiedlicher Auslegungstraditionen?

Die Herkunft der untersuchten Quellen aus dem monastischen Bereich könnte zu einer vorschnellen Beantwortung der Frage verleiten. Die Annahme, monastische Quellen hätten sich hauptsächlich mit spezifischen Fragen der Mönchsethik befaßt, und der Problemkreis der Laienethik sei vernachlässigt worden, liegt nahe. Aber der Schein trügt. Seit den Anfängen der Bergpredigtauslegung wird über das Verhältnis der verschiedenen Adressatengruppen nachgedacht.[5]

Anlaß dazu bieten die unklaren Angaben gewisser Worte wie Mt.5,1/ Lk.6,17.20f.: war das Volk zusammen mit den Jüngern auf dem Berg, als Jesus seine Predigt hielt? Oder predigte Jesus nur seinen Jüngern, wäh-

3   Vgl. Dublanchy, DTC 3/1, 1908, 1176ff,; Mennessier, DS 2, 1953, 1592ff; Häring, LThK 3, 1959, 1246ff.; Lau, RGG 2, 1958, 785ff. sowie die Abschnitte zu Rupert von Deutz in der vorliegenden Arbeit.

4   CChr.CM 29,141. – Vgl. dazu oben, 48f.

5   Vgl. Luz, 1985, 197.

rend das Volk von ferne zusah? Diese Fragestellung beschäftigt die Ausleger des Wortsinnes von Mt. 5,1 par. Die allegorische Auslegung findet in weiteren Bergpredigtworten Hinweise auf bestimmte aktuelle Adressatengruppen der Bergpredigt. Die Bildworte von Salz und Licht und der Stadt auf dem Berg (Mt.5,13-16) etwa sind durch die allegorische Auslegung zu einer Art Tugendspiegel der unterschiedlichen kirchlichen Ämter geworden. Aber auch andere Worte wie Mt.5,42;6,22ff.[6] und 7,6. 15ff. bieten sich zur Bestimmung der Bergpredigtadressaten an.

Es ist ein ebenso reizvolles wie lohnendes Unterfangen, aus dem von der Auslegung der genannten Stellen gebotenen Material eine kleine „Ständelehre" der mittelalterlichen Kirche zu entwickeln. Um zugleich eine Antwort auf die Frage nach der Angemessenheit des erwähnten Pauschalurteils über DIE mittelalterliche Bergpredigtauslegung zu finden, wird die Untersuchung in zwei unabhängigen Schritten durchgeführt. Zuerst soll in chronologischer Abfolge das Material zur Auslegungsgeschichte von Mt.5,13-16 dargestellt werden. Eine systematische Zusammenstellung von Aussagen zu den unterschiedlichen Adressatengruppen, die mittelalterliche Ausleger im Zusammenhang mit der Bergpredigt erwähnen, schließt sich an.

B.   Die Auslegung von Mt.5,13-16

1. Die Kommentare

a. Die irischen Auslegungen

Wir haben es für die Auslegung von Mt. 5,13-16 in den unserer Untersuchung zugrundeliegenden irischen Quellen ausschließlich mit Rezensionen des Ps. Hieronymus-Kommentars zu tun.[7] Die Auslegung ist knapp und ganz auf die Verkündiger des Gotteswortes konzentriert: Salz der Erde sind die Apostel und Lehrer. Törichtem Salz gleichen sie dann, wenn sie der Häresie verfallen und darin beharren. Man soll sie in diesem Fall aus der Kirche ausschließen und den Heiden gleichachten. Das Salz, die Sonne, der Leuchter und die Stadt sind vier Bilder für das Wesen des

---

6   Zur Auslegung dieser Stelle im Mittelalter vgl. Schleusener-Eichholz, 1985a, 175ff.

7   PL 114, 873 (Ps. Hieronymus, bzw. Ps. Walafrid Strabo) entspricht clm 14514, f.109v/f.110r; clm 14514, f.76v und f.130r sind ihrerseits nahe verwandt.

Apostelamts und dessen Funktion. Wie das Licht die Finsternis erleuchtet und das Verborgene offenbar macht, so leuchtet das Licht der Apostel in der Finsternis der Sünde.

Die Stadt auf dem Berg meint entweder die auf Christus gegründete Kirche oder aber die Apostel und Lehrer. Die Letzteren leuchten der Welt durch ihre Lehre und ihr Leben. Die Welt soll durch sie den himmlischen Vater loben.[8]

clm 14514, f.76^v und f.130^r nennen schematisch vier causae des Salzes. Salz dörrt das Fleisch, heilt Fäulnis, tötet Würmer und hat Würzkraft. Ein analoges Viererschema gilt für die doctrina spiritualis der Apostel: Reinigung des Fleisches durch Enthaltsamkeit, Vergebung der Sünden durch Buße, Abtöten schlechter Gedanken und Würzen des menschlichen Herzens mit Weisheit. Die Auslegung von V.14f. variiert das Thema. Die Lehrer sind das Licht auf dem Leuchter. Sie dürfen nicht 'unter dem Scheffel stehen', nämlich die ihnen aufgetragene Lehre fleischlich-weltlichen Begierden opfern. (clm 14515, f.76^v). Licht der Welt sind aber auch die Apostel als Priester, weil sie das Wort des Lebens verwalten (clm 14514, f.130^r).

b. Die karolingischen Kommentare des 9. Jahrhunderts

Hrabanus Maurus und Ps.Beda PL 92

Der Matthäuskommentar des Hrabanus Maurus ist wahrscheinlich 821/ 822 abgeschlossen worden. Er ist dem Erzbischof von Mainz, Haistulph gewidmet.[9]

Der Matthäuskommentar ist das Erstlingswerk des Hrabanus. Er besteht aus acht Büchern; Buch eins schildert das Leben Jesu bis zu dessen erstem öffentlichem Auftreten, Buch acht die Zeit zwischen Passion und Auferstehung. Die restlichen Bücher gliedern sich nach den vom Evangelisten überlieferten Predigten Jesu. Die Bergpredigt steht am Ende von Buch zwei.[10]

---

8 PL 114, 873C.

9 Zur Namensschreibung vgl. Manitius, 1911a, 294. – Zur Biographie und Werkanalyse vgl. Manitius, 1911a, 288ff.; Bork, VL 2, 1934, 494ff.; Hablitzel, 1906, ders., HJ 27,1906, 74ff.; und HJ 38, 1917, 538ff.; Spicq, 1944, 38ff.; Lehmann, 1960, 198ff.; Kottje, VL 4, 1983, 166ff; Fleckenstein, 1982, 204ff.; Spelsberg, 1984; Brunhölzl, 1975, 333ff.555.

10 PL 107, 854A 'Sed quia secundum hunc librum expositionis sancti Evangelii, quem ab exordio praedicationis Domini nostri Jesu Christi incipiebamus, usque in finem sermonis, quem idem Salvator in monte cum discipulis suis habuit, perduximus, ibi finem habere censemus. Vgl. ebd. 729C: 'Illud maxime observans, ubicunque potui, ut ubi evangelista sermones Domini consummatos esse referebat, ibi librorum terminos constituerem.'.

Der Kommentar ist hauptsächlich aus patristischen Zitaten zusammengesetzt. Irischer Einfluß läßt sich an mehreren Stellen belegen. Die Bergpredigtauslegung besteht ungefähr zur Hälfte aus Exzerpten aus Augustins 'De sermone Domini in monte'; häufig zitiert ist ferner der Matthäuskommentar des Hieronymus.[11]

Hrabanus markiert seine Zitate in der Regel durch die Initialen seiner Gewährsleute, die er an den Rand des Textes setzt.[12] Die Leistung Hrabanus' besteht wesentlich in der Auswahl und Gliederung der unterschiedlichen Zitate; der 'Eigenanteil' am Text beschränkt sich auf redaktionelle Wendungen zur Verbindung der einzelnen Exzerpte.[13]

Das Leben des Hrabanus spielt sich — abgesehen von einem Studienaufenthalt am Hof Karls des Großen in Tours — vorwiegend zwischen Mainz und Fulda ab. Bereits als Kind wurde er von seinen Eltern als puer oblatus dem Kloster Fulda übergeben; dort erhielt Hrabanus seine erste

---

11 Bisher existiert keine kritische Edition des Matthäuskommentars. Ich habe darum den Text der Bergpredigtauslegung auf seine Quellen zurückzuführen versucht. (Zum Ergebnis vgl. Anhang I, 307ff.). Augustin und Hieronymus stehen unter den verwendeten Quellen an erster Stelle. Irischer Einfluß ist für die Bergpredigtauslegung an folgenden Stellen anzunehmen: Mt. 5,1: PL 107, 793D — clm 6302, f.41^r; Mt. 5,4: PL 107, 796A/B — clm 6302, f.42^r; clm 14514, f.103^v; PL 114,877. Enge Verwandtschaft, aber nicht wörtliche Parallelen: PL 107, 796D — clm 14515, f.76; PL 107, 799C/D — clm 14515, f.101 etc. (vgl. Anhang). Zu den Quellen vgl. Rädle, 1974, 161ff.; Hablitzel, 1906, 22ff.; Huber, 1969, 245; Griesser, RBen 49/50, 1937, 295f. Hrabanus selbst erwähnt seine Quellen in der Einleitung: PL 107, 729A/B. Die Edition von Migne schiebt den Text zu Mt.5,31-48 hinter den Text zu Mt.6,1-18 (PL 107, 823 C-833A). Der Druck von Migne geht auf Ed. von 1626 (Coloniae Agrippina) zurück, die bezüglich des Matthäuskommentars noch weitere Unregelmäßigkeiten aufweist. Es liegt nahe, die Erklärung des Kommentars zu entsprechenden Partien in Buch 7 und 8 auf die Partie aus der Bergpredigtauslegung zu beziehen. 'In quibus advertendum in libro 7. cap. 26 et lib. 8 cap. 26 et 28 quaedam deesse, uti ibidem in margine denotatur, (quae ob militum Halberstadensium insolentiam, Ursellis Archiepiscopatu Moguntino, ubi ille Tomus Quintus anno 1622. cudebatur) deperdita sunt.' (Einleitung zum 5.Bd. der Ed. Opera Hrabani Mauri, 1626 Coloniae Agrippinae vor Seite 1).
    Die der Edition und ihrem Nachdruck zugrundeliegenden Handschriften sind mind. teilweise komplett und bringen Text in korrekter Abfolge. Aufschlußreich ist dazu der Vermerk nat.lat. 11683. Der Codex enthält auf der ersten Seite nebst einem Inhaltsverzeichnis den Vermerk: 'Ex Hoc autem Codice suppleri possunt quae desunt in impressione Agrippinensi anni 1626.'
    Die Bergpredigtauslegung ist darin vollständig und korrekt enthalten (f.30^v/2-f.58^r/2).

12 Vgl. dazu Lehmann: 1960, 204ff. — Die Autorenangaben aus PL 107 habe ich stichprobenweise mit den folgenden Handschriften verglichen: nat.lat.13410; nat.lat. 11683; nat.lat. 286 — Die Autorenangaben sind nicht überall vorhanden.

13 Vgl. Fleckenstein, 1982.

Ausbildung und wirkte nach seinem Aufenthalt in Tours (798-800?) als Lehrer. 814 erfolgte seine Priesterweihe, 822 seine Wahl zum Abt und schließlich krönte 847 die Wahl zum Erzbischof von Mainz die Laufbahn des praeceptor Germaniae.[14]

Hrabanus verbindet die letzte Seligpreisung der Verfolgten mit den Bildworten von Licht und Salz; Seligpreisung und Bildworte gelten nur den Aposteln, während die ersten sieben Seligpreisungen an alle Hörer gerichtet waren. Jesus verheißt den Aposteln Verfolgungen 'quia dignitatem gradus eorum illis intimare volebat ... ut ex tristibus humilitatem, et ex laetis consolationem perciperent.[15]

Der Text handelt von Bürde und Würde des Apostelamts. Die Apostel sind mittelbar 'Licht der Welt', durch Christus, das wahre Licht erleuchtet und beauftragt, mit dem Licht der Gotteserkenntnis und des Wissens die ins Dunkel der Gottvergessenheit gehüllte Welt zu erleuchten.[16] Figuraliter heissen die Apostel Salz, spiritualiter Licht. Als Salz wirken die Jünger, wenn sie die Gläubigen mit der sapientia würzen.[17] Auch das Bild von der Stadt auf dem Berg variiert nochmals das Motiv der Apostel und ihrer Lehre: Christus selbst ist der Berg, die Gerechtigkeit, auf der die Stadt, nämlich die Kirche Christi, erbaut ist. Die Stadt ist gegründet im Glauben an Christus, erbaut aus vielen Völkern und fest gefügt mit dem Mörtel der Liebe und Einigkeit im Glauben. Die Einheit der Kirche ist ihre Sicherheit; Feinde hält sie ab. Weder Juden noch Heiden noch irgendwelche Häretiker haben auch nur die geringste Chance, die Stadt zu erobern.

Was folgt sind Bilder aus dem häuslichen Bereich. Sie illustrieren die zum Wesen des Apostolates gehörige Durchhaltekraft. Das Licht soll nicht unter den Scheffel gestellt werden, indem sich der Verkünder ängstlich aus der Öffentlichkeit zurückzieht und die Botschaft verschweigt. Ebensowenig darf das Schielen auf irdischen Vorteil die Lehre verderben. Nicht einmal der eigene Leib soll dem Verkündiger wichtiger sein als seine Botschaft.

---

14 Vgl. zur Biographie Kottje, VL 4, 1983, 166ff.; Manitius, 1911a, 288ff.; Bork, VL 2, 1934, 494ff.; Hablitzel, 1906, ders. HJ 27, 1906, 74ff.

15 Hraban.: PL 107, 790D.

16 PL 107, 802B/C.

17 PL 107, 891B.D.

Das Licht muß allen leuchten, den gläubigen Gliedern der Kirche, ja der ganzen Welt. Das Licht muß auch auf die seine Strahlen werfen, die noch draußen stehen. Sünder und Ungläubige sollen sich vor der Sündenfinsternis in den strahlenden Glanz des wahren Glaubens retten können.[18]

In all dem geht es nie um den Ruhm der Verkündiger, sondern um die Ehre Gottes. Die Menschen in der Kirche und davor sollen über die Taten und Werke der Verkündiger ins Staunen geraten und Gott loben.[19]

Unsicher ist bisher das Verhältnis des großen Matthäuskommentars Hrabans zum kleinen, unter Bedas Namen überlieferten Kommentar aus PL 92.[20]

Seit Schönbachs grundlegender Studie haben sich verschiedene germanistische Arbeiten mit der Frage beschäftigt. Schönbach hatte Beda die Autorschaft für den Kommentar abgesprochen und das Werk als 'ein Exzerpt aus dem Matthäuskommentar des Hrabanus Maurus' bezeichnet.[21] Hablitzel, in neuerer Zeit ebenfalls Rädle, vertreten dagegen die Auffassung, Ps.Beda oder ein ihm verwandter Text sei die Vorlage für den Kommentar der Hrabanus gewesen.[22]

Die Indizien scheinen mir für eine fundierte Entscheidung nicht ausreichend zu sein. Man wird Lehmann zustimmen müssen: '... ob der sog. Bedakommentar zu Matthäus oder der des Hrabanus das ältere Werk ist, steht noch nicht fest.'[23] Inhaltlich stimmt Ps. Beda weithin mit Hrabanus überein. Die Sprache ist allerdings teilweise knapper, fast glossenartig; die Zitate sind zum Teil kürzer als diejenigen des Hrabanus.[24]

Die Auslegung von Mt. 6 und 7 stimmt so gut wie ganz, diejenige von Mt. 5 zum größten Teil wörtlich mit dem Hrabanuskommentar überein.[25]

Ps. Beda kürzt im Vergleich zum Kommentar Hrabanus ziemlich stark, vertritt aber grundsätzlich dieselbe Tendenz wie dieser. Im Zentrum der Auslegung steht auch hier die Funktion der Apostel als Verkündiger des Wortes in der Kirche.[26]

---

18 PL 107, 803C.
19 Belege sind Stellen wie Gal.1,10; Ps.52,2.6; Gal.5,26.6,4. – PL 107, 804A. – Zur christolog. Auslegung des Lichts auf dem Leuchter (Inkarnation) siehe oben, 000 und Ps.Beda: PL 92, 26B; Glossa ordinaria: PL 114, 92B; Gaufrid. Babio: PL 162, 1292A; Zachar.Chrysop.: PL 186, 124C.
20 PL 92, 9-132.
21 Schönbach, 1903, 23.
22 Hablitzel, 1906, 23f.; ders. HJ 38, 1917, 538ff.; Rädle, 1974, 164f.
23 Lehmann, 1960, 211.
24 Zur Sprache vgl. Rädle, 1969, 165f.
25 Zur Quellenlage für die Bergpredigtauslegung vgl. Anhang II, 318
26 PL 92, 26.

Paschasius Radbertus

Der Matthäuskommentar des Paschasius hat eine recht komplizierte Entstehungsgeschichte; sie hat sich auch in der Gliederung des Werks niedergeschlagen. Der Kommentar besteht aus drei Bänden zu je vier Büchern. Die ersten vier Bücher sind in den ersten Jahren von Paschasius Radbertus' Aufenthalt als Benediktinermönch in Corbie entstanden, das heißt sicher vor 831.[27] Dieser erste Teil ist dem Mönch Guntlandus von Centula (St. Riquier) gewidmet.

Der zweite Teil entstand nach der Abtszeit des Radbertus. Damals, nach 851, zog sich Paschasius Radbertus in die Abtei von Centula zurück.

Jedes Buch wird durch einen kunstvollen Prolog eröffnet und schließt mit einer kurzen Rückschau. Die Bergpredigtauslegung verteilt sich auf Buch drei und vier.

Buch drei setzt mit der Versuchung Jesu (Mt.4,1ff.) ein. Nicht ,,arma virumque" wie in Vergils Aeneis soll das Thema sein, sondern die ,,Virtus inexsuperabilis et Sapientia Dei Patris",[28]

Buch vier ist ganz der munditia cordis gewidmet; zentral ist die Ausrichtung der Gläubigen auf Jesus statt auf irdischen Ruhm.[29] Die Einteilung ist aus 'De sermone Domini in monte' von Augustin übernommen.[30] Anlaß zur Enstehung des Kommentars war nach Radbertus' eigenen Angaben seine Predigttätigkeit.[31]

Quellen sind die üblichen altkirchlichen Werke; auch dieser Kommentar läßt teilweise irischen Einfluß spüren.[32]

Die Quellen sind aber sehr viel selbständiger und freier verarbeitet als dies bei Hrabanus der Fall war. Paschasius Radbertus ist der anregendste und einflußreichste Ausleger des neunten Jahrhunderts. Er übernimmt eine Schlüsselfunktion 'als Vermittler des Gedankengutes der karolingischen Renaissance'[33] und beeinflußt die Exegese des 12. Jh. (Glossa,

---

27 Vgl. dazu Schönbach, 1903, 145ff. und Paulus: CChr.CM 56, iix.

28 CChr.CM 56, 234, 39/40.

29 'Hac quippe spei gratia subvectus ad ea, que de cordis munditia mandantur, a Domino retractanda tandem veniam. Quae profecto sicut ab adulatoribus et vanam gloriam captantibus, quae iubentur, non recte aguntur animo, sic nisi in semet ipsum redeat is, qui ea festinat enodare aut docere alios, ut semper purgato mentis oculo se suosque sermones ad laudem creatoris sui referat numquam sine periculo perfunctorie laudis ad calcem usque perveniet.' ebd. 361, 33-362, 39.

30 Vgl. CChr.SL 35, 90ff.

31 Vgl. CChr.CM 56, 1,5/12.

32 Vgl. Bischoff, 1966, 227f.

33 Vgl. den Aufsatz gleichen Titels von Weisweiler, Schol. 35, 1960, 503ff., 363ff.; de Lubac, 1961, 200ff.; Spicq, 1944, 46; Smalley, 1944, 38f.; Huber, 1969, 249f. Als Quelle für die kelt. Katechese behandelt Radbertus A. Wilmart, Une source carolingienne des catéchèses celtiques, RBen 45, 1933, 350/351 und ders., Anal. Reginensia, coll. Studi e Testi 53, Vatikan 1933, 34ff. Zu Stil und Einordnung vgl. Grégoire, DS 12, 1984, 295ff.; Peltier, DTC 13, 1937, 1628ff.; Schönbach, 1903, 142ff.; Spicq, 1944, 46ff.

Schule von Laon) und die scholastische Dogmatik.

Für die Bergpredigtauslegung ist insbesondere die Fortentwicklung des durch Augstin geprägten Schemas wichtig, das Seligpreisungen, Bitten des Vaterunser und Geistesgaben nach Jes. 11, 1f. verknüpft und damit aus den Seligpreisungen Gnadengaben macht.[34]

Paschasius Radbertus ist der erste Theologe nach Augustin, der das Schema zu einer konsequenten Gnadenlehre ausbaut.

Die Bildworte aus der Bergpredigt handeln vom dreifachen Amt der Apostel:

> 'ut condiant salis officio ad incorruptionem animas, ut inluminent eas ad intelligentiam veritatis, ut defendant, quas adquisierint ab inpulsu hostili defensos, vero ut accendant ad amorem divinitatis.'[35]

Die im Bild vom Salz verborgene Bedeutung kommt den Aposteln nicht substantialiter zu, sondern gnadenhaft. So wie das Salz aus den zwei Elementen Feuer und Wasser zusammengesetzt ist, werden die Apostel aus dem Taufwasser im Heiligen Geist und im Feuer der Verfolgung neugeboren. 'Transivimus inquit per ignem at aquam, et induxisti nos in refrigerium' (Ps.66,12). Solcherart neugeboren geben die Apostel dem menschlichen Geist Würze und Geschmack.[36] Salz steht für die sapientia nach 1.Kor.2,6 — es ist die Weisheit Gottes, die der Welt verborgen ist.

Ein Amt der Apostel besteht im Salzen der Gläubigen mit dem Salz der apostolischen Lehre. Die doctrina apostolica ist Maßstab und Vorbild für das Leben und die Lehre der Vertreter der Kirche.[37] Paschasius Radbertus zitiert als Beleg Lev.2,13. Dort wird vorgeschrieben, daß jedes Opfer gesalzen werden muß. Das Wort vom Salz richtet sich in erster Linie also an die Apostel, betrifft ferner aber alle, die den Titel magister tragen und betrifft schließlich jeden Gläubigen.[38] Die Beziehung auf die Apostel läuft über die virtus doctrinae. Den Aposteln ist das Amt des

---

34 Siehe unten, 138f.

35 CChr.CM 56, 313, 2499/2502.

36 CChr.CM 56, 306.

37 Ebd. 306, 2312-307, 2318 '... ita sermo utilis non erit ad disciplinam, si apostolicae sapientiae non habuerit documentum. Hinc quippe dictum est in Levitico: Ne auferas sal foederis Dei tui de omni sacrificio tuo, nec non et in omni sacrificio sal offeres. Videlicet in omni munere, ut quodcumque docueris aut correxeris in quocumque proposito versatus fueris apostolicam sapientiam et imitationem semper habeas.'

38 CChr.CM 56, 307.

Salzens und Würzens aufgetragen; sie würzen die Seele der Gläubigen
und bewahren den Leib durch das Wort Gottes vor Schaden.

Die Warnung vor dem Unnützwerden des Salzes deutet Paschasius
Radbertus wie seine Vorgänger als dringliche Mahnung zu einem vorbildlichen Lebenswandel. Sie meint dasselbe wie die Warnung vor den Pharisäern, deren Lehre man übernehmen kann, deren Taten der Nachfolger Jesu aber nicht nachahmen soll (Mt.23,2). Auch wenn einer die wahre Lehre verkündet und seine Predigt den Geschmack der Weisheit hat,
hilft ihm das nichts, wenn sein Leben nicht seiner Lehre entspricht.[39]

Auch Paschasius Radbertus hebt den mittelbaren Charakter der Apostel als lux mundi hervor und verweist dazu auf Eph.5,8. 'Fuistis aliquando tenebrae, nunc autem lux in Domino' Aus Gnade gehören die
Apostel zum Leib Christi. Insofern haben sie Anteil am Licht der Welt
und sind beauftragt, die Welt zu erleuchten. Die in ihnen wirksame Gnade ist dieselbe Gnade, die sich in den zu den Seligpreisungen gehörigen
Gnadengaben ausdrückt. Das göttliche Licht wirkt in derselben Weise
wie die Gabe der Einsicht (intelligentia) und der Glaube, die im Gläubigen die Reinheit des Herzens schaffen. Die Weisheit entspricht der Seligpreisung der Friedensstifter, denn Frieden und Weisheit ergänzen sich.[40]
Weisheit, Einsicht und Glauben sind die Merkmale apostolischer Vollkommenheit. Von den acht Geistesgaben nach Jes.11,2 gehören diese
drei ganz besonders zum Wesen und Auftrag der Apostel.[41]

Die Stadt auf dem Berg ist das himmlische Jerusalem, ein Bild für den
ordo praedestinatorum. Die Stadt steht auf dem Berg Christus. Sie ist
gegründet auf dem Fundament der Apostel und strahlt im Glanz der
zwölf Edelsteine. In dieser Welt ist die Stadt bereits in genere, was sie
künftig per species sein wird.[42]

Die hochgebaute Stadt kann nicht verborgen sein, sie erregt durch ihre unermesslichen Reichtümer den Neid der Mächtigen der Welt. Stän-
dig ist sie deren Angriffen ausgesetzt. Darum müssen sich die Bewohner

---

39 Ebd. 308.

40 CChr.CM 56, 309f.

41 Ebd., 310, 2416ff. Salz der Erde und Licht der Welt umschreiben Wesen und
    Auftrag des Apostolats. Ex officio sind die Apostel Licht der Welt, pro ministe-
    rio sind sie Salz der Erde.

42 Ebd., 311.

der Stadt mit den Tugenden wappnen. Die Apostel sind gerüstet durch ihre Geistesgaben: Weisheit, Einsicht und Glauben. An alle Bewohner der Stadt ergeht die Aufforderung, sich mit den Gaben der Barmherzigkeit, des Rates und der Stärke zu wappnen, sich untereinander beratend, barmherzig die Stadt regierend und siegreich gegen die Angreifer verteitigend.[43]

So bilden also die drei Bildworte das dreifache Amt der Apostel ab: Mahnen, lehren und wachen.

Christian v. Stablo

Christians Matthäuskommentar datieren Dümmler und nach ihm Schönbach 'gewiß nicht vor 864, aber auch nicht viel später'.[44]

Der Kommentar ist für den Anfängerunterricht im Kloster gedacht und berücksichtigt vor allem den Wortsinn.[45] Er umfaßt 56 Kapitel, denen eine gesonderte Passionserklärung folgt. Der Abschnitt zur Bergpredigt hat fünf Teile.[46]

Neben patristischen Autoren hat Christian sicher auch zahlreiche Profanschriftsteller aus der Antike sowie hagiografische Literatur verwendet.[47] Christian arbeitete mit einem irischen Bibeltext und ist in seiner Auslegung ziemlich stark durch die irische Exegese beeinflußt.[48]

Biografisch ist über Christian v. Stablo sehr wenig bekannt. Er stammt vielleicht aus dem Burgund und war jedenfalls als Lehrer im Kloster von Stablo tätig.[49]

---

43 Ebd., 311.

44 Dümmler, 1980, 939 und Schönbach, 1903, 12.

45 Vgl. dazu oben, 9ff.

46 X. De sermonibus domini in monte et de VIII beatitudinibus XI. De adimpletione legis XII. Formula orationis dominicae XIII. De non serviendo duobus dominibus XIIII. De cavendo a falsis prophetis. – Die Ausgabe in PL 106 wurde mit Ms. 71 Ste. Geneviève stichprobenweise verglichen. Die Titel der verschiedenen Abschnitte stimmen mit Ausnahme von X. mit der Fassung aus PL 106 überein (Ms. 71 Ste. Geneviève, f.49^V/2). – PL 106, 1303A trägt X den Titel De octo beatitudinibus.

47 Vgl. dazu Laistner, 1957, 222f.

48 Laistner, 1957, 228.236; Bischoff, 1966, 229. Irisch beeinflußt sind zahlensymbolische, stark schematisierte Auslegungen, z.B. die tria refugia Christi (Christ.Stabul.: PL 106, 1303A) und die sex turbae d. Nachfolger (ebd.) (Vgl. Ps.Hier.: PL 114, 872B/C, clm 14514, f.103^r), die drei Dinge, durch die der sanftmütige Mensch die Erde besitzt (PL 106, 1303D), die drei Weisen, auf die der Mensch seine Feinde liebt (ebd. 1312C) und die drei signa, die den guten Menschen kennzeichnen (ebd. 1323B) Ferner ist an die Auslegung der Seligpreisungen als in Christus erfüllte zu erinnern (PL 106, 1305B/C – PL 114, 873A/B; clm. 14514, f.76^r – f.77^r. f.109^r. f.129^V – f.130^r).

49 Vgl. Worstbrock, VL 3, 1978, 1224. – Zum Beinamen Druthmarus: Manitius, 1911a, 432.

Die Auslegung der drei Bildworte bringt wenig Neues. Das Bild vom Salz kommt der Vorliebe Christians für Realien entgegen und verleitet ihn zu einem längeren naturwissenschaftlichen Exkurs über die Natur, die Herkunft und die Arten des Salzes.[50]

Die unterschiedlichen Naturen des Salzes überträgt Christian auf die Aufgaben der Lehrer.[51] Christian betont die Mittelbarkeit der Apostel als Licht der Welt und die Ausrichtung ihrer Tätigkeit auf das Lob Gottes. Die Stadt auf dem Berg ist die Kirche; die Apostel sollen sich mit den Gläubigen aller Völker schmücken, damit sie zu Recht catholica, allgemein heißt.

c. Die Kommentare des 11. und 12. Jahrhunderts

Bruno von Segni

Der Kommentar zu den vier Evangelien ist vermutlich in der Mitte der achziger Jahre des 11. Jahrhunderts entstanden.[52] Das Matthäusevangelium bildet die Textgrundlage für die weiteren Evangelien. Der Übersicht halber, wie Bruno von Segni selber erklärt, teilt er seine Auslegung in einzelne Abschnitte; die Matthäusauslegung zerfällt in vier Teile (1:Mt.1-6, 23; 2:Mt.6,24-12,14; 3: Mt.12,22-18,23; 4: Mt.19,3-28).[53]

Im Zentrum der Auslegung steht die Kirche und ihre Hierarchie. Gegenüber früheren Auslegungen fällt der gehäufte Bezug des Textes auf Apostel, Kirchenlehrer und Prediger auf. An die Stelle Christi treten die Apostel als Idealfiguren christlicher Vergangenheit, an denen sich die imitatio der Gegenwart zu orientieren hat.

Bruno von Segni stammt aus einer unbedeutenden piemontesischen Sippe (geb. zwischen 1040 und 1050). Er absolviert seine Studien im Benediktinerkloster St. Perpetua in Asti und später in Bologna. Als Bischof von Segni (ab 1079/80) zeichnet sich Bruno durch ein intensives Engagament im Investiturstreit aus; in der Folge sitzt er deswegen mindestens einmal im Gefängnis (1082). Seit den achziger Jahren ist Bruno als ständiger Mitarbeiter der Kurie tätig, 1103 bis 1111 erfüllt er sich ei-

---

50 PL 106, 1305D.

51 Ebd. 1306A.

52 Vgl. Grégoire, 1965, 32 'Bruno aura rédigé alors ses commentaires des Evangiles... ils datent certainement de son épiscopat, car on pourrait facilement en extraire un code de perfection sacerdotale et épiscopale.'

53 Vgl. PL 165, 63A. – Der Text zu Lukas hat 7, Johannes 3 und Mk. 1 Teil. – Der Kommentar hat später, vielleicht bereits nach dem Tod Brunos von Segni, als Grundlage für eine Sammlung von Homilien gedient. Vgl. dazu Grégoire, 1965, 87.

nen lange gehegten Wunsch und zieht sich als Mönch, später als Abt nach Montecassino zurück. 1123 stirbt er in Segni.[54]

Bruno von Segni sieht keine Verbindung zwischen der letzten Seligpreisung und den Bildworten von Salz und Licht. Es geht ihm in seiner Auslegung um die Prediger, Bischöfe und Lehrer. Die Bildworte beziehen sich direkt auf die Amtsinhaber in der christlichen Kirche. Der Bezug auf das Vorbild Christus fehlt.

> 'Vos, inquit, estis sal terrae, vos estis hominum condimentum, vestro exemplo instrui, vestra sapientia doceri, vestra humilitate et patientia componi caeteri debent.'[55]

Apostel und Lehrer entsprechen der Sonne und dem Mond: leuchten diese dem Leib, so leuchten jene der Seele, das heißt dem besseren Teil der Welt. Bei guter Erfüllung der bischöflichen Pflichten, nämlich wenn Worte und Taten übereinstimmen, kommt den Amtsträgern die angemessene Wertschätzung zu:

> 'Qui si pulchri fuerint, et sui ordinis decorem et honestatem tenuerint, venerantur ab omnibus, mirantur et laudantur ab omnibus.'

Die lebenden Amtsinhaber sind darin legitime Nachfolger der heiligen Apostel, Märtyrer und Bekenner.[56]

Ein Licht wird angezündet, damit es leuchtet, ein Bischof ordiniert, um die Glieder der Kirche zu erleuchten. Das Licht auf dem Leuchter meint den Bischof, der Leuchter die Kirche. Das strahlende Licht bezieht sich auf die Gnade des Heiligen Geistes, die evangelische Predigt. So strahlen die Vertreter der Kirche durch Taten und Worte. Größeren Wert als Worte haben jedenfalls Taten; ihnen ist deshalb vom Amtsinhaber die gebührende Aufmerksamkeit zu widmen.[57] Die Apostelnachfolger sind aber auch darin legitime Erben der Apostel, daß sie die zur Vollkommenheit unerlässlichen Vorbedingungen erfüllen, nämlich die voll-

---

54 Zur Biographie vgl. Grégoire, 1965, 24; Bergeron, DS 1, 1937, 1969; de Lubac, 1961, 215ff.

55 PL 165, 101A.

56 PL 165, 101B. – Vgl. ebd. 103A/B 'In qua [scil. ecclesia] sancti apostoli, martyres et confessores magni valde venerantur, et habentur, qui legis mandata et fecerunt, et docuerunt.'

57 Ebd. 101D.

ständige Besitzlosigkeit nach Mt. 19,21.[58]

Die Bildworte der Bergpredigt weisen auf die Verbindung zwischen Aposteln und kirchlichen Amtsträgern hin. Dahinter steht der Gedanke der apostolischen Sukzession. Die Amtsträger, Bischöfe, Lehrer und Prediger, haben sich ihres Amtes würdig zu erweisen durch ihren Lebenswandel und ihre Predigt. Ein wichtiges Kriterium für die Übereinstimmung mit dem Vorbild der Apostel ist die Armut.

Rupert von Deutz

Zwei Werke Ruperts sind für die Bergpredigtauslegung von unmittelbarer Bedeutung. Zum einen der heilsgeschichtlich angelegte, sämtliche biblischen Bücher umfassende Kommentar 'De sancta trinitate et operibus eius' (zwischen 1114 und 1117), zum andern der Matthäuskommentar von 1126 'De gloria et honore filii hominis super Mattheum'.

'De s. trinitate et operibus eius' umfaßt 42 Bücher. Buch 33 behandelt die vier Evangelien.[59] Die Bergpredigt steht zusammen mit dem übrigen Stoff der Evangelien im Horizont des sechsten Weltzeitalters, der Zeit Christi. Sie ist Gesetz des neuen Reiches Christi.

Der große Matthäuskommentar 'De gloria et honore filii hominis' ist gleichzeitig mit dem Kommentar zu den Königsbüchern entstanden. Sehr wahrscheinlich blieb der Kommentar lange Fragment (bis Buch 7) und wurde erst spät in die jetzige Form gebracht (13 Bücher). Allerdings fehlt auch hier die Auslegung der Kapitel 13 bis 25. Rupert behandelt den Stoff thematisch, nicht in der Abfolge der Evangelien.

Buch 12 des Kommentars enthält beispielsweise Schilderungen von eigenen Visionen Ruperts.

Schon verschiedentlich ist auf die wegweisende Stellung Ruperts von Deutz für die Exegese hingewiesen worden.[60] Sie bestätigt sich auch für die Bergpredigtauslegung.

Im Gegensatz zu seinen Vorgängern betreibt Rupert Auslegung immer im Horizont der ganzen Heilsgeschichte. Mittel dazu ist vorwiegend die Typologie. Stil und Sprache sind kunstvoll gestaltet, der Bilderreichtum und die Masse der exempla aus Altem und Neuem Testament schier unerschöpflich. Rupert von Deutz ist einer der Schützlinge des Reformbischofs Kuno von Siegburg, der der monastischen Erneuerungsbewegung im Geist der Siegburger Observanz auch literarisch Gehör verschaffen wollte und dazu ausgewählte Benediktinertheologen zu zahlreichen Publikationen anregte.[61]

---

58 Ebd. zu Mt.5,48 'Quae sit autem ista perfectio, audi quid ipse Dominus dicat: 'Si vis, inquit, perfectus esse vade, vende omnia quae habes, et da pauperibus.' Haec autem specialiter apostolis dicuntur eorumque successoribus per eos mandantur.' (112A, vgl.ebd.122B zu Mt.6,25f.).

59 Vgl. CChr.CM 21, XV.

60 Vgl. Ohly, 1958, 121ff. und 130, Anm.5.

61 Vgl. dazu die Darstellung Beinerts, 1973, 18ff.

Im Kommentar 'De trinitate et operibus eius' ist den Bildworten nur ein kurzer Passus gewidmet. Christus, der neue König, schärft durch seine Worte den Erstlingen des neuen Reiches ihre Verantwortung ein. Er weist auf den Unterschied zwischen den Machthabern der Welt und den geistlichen Führern des Reiches Gottes hin. Jene herrschen durch Macht und Gewalt, diese salzen die gottlose Welt mit dem Salz der himmlischen Lehre. Durch ihre Lehre erwerben sich die Apostel das Wohlwollen ihrer Hörer und helfen diesen weiter durch vorbildhaftes Leben und gute Werke.[62] Im Matthäuskommentar äußert sich Rupert zum apostolischen Dienst im Rahmen der Heilsgeschichte. Die Verbindung der Bildworte mit der Seligpreisung an die Verfolgten soll darauf hinweisen, daß bereits im Alten Bund die Propheten und seither immer wieder andere Gläubige um Christi willen verfolgt worden sind! Die Apostel stehen darin nicht allein da.

Jesus wendet sich mit seinen Worten gegen die Verächter und Verfolger der apostolica doctrina aller Zeiten; gemeint sind vor allem die Juden.[63]

Salz und Licht sind in der Bibel Bilder der Geheimnisse des Gesetzes. Die Belehrung der Gläubigen findet jeweils auf einem Berg statt. Das erste Mal ist es der Sinai; unter Donner und Blitz findet dort die Gesetzesübergabe statt. Es ist Weisung dieses Gesetzes, daß jedes Opfer gesalzen werden muß (Lev.2,13). Daß dieser Befehl in der Bergpredigt wiederholt wird, deutet auf die zentrale Bedeutung des Salzes als göttliches Geheimnis hin und belegt gleichzeitig die Richtigkeit von Mt.5,17. Jesus belehrt die Jünger über ihre Stellung in der Kirche. Den Jüngern galt bereits die Belehrung auf dem Sinai. Sie sind mit den *fulgures et lampadae* (Ex.20, 18) gemeint, die dichtes Gewölk bisher verhüllte. Bis zum Kommen Jesu verhüllten Neid und Unwissenheit des jüdischen Volkes nämlich die doctrina apostolica.

Jetzt unterweist Jesus die Jünger in der Bergpredigt über ihre Stellung, später vollendet er, selbst bereits zum Vater entrückt, das angefangene Werk und sendet den Jüngern den Heiligen Geist, der sie zu ihrer Aufgabe erleuchtet.[64] Die Unterweisung auf dem Berg ist auch Vorbereitung

---

62 CChr.CM 23, 1803.

63 Vgl. CChr.CM 29, 114, 395ff. – Zur Stellung der Juden im Werk Ruperts vgl. Beinert, 1969, 356ff. bes. 359.

64 CChr.CM 29, 113, 357ff.

darauf. Salz und Licht sind Bezeichnungen für die Aufgaben der Apostel, deren ganze Bedeutung erst durch den Vergleich mit anderen Worten und Taten Gottes in der Heilsgeschichte deutlich werden.

Die Bergpredigt ist darum in der Mitte der Zeiten gehalten; sie weist zurück auf das Geschehen am Sinai und verweist vor auf das himmlische Jerusalem auf dem Zion.[65] Salz und Licht beziehen sich auf die apostolica doctrina. Ohne deren Salz bliebe alles fade. Die Gebote des Dekalogs, alle übrigen Gesetze des Alten Testaments müssen gereinigt werden vom Bezug auf äußere Zeremonien, die seit Jesu Kommen keine Geltung mehr haben. Die Gläubigen sollen mit dem Rat der Keuschheit gesalzen werden; ihr Fleisch bleibt dadurch unversehrt von Fäulnis. Die Keuschheit ist einer der zentralen Punkte apostolischer Lehre.[66] Aber es geht um mehr. Die Apostel führen auch die Hierarchie der Gläubigen aller Zeiten an. Sie stehen an Würde und Ansehen vor den *Patres orthodoxi* und den *doctores catholici*. Sie haben sich um die Pflege des geistigen Schriftsinns verdient gemacht.[67]

Allerdings warnt Jesus mit dem Wort vom Licht und der Stadt auf dem Berg vor unangemessenem Hochmut derer, die zum ordo der Schriftausleger und der Prediger der Keuschheit gehören. Wer seinen Vorsprung an Weisheit und Wissen mißbraucht und stolz auf die anderen herabsieht, dem werden seine Gaben ins Gegenteil verkehrt werden und er selbst wird stürzen.[68] Schon die Apostel sind nur mittelbar Licht der Welt, durch die lux naturaliter lucens, Christus, erleuchtet 'ex accidenti dono'.

Christus steht an allererster Stelle, was Würde, Verdienste und Gnade betrifft. Die Apostel folgen unmittelbar nach Christus. Sie sind erleuchtet, um andere erleuchten zu können. Bei den meisten Gläubigen reicht dagegen die Erleuchtung nur für sich selbst. Sie können ihre Erleuchtung

---

65 CChr.CM 29, 113, 382-114, 388 (Nach dem Zitat von Hebr.12,18-22) 'Haec idcirco dicta sint, ut palam constet illius accessus ad montem Sinai et huius accessus ad Sion montem et civitatem Dei viventis Hierusalem caelestem, quando super apostolos venit divinus ignis, medium fuisse hunc accessum quem nunc habemus in manibus, quando sedit in monte et accesserunt ad eum discipuli eius et in exordio sermonis dixit eis: Vos estis sal terrae, vos estis lux mundi.'

66 CChr.CM 29, 115, 441ff. Vgl. dazu Arancibia: ScrVict 17, 1970, 270ff.: Bernards: 1960, 411ff.

67 CChr.CM 29, 115f.

68 Ebd. 116.

nicht weitergeben. Der Glanz der Erleuchtung ist unterschiedlich. Rupert erinnert an die verschiedenen Himmelskörper (Dan.12,3).[69]

Nur den Demütigen gilt ferner das Wort von der Stadt auf dem Berg, die nicht verborgen bleiben kann. Vor sich selbst gelten demütige Menschen nichts. Sie suchen die Verborgenheit. Gerade darum erbarmt sich Gott ihrer und stellt sie auf den Berg. Was Gott zum Leucyten geschaffen hat, darf nicht verborgen bleiben; nicht vergebens haben die Apostel in den Feuerflammen von Pfingsten Weisheit und Wissen empfangen. Gott stellt sie in die Öffentlichkeit, damit sie das Empfangene weitergeben und die Welt erleuchten.

> 'Etiam si quislibet eorum in speluncis et in cavernis terrae delitescere voluit, et ad tempus delituit, nihilominus tamen, ubi causa poposcit, foras prodiit in publicum Deo iubente vel ordinante venit, ut cui praedestinatus, ad quod fuerat vocatus, insistens officio, beneficium lucis, cuius erat particeps, plurimis impertiretur.'[70]

Rupert erinnert an die sieben goldenen Leuchter aus der Apokalypse. Sie sind Bild aller Kirchen der ganzen Welt. Wer in diesen Kirchen durch die Gabe apostolischen Wissens und Glaubens ausgezeichnet ist, darf sich nicht 'unter den Scheffel stellen'; er steht ja auf dem Leuchter, um durch Wort und Beispiel allen Gläubigen zu leuchten, immer in der Absicht, die Menschen zu Gott zu führen und sein Lob zu vermehren.[71]

Zacharias Chrysopolitanus

Der Prämonstratenser Zacharias v. Besançon hat einen katenenartigen Kommentar zu den vier Evangelien geschrieben. Der Kommentar besteht aus vier Büchern; die Bergpredigtauslegung steht am Ende von Buch eins. Der Kommentar wird durch drei Vorreden eröffnet.

Neu ist die Einteilung des auszulegenden Textes in Einzelkapitel.[72]

Die Quellen sind die üblichen. Über das Leben des Zacharias ist nur soviel bekannt, daß er an der Kathedralschule von St.Jean in Laon lehrte und seit 1157 Regularkanoniker bei den Prämonstratensern von

---

69 Ebd. 117.

70 Ebd. 118, 569/574.

71 CChr.CM 29, 119.

72 Petrus Cantor scheint zur Kapiteleinteilung durch die Evangelienharmonie des Zacharias angeregt worden zu sein, vgl. Landgraf, 1948, 121; Ghellinck, 1955, 97.

St. Martin war.[73]

Zacharias übernimmt die traditionelle Deutung der Bildworte auf das Amt der Apostel, allerdings ohne konkreten Bezug auf kirchliche Ämter. Das Salzwort betrifft die virtus doctrinae, das Wort vom Licht und der Stadt auf dem Berg die fiducia praedicandi. Die Warnung vor dem Abfall vom rechten Glauben in Häresie[74] fehlt ebensowenig wie die christologischen Deutungen des Berges und des Lichtes auf dem Leuchter.[75]

Relativ breit ist die Auslegung des Wortes vom Licht unter dem Scheffel. Gemeint ist damit nach Zacharias entweder, daß die Botschaft vom menschgewordenen Gottessohn ausschließlich dem jüdischen Volk vorbehalten bleibt, oder aber die Manipulation der Lehre aus Liebe zur Welt oder zum eigenen Leib.[76]

Die Glossa ordinaria

Anselm von Laon († 1117) begründet den Ruf der Kathedralschule von Laon, deren Leiter er seit 1080 war. Anselm war es auch, der die Schaffung einer Glossa zu allen biblischen Büchern anregte und selbst einige Bücher dazu beitrug.

Das riesige Kommentarwerk aus der Schule von Laon trägt seit dem 14. Jh. zur Unterscheidung von zahlreichen anderen Glossen den Titel Glossa ordinaria. Es beruht weitgehend auf älteren Sammlungen patristischer und karolingischer Autoren. Allerdings ist nach wie vor unsicher, um welche Sammlungen es sich dabei konkret gehandelt haben könnte.

Die Glossa zum Matthäusevangelium wird von der Forschung jetzt Anselms Bruder Radulph von Laon († 1131/33) zugeschrieben.[77]

Der Erfolg der Glossa ordinaria war überwältigend. Durch die vielen ausländischen Schüler der Kathedralschule von Laon gelangte das Werk auch über die Grenzen Frankreichs hinaus.[78]

Die Auslegung der Glossa besteht hauptsächlich aus stark gekürzten Zitaten aus Radbertus und Hrabanus Maurus.[79] Wie die beiden karolingi-

---

73 Petit, 1947, 99. – Die biograf. Angaben übernimmt Petit fast wörtlich aus PL 186, 620/622.

74 PL 186, 124.

75 Ebd., 124f.

76 PL 186, 125A. Vgl. bereits Beda: PL 94, 465.

77 Smalley, TRE 13, 1984, 453 und Hödl etc., TRE 3, 1978, 2.

78 Vgl. Smalley, TRE 13, 1984, 453f. sowie Ghellinck, 1948, 104ff., 133ff.

79 Vgl. PL 114. 90D Hucusque generaliter ... acciperent consolationem und Radbert.: CChr.CM 56, 304, 2236/2239 und Hraban.: PL 107, 799B Superio-
(Fortsetzung der Fußnote nächste Seite)

schen Autoren verbindet sie die letzte Seligpreisung und die Bildworte zu einer Einheit, deren Thema Amt und Würde der Apostel ist.

Stark gewichtet ist die Warnung vor dem Schwachwerden in Gefahr, Widerstand oder wegen falscher Rücksicht auf die eigene Bequemlichkeit oder aus Angst.[80]

Ziel der apostolischen Existenz ist das Lob Gottes aus den guten Werken. Dazu gestärkt werden die Apostel durch die Geistesgaben Weisheit, Rat und Stärke.[81] Das lebendige Beispiel der Apostel ist im übrigen ihre Predigt.[82]

Gottfried Babio (Ps. Anselm PL 162)

Unter Anselms Namen sind die 'Enarrationes in Matthaeum' in PL 162 überliefert, ein in 28 Kapiteln gegliederter Kommentar, der streng zwischen historia, moralitas und allegoria trennt.

Die neuere Forschung schreibt den Kommentar Gottfried Babio zu und datiert ihn in die Mitte des 12. Jh..[83]

Gottfried ist als magister in Angers zu Beginn des 12. Jh. belegt. Er scheint mit Gottfried von Loroux, dem Erzbischof von Bordeaux und Primas von Aquitanien, identisch zu sein.[84]

Seine Auslegung ist noch ganz den patristischen Traditionen verhaftet, trotz gewisser scholastischer Begriffe, die neu in die Auslegung eingebracht sind.[85]

---

res autem... consolationem perciperent. − PL 114, 91B/C Hic jam... suae exemplo/Hoc solis... concludit sic. und Radbert.: CChr.CM 56, 2331/2334 − PL 114, 91D Quia apostoli... et fortitudinis und Radbert.: CChr.CM 56, 310, 2422/2430 und ebd. 311, 2458/2465 − PL 114, 92A Domesticis exemplis... aliqua timent und Hraban.: PL 107, 803A Exemplis etiam... ob mentum − PL 114, 92A/B Vel Christum... vel mundo und Hraban.: PL 107, 803B/C Potest et lucerna... queant intueri. Bereits die Kürzung ist ein Hinweis darauf, daß es sich hier nicht um direkte Zitate handeln muß; eine gemeinsame Quelle käme ebenso in Frage wie eine Sammlung von Exzerpten aus karoling. Autoren.

80 PL 114, 92A.

81 a.a.O.

82 Ebd., 91D.

83 Vgl. van den Eynde, RThAM 26, 1959, 50ff. 'Il est en tout cas beaucoup plus conforme aux données internes du problèmes d'assigner aux Enarrationes in Matthaeum une date qui les rapprochent sensiblement du milieu du XIIe siècle.' (ebd. 83).

84 Bonnes, RBen 46, 1945/46, 196f.; Bliemetzrieder, RThAM 1, 1929, 435ff.

85 Bonnes, RBen 46, 1945/46, 198, vgl. auch 182ff.

Der Kommentar geht spürbar von der Realität der Kirche aus. Seinen Autor beschäftigen die kirchlichen Ämter und deren Funktion im Ganzen der Kirche. Auch die *Enarrationes* nehmen eine Verbindung der letzten Seligpreisung mit den Bildworten von Salz und Licht an. Die Apostel werden ermahnt, dem Druck von Verfolgungen Ausdauer und Standhaftigkeit entgegenzusetzen. Ein Versagen ihrerseits würde den Untergang aller Gläubigen zur Folge haben, denn die Apostel sind die virtus der Gläubigen,[86] ihr Haupt und Vorbild; mit ihnen beginnt die Lehre und sie sind die ersten Lehrer der Kirche, von denen jeder weitere Lehrer zu lernen hat. Der Kommentar überträgt diesen Gedanken auf den Papst und die kirchlichen Würdenträger. Deren mögliches Versagen hat schreckliche Konsequenzen: man denke nur an den Fall, daß ein Papst der Häresie verfällt und aus der Kirche ausgestoßen werden muß. Die Apostel, Würdenträger und der Papst sind zugleich Schützer der Kirche, die mit dem Bild von der Stadt auf dem Berg gemeint ist.[87]

Zweierlei benötigen die Gläubigen: Erleuchtung des Geistes und Stärkung für das eigene Handeln. Beides wird ihnen durch die Apostel und deren Nachfolger zuteil.

Jede Predigt muß eine Prise der doctrina apostolica enthalten, denn ohne dieses Gewürz bleibt sie fade und kraftlos.[88]

d. Zusammenfassung

Die Ausleger verbinden in der Regel die Bildworte (Mt.5,13-16) mit der letzten Seligpreisung an die Verfolgten (Mt.5,11). Die direkte Anrede der Adressaten („Selig seid ihr.. Ihr seid das Salz..") wird dahingehend gedeutet, daß Jesus sich an den kleinen Kreis der Apostel gewandt und diesem das Wesen des apostolischen Auftrages erläutert habe. Die Apostel und ihre Nachfolger (episcopi, doctores, praelati, sapientes etc.) gelten darum im allgemeinen als alleinige Adressaten der Bildworte von

---

86 PL 162, 1291.

87 Ebd. 1291 C/D.

88 PL 162, 1291B 'Nulla enim praedicatio valet, nisi condimento apostolicae doctrinae sit suffulta.'

Salz, Licht und der Stadt auf dem Berg.[89]

Allerdings weiten einzelne Ausleger den Kreis der Adressaten aus. Paschasius Radbertus etwa hält fest, zwar gelte das Salzwort „quasi solis apostolis", das folgende richte sich dagegen an alle Amtsträger „et in fine de universis concluditur."[90] Aber das bleibt die Ausnahme. Die exponierte Stellung bereits der Apostel und dann auch der kirchlichen Amtsträger und die damit verbundenen Gefahren bilden das Zentrum der Auslegung in den untersuchten Kommentaren. Trotz der vorhergesagten Verfolgungen, die unweigerlich die Nachfolger Jesu bedrohen, muß die Verkündigung des Evangeliums ohne Rücksicht auf persönliche Bequemlichkeit, weltliche Begierden oder irdische Vorteile in aller Öffentlichkeit erfolgen.

Der Inhalt der Verkündigung läßt sich nicht von ihrer beispielhaften Verwirklichung durch Leben und Wirken der Verkündiger trennen. Das Wesen des apostolischen Auftrages besteht darum sowohl in der Verkündigung der Botschaft als auch in einer exemplarischen Lebensführung. Taten können unter Umständen wichtiger sein als Worte. Entscheidend ist aber letztlich, ob beides übereinstimmt. „Lux, inquit, estis; et sermone et opere lucere debetis. Magis enim operando quam loquendo proficitis, quia maior est splendor operis quam sermonis."[91]

Salz und *Licht* bezeichnen in den untersuchten Kommentaren durchwegs zwei Aspekte der apostolischen Verkündigung. Das *Salz* steht für die sapientia der apostolischen Lehre. Ohne diese sapientia, die „verborgene Weisheit Gottes" (1.Kor.2,6) im Gegensatz zur Weisheit der Welt, bleibt die Verkündigung fade. Stimmen dagegen das Leben und die Lehre der Verkündiger überein und ist der Maßstab für beides die Übereinstimmung mit der Lehre der Apostel, beziehungsweise der Botschaft Jesu, so ist das Ziel erreicht: die Gläubigen kosten die Würze der sapientia und gelangen so zum Heil.

Bleibt die Verkündigung fade, sei es, weil sie nicht dem Inhalt der doc-

---

89 Man darf darum diese Auslegung nicht, wie es beispielsweise Luz tut, vorwiegend im protestantischen Bereich ansiedeln wollen! (Luz, 1985, 226). Die Auslegung des Salz- und Lichtwortes auf die Amtsträger hat eine lange Vorgeschichte in der Alten Kirche und im Mittelalter. Vgl. auch Dinter in der Edition der Heribertsvita von Rupert von Deutz, 1976, 35, Anm. 25. – Zur Bezeichnung der Kanoniker als lux mundi vgl. Leclercq, 1962c, 121.

90 CChr.CM 56, 307, 2332ff.

91 Bruno Sign.: PL 165, 101D.

trina apostolica entspricht, sei es, weil die Lebensführung des Verkündigers zu wünschen übrigläßt, ist der Schaden, den die Kirche nimmt, entsprechend der Gewichtigkeit der Stellung des fehlbaren Verkündigers denkbar groß. Die Apostel und ihre Nachfolger sind ja „capita et exempla" aller übrigen Gläubigen; ihr Versagen kann durch keine vorgesetzte Instanz korrigiert werden, und es bleibt nichts anderes, als den fehlbaren Amtsträgern ihr Amt zu entziehen und sie aus der Kirche auszustossen und der Verachtung der Gläubigen preiszugeben.[92] Diese Maßnahme ist mit dem Zertreten des unnütz gewordenen Salzes gemeint.

Mit dem *Licht* können sowohl die fiducia praedicandi (Zachar.Chrysop.) als auch die Tugenden der Einsicht (intelligentia) und des Glaubens (Radbert.) bezeichnet sein. Häufig wird der missionarische Aspekt der apostolischen Verkündigung hervorgehoben. (Hraban.; Radbert.; Christ. Stabul.). Daneben wird aber auch die sündenaufdeckende Kraft der Predigt genannt (Ps.Hieronymus, Hraban.).

Monastische Sonderinteressen spiegeln sich in der Auslegung der reinigenden und konservierenden Wirkung des Salzes als Enthaltsamkeit (Ps.Hieronymus). Rupert von Deutz hebt die zentrale Stellung des consilium castitatis innerhalb der apostolischen Predigt hervor.

Paschasius Radbertus weist ausdrücklich auf den gnadenhaften Charakter der den Aposteln und Apostelnachfolgern verliehenen Fähigkeiten und Gaben hin. Die in ihnen wirksame Gnade ist mit den durch die einzelnen Seligpreisungen angedeuteten Gnadengaben des Geistes (Jes.11,2) identisch. Besonders die drei Gaben des Glaubens, der Weisheit und der Einsicht gehören zur Ausrüstung der Apostel und ermöglichen ihnen die Erfüllung ihres Auftrages an den Gläubigen. Rupert von Deutz betont die besondere Art der Erleuchtung der Apostel, die, durch die Gesetzesübergabe am Sinai vorbereitet, erst mit der Geistausgießung an Pfingsten ganz realisiert wird. Die Erleuchtung der Apostel geht über die der anderen Gläubigen deutlich hinaus, weil sie auf die ganze Kirche ausstrahlt. Sie stellt ein besonderes Charisma der Apostel und ihrer Nachfolger dar.

Die Stadt auf dem Berg kann sowohl die auf Christus gegründete Kirche (Ps.Hieronymus, Christ.Stabul.) als auch die Apostel und Lehrer der Kirche (Ps.Hieronymus, Bruno Sign.) bezeichnen.

---

92 Gaufrid Babio: PL 162, 1291B/C.

2. Die Predigten

Der Predigttext zum Fest der Bekenner scheint teils Mt.5,13ff., teils die Parallele aus Lk.11,33ff. gewesen zu sein.[93]

Wir verfahren daher bewußt inkonsequent und nehmen im Unterschied zum Kommentarmaterial auch einige Predigten zu Lk.11,33ff. in die Untersuchung auf, geben aber deren Inhalt nur insofern wieder, als er sich auf die Parallelen zum Text der matthäischen Bergpredigt stützt.

a. Die einzelnen Predigten

Beda

Von Beda ist eine Predigt über Lk.11,33 'In festo confessorum' überliefert. Sie gibt wörtlich die entsprechende Passage aus dem Lukaskommentar wieder.[94] Es überwiegt die christologische Deutung des Lichts. Christus selbst ist damit gemeint. Er gehört nicht unter den jüdischen Scheffel, sondern auf den Leuchter der ganzen Kirche.

Bruno von Segni

Unter den Werken Brunos von Segni finden sich insgesamt drei Predigten zu unserm Text, davon eine zu Lk.11,33.[95] Die erste Predigt ist wörtlich Parallele zum entsprechenden Abschnitt aus dem Matthäuskommentar des Autors.

Die zweite Predigt zu Mt.5,13f. ist weitgehend selbständig. Sie variiert das Motiv vom Salz der Weisheit. Das Salz steht in der Bibel stets für die göttliche Weisheit, eine Weisheit nicht der Philosophen, sondern die Weisheit, die der Heilige Geist die Apostel Petrus und Paulus lehrte. Weder Juden noch Heiden kennen diese Weisheit; sie ist typisches Merkmal des christlichen Glaubens. Ohne die Weisheit sind alle Tugenden nutzlos (Mt. 9,49; Lev. 2,13). Aber auch die gottesdienstlichen Handlungen zählen nichts ohne das Salz, das die Bergpredigt erwähnt. Die Kirche reinigt und tauft nur mit gesalzenem Wasser.[96]

---

93 Vgl. dazu Schneyer, 1973ff.

94 Predigt: PL 94, 465 als hom. 77. – Die entsprechende Passage aus dem Lk.kommentar in CChr.SL 120, 239, 321-240, 371. – Vgl. dazu Spicq, 1944, 29ff.

95 PL 165, hom.: 138 In natali confessorum, Mt.5,13f., 852C/D; Komm.parallele: PL 165, 100D/103A. – hom. 140: In natali confessorum, Lk.11,33f., 853A/ 857B; sowie Sententiae lib. vi: De confessoribus, s.1, De sale et luce ex verbis Domini, et civitate in monte posita, de apostolis, et caeteris doctoribus et confessoribus, 1047A/1050C.

96 PL 165, 1049B.

Salz und Licht benennen beide dasselbe, nämlich die Weisheit der Schrift, die gottesfürchtige Fischer und Bauern trotz fehlender Bildung besser verstehen als hochgebildete Bischöfe und Priester, die vom wahren Heil nichts begriffen haben.

Die Stadt auf dem Berg meint Apostel und Kirchenlehrer, die der Kirche Schutz und Stärke sind. Der Berg bezeichnet aber auch die Tugenden, die jeder Gläubige sich erwerben muß. Besonders die Prediger müssen den Berg der Tugenden besteigen, bevor sie zum Predigtamt gerüstet sind. 'Super montem excelsum ascende, tu qui evangelizas Sion.' (Jes. 40,9).[97]

Hom. 140 geht über Lk.11,33ff.. Der Predigttext vergleicht die Funktion des Bischofs mit dem Glanz des Lichts. Das Licht auf den Leuchter stellen heißt, Bischöfe an würdigem Ort zu weihen und einzusetzen, in großen Städten mit viel Volk.[98] Der Bischof steht der Kirche vor, leuchtet ihr; er muß also dort stehen, wo viele ihn sehen können.

Sonne und Mond sind die Augen der Welt, die Bischöfe die Augen der Kirche. Von allen Sinnesorganen ist dem Menschen das Auge das liebste. Entsprechend soll die Kirche ihre Bischöfe schätzen. Das geistige Auge nimmt Weisheit, Vernunft, Verstand und die richtige Einstellung wahr, ist es blind, so leidet darunter der ganze Mensch.[99]

Fehlt der Bischof, indem er seine ihm aufgetragene Pflicht schlecht erfüllt, dann leidet analog die ganze Kirche.

Honorius Augustodunensis

Honorius ist neben Rupert von Deutz der zweite Schützling des Reformabts Kuno. Er kam wahrscheinlich von den Britischen Inseln[100] auf den Kontinent. In Regensburg lebte er längere Zeit bei den irischen Mönchen der Abtei St. Jakob. Sehr einflußreich war seine Predigtsammlung 'Speculum ecclesiae'; in über 500 Handschriften überliefert, hat sie die volkssprachliche Predigt des 12. und 13. Jahrhunderts geprägt.[101] Die einzelnen Predigten sind Bearbeitungen patristischer Werke. Die Quellen sind nur schwer nachweisbar.

---

97 PL 165, 1050A. – Bruno weist ausdrücklich darauf hin, daß jedermann den Berg besteigen kann und soll. Jesus nahm nämlich nicht nur die Apostel mit sich auf den Berg, sondern auch das Volk!

98 PL 165, 853B 'Merito igitur sancti canones non in vili et humili loco, sed per civitates et loca populosa episcopos ordinari non permittunt. Hoc est enim super candelabrum lucernam ponere, in loco excelso episcopum ordinare'.

99 PL 165, 854C.

100 Vgl. Beinert, 1973, 41; Freytag, VL 4, 1983, 122ff.

101 Vgl. Freytag, VL 4, 1983, 128. – Longère, 1983, bes. 87.166.

Aus dem 'Speculum ecclesiae' stammt die Predigt über Lk. 11,33 'De sancto Clemente.' Ohne weiter auf den Bibeltext einzugehen identifiziert Honorius den Heiligen mit dem Licht und fügt dann eine Schilderung von dessen Familie, Lebensumständen und Wundern an.

> Sanctus Clemens, karissimi, erat lucerna Ecclesiae divinitus accensa, super candelabrum Romani culminis posita; qui largum lumen doctrinae cunctis praebuit, quos domus hujus mundi inclusos retinuit.[102]

Die Predigt weist in ihrer stereotypen, undifferenzierten Bezeichnung des Heiligen als 'Kirchenlicht' auf typische Schemata der Hagiographie hin.[103] Clemens interessiert als Glied der Kirche; durch seine Lehre leuchtet er den Gläubigen.

Gottfried von Admont

Der schriftliche Nachlaß Gottfrieds von Admont umfaßt ausschließlich homiletische Werke, die mindestens teilweise in Zusammenarbeit mit dem Bruder Irimbert von Admont entstanden.[104]

Inhalt und Art der Predigten sind ganz von der klösterlichen Welt Admonts geprägt;[105] vor allem in Admont sind die Handschriften dann auch überliefert worden.[106]

Gottfried war 1138 aus dem St. Georgenkloster im Schwarzwald nach Admont berufen worden. St. Georgen war eines der Zentren monastischer Reform in Schwaben gewesen, Admont, seit 1115 der Hirsauer Reformbewegung angeschlossen, übernahm jetzt eine ähnlich zentrale Stellung innerhalb der Hirsauerreform.[107]

Großes Verdienst um das Kloster Admont erwarb sich Gottfried, der mehr als 25 Jahre lang Abt des Klosters war, die Klosterschule begründete und einen regen Austausch wissenschaftlicher Werke mit zahlreichen Gelehrten der Zeit unterhielt.[108]

Die Predigt über Lk.11,33f. von Gottfried ist zum Fest der Translation des hl. Benedikt gehalten.[109]

---

102 PL 172, 1029B (Die ganze Predigt: ebd., 1029B/1032B).

103 Vgl. unten, 97f.

104 Braun, VL 3, 1981, 121f.

105 Braun, VL 3, 1981, 122 'Die Intention der theologischen Schriftstellerei G.s. bleibt ganz von der begrenzten prädikatorischen Aufgabe bestimmt, das persönliche innere religiöse Leben aller Konventualen und ihrer Gemeinschaft auszubilden...'.

106 Ebd., 120f.

107 Arnold, ZRG 58, 1972, 350ff.

108 List, 1974, 49ff., bes. 60.

109 PL 174, 924B/929B, hom. 58.

Hagiographische Motive werden ergänzt durch traditionelle Elemente der Auslegung. Gottfried deutet das Bild vom Licht auf dem Leuchter sowohl christologisch als individuell auf die Seele des Gläubigen.

Die christologische Deutung ist oben bereits mehrfach beschrieben worden: das Licht Christi darf weder unter den Schaffel des jüdischen Volkes, noch in die Verborgenheit unter die Heiden gestellt werden. Es gehört auf den Leuchter der Kirche, um allen zu leuchten.

Die individuelle Deutung bringt einige neue Elemente. Gott erleuchtet jeden zum ewigen Leben prädestinierten Gläubigen durch Wissen und guten Willen (scientia/bona voluntas). Diese beiden Gaben sind die Lichter der menschlichen Seele, sie erleuchten den Menschen und setzen ihn instand, seine Anlagen in guten Werken zu nutzen. Gottfried erläutert das Wort vom Licht auf dem Leuchter mit dem Gleichnis von den geschenkten Talenten.[110]

Gott schenkt dem Menschen seine Gaben; damit wird der Mensch handlungsfähig. Entscheidend ist, was der Mensch mit diesem Geschenk anfängt: vergräbt er es oder stellt er es auf den Leuchter, indem er anfängt, mit seinen Talenten zu wuchern?

Gottfried betont den Wert der guten Werke. Sie sind die Entfaltung der göttlichen Gaben scientia und bona voluntas. Aber nur jene Werke zählen vor Gott, die in einfältiger Absicht zur Ehre Gottes getan werden. Wird dies beachtet und handelt der Mensch entsprechend, dann stellt er sein Licht auf den Leuchter. Der Glanz des Lichts verscheucht dann alles Böse und Unwürdige und zieht gute Gedanken und Hoffnungen an. Gute Werke, in guter Absicht getan, schützen den Menschen vor allem, was ihn zum Bösen wenden könnte. Gottfried bezeichnet solches Tun als Vollkommenheit. Beispiel ist Benedikt, der bereits in kindlichem Alter allen weltlichen Besitz verließ und, von Gott dazu getrieben, nackt in die Wüste gehen wollte, um nur Gott zu leben.[111] Benedikt folgte der Gnade der Vollkommenheit, er stellte sein Licht auf den Leuchter. An ihm sieht der Gläubige, sehen besonders die Ordensleute, in welcher Richtung sie selbst zu gehen haben. Benedikt ist der Anführer aller Ordensleute; durch seine Fürsprache vor Gott vermittelt er ihnen, was sie aus eigenem Verdienst nicht erlangen könnten.

---

110 PL 174, 925C.

111 Ebd., 927A/B.

Am jüngsten Tag werden ihm die Ordensleute jeden Alters und Geschlechts gemeinsam folgen.[112]

Das Kriterium für gutes Handeln, die simplicitas intentionis, ist Gemeingut mittelalterlicher Bergpredigtauslegung. Gottfried gibt dem Kriterium monastisches Gepräge; gute Werke in guter Absicht bieten Schutz vor jeder Anfechtung: welcher Schutz aber wäre wirkungsvoller als der Rückzug aus der Welt und völlige Besitzlosigkeit, wie sie Benedikt realisiert?

Gottfrieds Auslegung der Bildworte ist eine Auslegung auf die Benediktiner von Admont. Trotz der Erleuchtung, die jedem Menschen von Gott geschenkt wird, wie Gottfried ausführt, erfüllen nur die Ordensleute dank ihren Gelübden die nötigen Voraussetzungen zur Umsetzung der göttlichen Gaben in menschliches Handeln.

Hugo von St. Viktor

Über die Herkunft des Begründers der berühmten Schule von St. Viktor in Paris streiten sich die Gelehrten nach wie vor. Wahrscheinlich stammt Hugo aus Flandern.[113]

Die einzig sichere Wirkungsstätte Hugos ist St. Viktor, wo der Augustinerchorherr von 1127 bis zu seinem Tod im Jahre 1141 Propst und Vorsteher der öffentlichen Schule war.[114]

Neben der hier zu behandelnden Predigt ist vor allem die kleine Schrift 'De quinque septenis' für die Bergpredigtauslegung von Bedeutung.

Von Hugo von St. Viktor ist eine Predigt zum Fest des Hl. Gregor mit dem aufschlußreichen Titel[115] 'De candelabro, de quo Exod.XXV 31ff. Nemo lucernam accendit, et in abscondito ponit, neque sub modio, sed super candelabrum, ut qui ingrediuntur, lumen videant.'

Unwichtig sind für uns hier die ausführlichen Auslassungen Hugos über die Vorschriften zur Herstellung eines Leuchters nach Ex. 25,31ff.. Hugo deutet den Leuchter in traditioneller Weise auf die Kirche; die einzelnen Teile des Leuchters sind die Gläubigen.[116]

Der hl. Gregor ist die Lampe, die auf dem Leuchter stehend weitherum strahlt. Gregor erleuchtet die Gläubigen durch Werke, Worte, Wun-

---

112 PL 174, 928f.

113 Vgl. den brillanten Hugo-Kenner Baron, 1963, 29; Ruh, VL 4, 1983, 282; de Lubac, 1961, 288ff.; Manitius, 1911c, 112ff.; Longère, 1983, 63ff.

114 Zu weiteren Hugo zugeschriebenen Ämtern und Titel vgl. Baron, 1963, 30.

115 PL 177, 1156B/1160A. – Der Titel stammt aus der Mignefassung.

116 PL 177, 1159D.

der, Tugenden, Verdienste. So erleuchtet sollen die Gläubigen den Pfad der Gerechtigkeit emporsteigen, um selber zur ewigen Freude zu gelangen.[117]

Innozenz III.

Die Predigten Lothars von Segni, des späteren Innozenz III., sind nicht genauer datierbar. Während seiner Kardinalszeit (1189-1198) entstand eine Messauslegung 'De missarum mysteriis'.[118]
Lothar absolvierte seine Studien in Theologie und Kanonistik in Paris und Bologna.[119] Als Exeget zeichnet er sich durch seine zahlreichen Schematisierungen des Textes und sorgfältigen Gliederungen aus.[120]

Der Inhalt der Predigt zu Mt.5,13f. ist traditionell; bedeutsam ist nur der Predigtanlaß, nämlich die Bischofsweihe.[121]

Condire, siccare und sterilem reddere sind die drei Wirkweisen des Salzes, aus denen Innozenz die Aufgaben der kirchlichen Würdenträger ableitet. Die Gaben *charitas* und *sapientia* sind grundlegend für das apostolische Amt.

> 'Pontifex ergo debet esse sal terrae, ut informet populum exemplo vitae per charitatem, et instruat verbo doctrinae per sapientiam.'[122]

Direktes Vorbild der kirchlichen Würdenträger ist Jesus.[123]

Es geht also ganz deutlich um die Doppelaufgabe von exemplarischer Lebensführung und der Verkündigung der wahren Lehre.

Dem Leben ist die Gabe der charitas, der Lehre die Gabe der sapientia zugeordnet. Beides sind hauptsächlich Tugenden des Predigtamts.

Breiten Raum widmet Innozenz der Darstellung der Gefahren, die aus möglichen Schwächen und Versagen hoher kirchlicher Würdenträger entstehen. 'Peccatum ergo praelati et aliis damnosum, et sibi est periculosum.'[124] Es sind im wesentlichen die verschiedenen Arten der vanitas

---

117 Ebd., 1160A.
118 Vgl. dazu unten, 143ff.
119 Ruh, VL 4, 1983, 388ff., Longère, 1983, 80ff.
120 Vgl. Spicq, 1944, 139f.
121 Vgl. PL 217, 665C/672A.
122 PL 217, 667B.
123 Ebd., 666D 'Coepit enim Jesus facere et docere, nobis relinquens exemplum, ut sequamur vestigia eius.' (nach Apg.1).
124 PL 217, 669D.

und die Laster: ira, invidia, gula, luxuria, die den Amtsträger bedrohen. Ein einmal gefallener Amtsträger muß jedenfalls abgesetzt, verachtet und aus der Kirche ausgestossen werden. Allerdings bietet das etwa im Fall des Papstes Schwierigkeiten. Denn der einzige, der über den römischen pontifex richten kann, ist Gott selbst. Natürlich muß die Kirche handeln, wenn der Papst plötzlich häretische Lehren vertreten sollte. Die Kirche müßte den Papst dann absetzen.[125] In der Frage möglicher Wiederaufnahme unterscheidet Innozenz III. zwischen einer Schwäche, die sich nur auf die lehrmäßigen Äußerungen bezieht und Fehlern, die sich im konkreten Handeln äußern. Wer Fehler im Verhalten und Handeln vorzuweisen hat, kann sich durch Buße rehabilitieren. Ein Amtsträger, der häretische Lehren verkündet, kann zwar wieder in die Gnade aufgenommen werden, darf aber nicht wiedergeweiht werden.[126]

b. Zusammenfassung

Die Quellengrundlage ist im Fall der Predigten relativ beschränkt. In den Predigten über Lk.11,33f., erfolgt eine Akzentverschiebung in Richtung auf die individuelle Deutung des Lichts als geistiges Auge, intentio und ähnliches.

Nach wie vor aktuell ist die Deutung des Lichtworts auf die Amtsträger der Kirche, die jetzt direkt und ohne Vermittlung über die Apostel als Adressaten angesprochen sind. Wichtiger Maßstab ist die Übereinstimmung von Lehre und Leben; unmittelbares Vorbild dazu ist Jesus selbst. Er ist aber auch Norm für den wichtigsten Teil der Tätigkeit der Amtsträger in der Lehre, die Predigt. War das entsprechende Leitwort in den Kommentaren die doctrina apostolica, so fordert Innozenz III. in seiner Predigt über Mt.5,13f., jede Predigt müße 'Christum resonare'.[127] Christus wird Norm und Inhalt der Predigt.

Je nach dem konkreten Anlaß der Predigt treten neben den kirchlichen Amtsträgern der Gegenwart auch die Heiligen als Adressaten des Lichtwortes ins Blickfeld. Das Licht ist dann Bild für die Stellung des Heili-

---

125 Ebd., 670B.

126 Ebd., 670D.

127 PL 217, 667D 'Insulsus est cibus doctrinae, qui non fuerit sapientiae sale conditus, illius utique sapientiae, de qua dicit Apostolus: Christus est Dei virtus et Dei sapientia (1 Cor.1). Unde non bene sapit ulla doctrina, quae Christum non resonat, qui est animae sapor et suavitas et dulcedo.'

gen im Rahmen der Kirche. Was die kirchlichen Amtsträger durch ihr Amt ('ex officio und pro ministerio') sind, das sind die Heiligen mehr durch ihr Verhalten (virtutes) als durch Lehre. Die Auslegung des Lichtwortes in den Predigten weist deshalb schon auf die entsprechenden Texte aus der hagiographischen Literatur, die wir im Folgenden darstellen.

3. Hagiographische Quellen

a. Einleitung

Hagiographische Literatur zeichnet sich durch eine gehäufte Verwendung verschiedenster Topoi aus.[128] Die Bildworte Mt.5,13-16 sind so allgemein, daß sie 'für fast alles gebraucht werden'[129] können. Die Bilder von Salz, Licht und der Stadt auf dem Berg passen sich verschiedensten Kontexten an; ihre Bedeutung steht nicht von vornherein fest, sondern muß je neu aus dem Kontext erschlossen werden. Als 'offene Metaphern'[130] sind sie daher in der Hagiographie in unterschiedlichen Zusammenhängen verbreitet. Allerdings fehlt das Salzwort so gut wie ganz. Es sind die beiden Worte vom Licht[131] und von der Stadt auf dem Berg, die die Hagiographie fasziniert haben.

Besonders das Bild des Lichts ist dem Leser hagiographischer Literatur vertraut: verbreitet sind Lichtwunder; Kerzen und Leuchter entzünden sich selbst,[132] die Geburt künftiger Heiliger kann durch ein wunderbares Licht der Mutter und weiteren Zeugen angezeigt werden, und den Leib des Heiligen umgibt bereits zu Lebzeiten ein strahlendes Licht. Zusammen mit wundersamem Duft umgibt Lichtglanz die Leiche des Heiligen.[133] Die außerordentliche Bedeutung des Lichtmotivs im Zusammenhang

---

128 Vgl. dazu oben, 32f.

129 Luz, 1985, 211 'Diese Erwägungen zeigen, wo die Schwierigkeit der Auslegung liegt: Die Bilder sind allgemein. Salz, Stadt und Licht können für fast alles gebraucht werden, und die Auslegungsgeschichte zeigt, daß das auch tatsächlich geschehen ist.'

130 Ebd., 223. – Zur Definition der Metapher vgl. Kayser, 1973, 119ff.; Lausberg, 1973, 285ff.

131 Das Lichtmotiv in der Hagiographie ist über die Verbindung mit Mt.5,14f. geläufig. – Vgl. Günther, 1949, 103ff.; Dinter im Kommentar zur Ed. der Heribertsvita von Rupert von Deutz, 1976, 113ff., 35, Anm.25.

132 Belege bei Günther, 1949, 108ff.

133 Vgl. Steidle, 1956, 186f.

mit Mt.5,14f. zeigt eindrücklich die Heribertsvita Ruperts von Deutz.[134]
Das Bild vom Licht ist Leitmotiv der ganzen Vita. Bereits bei der Geburt
des Heiligen strahlt mitten in der Nacht ein Licht auf. Die Wachenden
sehen es deutlich, den Schlafenden erscheint es im Traum.[135] Der Heilige ist vom wahren Licht Christus (Joh.1,9) erleuchtet. Die Vita deutet
das Licht als Zeichen der besonderen Begabung Heriberts mit dem Licht
geistlicher Gnade, dem später äußerer Ruhm folgen wird. Heribert ist
nämlich künftiger Erzbischof der Kirche von Köln, die weltlichen Glanz
und geistliche Größe verbindet.

> 'Quis enim nesciat splendorem magne ecclesie Colo-
> niensis, quantum illis precipue temporibus splenduerit
> etiam in facultatibus et honoribus seculi? Cum ergo
> tante sedi preesse deberet et super tale tantumque
> candelabrum exaltanda esset hec lucerna Domini, ha-
> bendo tot facultates, habendo etiam nomen et ius exi-
> mium apud fastigium terreni imperii.'[136]

Später wird Heribert in der Weihnachtsnacht, deren Messintroitus mit
den Worten 'Lux fulgebit hodie super nos' zum Bischof geweiht. Er gehört von nun an zu den Amtsträgern der Kirche, denen Jesus in der Bergpredigt sagt: Vos estis lux mundi. Das Licht bei der Geburt und die damit übereinstimmenden Umstände bei der Weihe Heriberts zum Erzbischof sind Ausdruck der göttlichen providentia und ordinatio.[137]

Heribert, der Erzbischof, ist mehr als ein gewöhnlicher Christ: 'voca-
tus est, non solum ut per baptismi gratiam iustificaretur, verum etiam
ut honore pontificalis gratie magnificaretur.'[138]

Gott will ihn auf den Leuchter der Kirche stellen, damit er durch seine Geistbegabung allen leuchte. Heribert wird darum Erzbischof. Nicht
nur der Messintroitus in der Nacht seiner Weihe ist bedeutsam, auch die
lectio kündet von der Gottesnähe des neuen Würdenträgers. Sie fällt auf
Lk.4,14ff., die Predigt Jesu über einen Text aus Jesaja 'Spiritus domini

---

134 Datierung und Einleitung vgl. Dinter, ed. 1976, 113f., 125ff.
135 Das Lichtmotiv wird zusätzlich mit dem Motiv der *iudaica caecitas* verbunden.
     Vgl. Dinter, ebd. 33ff. und 92ff.
136 Dinter, ebd., 34/35.
137 Dinter, ebd. 35.
138 Ebd., 36.

super me...'.[139]

Mit dem folgenden Kapitel der Vita beginnt die Schilderung vom Kampf Heriberts gegen Teufel, Dämonen und Dunkelheit. Die einleitende Meditation übernimmt das aus der Kommentarauslegung bekannte[140] Motiv der bedrohten Stadt auf dem Berg und überträgt es auf Heribert. Er ist die den Angriffen des Feindes ausgesetzte Stadt, die sich fortwährend verteidigen muß.[141] Aber die Verteidigung fällt dem Heiligen als einem 'vere filius...lucis et filius diei' (nach 1.Thess.5,5) leicht. Zeitgenossen berichten, den Betenden habe nachts ein strahlendes Licht umgeben und seine Hände dem Blick der Anwesenden entzogen. Heriberts Gebet sei wie Feuer gewesen, das die Mächte der Finsternis vernichtet und Sünden tilgt.[142]

Gott stellt das Licht Heriberts auf den Leuchter, wenn er ihm die Gabe der wundersamen Heilung verleiht.

> 'Ita miro modo qui apud se latere volebat magis ac magis ex Deo clarescebat, et vox veritatis implebatur dicentis: Non potest civitas abscondi supra montem posita, et: Nemo accendit lucernam et in abscondito ponit, sed super candelabrum, ut qui ingrediuntur lumen videant.'[143]

Die Heribertsvita zeigt die ganze Breite der Verwendung des Lichtmotivs im Zusammenhang mit den Bildworten Mt.5,14ff.

Die Inspiration des Heiligen durch das wahre Licht ist ebenso wichtig wie der Gedanke der Vorherbestimmung des Heiligen zum Bischofsamt und der Kampf von Licht und Finsternis. Leben und Wirken des Heiligen stehen ganz im Zeichen des Lichtworts aus der Bergpredigt.[144]

---

139 Ebd. 46, vgl. die Deutung der Vita: 'Hoc tantum indubitanter dixerim, quia quaedam signa erant hec persistentis in tenore suo proposito Dei, qui et dum nasceretur hic beatus, splendorem lucis mirabiliter pro signo edidit, et dum consecraretur, sic eandem consecrationem disposuit, ut sollempnia circa illum audirentur preconia veri luminis, cuius nuntii debeant esse cuncti pastores animarum secundum exemplum pastorum illorum, quos nocte illa claritas Dei circumfulsit.'

140 Vgl. CChr.CM 56, 311.

141 Dinter, ebd. 47.

142 Ebd., 64f.

143 Ebd., 62.

144 Vgl. zu ähnlichen Motiven Vita Wilfridi (8. Jh.): MGH.SRM 6, 194; Vita Gangulfi (9./10. Jh.): MGH.SS 7, 167f.

b. Die Spannung zwischen Mt.5,14f. und Mt.6,1

Wir verstehen den Platz des Lichtwortes in der hagiographischen Literatur nur dann richtig, wenn wir uns der Spannung bewußt sind, in der dieses Wort nach dem Verständnis mittelalterlicher Auslegung steht.[145]

Es ist die dialektische Spannung zwischen dem verborgenen Wirken der Offenbarung Gottes in seinen Heiligen und der Funktion dieser Heiligen in der Kirche.

Die Auslegung hat diese Spannung seit Augustin im Vergleich von Mt. 5,14ff. und Mt.6,1 thematisiert.[146] Die entscheidende Kategorie zur Harmonisierung beider Stellen ist die intentio. Jedes Verhalten ist von einer bestimmten Absicht geprägt. Demut und Bescheidenheit bewegen den Nachfolger Christi, im Verborgenen zu wirken und sich nicht freiwillig einer breiteren Öffentlichkeit auszusetzen. Wenn er sich dennoch einem breiteren Publikum zeigt, dann geschieht das in der Regel gegen seinen eigenen Willen, jedenfalls aber nicht in der Absicht, den eigenen Ruhm zu mehren. Tritt der Nachfolger Christi in die Öffentlichkeit, dann nur wegen der Verantwortung, die ihm innerhalb der Kirche auferlegt ist, nämlich die anderen durch sein Beispiel zur Nachfolge Christi anzuspornen und durch seine eigenen Werke das Lob Gottes zu mehren. Diese Verantwortung nötigt allerdings den Christen geradezu zu öffentlichem Handeln. So steht das christliche Leben in der dialektischen Spannung von Verborgenheit und Offenbarsein. Je größer die Gaben und Fähigkeiten sind, mit denen Gott den Einzelnen begabt, desto größer ist dessen Verantwortung. Je größer die Verantwortung, desto drängender trifft die Dialektik, denn trotz dem Wunsch nach Verborgenheit muß der Christ die Früchte seiner Gaben möglichst vielen Mitmenschen zugänglich machen.

---

145 Vgl. dazu oben, 32f.

146 Vgl. Augustin: S. 54 'De eo quod scriptum est in Evang. Matth. cap. V, 16 Sic luceat lumen vestrum coram hominibus, ut videant bona opera vestra, et glorificent Patrem vestrum qui in coelis est: et contra, cap. VI, 1 Attendite ne justitiam vestram faciatis coram hominibus, ut videamini ab eis.' (PL 38, 372/374). – Vgl. Hraban.: PL 107, 814C/816A; Ps.Beda: PL 92, 31D; Ps.Hier.: PL 114, 875D; Bruno Sign.: PL 165, 112A/113A etc.

'...quia Deus, cuicumque sapientiae vel scientiae suae lucidam gratiam dat, idcirco utique dat ut super candelabrum aliquod ponatur eiusmodi lucerna, quatenus luceat omnibus qui in domo sunt, et plures lucrifaciat.'[147]

Die Spannung von Verborgenheit und öffentlichem Wirken wird auch von der hagiographischen Literatur reflektiert. Gegen Ende des 11. Jh. behandeln die 'Dialogi de miraculis S. Benedicti' die Problematik in Gestalt einer kommentierten Erzählung. Januaris ist Schüler des Einsiedlers Gumizo. Er entspricht mit seinen roten Wangen nicht unbedingt den volkstümlichen Vorstellungen von asketischem Leben und wird darum häufig gehänselt. So geht es ihm auch einmal beim Dorfschmied. Erst als er vor dessen Augen mit bloßen Händen ein glühendes Eisen vom Boden aufhebt, verzichtet der Schmied auf seine Hänseleien und glaubt an die Kraft Gottes, die Januaris belebt. Gumizo aber tadelt seinen Schüler wegen dieses öffentlichen Auftritts. In Dialogform wird die Geschichte kommentiert. Das Fazit ist eindeutig: Solange seine Taten nur ihm selber nützen, lebt der Heilige zurückgezogen. Stellt sich heraus, daß ein Wirken in der Öffentlichkeit andere Gläubige erbauen und stärken könnte, so muß der Heilige aus der Verborgenheit an die Öffentlichkeit gelangen, weil dies seiner seelsorgerlich-pädagogischen Aufgabe entspricht. Allerdings geschieht das nie aus freien Stücken.[148]

'Sancti viri, etsi quando opera sua ostendunt in publico, intentio tamen illorum manet in occulto.'

Von der Dringlichkeit der Problematik zeugen eine Reihe von Motiven und Topoi aus hagiographischen Quellen. Verbreitet ist beispielsweise der Topos vom bescheidenen Heiligen. Die Bescheidenheit kann sich etwa darin äußern, daß der Heilige sich weigert, ein öffentliches Amt anzunehmen, oder verbietet, seine Wunder öffentlich zu erwähnen. Die hagiographischen Quellen übernehmen dazu formale und inhaltliche Elemente aus biblischen Erzählungen.[149]

---

147 Rup. Tuit.: CChr.CM 29, 119, 594/597. – Vgl. auch ebd. 118, 569ff. (zit. oben, 83f.).

148 MGH.SS 30/2, 1121.

149 Typische Vorbilder sind 1.Sam.10,22 (Saul versteckt sich bei seiner Wahl zum König) und die zahlreichen Verbote Jesu, seine Wundertätigkeit weiterzuerzählen (Messiasgeheimnis nach dem Mk. evang., z.B. Mk.1,44 etc.). – Vgl. de Gaiffier, NRTh 88, 1966, 376ff.

Die heilige Adelheid hat die Gabe der Wunderheilung. Sie verbietet den Geheilten, die Wunder weiterzuerzählen; natürlich halten sich die Menschen nicht an ihr Verbot und die Kunde von Adelheids wunderbarer Begabung verbreitet sich. Die Vita kommentiert das mit dem Hinweis auf das Lichtwort.

> 'Sed Pater noster celestis, qui cuiusque operis in absconso perpetrati conscius probatur et testis, hanc lucernam sub modio latere noluit, sed super candelabrum positam splendore bonitatis multis lucere voluit.'[150]

Zum klassischen Inventar der Hagiographie gehört der Typus des böswilligen Gegenspielers des Heiligen. Manche Belege schildern Versuche der Gegenspieler, die Taten und Wunder des Heiligen der Öffentlichkeit vorzuenthalten. Solche Versuche pflegen zu scheitern und enden damit, daß der Bösewicht durch ein Strafwunder die Gottlosigkeit seines Tuns erfährt. So möchte der notorische Bösewicht der merowingischen Hagiographie,[151] der Hausmeier Ebroin, ein um den Leichnam des heiligen Leodegar hell strahlendes Licht verheimlichen und befiehlt einem Augenzeugen Stillschweigen. Der Zeuge stirbt noch in derselben Nacht, Ebroin selber kurze Zeit später. Ebroin hat versucht, sich dem Befehl Jesu in den Weg zu stellen. Er hat der Kirche das von Gott zur Erbauung der Gläubigen gesandte Wunder vorenthalten. Darum muß er sterben.

> 'Iubebat enim minando abscondere, quod Christus dominus ad confortandum incredulos ad gloriam sui martyris supra candelabrum ecclesiae ad inlustrationem fidelium dignatus est demonstrare.'[152]

Formale und inhaltliche Elemente sind in der Hagiographie eng miteinander verbunden. Um 1200 berichtet die Vita Wirntonis von der wunderbaren Heilung dreier von einem Dämonen besessener Männer durch den Heiligen. Zur selben Zeit, als diese Heilung sich ereignete, müßten etwa vierzig weitere Wunder geschehen sein, von denen man aber wegen der Nachlässigkeit und Schlamperei der Zeugen nichts mehr weiß! Der

---

150 MGH.SS 15/2, 761. — Zahlreich sind die Belege, die die Bescheidenheit hoher Würdenträger anläßlich ihrer Wahl schildern: vgl. MGH.SRM 4, 266 (Vita Walarici, 11. Jh.), MGH.SRM 3, 188ff. (Vita Eptadii), MGH.SS 15/2, 905 (Vita Simonis, nach 1109), MGH.SS 15/2, 666 (Vita Gerardi, Mitte 11. Jh.). — Vgl. zur Verborgenheit v. Wundern Steidle, 1956, 151 und MGH.SS 30/1, 160.

151 Vgl. Graus, 1965, 373f.

152 MGH.SRM 5, 319 (Vita Leodegarii, nach 679).

Autor der Vita nimmt das zum Anlaß, um wenigstens die ihm bekannten Wunder sorgfältig aufzuschreiben, damit sie der Nachwelt überliefert werden. Er begründet sein Unterfangen mit dem Lichtwort aus der Bergpredigt.

> 'Sed quia lucerna non est sub modio recondenda, sed candelabro, ut omnibus qui in domo sunt luceat, imponenda, ea que coram posita oculis nostris vidimus, his quibus misericordia obviavit et multarum regionum plebibus testibus, ut Deus in sanctis eius laudetur, posteritati elucidare curavimus.'[153]

Hagiographische Literatur hat Teil am seelsorgerlichen Auftrag des dargestellten Heiligen. Das Lichtwort der Bergpredigt ist Schriftbeleg zur Legitimation hagiographischer Werke.

c. Das Lichtwort in der Exordialtopik

Als Legitimation hagiographischer Literatur hat Mt. 5,14f. seinen Platz vor allem in der Exordialtopik.[154]
Die Zahl der Belege ist Legion. Typisch ist die Verbindung der Funktion des Heiligen und derjenigen der hagiographischen Literatur. Der Heilige ist exemplum für die Gläubigen. Die Vita stellt seine Taten dar und überliefert sie so der Nachwelt. Erst durch das Medium der Hagiographie kann der Heilige seiner Funktion als 'exemplum modernis et posteris' gerecht werden. Leben und Tugendhandeln des Heiligen müssen der Öffentlichkeit bekannt sein, wenn anders sie normative Funktionen übernehmen sollen. Insofern ist Hagiographie nichts anderes als die Erfüllung von Jesu Aufforderung, das Licht auf den Leuchter zu stellen. Würde sie von den Taten der Heiligen schweigen, so müßte sie sich den Vorwurf gefallen lassen, gegen den Willen Gottes dessen Offenbarung im Heiligen zu verheimlichen. Das aber wäre nicht nur Nachlässigkeit, sondern Sünde.[155] Ein solches Verständnis von Hagiographie setzt ein entsprechen-

---

153 MGH.SS 15/2, 1132 (Vita Wirntonis, ca. 1200).

154 Vgl. dazu oben, 43; Strunk, 1970, 75.

155 Vgl. MGH.SS 11, 198 (Vita Godehardi, Mitte 11. Jh.) 'Quia euangelica veritatis voce praecipitur, ut lucerna accensa non sub modio sed super candelabrum ad illuminationem fidelium constituatur... ideo dignum et etiam gloriosum putavimus, vitam beati et venerandi patris nostri Godehardi episcopi, quantum divina clementia donaverit, in exemplum modernis et posteris proponere, et (Fortsetzung der Fußnote nächste Seite)

des Heiligenbild voraus. Der Heilige gilt selbstverständlich als lux mundi. Entsprechende Belege sind an den verschiedensten Stellen hagiographischer Literatur anzutreffen.

d. Das Lichtwort im Text

Der Heilige gilt als das vom wahren Licht Christus entzündete Licht durch sein Leben. Je nach der Darstellung der einzelnen Texte können unspezifisch 'bona opera', einzelne konkrete Tugenden oder Wundertaten oder die vorbildliche Führung eines Amtes (Abt, Äbtissin, Bischof etc.) als Äußerungsformen des göttlichen Lichtträgers genannt sein. So etwa in einem gereimten Lobgedicht aus dem 9./10. Jahrhundert auf einen Abt namens Bobulenus.[156]

> 'Igne Domini accensus, lucerna emicuit,
> supra candelabrum posita lumen praebet omnibus;
> in domo Dei consistens, bona luxit opera.
>
> Igne Domini accensus, ignit amantissimo
> igne, quod Dominus in terra misit, volens ardeat,
> corda servorum suorum mistico septimplice.'

Sind zusammen mit dem Lichtwort konkrete Tugenden erwähnt, dann kann auf die Funktion des Heiligen als 'speculum, forma et exemplum' für die Kirche verwiesen werden. Als Licht auf dem Leuchter strahlt der Heilige weithin und regt die Gläubigen an, seinem Vorbild zu folgen.[157]

---

gestorum eius probabile magisterium Deum timentibus exponere. Vere etiam metuimus, nos culpa negligentiae non carere, si patiamur ea, quae ab eo laudabilia et vidimus at audivimus sub silentio latere.' Vgl. auch MGH.SS 15/1, 21 (Vita Pirmini, 11. Jh.); MGH.SRM 1/2, 283 (Gregor v. Tours: 574/594); SRM 3, 89 (Vita Servatii II., 10. Jh.); SRM 4, 535 (Vita Bavonis, ante 844); SRM 5, 429 (Vita Amandi I, 8. Jh.); SRM 6, 194 (Vita Wilfridi I., 720); MGH.SS 4, 758 (Vita Bernwardi, 1015/1023); SS 11, 198 (Vita post. Godehardi, 1035/1065) etc.

156 MGH.SRM 4, 154 (Versus de Bobuleno Abb., 9./10. Jh.); vgl. ferner ebd. SRM 5, 765 (Vita Berthini I., Mitte 9. Jh.); SRM 6, 107 (Vita Berthilae, ca. 800); SRM 7, 167 (Vita Gangulfi, 9./10. Jh.); MGH.SS 9, 152 (Chronica Boemorum Cosmae, 1125); SS 12, 130 (Vita Adaberonis, Ende 12./Anfang 13. Jh.); SS 14, 158 (Tomelli Historia Hasnoniensis, c.1070/1084); SS 15/2, 1041 (Fundatio monasterii Ebraensis, ca. 1060) etc.

157 Eine Stelle aus dem 12. Jh. (Fundatio monasterii Ebracensis, ca. 1160) beschreibt Abt Adam unter Verweis auf Mt.5,14. '... cunctarum virtutum flore decoratum... Nam suavis et mitis erat, dulcis et affabilis, sobrius, castus et quietus, iustus, benignissimus et, ut breviter dixerim, fuit et per cuncta beatus, utpote incomparabilis et totus desiderabilis; qui velud civitas in monte (Fortsetzung der Fußnote nächste Seite)

Der Heilige ist nicht nur der eigenen Zeit Vorbild. Seine Ausstrahlung reicht bis in künftige Zeiten. Als Beispiel und Vorbild gehört er zur Wolke der Zeugen aus der ganzen Heilsgeschichte. Gregor von Tours stellt die beiden heiligen Äbte Ursus und Leobatius in die Heilsökonomie Gottes, die bereits bei der Schöpfung beginnt und noch längst nicht abgeschlossen ist. Als Interpretament verwendet er den Bericht von der Erschaffung der Himmelskörper (Gen.1,16-18). Das große Licht, die erste Schöpfung Gottes, bildet Christus und seine Kirche ab. Die Sterne sind Patriarchen, Propheten und Apostel, denen das Lichtwort der Bergpredigt gilt, und die 'vel doctrinis nos erudiant vel mirabilibus suis inluminent.[158]

Das Lichtwort wird ferner in die Hagiographie zur Demonstration der sich entsprechenden Tugendhaftigkeit und Tugendwirksamkeit des Heiligen verwendet. Die Tugendhaftigkeit ist den Augen der Welt verborgen. Sie wird augenfällig, wenn der Heilige virtutes vollbringt, Wundertaten oder Tugendwerke. Solche Taten sind gleichsam Beweis der inneren Tugendhaftigkeit des Heiligen. Der heilige Odilo, so schreibt Petrus Damiani,[159] beginnt Wunder zu tun 'ut qui clarus erat in probitate morum, claresceret etiam in ostensione signorum; et qui in obtutibus omnipotentis Dei erat lucerna ardens, fieret etiam coram hominibus lucens...'.

Mit unüberbietbarer Bildhaftigkeit schildert die Vita Richarii (vor 800), wie der Heilige vor König Dagobert predigt. Dagobert ist über die Predigt so begeistert, daß er dem Heiligen Geld zum Kauf von Kirchenleuchtern schenkt.

> 'aestimans, ut sicut ille invisibili praedicationis lumine
> ab eo inluminatus est, sic visibili luce per eum domus
> Domini inlustraretur; et quod intus ei fulgebat in fide,
> hoc foris fulgesceret in ecclesia, memor praecepti do-

---

constituta, que non potest abscondi vel lucerna ardens et lucens super candelabrum posita, ut luceat omnibus qui in domo sunt, propositus est speculum, forma et exemplum sidusque perlucidum omnibus ecclesie filiis qui presunt, precipue tamen post nos futuris abbatibus et in locum regiminis eius sibi invicem succedentibus..' (MGH.SS 15/2, 1041).

158 MGH.SRM 1/2, 282.
     Gregors Darstellung dürfte die im 12. Jh. entstandene Vita S. Arialdi beeinflußt haben. Vgl. MGH.SS 30/2, 1052.

159 PL 144, 930B/C.

minici, quo dicitur: Sic luceat lux vestra coram hominibus..'. 160

Der inhaltliche Aspekt der Entsprechung von Tugendhaftigkeit und
Tugendwirken kann sich mit einem formalen Anliegen verbinden. Das
Lichtwort kann nämlich auch dazu verwendet werden, den eigentlichen
Lebensbericht abzuschließen und Wundererzählungen einzuleiten. Das
Lichtwort hat dann gliedernde Funktion.[161]

Früh belegt ist die Verwendung von Mt.5,14 für die Translation und
Erhebung zur Ehre der Altäre. Die in der Mitte des 8. Jh. entstandene
Vita Hugberti weiß zu berichten, daß der Leib des Heiligen sechzehn
Jahre nach seinem Tod unversehrt im Grab gefunden und unverzüglich
erhoben worden sei.

> „Voluit itaque Dominus noster, largitor omnium et re-
> munerator fidelium, ut electum suum Hugbertum post
> multa iam dicta annorum curricula, ut eius sancta ope-
> ra patenter in mundo clarescerent, iuxta id quod Do-
> minus dixit: Sic luceat lux vestra coram hominibus,
> ut videant vestra opera bona et glorificent patrem ve-
> strum.... et iterum: Non potest civitas abscondi super
> montem posita, ut cunctis videntes in domo luceat"[162]

Später kann das Lichtwort ohne weiteres für 'anonyme' Wunder
verwendet werden, die keinem bestimmten Heiligen zugeschrieben werden.[163]

Verbreitet ist der Gebrauch des Lichtworts als Interpretament für die
Karriere des Heiligen. Mt.5,14f. markiert jeweils den entscheidenden
Wendepunkt zur öffentlichen Wirksamkeit. Leitwort ist 'fama', die Kunde von der Tugendhaftigkeit des Heiligen. Das Schema ist immer dasselbe. Der künftige Heilige bewährt sich zurückgezogen als einfacher Mönch
oder Weltmann. Nach einiger Zeit gelangt die fama 'de vita et actibus'
an die Öffentlichkeit, genauer gesagt zu den Ohren hoher kirchlicher
(Abt, Bischof, Papst) oder weltlicher Würdenträger (König, Kaiser). Die

---

160 MGH.SRM 4, 396.
161 Vgl. MGH.SS 15/2, 761 (Vita Adelheidis, 1056); SS 15/2, 1192 (Vita Gregorii
     abb. post.); MGH.SRM 5, 629 (Vita Ansberti, vor 811) etc.
162 MGH.SRM 6, 493/494. – Vgl. auch SRM 7, 165 (Vita Gangulfi, Ende 9./An-
     fang 10. Jh.); MGH.SS 28, 332 (Mathaei Parisiensis Cronicis Maioris); SS 15/2,
     805 (Translatio et miracula S. Firmini, vor 972).
163 MGH.SS 30/1, 548 (Chronica Reinhardsbrunnensis, 12./13. Jh.).

entsprechenden Amtsträger veranlassen darauf die dem Heiligen und seiner fama angemessene öffentliche Würdigung. Meist handelt es sich dabei um eine Stelle am Hof oder ein kirchliches Amt.[164]

Das Schema kann mit zahlreichen anderen Motiven kombiniert auftreten. Zugrunde liegt jedenfalls das alte Motiv vom 'Ruhm' des Gottesmannes.[165] Es bedeutet eine Steigerung des öffentlichen Glanzes, wenn die 'fama' des Heiligen nach Rom gelangt. So berichtet die Vita des Grafen Simon, daß jener ins Kloster eintrat und dann lange als Einsiedler lebte.

> 'Sed ne civitas super montem posita et lumen lateret
> in tenebris, sanctae Romanae sedis memoratus antistes
> tanti viri nomen audiens, abbati suo, ut ad eum mitte-
> retur, litteris denuntiat.'[166]

Bezeichnend ist der weitere Verlauf der Sache. Simon hält das erste Schreiben aus Rom geheim. Er wartet bescheiden, bis ein zweites Schreiben das erste bestätigt; erst dann macht er sich auf den Weg nach Rom, wo er ehrenvoll empfangen wird.

Zwei weitere Spielarten des Schemas bleiben zu erwähnen. Das Lichtwort steht mehrfach in Erzählungen, die von der Rehabilitierung eines zu Unrecht verdächtigten Heiligen handeln. Mehrere Motive sind dabei verbunden: der Kampf des Heiligen gegen verleumderische Widersacher, die Unschuld des fälschlich Verurteilten, die sich endlich doch durch-

---

164 Die Vita Remacli (vor 850) bietet das Schema mit den wichtigsten Elementen im 2. Kap. der Lebensbeschreibung: 'Post aliquantum vero temporis, fama vulgante, per totam Galliae provinciam auditum est de vita et actibus beati viri sepe memorandi Remagli et ad aures procerum, qui tunc temporis palatio praeerant, perventum est, quod tanta ac talis arbor germina protulisset. Nec potuit, volente Domino, lumen irradiatum gratiae eius sub modio occultari, sed ut splenderet omnibus in proposito fidei commanentibus, lichnus superpositus est candelabro ac denudatum est in regalibus aulis tam magnificum virum non debere abesse praesentia regis, ut illius prudentia disponerentur regni negotia.' (MGH.SRM 5, 105). – Remaclus wird Berater des Königs, später Bischof. Vgl. *(fama gelangt zu welt. Würdenträger)*: MGH.SRM 3, 97 (Vita Bibiani, 8. Jh.); SRM 3, 615f. (Vita Betharii, 9. Jh.); SRM 5, 755 (Vita Audomari, 9. Jh.); MGH.SS 12, 483 (Vita Erminoldi), SS 15/1, 158 (Sermo de Vita S. Sualonis) – *(fama gelangt zu geistl. Herrscher)*: PL 162, 1050C (Vita B. Roberti de Arbrissello); MGH.SRM 3, 188 (Vita Eptadii); SRM 5, 686 (Vita Ermenlandi, ante 843); MGH.SS 15/2, 659 (Vita Gerardi, 9. Jh.); SS 15/2, 905 (Ex vita Simonis com. Cresp., nach 1109).

165 Vgl. Steidle, 1956, 196.

166 MGH.SS 15/2, 905. – Vgl. zu *Rom* Steidle, 1956, 196.

setzen muß, weil 'das Licht auf den Leuchter gehört', mögliche Konflik-
te zwischen weltlichen Herrschern und dem Heiligen als Vertreter der
Kirche.[167]

Vom Licht, das auf den Leuchter zu stellen ist, handeln endlich auch
Bekehrungserzählungen.[168]

e. Zusammenfassung

Die Funktion der beiden Bildworte Mt.5,14-16 in der hagiographi-
schen Literatur ist eine sehr komplexe. Die Gründe dafür sind in der fast
unbegrenzten Assoziationsfähigkeit des Bildes 'Licht' – in geringerem
Maße auch der 'Stadt auf dem Berg' zu suchen. Der Ausgangspunkt aller
Verwendungsweisen der beiden Bildworte liegt in der Bezeichnung des
Heiligen als lux mundi. Die Bezeichnung bringt zum Ausdruck, daß der
Heilige als solcher ein von Gott erleuchtetes Werkzeug seiner Offenbarung ist. Der Heilige ist Offenbarungsträger, dies kann sich in konkreten
Taten, Tugenden, der Gabe der Wunderheilung oder in vorbildlicher Ver-
waltung eines Amtes äußern. Im Gegensatz zu den Amtsträgern der Kirche, die Kommentare und Predigten als lux mundi bezeichnen, wirkt
der Heilige als Licht weniger durch seine Predigt als vielmehr durch ein
bestimmtes Verhalten und Handeln. Als Heiliger ist er 'praedicator in
operibus suis'.[169] Er steht in der Reihe von Zeugen und exempla der
Schriften alten und neuen Testaments und trägt Verantwortung nicht
nur für die Gläubigen seiner eigenen Gegenwart, sondern auch für die
künftigen Glieder der Kirche, insofern er für ihr Handeln und Leben gültiges Vorbild und Maßstab sein soll. Um seiner Verantwortung gerecht
zu werden, muß der Heilige, bzw. vita et virtutes eius, einem breiteren
Publikum bekannt sein.

Der zur Verkündigung von Gottes Offenbarung notwendige Öffent-
lichkeitscharakter des ganzen Lebens des Heiligen stößt auf die topische
Bescheidenheit und Zurückgezogenheit des Heiligen. Die Spannung löst
der Leitbegriff der intentio: öffentliches Wirken des Heiligen geschieht
ausschließlich in der Absicht, der ihm mit seiner göttlichen Begabung

---

167   MGH.SRM 3, 465f. (Vita Caesarii episc. Arelatensis, 542/549); MGH.SS 4, 820
      (Vitae Heinrici II additamentum).

168   MGH.SRM 3, 417 (Vita Vedastis II, ca. 645); SRM 4, 391 (Vita Richarii, 8. Jh.).

169   Vgl. AA. SS Apr. 8, 757 (Vita Galtherii).

übermittelten Verantwortung gerecht zu werden. Wo der Heilige vor den
Augen der Öffentlichkeit wirkt, tut er es ad gloriam Dei und zur Erbauung der Gläubigen. Er selber tritt hinter seinen Werken ganz zurück.'Intentio semper manet in occulto.'[170]

Die dialektische Spannung zwischen dem — zumindest auch topischen
— Widerstand des Heiligen, den ihm zustehenden Platz in der Öffentlichkeit einzunehmen, und dem unbedingten Willen Gottes, seine Offenbarung allen zugänglich zu machen, prägt die Verwendung des Lichtworts
in der hagiographischen Literatur. Formale und inhaltliche Aspekte sind
dabei kaum zu trennen. Auch die hagiographische Literatur lebt ja in
der genannten Spannung. So kann Mt. 5,14f. unter anderem legitimie-
render Schriftbeleg hagiographischer Exordialtopik werden.

Als Gliederungselement schließt das Lichtwort die Lebensbeschreibung ab und leitet zu Wundererzählungen oder Translationsberichten
über. Innerhalb des Heiligenlebens markiert das Lichtwort entscheidende
Stationen auf dem Weg des Heiligen: in Bekehrungsberichten weist es voraus auf den Status des künftigen Heiligen, in Erzählungen von unschul-
dig Angeklagten bezeugt es die siegreiche Durchsetzung der Unschuld
von Gottes Offenbarungsträgern, es macht die Entsprechung von innerer, den Augen der Welt verborgener Tugendhaftigkeit, und äußerer Wirksamkeit des Heiligen in Wundern, Tugenden oder guten Werken deutlich
und bezeichnet innerhalb der 'Heiligenkarriere' den entscheidenden Wendepunkt, wenn 'das Licht auf den Leuchter gestellt', das heißt, der Heilige die ihm gebührende Ehrung erfährt.

Die Wirkung dieses Bergpredigtwortes geht in der hagiographischen
Literatur weit über das aus Kommentaren und Predigten Bekannte hinaus. Es zeigt sich einmal mehr mit aller wünschenswerten Deutlichkeit,
daß Auslegungsgeschichte sich nicht damit begnügen kann und darf, den
Inhalt von Kommentaren nachzuerzählen, sondern daß sie zu gattungs-
geschichtlicher Betrachtung vorstossen muß, um der Wirkungsbreite eines Bibeltextes gerecht zu werden.

---

170 Vgl. oben, 101, Anm. 148.

C. Die Adressaten der Bergpredigt – Gruppen und 'Stände' in der Kirche

Nach diesem ersten, chronologischen Durchgang durch die Fülle des auslegungsgeschichtlichen Materials zu den Bildworten aus Mt.5,13-16 soll in einem zweiten Durchgang systematisch beschrieben werden, was die Quellen zu den unterschiedlichen Adressatengruppen der Bergpredigt aussagen. Grundlage dieses Durchgangs sind verschiedene Worte der Bergpredigt, die je unterschiedliche Aspekte der Fragestellung beleuchten.

1. Die neuen Adressaten

Äußerungen über das Wesen der Adressaten des Neuen Gesetzes sind eine Variation zur Verhältnisbestimmung von Altem und Neuem Gesetz. Die Entgegensetzung der unterschiedlichen Adressaten des Alten Gesetzes und der nova lex verstanden als Jesu Predigt auf dem Berg gehört zum Repertoire typologischer Vergleiche der Gesetzesübergabe an Mose auf dem Sinai und der Bergpredigt Jesu. Dort ein vor Angst bebender Haufe von Sklaven am Fuß des Bergs, kindisch, roh und ungebildet, hier eine Schar herangereifter Söhne, künftiger Erben, Abbilder jenes Gottes, dessen väterliche Ratschläge sie unvermittelt zu hören gewürdigt werden. Das sind die Gegensätze von Israel und der Kirche, den Adressaten des Alten und des Neuen Gesetzes.[171]

Die neuen Adressaten stehen zu Gott nicht mehr im Verhältnis von Sklaven zu einem unberechenbaren Herrn. Sie sind an Kindes statt von Gott adoptiert freie Menschen, deren Verhalten nicht von ängstlicher Rücksichtnahme geprägt ist, sondern von liebender Zuwendung zum göttlichen Vater. Die Adressaten des Neuen Gesetzes sind 'geistige Söhne' Gottes; sie tragen sein Erbe weiter und leben selbstverständlich nach seinen Anweisungen. Die einzelnen Worte des Neuen Gesetzes umschreiben das ihnen angemessene Verhalten. Um 810 schreibt *Smaragdus von St. Mihiel* in diesem Sinn von den Forderungen der Bergpredigt:

> 'Si filii Dei sumus, pacifici esse debemus: pacificos enim oportet esse Dei filios et humiles, mente mites, corde simplices, sermone puros, animo innocentes, affectu concordes, fideliter sibimet unanimiter cohaerentes.'[172]

---

171   Zu den Belegen vgl. oben, 29.
172   Via regia, PL 102, 957D.

Das Handeln der Kinder Gottes mißt sich am Handeln Gottes selbst gemäß Mt.5,45. Daß der Christ das Neue Gesetz einhält, ist selbstverständliche Folge der vorgängigen Annahme als Kind Gottes. Über alle Gattungen weg und weit über den hier untersuchten Zeitraum hinaus behauptet sich das entsprechende Auslegungsschema zum Gebot der Feindesliebe. Christen sind untereinander Brüder und Schwestern, vor Gott sind sie alle gleich. Als Geschwister sind sie natürlicherweise verpflichtet, einander zu lieben.

> 'Huius virtutem nominis [scil. filius Dei] per omnia ignorat, quisquis in mandato dilectionem fratris paterno amore non conservat.'

Es ist das neue Gebot aus dem Neuen Gesetz (Joh.13,34), das die gegenseitige Liebe für die neuen Adressaten zur Pflicht macht.

> 'Nulla igitur dilectio maior esse potest quam inter Patrem et filios, inter filios vero et fratres a Domino commendatur.'[173]

Das Liebesgebot erstreckt sich grundsätzlich auf jeden Christen(!). Die Ausleger führen, um die faktisch notwendige Bestrafung des Bösen mit dem Liebesgebot vereinbaren zu können, eine Unterscheidung ein: den Menschen, jeden Menschen soll man als Kreatur Gottes und Mitbruder lieben.

> 'Non enim erat conveniens ut Deus, qui omnes aequaliter creaverat de uno patre et matre, aliquem odire praecepisset.'[174]

Wo der Mitmensch gegen Gottes Gebot und menschliche Gesetze verstößt, da soll man das Laster hassen, nicht den Menschen selbst.

> 'Si autem ipsi [scil. inimici] mali sunt erga cultum Dei, vitia eorum debemus odire, creaturam diligere.'[175]

Das Verhalten der neuen Adressaten untereinander soll sich am Heil des Mitmenschen ausrichten. Verletzt einer den andern, so ist das eine Schwäche, die es gleichmütig zu ertragen gilt.[176]

---

173 Radbert.: CChr.CM 56, 385, 763/765 und ebd., 759/761.
174 Christ. Stabul.: PL 106, 1321B.
175 Christ. Stabul.: PL 106, 1312C, vgl. Bruno Sign.: PL 165, 110B.
176 Hraban.: PL 107, 826D.

Auch Ermahnung und Strafe sind zuweilen notwendig. Wichtig ist auch da, daß der Strafende und Ermahnende in guter Absicht handelt, auf das Wohl dessen bedacht, den er strafen muß, nicht etwa aus Haß, Rachsucht oder Zorn.[177] Die Unterscheidung zwischen der unter allen Umständen liebenswerten Kreatur und dem zu hassenden Laster, die sich auf das Feindesliebesgebot stützen kann, ist häufig auch in Fürstenspiegeln zu finden, Werken also, die sich an Laien wenden. Daneben verwendet aber beispielsweise auch die polemische Literatur aus der Zeit des Investiturstreits dieses Argument.[178]

Dieser gleichsam unkonditionierten Sicht des Menschen als Kind Gottes steht in der Kommentar- und Predigtliteratur eine erheblich differenziertere Sicht entgegen. Grundlage ist die Unterscheidung von Jesus als dem Gottessohn *a natura* und dem Menschen als Kind *per gratiam*. Durch den Heiligen Geist wird der Mensch als Kind Gottes angenommen. Durch die Wiedergeburt in Christus erhält er den Namen des filius Dei und cohaeres. Solche Adoption ist vorherbestimmt. Sie kann nicht durch verdienstliche Werke erworben werden.[179] Allerdings soll sich der Mensch seines neuen Status würdig erweisen. Dies tut er, indem er die empfangene Liebe weitergibt.[180] Dazu ist Christus Mensch geworden

> 'qui nobis formam perfectionis ostendit, per quam filii Dei et fratres ipsius effici possumus operibus bonis. Quia ergo unum Patrem nos confitemur habere in coelis, debemus esse amore fratres, quia qui fratres non vult recognoscere omnes Christianos, recusat Patrem habere cum eis Deum.'[181]

Im zwölften Jahrhundert werden die Ausführungen zum Stand der neuen Adressaten noch differenzierter. *Adam von Dryburgh* führt aus,

---

177 Vgl. Bruno Sign.: PL 165, 105C.

178 Der *Liber de unitate ecclesiae conservanda* verteidigt Heinrich mit einem Vorwurf an die Adresse Hildebrands. Hildebrand hat Heinrich als Geschöpf Gottes verachtet — er und seine Bischöfe vernachlässigen die Gläubigen, verraten Brüder und Gotteskinder. Nach dem Gebot der Bergpredigt soll man aber alle Menschen lieben, auch die Feinde: den Menschen muß man lieben, menschliche Irrtümer und Sünden darf man hassen (Ldl 2, 219, vgl. 254, 274, 279). — Zu den Fürstenspiegeln vgl. Eberhardt: 1970 (mit Lit.).

179 Radbert.: CChr.CM 56, 384.

180 Bruno Sign.: PL 165, 111C.

181 Christ. Stabul.: PL 106, 1314B/C; Glossa ordinaria: PL 114, 97D; Hraban.: PL 107, 831C; Ps. Beda: PL 92, 31A; Zachar. Chrysop.: PL 186, 136D.

nur der heiße rechtens Sohn Gottes, der alle motus animae bändige, den inneren Frieden suche und auch gegen andere Menschen friedfertig sei, sein Verhalten an den acht Seligpreisungen ausrichte und Tugendwerke vollbringe.[182]

Die Beschreibungen der neuen Adressaten werden zu Sammlungen ethischer Anweisungen. Ein langer Weg über die Erfüllung verschiedenster Gebote und Weisungen des Neuen Gesetzes ist nötig, um aus dem Sklavenstand in den Stand des Freien zu gelangen. Der Zisterzienser *Isaak von Stella* schildert in seinem Predigtzyklus zu den Seligpreisungen den Menschen nach dem Sündenfall als Gefangenen des Teufels und der Dämonen, als Sklaven der Sünde. Erkenntniskraft und freier Wille des gefallenen Menschen sind geschwächt, die imago Dei so gut wie vollständig zerstört.

Durch den menschgewordenen Christus, bzw. durch dessen Tod am Kreuz, wird der Mensch vom Sklaven der Sünde zum Sklaven der Gerechtigkeit (nach Röm.5). Noch ist er Sklave, aber schon macht ihn das Wirken der Gnade zum Kind Gottes. Als Sklave muß er weiter gute Werke tun, Tugenden, Taten der Gerechtigkeit und Barmherzigkeit. Das ist die erste Stufe der Erlösung. Der Mensch wird dann amicus Dei[183]; er weiß als solcher um die Geheimnisse Gottes und kennt dessen Ratschläge (vgl. Joh.15,15). Dieser Stufe folgen zwei weitere

'ut de amicis tertio gradu fratres Christi, filii Dei, ac per hoc postremo haeredes ipsius, nam qui filii, et haeredes efficiamur.'[184]

Gebet, Schriftlesung und Meditation sind Hilfsmittel zum weiteren Aufstieg. Denn um mit Gott eins zu werden, muß der Mensch Gott in Gestalt seines Wortes in sich aufnehmen. 'Quotquot receperunt eum, dedit eis potestatem filios Dei fieri (Joh.1,12).' Alle Seelenkräfte müssen der Vernunft untergeordnet und die Vernunft muß Gottes Wort unterstellt werden. Sofern dieser Aufstieg ganz um Gottes willen geschieht

---

182 PL 198, 309C/320D (s.34), bes. 316A/B.

183 'Ecce qui male facit mala, vel bona male, inimicus deputatur; qui omnia bene, nondum amicus, sed servus vocatur. Itaque bene facere, opera virtutes exsequi, iustitiae et misericordiae, ad servum pertinet; amicus vero interest secretis, novit consilia.' SC 130, 146, 31/35. – Die Unterscheidung von servus und amicus erinnert bereits an die Kategorien Thomas' v. Aquino, STh I^aII^ae, 108, 4, sed c. – Zum Titel *amicus Dei* des perfectus monachus und den entsprechenden Voraussetzungen vgl. Steidle, 1956, 189ff. (bes. 190/191).

184 SC 130, 146, 38/40.

und auf Gott ausgerichtet ist, gelingt er.

> 'Ecce quo provehitur servus, quo reconciliatur inimi-
> cus, ut fiat de inimico servus, de servo amicus, de ami-
> co filius, de filio haeres, de haerede unus, immo unum
> etiam cum ipsa haereditate, ut sicut non poterit seip-
> so privari, ita nec haereditate, quae Deus ipse est.'[185]

2. Laien und Kleriker – Eine Verhältnisbestimmung

Wenn mittelalterliche Ausleger sich zur Stellung der Laien äußern, so tun sie das in der Regel in der Form einer Verhältnisbestimmung von Laien und den Vertretern des Klerus.[186]

Erst im 12. Jh. werden die Laien als eigenständige soziale Gruppe behandelt.[187] Aber auch dann noch definiert man sie hauptsächlich negativ als Nichtkleriker, bzw. Nichtordensleute. Für die Bergpredigtauslegung sind die Laien vor allem wegen der Angaben in Mt.5,1 (und Mt.8,1) aktuell. Bereits die irische Exegese unterscheidet verschiedene Arten von Jesusnachfolgern und gliedert sie schematisch in vier bzw. sechs turbae.[188] Eine Gruppe von Leuten folgt Jesus aus (Gottes)-Furcht und Liebe; das sind die Glieder der Kirche. Andere möchten Speise und Trank, wieder andere folgen Jesus aus Neid und möchten ihn verklagen. Die vierte Gruppe sind die Lehrer.[189] In der Regel enthält aber bereits die Bezeichnung *turba* eine leicht abschätzige Nuance und die Apostel werden sorgfältig von den turbae unterschieden. *Christian von Stablo* bezeichnet die Apostel als 'electi de turbis, digni audire mysterium regni coelorum, quod turbae audire nequiebant.'[190] Andere Ausleger schließen aus den Angaben von Mt.5,1f., der räumlichen Nähe der Apostel zu Je-

---

185 Ebd., 156, 178/182.

186 Vgl. de Lubac, 1959b, 571ff.; Beinert, 1973, 307ff.; Bernards, 1960, 391, 399f.; Chenu, 1957, 236f.; Chélini, 1968, 27ff. (zur Karolingerzeit) „Im Sozialgefüge der Kirchen sind die Laien die Antagonisten des Klerus, von ihm so weit verschieden wie das Licht von der Finsternis... Die Kleriker sind für den Gottesdienst geweiht, die Laien sind jene, die ihn nicht abhalten dürfen." (Beinert, 1973, 307, Def. nach Honor. Aug.).

187 Vgl. Beinert, 1973, 125ff., 307ff.

188 Vgl. oben, 25.

189 Ps. Hier.: PL 114, 872B. – Vgl. Christ. Stabul.: PL 106, 1303A/B;clm 14514, f.103ʳ; Honor. Aug.: PL 172, 886C/D (nennt 5 Arten!).

190 Christ. Stabul.: PL 106, 1303B.

sus habe eine engere geistige und seelische Beziehung entsprochen. 'Accesserunt autem discipuli non tantum loco, sed etiam fide et devotione...'.[191]

Der Begriff *turba* bleibt jedenfalls negativ belastet. Im 12. Jh. setzt *Isaak von Stella* einander turbela, turba und silentium, solitudo entgegen. Wer im Getriebe der Welt hängen bleibt, schafft den Aufstieg zu Gott nicht. Einsamkeit, Zurückgezogenheit und Stille findet der wahre Nachfolger Gottes nur außerhalb der Volksmasse.

> 'Difficile est in turba turbam videre, turbari autem in turba necesse est, nec turbatus clare videre, aut discernere, vel diudicare oculis umquam potest. Ideo dimittenda est turba, ut videatur ipsa turba, et iudicetur de ipsa turba. Quicumque enim eam bene conspicit, plene contemnit, libenter fugit, libere dimittit.'[192]

Wer in der Masse bleibt, kann gar nicht beurteilen, wie schädlich und gefährlich die Masse für den Einzelnen ist. Nur der außenstehende Beobachter ist fähig, das Wesen der Masse richtig einzuschätzen.

Daß mit den Volksmassen in der Regel die Laien gemeint sein dürften, zeigt die Tradition der Auslegung, die in Jesus und seinen Hörern Vorbilder des Predigers und seiner Adressaten sieht. So eröffnet im 12. Jh. der berühmte französische Kanzelredner *Radulphus Ardens* eine Predigt über Mt.5,1f. mit dem Hinweis, dieser Text gehe vor allem die Prediger an. Sie seien aufgefordert, selber 'den Berg der Tugenden' zu besteigen und sich dann herabzulassen auf das Auffassungsvermögen ihrer Hörer. Herablassung gehört nach Auffassung Radulphs *per vocationem* zum Amt des Predigers. Nicht vergebens hält Jesus die Bergpredigt sitzend. Einem Lehrer steht es wohl an zu sitzen.[193] Wer predigt, soll nicht herumgehen und sich in irdischen Geschäften verlieren. Er sitze ruhig und mit aufgerichtetem Oberkörper, denn die Vernunft steigt zur Predigt über die coelestia empor. Die Beine und den Unterleib halte der Prediger unbeweglich, denn kein Sinnesorgan darf mit Weltlichem in Berührung kommen, wenn die Predigt gelingen soll. Der Prediger soll so predi-

---

191 Hraban.: PL 107, 794C/D; vgl. Radbert.: CChr.CM 56, 281, 1542ff.

192 SC 130, 84, 3/8 vgl. ebd. 15ff.. – Zur Bedeutung von *turbari* vgl. Leclercq, 1961, 243.

193 Typisch für die ganze Art von Auslegung ist der sich unmittelbar anschließende Hinweis: 'Unde et in Gestis pontificalibus legitur: Tot et tot annis sedit ille, vel ille episcopus.' (PL 155, 1476B).

gen, daß seine Hörer ihn verstehen. Es wäre falsch, die Hörer abzuschrekken oder ihnen die Sache zu verleiden.[194]

Eine gut belegte Auslegungstradition faßt seit Hrabanus Mt.5,42b (und wer von dir borgen will, den weise nicht ab) als Aufforderung an den Prediger auf, die Predigt in einer seinen Hörern zugänglichen Weise zu gestalten, damit sie den in der Predigt enthaltenen Anweisungen überhaupt Folge leisten können.[195]

Bereits im 9. Jh. rühmt *Haimo von Halberstadt* in einer Predigt zur Lukasvariante der Bergpredigt (Lk.6,17ff.), Jesus habe die unterschiedliche Auffassungsgabe seiner verschiedenen Hörergruppen erkannt und entsprechend gepredigt. Zuerst stieg Jesus mit den Jüngern auf den Berg und lehrte die Vollkommenen das vollkommene Gesetz, dann stieg er wieder herab und lehrte die einfacheren Menschen auf einer Wiese die elementaren Gebote. Die Behandlung des Neuen Gesetzes in unterschiedlichen Schwierigkeitsgraden war nötig, um besonders die einfachen Menschen, die zum Tun des Guten ungeeignet waren, vom Bösen abzuhalten.

Wie Jesus bei seiner Bergpredigt zwei Gruppen von Adressaten gesondert unterwies, sollen die Prediger zwei Gruppen von Predigthörern berücksichtigen, nämlich solche, die mit den Aposteln die Geheimnisse des Himmelreiches fassen können (nach Mk.4) und solche, denen nur gerade das Allereinfachste beigebracht werden kann. Die Predigt muß so aufgebaut sein, daß Anfänger und Fortgeschrittene gleichermaßen Nutzen daraus ziehen. Für die einfachen Gläubigen ist der Wortsinn gut geeignet, die Vollkommenen erbaut dagegen der geistliche Sinn mehr.[196]

Haimo erinnert an die Geschichte vom reichen Jüngling. Jesus hat ihn zuerst nach den einfachen Geboten gefragt und erst anschließend auf die vollkommenere Lehre aufmerksam gemacht. Auch Paulus unterscheidet zwischen Anfängern und Fortgeschrittenen (1.Kor.3,1ff.).[197]

---

194 Ebd. C.

195 'Oportet ergo spiritalem doctorem verbi divini fenus auditorem suis accomodare, ut boni operis retributionem ab illis possit accipere.' (PL 107, 829B. – Für die betreffende Stelle läßt sich kein Quellennachweis bei Augustin od. Hieronymus finden. Sie stammt möglicherweise von Hrabanus selber. Vgl. Anhang,307.) Vgl. Radulf. Ard.: PL 155, 1476B; Haimo: PL 118, 776D, 778A; Innoc.III: PL 217, 311/312; Ps. Beda: PL 92, 30B; Petr. Cell.: PL 202, 893D.

196 PL 118, 778A. – Innerbibl. Interpretament ist die Geschichte von der List Jakobs gegen seinen Schwiegervater Laban, Gen. 30, 25-43 (ebd. 777C/D).

197 PL 118, 777B. – Vgl. zur beispielhaften Predigt Jesu auch Radbert.: CChr.CM 56, 281.

Im 12. Jh. unterscheidet *Petrus Comestor* in einer Predigt zu Mt.7,1 zwischen einem *genus Deividum* und einem *genus pedisequum* von Predigthörern.[198] Zur ersten Art (genus Deividum) gehören *scholares et litterati claustrales*. Sie haben die nötigen Fähigkeiten, um an der Deutung einzelner Worte und der durch diese bezeichneten Dinge zu arbeiten. Sie wissen um die Hintergründigkeit der Heiligen Schrift ('sub puerili verborum superficie aliud intus latere').[199] Die Gabe der Schriftauslegung nach dem geistlichen Sinn ist notwendig, denn Gott hat in der Heiligen Schrift seiner Kirche ein kümmerliches Mahl vorgesetzt, eine Nuß mit harter Schale, aber süßem Kern. Die Kirche braucht Menschen, welche die Schale knacken und den Kern der Nuß freilegen.[200]

Im Gegensatz zum *genus Deividum* erkennen die Predigthörer vom *genus pedisequum* Gott nicht aus der Schrift. Sie können höchstens den göttlichen Spuren in den sichtbaren Dingen der Welt folgen und sind daneben auf die Schriftauslegung durch die Gelehrten angewiesen.

Gottfried von Admont warnt ungefähr gleichzeitig vor der Nutzlosigkeit undifferenzierter Belehrung von Laien und Klerikern.

> 'Parum enim aut nihil Doctor proficit, si spiritales ut
> saeculares, saeculares ut spiritales docere voluerit.'

Prälaten und Kirchenlehrer sind die Sterne (Gen.1,16f.), die der Kirche leuchten und Tag und Nacht voneinander scheiden 'hoc est bonis et malis, perfectis et imperfectis, saecularibus et spiritalibus'.[201] Verbreitet ist im 12. Jh. in konsequenter Fortführung dieses Ansatzes die Mahnung an die Laien, sich demütig dem Stand der Kleriker unterzuordnen. Ergänzend kann die Aufforderung an die Kleriker folgen, den Laien ohne falschen Dünkel zu begegnen. Laien sind auf das Erbarmen der Kleriker angewiesen, weil ihnen die nötige Einsicht in die Geheimnisse der Schrift fehlt. Laien müssen über ihre Stellung 'per similitudinem' belehrt werden.[202]

---

198 PL 198, 1749B.

199 PL 198, 1749C.

200 Petrus Comestor kennt eine überaus reiche Metaphorik des geistigen Schriftsinns (vgl. PL 198, 1749C). Er führt u.a. die Metapher von Blatt und Frucht, das Graben eines Brunnens und das Mehl im Topf mit dem giftigen Gericht (2. Kön,4,38ff.) an. Vgl. oben, 11.20 und Spitz, 1972, 61ff. (Nuß/Kern); 109ff. (Brunnen); 154ff. (Bitteres/süßes Waaser); 95ff. (Blätter/Frucht).

201 PL 174, 441D.

202 Ebd., 445C 'Istos vero, qui adhuc nox sunt, qui minus perfecte adhuc sapiunt, per similitudinem docuit, qualiter subesse debeant.'

Gott hat zwei Ämter eingesetzt: das Amt des Lehrers und das des Schülers. Zum Lehramt gehört die Lenkung und Leitung der Kirche, zum Amt des Schülers die demütige Unterordnung.

Gott mahnt besonders die Laien zur Demut. Wie oft mischen sie sich ungefragt in die Belange der Kirchenlehrer ein und richten über die, die Gott selbst ihnen als Leiter gegeben hat.

> '... vitium, quo iudicant se, si praeesse contingeret,
> utilius praeesse putant, atque ea, in quibus praelatum
> sicut reprehensibilem despiciunt, nunquam, si praeesse
> deberent, facturos se cogitant et dicunt...'[203]

Solches Urteilen ist gefährlich und grundsätzlich falsch, weil ja den Laien die Urteilskriterien fehlen. Aus dem Amt des Schülers kann das Amt der Lehrer nicht beurteilt werden. Die Aufgabe der Schüler ist Demut und Gehorsam. Alles weitere wäre Vermeßenheit und Hochmut.

3. Viri ecclesiastici – Die Vertreter der kirchlichen Hierarchie

Die Verhältnisbestimmung von Laien und Klerikern bestätigt das Bild des Klerikers, wie es die mittelalterlichen Quellen zur Auslegungsgeschichte vom Mt.5,13-16 zeichnen. Hier wie dort stehen die Vertreter der kirchlichen Hierarchie in erster Linie als Schriftausleger den Laien gegenüber. Die *spiritalis doctrina* ist die große Gabe des Klerus an die Laien. Instruere, informare, inluminare, docere und componere sind Verben, mit denen dieser Tätigkeitsbereich der Kleriker benannt werden kann.[204]

Bereits die irischen Kommentare zeichnen allerdings in ihrer Auslegung des Salzwortes ein umfassenderes Bild von den Aufgaben der Kleriker. Durch die *doctrina spiritalis* führen die Vertreter des Klerus die Laien zur Buße, mahnen sie zur Enthaltsamkeit und geben Anleitung zu einem den Weisungen des Neuen Gesetzes entsprechenden Leben.[205] Entsprechend den einzelnen Teilen der Bildworte Mt.5,13-16 faßt *Radbertus* die unterschiedlichen Aspekte des apostolischen Amtes wie folgt zusammen: salis officio, der reinigenden und konservierenden Art des Salzes entsprechend, die Seelen der Gläubigen ohne Makel bewahren, sie durch

---

203 PL 174, 445D/446A, vgl. ebd. 447C.
204 Vgl. oben, 96.
205 Vgl. oben, 70ff

die Einsicht in die Wahrheit erleuchten, vor dem Angriff des Feindes bewahren und zur Liebe zu Gott entzünden.[206] *Innozenz III.* betont, wie andere Ausleger vor ihm auch, die beiden grundlegenden Seiten jeglicher kirchlicher Tätigkeit: charitas und sapientia sind die Tugenden, deren der Amtsträger bedarf. Die Liebe ist leitend, wenn er durch seine vorbildhafte Lebensführung die Leute zur Nachahmung anregt, die Weisheit würzt seine Verkündigung des Wortes.[207]

Die Auslegung der Schrift allein reicht nicht. Die Laien sind auf das Vorbild der Kleriker angewiesen. Lehre und Leben müssen übereinstimmen, wenn die Verkündigung Früchte tragen soll.[208] So werden die Kleriker immer wieder aufgefordert, die Laster abzulegen und 'den Berg der Tugenden' zu besteigen, bevor sie sich anmaßen, den andern Tugenden zu predigen.[209]

Unter den Tugenden ist die Enthaltsamkeit eine der wichtigsten. Bereits die irischen Kommentare, später Ausleger wie *Rupert von Deutz* nennen sie an erster Stelle; 'ubique terrarum consilio castitatis salire credentium corpora'[210], darum soll es den Vertretern des Klerus gehen! Das vordringliche Interesse des Klerus muß es sein, die *incorruptio* der Gläubigen sicherzustellen. Incorruptio ist weit mehr als mönchische Keuschheit; sie umfaßt sämtliche evangelischen Tugenden:

'ut habeat simplicem et absque odio cordis oculum, ut
sit mundus ab omni cupiditatis pulvere, ab omni furoris perturbatione.'[211]

Incorruptio ist der Zustand des Menschen vor dem Fall; es ist die unversehrte imago Dei. Die Kleriker, praelati, pontifices, scholares, litterati, doctores und wie sie sonst genannt werden, haben darauf hinzuwirken, daß der Gläubige nach dem Zustand der incorruptio strebt. Das ist ihre Aufgabe im Horizont des Neuen Gesetzes.

206 Vgl. oben, 75f.
207 Vgl. oben, 95.
208 Vgl. oben, 95.
209 Vgl. oben, 90.
210 CChr.CM 29, 115, 445. – Bezeichnend der Ausruf des monastischen Auslegers (Ruperts von Deutz): 'O quantas salierunt puerorum quoque aut puellarum turmas, ita ut carnes eorum omnino desiccarentur, et usque ad decrepitam senectutem, usque ad finem vitae incorruptae perseverarent atque durarent imputribiles continentia et sani virginali pudicitia!' (CChr.CM 29, 115, 447/451).
211 CChr.CM 23, 1800, 731/733. – Zur *incorruptio* vgl. clm 14514, f.76ᵛ, f.130ʳ.

4. Ordo monachorum – Die Vollkommenen

Wenn nach den Angaben von Mt. 5,1f. das Volk und die Apostel voneinander abgehoben werden, so liegt für die Ausleger der Bergpredigt die Unterscheidung von Unvollkommenen und Vollkommenen nahe.

Beda bemerkt, Jesus habe die Apostel 'quasi perfectiores' mit sich auf den Berg genommen, um sie zu belehren.[212] Der oben erwähnte *Heimo von Halberstadt* rechnet neben den Patriarchen Abraham, Jakob und David besonders die 'perfecti monachi' unter die Adressaten der Seligpreisungen. Sie nämlich haben um Gottes willen alles verlassen. Nicht einmal mehr die Verfügung über den eigenen Leib und den Willen besitzen sie noch. Das macht sie zu Recht zu Seliggepriesenen.[213] *Gottfried von Admont* erklärt kurz und bündig, die Bergpredigt Jesu richte sich an 'solos perfectos et electos discipulos.'[214]

Der Weg auf den Berg ist steil, die Worte des Neuen Gesetzes 'ardua et sublimia' – das schließt bestimmte Adressaten grundsätzlich aus.

> 'Et ibi et hic mulieres atque parvuli excepti sunt, qui tam in Veteri quam in Novo Testamento non admittuntur ad numerum, quia non perdurant occurrere in virum perfectum, vel infirmitate virium vel levitate mentis.'[215]

Vir perfectus ist Titel und Programm der kontemplativ Lebenden des 12. Jahrhunderts. 'Masculo corde et mente virili' muß der Kampf gegen die Laster und um die Tugenden (virtutes),[216] der Aufstieg zur unio mystica der Seele mit Gott stattfinden.

Christus, der vollkommene Gesetzgeber des vollkommenen Gesetzes, hat durch sein vorbildliches Einhalten seiner eigenen Gebote diese zu vir-

---

212 PL 94, 447B (hom. 94), vgl. Haimo: PL 118, 776D.

213 PL 118, 779C/D.

214 PL 174, 478C. – Vgl. ebd., 478D/479C.

215 Werner: PL 157, 1063D/1064A. – Den Zusammenhang zwischen dem Predigtort Berg, der Erhabenheit der Lehre und den hohen Anforderungen an allfällige Nachfolger erhellt die Fortsetzung des Zitats 'Utraque refectio celebrata est in monte, quia utrumque Testamentum altitudinem mandatorum Dei, et illius montis altitudinem, qui est mons domus Dei in vertice montium, consona voce nobis praedicat,' (a.a.O.), vgl. oben, 41f.

216 Isaac. Stel.: SC 130, 156, 164/165. – Zu den Begriffen virtus, vir, virilis etc. und ihren Zusammenhängen in der Spiritualität des 12. Jh. vgl. Javelet, Cîteaux, 1960, 253ff., bes. 259f. Zur Symbolik von Mann und Frau vgl. SC 207, 343ff.

tutes perfectae, vollkommenen Tugenden gemacht.[217] Was er lehrte und in Tat umsetzte, ist vollkommen. Augstins Bergpredigtauslegung liefert auch hier wieder die sprachlichen und inhaltlichen Grundlagen für die mittelalterliche Auslegung: die Bergpredigt unterrichtet die Kirche in vollkommener Weise über das christliche Leben.

> 'Hoc dixit, ut appareat istum sermonem omnibus prae-
> ceptis, quibus christiana vita informatur, esse perfec-
> tum.'[218]

Das liest sich auch im 12. Jh. nicht viel anders:

> 'Ad haec breviter dicendum, quia quae sub istis con-
> tinentur dictis sive praeceptis, ita sunt necessaria chri-
> stiano homini ad perfectionem iustitiae tendenti, ut si-
> ne his perfectus esse non possit eadem perfectione,
> quam post eadem dicta diligenter commendans tan-
> dem dicit: Estote et vos perfecti, sicut et Pater vester
> caelestis perfectus est.'[219]

Daß die Anweisungen Jesu im Neuen Gesetz vollkommen und nicht etwa unerfüllbar seien, gilt seit Hieronymus als apologetisches Argument gegen notorische Pessimisten.[220] Die Ausleger sind sich auch einig, daß die vollkommene lex Jesu sich an Vollkommene oder mindestens an solche, die nach Vollkommenheit streben, richtet.

Allerdings scheiden sich die Geister, wenn es um die nähere Bestimmung jener Vollkommenheit geht, die Jesus von seinen Nachfolgern fordert (Mt.5,48). Im 9. Jh. bestimmen Ausleger wie *Paschasius Radbertus* oder *Christian v. Stablo* die *perfectio* der Nachfolger als Summe der dona virtutum, der dem Menschen durch den Geist verliehenen Gnadengaben.[221] Die Reihenfolge ist unumkehrbar: mit den Bitten des Unservater erbittet sich der Gläubige den Beistand des Geistes, er empfängt die Geistesgaben und wird dadurch instand gesetzt, die von ihm geforderten opera virtutum zu leisten. Christus, die virtus legis, ermöglicht selbst die Erfüllung seines vollkommenen Gesetzes. Gesetzeserfüllung, Vollkom-

---

217   Vgl. oben, 56. – Die Bergpredigt als vollkommene Wegleitung zum ewigen Leben: Hraban.: PL 107, 851D; Glossa ordinaria: PL 114, 293C/D; Radbert.: CChr.CM 56, 398, 1191ff.; Rup. Tuit.: CChr.CM 29, 136, 14ff.
218   CChr.SL 35, 2, 25/27.
219   Rup. Tuit.: CChr.CM 29, 136, 14/19.
220   Vgl. oben, 48.
221   Vgl. oben, 45 und unten 185.

menheit ist nicht Leistung, sondern Gnadengabe.[222] 'Exemplum nobis dedit' – das reicht zur Begründung von Mt.5,48 völlig aus.[223]

Die Vollkommenen, an die sich Jesu Botschaft richtet, sind demzufolge Menschen, die sich im Vertrauen an die kraftspendende virtus Jesu und die von ihm verheißenen Gnadengaben an die Weisungen des Neuen Gesetzes halten, wissend, daß nicht sie Vollkommenes tun, sondern die in ihnen wirkende Kraft des Heiligen Geistes. Dies Bewußtsein schafft in den Vollkommenen den rechten Geist der Dankbarkeit und der Liebe zu Gott.

> 'Neque tamen aliubi finis ponendus est operis, nisi ut per ea glorificetur Deus pater, qui vobis lumen verum infudit et per Spiritus Sancti gratiam operandi virtutem dedit.'[224]

Solange die intentio animae ganz auf Gott gerichtet und Eigenlob und Eitelkeit fern sind, gilt der Nachfolger als 'perfectus'. So verstandene christliche Vollkommenheit mißt sich an der liebenden Zuwendung zu Gott dem Vater und den Mitmenschen als 'filii Dei'.[225]

Viele Belege aus dem 12. Jh. sprechen eine andere Sprache. Die Vollkommenheit, welche Mt.5,48 zur Forderung an die Jesusnachfolger deklariert, wird neu bestimmt. Noch gilt keine allgemein anerkannte Definition des Begriffes; noch bleibt das Bedeutungsfeld relativ breit.[226] Aber spätestens seit der gregorianischen Reform wird der Begriff der *perfectio* unter Rückgriff auf die Ideale der *vita apostolica* bestimmt. Die Kategorien der Gregorianischen Reform werden zu den Kategorien der *perfectio*.[227] Der Traktat *De vite vere apostolica*, vielleicht von Rupert von Deutz verfaßt, sieht in der Benediktsregel die einzig legitime Zusammenfassung der Lehre Jesu aus den Seligpreisungen der Bergpredigt.

---

222 Vgl. oben, 56f.

223 Christ. Stabul.: PL 106, 1312C.

224 Radbert.: CChr.CM 56, 312, 2492/2494.

225 Vgl. oben, 110f.

226 Vgl. zum Begriff der *Vollkommenheit* Lapsinski, 1974 und Fonck, DThC 12, 1933, 1219ff.

227 Vgl. Lapsanski, 1974; Beinert, 1973, 89ff. und unten 276f. Zur Zuordnung zu Rupert von Deutz, die allerdings sehr umstritten ist, vgl. Lapsanski, 1974, 5ff. und Bernards, 1960, 395, bes. Anm. 17 (mit Lit.).

> 'Si vis omnia Scripturarum consulere testimonia, ni-
> hil aliud videntur dicere, quam Ecclesiam inchoasse a
> vita monastica...'

Die Ordensleute sind die wahren Nachfolger der Apostel; sie erfüllen als einzige die Voraussetzungen zur richtigen *vita apostolica*, wie sie die Urkirche verwirklichte. '... qui vivit ut bonus laicus facit bene, melius qui est canonicus, peroptime qui est monachus.'[228]

Bruno von Segni schreibt in seinem Matthäuskommentar zu Mt.5,48, die hier beschriebene *perfectio* entspreche jener Vollkommenheit aus Mt.19,21, nämlich allen Besitz zu verkaufen und den Erlös den Armen zu schenken. Jesus hat diese Art von Vollkommenheit besonders seinen Aposteln und deren Nachfolgern geboten.[229] Die Aussagen der Evangelien und der Apostelgeschichte über die Nachfolge Jesu, allen voran Mt. 19, und die Aussendungsreden werden Interpretamente der Vollkommenheit von Mt.5,48.

In einer Predigt zu Mt.5,17 äußert sich *Gottfried von Admont* ausführlich zu den Voraussetzungen, die der Hörer der Bergpredigt erfüllen muß. Er zitiert Mt.19,27, das Wort des Petrus. 'Du weißt, wir haben alles verlassen und sind dir nachgefolgt.' Dieses Wort können auch die Benediktiner Admonts von sich sagen, meint Gottfried, denn

> 'ducatu eius [scil. Jesu] saeculum reliquimus, et spiri-
> talis vitae propositum adivimus, et si non ea veritate
> et perfectione dicere valemus, qua Petrus dicebat, ta-
> men quia specietenus fecimus, quod facere potuimus,
> hoc, quod adhuc in veritate nobis deest, ipse in nobis
> bonitate et pietate sua perficiat. Nobis ergo ad an-
> gustam viam eum sequentibus perfectam hanc doctri-
> nam proponit sequendam.'[230]

Geradezu groteske Ausmaße nimmt der Wettstreit zwischen verschiedenen Orden um die korrekte Erfüllung bestimmter Weisungen Jesu an. Wichtiges Streitfeld ist die Armut. *Isaak von Stella* erläutert die Seligpreisung an die pauperes spiritu (Mt.5,3) mit dem Wort aus der Aussen-

---

228 PL 170,664A. – Erstes Zitat ebd. 644C.

229 PL 165, 112A.

230 PL 174, 478D/479A, vgl. ebd. 479B/C 'Vobis electis filiis meis loquor, qui mecum de convalle huius saeculi in montem ascendistis, quia nisi abundaverit iustitia vestra super iustitiam illorum, qui in clericali officio sunt constituti, abundaverit etiam super iustitiam illorrum, qui continenter in saeculo viventes coniugio sibi copulati, non intrabitis in regnum coelorum'.

dungsrede Jesu an die siebzig Jünger (Lk.10,4): *Nehmt keinen Geldbeu-*
tel mit, keine Vorratstasche und keine Schuhe! Grüßt niemand unter-
wegs! Jesus verbietet seinen Nachfolgern, Besitz mit sich herumzutra-
gen. Leider verachten die meisten Menschen diese Weisung. Die Kartäuser halten sich wenigstens teilweise daran: ihr Besitz ist klein. Noch genauer befolgt der Orden von Grandmont die Worte Jesu, indem er ganz
auf Besitz verzichtet. Allerdings hat Isaak gehört, die Mönche von Grandmont würden recht oft die Leute auf den Straßen grüßen. Ipsi viderint,
meint der Zisterzienser Isaak nicht ganz ohne Stolz auf seinen eigenen
Orden.[231]

Sein Ordensbruder *Helinand von Froidevaux* tadelt in einer Predigt
über die Seligpreisungen die aufwendige Bauweise der Zisterzienserklöster seiner Zeit.[232] Jesus hat das Himmelreich den Armen verheißen.
Arme aber bauen sich keine irdischen Wohnungen; sie erwarten die von
Gott verheißene 'domum aeternam in coelis paratam'. Diesem Ideal entsprechen aber die Zisterzienser längst nicht mehr. Helinand weist auf
Vorwürfe der Zeitgenossen:

> 'Cur ergo vos Cistercienses, quanquam reliquistis om-
> nia, sobrietatem et paupertatem professi estis, tam
> sumptuosa et superflua construitis aedificia?'[233]

Wenn der Zisterzienser-Orden seine Glaubwürdigkeit behalten will,
muß er diese Bauwerke verkaufen und den Erlös den Armen schenken,
denn die Prachtbauten sind auf Kosten eben dieser Armen erstellt worden.[234]

Die Reihe der Belege ließe sich beliebig erweitern. Die Vollkommenheit, von der Jesus in der Bergpredigt spricht, ist *perfectio apostolica.*
Sie mißt sich hauptsächlich an den Forderungen, die Jesus den Apo-

---

231 SC 130, 102, 51/58.

232 Die hauptsächlichen Argumente bringt bereits Bernhard von Clairvaux in sei-
     ner Apologie (XII). – Vgl. op. 3, 1963, 104ff. und 7, 1974, 219 (epist. 84[2] an
     Wilhelm von St. Thierry).

233 PL 212, 676D.

234 Ebd. 676D/677A 'Poteratis, imo debueratis ista dimittere; et expensas paupe-
     ribus erogare. Quasi vero pro pauperibus ista non fiant.' Vgl. ebd. 674C/D. 'Ipsas
     aedificiorum materias impudenter petunt ab abbatiis, pecunias illis necessari-
     as iniustissime colligunt ab illis, quos super negotia sua constituunt, harpys,
     operas gratuitas inhumaniter exigunt a subiectis, et sic pulchra aedificia de
     alieno aedificantes, tamen ita gloriantur, quasi de suo aedificaverint.'

steln in den Aussendungsreden der Evangelien stellt. Der einzige Stand, der diese Forderungen erfüllen kann, weil er die nötigen Voraussetzungen im institutionellen und individuellen Bereich schafft, ist der *ordo monachorum*. *Bernhard von Clairvaux* läßt am Schluß einer Predigt Jesus einen Mönch fragen, wo er denn gelernt habe, die Seligpreisungen der Bergpredigt zu verstehen und danach zu leben. Die Antwort ist deutlich:

> 'In monasterio, in claustro, in claustrali disciplina. Ibi horum negotiorum locus, horum lucrorum facultas, nec memini me inde processisse lucri alicuius gratia.'[235]

Der Zisterzienser *Guerricus von Igny* setzt einzelne Seligpreisungen mit den monastischen Gelübden gleich. Die Gelübde Armut, Gehorsam und Keuschheit sowie die Tugenden des monastischen Lebens entsprechen dem Aufstieg 'de virtute in virtutem', wie ihn die Bergpredigt für den Menschen vorsieht, der 'gradatim de imis ad summa evangelicae perfectionis' gelangen möchte.[236]

Perfectio evangelica wird zur perfectio apostolica genauso wie die vita apostolica zum Leitbegriff der gregorianischen Reform geworden ist. Die Vertreter des ordo monasticus sind die Einzigen, die das Skandalon des Neuen Gesetzes aushalten und Jesus auf dem schmalen und steilen Weg auf den Berg zu folgen vermögen.[237]

Das Gewicht der Auslegung verschiebt sich. Nicht mehr die *dona virtutum* stehen im Vordergrund, sondern die *virtutes* als Leistung des besonders befähigten Christen.

5. Falsa doctrina und vanum exemplum – Die Gegner

In eine Zusammenstellung unterschiedlicher Gruppen der Kirche gehört auch die Gruppe der Gegner. Gestützt auf Mt.7,15-23 stellen die Quellen nicht wenige Stereotypen zu Häresie und Irrlehre bereit.

Die meisten Äußerungen der Ausleger zu diesem Bereich greifen auf alte, bereits der patristischen Auslegung vertraute Stereotypen zurück.

---

235 op. 6/2, 1972, 302.
236 SC 202, 500.
237 Vgl. oben 46ff., und Rup. Tuit.: CChr.CM 29, 1803ff.

So erwähnt etwa *Paschasius Radbertus* die Manichäer und den notorischen Häretiker Jovinian.[238] Konkrete Angaben über Art und lehrmäßigen Inhalt solcher Irrlehrer fehlen in der Regel. Die Ausleger begnügen sich mit den Aufzählungen dreier Gruppen von falschen Christen, deren Bezeichnung und inhaltliche Näherbestimmung allerdings wechseln.[239] Es handelt sich um Heuchler, Häretiker und *falsi fratres*. Die an deren Adresse erhobenen Vorwürfe sind ebenfalls sterotyp. Als schlechtes Beispiel hebt sich ihr Verhalten von dem des wahren Christen ab. Schlechtes Beispiel und nachahmenswertes Handeln, Vorwurf und Handlungsnorm sind aufeinander bezogen. Was ein schlechter Christ ist, wird aus dem gegenteiligen Verhalten des wahren Christen bestimmt. Umgekehrt werden die notae des wahren Christen in Abhebung von den notae des falschen Christen dargestellt.

Zwei Themenbereiche sind zu unterscheiden. Der eine befaßt sich mit der Lehre der falschen Christen, die aus wahren und falschen Elementen zusammengewürfelt ist und gerade dadurch dem Gläubigen zum Verhängnis werden kann. Der zweite Themenbereich kreist um die mangelnde Übereinstimmung von Leben und Lehre, der Heuchelei. Besonders die zweite Thematik eignet sich zum Vergleich von richtigem und fal-

---

238 CChr.CM 56, 443. – Der Apparat weist die Anspielung als direktes Zitat aus Hieronymus aus. Vgl. Apparat zu Zeile 2617ff. – Der einzige Beleg aus dem hier untersuchten Material, der konkretere Angaben über häretische Gruppierungen macht, ist *Radulphus Ardens*. Er erwähnt eine den Manichäern nahestehende Sekte, die in der Diözese von Agen (Südfrankreich) zu seiner Zeit aufgetreten sein soll. Die Sektenmitglieder wollen ein apostolisches Leben führen, sie verbieten die Ehe, den Eid, die Lüge und den Genuß von Fleisch. Das Alte Testament anerkennen sie nicht, das Neue nur zum Teil. Sie kennen zwei Schöpfergottheiten; eine teuflische, die das Sichtbare schuf, und eine Gottheit, die das Unsichtbare geschaffen hat. Taufe, Kommunion und Auferstehung streiten sie ab. (Vgl. PL 155, 2011A/B). Die Sekte ist möglicherweise mit den späteren Albigensern verwandt. (Vgl. dazu PL 155, 1297f.). – Zur Einschätzung der Stelle vgl. Grundmann, 1963, 8ff. und ders., 1977, 16, 24. 'Vermutlich hatte auch Radulphus Ardens seine Anschauungen über die Lehren der „Manichäer" in Agen nicht von den Ketzern selbst erfahren, sondern aus der Literatur.' (ebd., 24, Anm. 21).

239 Falsi doctores: Glossa ordinaria: PL 114, 877A; clm 14514, f.111[r] – Hypocritae: Radbert.: CChr.CM 56, 445. Falsi praedicatores: Gaufrid.Babio: PL 162, 1316A – adolatores: clm 14514, f.130. Vgl. Beinert, 1973, 372 'Auf sie [scil. die Häretiker] paßt das Wort aus dem Timotheusbrief, das geradezu zum Signum des Häretikers wird: „Habentes quidem speciem pietatis, virtutem autem eius abnegantes." '

schem Verhalten.[240]

Die falsche Lehre zeichnet sich durch verlockende Süße (dulcedo) aus, stößt aber gleichzeitig durch übertriebene Härte ab.[241] Ausführlich schildert *Haimo von Halberstadt* die gefährliche Mischung aus Wahrem und Falschem, die Merkmal häretischer Lehre ist. Die Schafspelze, in die sich häretische Lehrer zu kleiden lieben, sind Zitate aus den Schriften der patres catholici. Besonders häufig lügen die Häretiker, wenn es um den Bereich der zwei Naturen Christi geht.[242]

Die Wirkung der häretischen Lehrer auf die Gläubigen ist fatal. Einfache Christen lassen sich gerne durch die scheinbar gut belegte Lehre täuschen. Häretiker sind große Seelenverführer; wie Wölfe rauben sie der Kirche die hilflosen Gläubigen.[243] Häretiker heucheln Wahrheitserkenntnis, die sie nicht haben können. Sie legen die Aussagen der Heiligen Schrift falsch aus und verwirren dadurch die Leute.[244]

Zur Entlarvung häretischer Lehrer taugen nur die geistvermittelte scientia scripturarum, prudentia und die Gabe der discretio spirituum. Satz für Satz muß die häretische Lehre mit den Aussagen der Bibel verglichen werden, denn für die Kirche gelten nur die von Gott inspirierten Schriften verbindlich.[245] Die Schrift ist die einzige Waffe der Kirche gegen ihre Gegner.

Einige Autoren sind kühner. Haimo weist auf die unbestreitbare rhetorische Begabung mancher Häretiker hin. Von ihr sollen auch Christen lernen. Zudem lernen auch Häretiker manches Wahre. So darf die Kirche getrost gewisse formale und inhaltliche Anleihen bei häretischen Schriften und deren Autoren tätigen. Allerdings gilt diese Möglichkeit nur für die patres orthodoxi, die wahr und falsch unterscheiden können. Sie sollen das Schlechte zurückweisen und das Gute in den Schatz der Kirche aufnehmen. Die einfachen Gläubigen sollen sich vor häretischen

---

240 Vgl. unten, 128.
241 Zur Semantik von *dulcedo* vgl. Ohly, 1985, 403ff. bes. 485ff. Vgl. Ps. Beda: PL 92, 57D; Hraban.: PL 107, 816B; Haimo: PL 118, 641A.
242 PL 118, 641.
243 Glossa ordinaria: PL 114, 877A; Ps. Beda: PL 92, 37D; Werner: PL 157, 1073A.
244 Werner: PL 157, 1073A; vgl. 1078Aff.
245 Rup. Tuit.: CChr.CM 29, 202.

Lehren grundsätzlich hüten, weil ihnen die Fähigkeit der discretio spirituum fehlt.[246]

Einzig gültiges Kriterium für die Rechtgläubigkeit zweifelhafter Lehrer und Prediger soll den ungelehrten Christen die Übereinstimmung
von Lehre und Leben sein. Auch hier ist allerdings Vorsicht geboten,
denn falsche Christen sind Meister in der Kunst der Verstellung. Sein und
Schein klaffen oft weit auseinander. Was auf den ersten Blick wie vorbildliche Askese aussieht, entpuppt sich bei genauerem Hinsehen als
schamlose Lüge.[247]

Die Absicht der frommen Heuchler ist grundfalsch. Das vorgeblich
fromme Verhalten ist nicht auf die Erbauung der Gläubigen gerichtet,
sondern auf deren Verwirrung und Verführung. So nützt alles christliche
Verhalten nichts.[248] Häretische Heuchler sind von ihrer Art her grundsätzlich unfähig, etwas Gutes zu tun.[249] Ein unreiner Geist wirkt in ihnen, der ihre Werke zum Bösen wendet.[250]

Haimo ist einer der ersten, der die Häretiker durch das Doppelkriteri-
um der falschen Lehre und dem von ihnen vorgelebten schlechten Beispiel kennzeichnet. Häretiker lieben schöne Worte und lassen konkretes
Handeln vermissen. Sie leben *nach dem Fleisch* und ziehen ins Verderben.[251]

Im Gegensatz dazu kennzeichnen den Christen *fervor dilectionis* und
bona operatio. Der wahre Christ läßt es nicht beim Wortbekenntnis zu
Jesus bewenden, sondern läßt ihm Taten folgen.[252] Worte allein taugen
in der Tat nichts. Jesus will Werke sehen, Früchte des guten Baumes nach
Mt. 7,17ff.. Solche Früchte sind Liebe, Geduld, Friede, Freude und andere mehr (nach Gal.5).[253]

---

246 PL 118, 641ff.

247 Hraban.: PL 107, 845C, 846B.

248 PL 165, 133A/B, 'Toties igitur praedicatores caecos illuminant, leprosos curant,
     et mortuos suscitant, quoties iniqui homines eorum monitis et praedicatione
     convertuntur, et, poenitentia ducti, diabolo, et omnibus operibus eius abre-
     nuntiant, et suae salutis medicinam ab illis suscipiunt. Sed quid hoc eis prodest,
     cum illis Dominus dicat Nunquam novi vos?'

249 Vgl. clm 14514, f.78ʳ.

250 Radbert.: CChr.CM 56, 441, 2564ff.

251 Haimo: PL 118, 641, 13ff.

252 Gaufrid. Babio.: PL 162, 1316D.

253 Haimo: PL 118, 642Cff.

Radulphus Ardens unterscheidet zwischen mehreren Arten von Werken. Eindeutig positiv sind die Werke der guten Christen wie Gottes- und Nächstenliebe, Feindesliebe, Friedfertigkeit, Eintracht, Weisheit und Gerechtigkeit. Negativ sind sämtliche Laster. *Opera media* ohne eindeutigen Eigenwert sind beispielsweise Beten, Fasten und Almosen geben. Ihr Wertmaßstab ist die Absicht, in der man sie vollbringt. Jedenfalls zählen sie nicht, wenn es um den Eintritt ins Himmelreich geht.

Hin und wieder geschieht es nach Radulphs Auffassung, daß auch schlechte Menschen einige gute Werke tun (sog. minima bona opera); etwa dann, wenn einer von natürlicher Frömmigkeit getrieben Nackte kleidet oder Durstigen zu trinken gibt. Allerdings gelten solche minima opera bona genauso wenig wie die opera media. Immerhin können sie auf die Sündenstrafe desjenigen angerechnet werden, der solche Werke tut.[254]

Die Belege aus alt- und mittelhochdeutschen Predigten bestätigen im wesentlichen dieses Bild. Das Bekenntnis zu Gott reicht noch nicht aus:

> 'heizet ir mich iwern herren, so sult ir mir zaigen ane wiu ir mich furhtet oder waz ir durch mich tuot oder lazet oder waz ir mir ze dienst werdet. heizet ir mich iwern vater, so sult ir mir zaigen ane wiu ir mich liebet oder ert. wan aver ir des alles niht entuot, von danne so ne chomt ouch ir alle in min riche niht, sed qui facit voluntatem patris mei.'[255]

Gute Werke tun aber setzt Buße, Reue und deren Bekundigung in der Beichte voraus.[256] Erst dadurch unterscheiden sich wahre Christen von den falschen 'die ir ebinchristen uzwert grůzint mit sůzzin worten und sint inwert ůbele wolve.'[257] Auch ein schlechter Mensch kann bereuen und ist dann fähig, gute Werke zu tun.[258]

---

254 PL 155, 2012A. – Vgl. Hraban.: PL 107, 846D.

255 Schönbach, 1891, 138.

256 'hie bi sult ir merkin, daz der mensche niht gůtes mach getun, die wile er sine herze niht gelůtirt und gereiniget hat mit der růwe und mit der bicht und mit der bůze.' (Schönbach, 1886, 369).

257 Schönbach, 1886, 115.

258 Schönbach, 1886, 369.

6. Die Heiligen – Vertreter der ecclesia triumphans

Während die Vertreter aller bisher dargestellten Gruppen noch glaubend und hoffend auf der via peregrinationis unterwegs sind, feiern die Heiligen bereits das ewige Fest in der himmlischen Heimat. Auf der Erde versammeln sich die Reisegefährten in religiösen Gemeinschaften, um die Mühen und Gefahren des Weges zusammen leichter zu bestehen. Die Heiligen dagegen sind nicht mehr Glieder eines conventus, sondern leben und feiern als convivium. Sie haben die Tücken des Weges hinter sich gebracht. Als Vertreter der ecclesia triumphans nehmen sie teil an dem, was den Gliedern der ecclesia militans verheißen ist und noch aussteht.[259]

Zur Beschreibung des aktuellen Zustandes der Heiligen werden häufig die beiden Metaphern vom *Wohnen* und vom *Gastmahl* herangezogen.[260] Die Platzzuteilung in einer der vielen Wohnungen des Vaters und bei Tisch hängt von den Verdiensten (merita) der Heiligen ab, die sie sich zu Lebzeiten erworben haben.[261] Die Heiligen kennen die Nöte der Gläubigen in der Welt aus eigener Anschauung; sie haben während ihres Erdenwandels Anfechtungen, Verfolgungen, Armut, Leid und viele andere Widrigkeiten aushalten müssen und sind erst durch die Überwindung all dieser Gefahren in die himmlische Heimat gelangt. Denn was auf Erden so aussieht, als ob es mühselig und gottfern wäre, ist in Wirklichkeit der Weg zum Himmel.[262] Entscheidend für diesen Weg ist vor allem der Rückzug aus der Welt ins kontemplative Leben.

Gewisse Ausleger ordnen den *Seligpreisungen* der Bergpredigt verschiedene Stände von Heiligen zu: an erster Stelle stehen Maria und die Jungfrauen, gefolgt von den Engeln, Patriarchen, Propheten, Aposteln, Märtyrern und Bekennern.[263] Petrus Comestor erklärt, die Kirche erinnere an Allerheiligen an die Unterschiede zwischen den unterschiedlichen ordines der Heiligen, indem sie die Seligpreisungen auslege:

---

259 Vgl. Petr. Comestor.: PL 198, 1801Af., 1802C, 1805C.

260 Zum *Mahl* nach Jes.25 vgl. Petr. Comestor.: PL 198, 1800A/B., 1805D.
Zum *Wohnen* vgl. Helinand: PL 212, 668D/678B; Petr. Bles.: PL 207, 705ff..

261 'Habebit enim unusquisque in aeterna gloria locum iuxta suorum exigentiam meritorum.' (PL 207, 705B).

262 'Ecce via, per quam sancti de hoc mundo transierunt ad regnum, seipsos abnegando in vera paupertate, de iniuriis non dolendo in vera mansuetudine, conpunctione et lacrymis peccata delendo. Sic contemto mundo, transierunt ad iustitiam.' (Serlon de Vaubadon: 1664, 119/2).

263 Vgl. Innoc.III: PL 217, 594B; Petr. Bles.: PL 207, 705B; Petr. Comestor.: PL 198, 1803B/1805D; Herbertus de Losinga: 1978, 410.

'In principio enim sermonis habiti in monte, dum septem beatitudines cum retributionibus suis ordinavit,
ordinem praefatae distinctionis, si dissimulare non volumus, nobis tradidit.'[264]

Die große Erfahrung der Heiligen bezüglich der irdischen Gefahren
und Nöte macht sie zu idealen exempla für die Gläubigen. Aus dem Verhalten der Heiligen, aus ihrem Leben und ihren Tugenden sollen die Vertreter der ecclesia militans lernen.

'Et nos vestigia eorum sequentes ad eandem gloriam
praestante Domino veniamus.'[265]

Das Vorbild der Heiligen ist nicht zuletzt eine Art Garantie für die Erfüllbarkeit der Forderungen der Bergpredigt. Bereits *Augustin* erklärt in
einer Predigt über den Protomartyr Stephanus, gewisse faule Christen
würden bestreiten, daß die Bergpredigt erfüllbar sei. Ihr Argument sei
vor allem dies, daß Christus als der Sohn Gottes zwar seine Feinde geliebt
habe, daß er dazu aber göttliche Kräfte gehabt hätte, die dem durch-
schnittlichen Nachfolger abgingen. Augustin weist dieses Argument mit
dem Hinweis auf Stephanus zurück. Stephanus war ganz und gar Mensch
und liebte trotzdem seine Feinde! Das beweist, daß die Weisungen der
Bergpredigt auch für die Nachfolger Jesu in der Kirche erfüllbar sind.[266]
Die überschüssigen Verdienste der Heiligen bewahren die Gläubigen im
Gericht, falls dazu noch eigene Taten und Bußwerke hinzukommen.[267]
So schulden die Glieder der Kirche den Heiligen ehrendes Gedenken,
Verehrung und Lobpreis. Dazu ist nicht zuletzt Allerheiligen bestimmt.

'wan dar umbe ist dirre heilige tac gesetzet, swa ir iuch
in allem dem jar iender versumet habet an deheiner pan-
vasten oder an deheiner panvîre, daz ir des allez hiut
ze chantnusse chomt, unde ist ouch dar umbe gesetzet,
wan iz ist vil maniges grozen heiligen tac in dem jare,
den idoch niemen dehein ere erbiutet unde der namen
nieman waeiz niwan got aine. dar umbe ist ouch dirre heilige tac hiut gesetzet, daz diu heilige christenhait
dem selben herren sunderlichen etlich lob unde ere er-
biete.'[268]

264 Petr. Comestor.: PL 198, 1803B.
265 Serlon de Vaubadon: 1664, 119/2, vgl. Petr. Comestor.: PL 198, 1805D.
266 PL 38, 1435ff., bes. 1436. Vgl. auch Bernhard von Clairvaux, op. V: 1968,
    399ff.
267 Petr. Bles.: PL 207, 706B.
268 Schönbach, 1891, 234.

An Allerheiligen sollen die Versäumnisse des ganzen Jahres wettge-
macht werden. Nicht jeder Heilige hat einen eigenen Feiertag; manche
vergißt man zudem und läßt es an der gebührenden Verehrung fehlen.
Dadurch wird aber im letzten Gott selbst beleidigt, der sich in seinen
Heiligen verherrlicht und durch die Verehrung der Heiligen selbst ver-
ehrt wird. Durch ihre Verdienste sind die Heiligen endlich Fürsprecher
für die Gläubigen vor Gott. Heiligenverehrung hat deshalb auch die Funktion, die Interzessoren gnädig zu stimmen.

> 'Uon div scult ir lutterlichen hiute alle gotes heiligen
> ane rŏfen, daz si iv wegende sîn, unde scult ettenaher
> leben, als sie hie lebeten.'[269]

d. Zusammenfassung

Die Ausführungen zur Adressatenfrage bieten ein verwirrend vielseiti-
ges, teilweise auch widersprüchliches Bild. Lassen sich die eingangs gestellten Fragen aufgrund der bisher gewonnenen Einsichten zufrieden-
stellend beantworten?

Die ausführliche Zusammenstellung der Auslegungs- und Wirkungsgeschichte der Bildworte von Salz, Licht und der Stadt auf dem Berg (Mt.
5,13-16) scheint auf den ersten Blick das zitierte Pauschalurteil zu bestätigen: Hier wird tatsächlich ein Wort aus der Bergpredigt ausschließlich auf die Schar der Apostel und ihrer Nachfolger gedeutet. Die übrigen Gläubigen werden von den Auslegern in diesem Zusammenhang kaum
berücksichtigt. Im Zentrum der untersuchten Quellen stehen offensichtlich die Träger kirchlicher Ämter. Die einzelnen Bilder (Salz, Licht, Stadt)
stehen für die unterschiedlichen Aspekte des apostolischen Amtes, während die Anknüpfung an die letzte Seligpreisung der Verfolgten (Mt.5,
11f.) in Verbindung mit gewissen präzisierenden Angaben aus den Bildworten (Licht auf dem Leuchter, Stadt auf dem Berg) als Hinweis auf
die exponierte, mit besonderen Belastungen verbundene Stellung der
Verkündiger des Wortes gilt.

Allerdings liegt hier nur ein scheinbarer Unterschied zwischen mittelalterlicher und reformatorischer Auslegung: mittelalterliche und reformatorische Ausleger sind sich darin einig, daß bestimmte Bergpredigtworte auf einzelne Adressatengruppen in besonderer Weise zutreffen, indem

---

269 Speculum ecclesiae, ed. Mellbourn: 1944, 130.

sie deren Stellung und Funktion im Rahmen der Kirche beschreiben. So deutet beispielsweise auch Luther die beiden Bildworte vom Salz und vom Licht auf zwei Aspekte des apostolischen Amtes, nämlich „scharff sein und saltz inn die wunden reiben, das ist das widerspiel anzeigen und straffen wo es nicht recht gehet" und „die seelen zu unterrichten und weisen zum ewigen leben".[270]

Eine Schlußfolgerung muß daraus jedenfalls abgeleitet werden, auch wenn sie banal scheinen mag: es ist methodisch und sachlich unzulässig, einander die Auslegungen DER Bergpredigt aus verschiedenen Epochen entgegenzustellen. *Die Bergpredigt* als Texteinheit kann für eine auslegungs- und wirkungsgeschichtliche Arbeit nicht Ausgangspunkt sein. Erst die Untersuchung einzelner Bergpredigt*worte* ermöglicht schlüssige Aussagen zur Interpretation DER Bergpredigt in einer bestimmten Zeitspanne oder Epoche. Im Falle der vorliegenden Untersuchung können endgültige Ergebnisse und Einsichten erst aufgrund einer ausführlichen Darstellung der Auslegungs- und Wirkungsgeschichte der Seligpreisungen (Mt.5,3-12) und der Antithesen (Mt.5,21-48) formuliert werden.

Vor dieser neuen tour d'horizon sollen kurz einige Punkte aus dem zweiten Teil des Adressatenkapitels, der kleinen „Ständelehre", dargestellt werden.

Auffällig sind die differenzierten homiletischen Überlegungen zur unterschiedlichen Herkunft und der damit verbundenen unterschiedlichen Fähigkeiten der Gläubigen. Es gilt keineswegs als ausgemacht, daß jeder von vorneherein jeden (Bibel)text versteht. Die Quellen zeichnen ein durchaus realistisches Bild der Zeit: der Zugang zur Bibel ist den meisten

---

270 Das fünffte, sechste und siebend Capitel S.Matthaei gepredigt und ausgelegt, WA 32, 345. 349. – Der Passus lautet im Zusammenhang: „Das ist das ander teil des ampts, so er den lieben Aposteln aufflegt, das sie sollen heissen und sein ein liecht der welt, nemlich die seelen zu unterrichten und weisen zum ewigen leben, damit er die gantze welt wirfft unter die Apostel, das sie solle und müsse durch sie erleuchtet werden, und schleusset, das sie gantz mit allem was sie vermag eitel finsternis und blindheit ist, Denn wo sie on das ein liecht hette, das sie kundte erleuchten (wie sie doch meinet) was durffte er der Apostel dazu? Nu sihe, ob das nicht ein hoh, trefflich ampt und ein ehre uber alle ehre ist, das sich alles was inn der welt ist, es heissen Könige, Fürsten, Herrn, gelerten, weise, heiligen mussen herunter setzen und die Apostel aufftretten und alle ir weisheit, heiligkeit ec. taddeln und verdamnen lassen, als die nicht wissen was sie leren odder leben, noch wie sie mit Gott dran seien." (349) – Vgl.Luz, 1985,226.

Gläubigen nur durch die Vermittlung der Prediger möglich. Den Vertretern des Klerus ist die Aufgabe der Schriftauslegung und Schriftverkündigung anvertraut. Die Ausleger und Prediger der Schrift entscheiden, was welchen Gläubigen in welcher Form zugemutet werden darf.

Die unterschiedliche Stellung der einzelnen Gläubigen zum Text ist letztlich die Ursache der Unterscheidung verschiedener Adressatengruppen, vor allem aber der Verhältnisbestimmung von Laien und Klerikern. Eine Wertung der unterschiedlichen Gruppen ist damit nicht a priori verbunden. Wichtig sind die unterschiedlichen Akzentsetzungen der verschiedenen Ausleger. So vergleichen einige die Adressaten des Neuen mit denen des Alten Gesetzes (Radbert, Smaragd, Christian v. Stablo). Nach Auffassung dieser Ausleger sind alle Christen Adressaten des Neuen Gesetzes und damit auch der Bergpredigt.

Gott hat alle Menschen unterschiedslos als seine Söhne und Töchter angenommen. Als Geschwister sind sie zur Liebe untereinander verpflichtet gemäß dem Beispiel, das der Vater ihnen gegeben hat.[271]

Dieser Auslegungstradition steht eine andere gegenüber, die die Bergpredigt stärker als Katalog anspruchsvoller ethischer Weisungen versteht. Die Adressaten der Bergpredigt sind demnach gerufen, bestimmte Tugenden (virtutes) zu erfüllen. Bereits im 9. Jahrhundert bezeichnet Haimo die freiwillige Armut als die wichtigste unter den Tugenden. Ausleger des 11. und 12. Jahrhunderts wie Bruno von Segni, Bernhard von Clairvaux, Guerricus von Igny, um nur einige wenige zu nennen, übernehmen diese Ansicht. Die Folgerung, die im 9. Jahrhundert Haimo aus seiner Auslegung zieht, behält ihr Gewicht auch später. Nicht alle Gläubigen haben die Möglichkeit, die Tugend der freiwilligen Armut zu erfüllen. Es sind vorzüglich die vollkommenen Mönche (perfecti monachi), die dazu fähig sind. Sie haben um Christi willen buchstäblich alles verlassen, nicht einmal die freie Verfügung über ihren eigenen Willen und ihren Körper ist ihnen geblieben.[272]

Neben der Tugend der Armut treten die virtutes Gehorsam, später auch Keuschheit (Rupert von Deutz). Die Stellung zum Besitz bleibt allerdings die grundlegende Tugend, die den wahren Nachfolger Christi auszeichnet. Schriftworte wie Mt.19,21;Lk.10,4;Mk.10,28ff. werden zur Erläuterung der in der Bergpredigt genannten virtutes herangezogen.

---

271 Vgl. oben 110f.
272 PL 118, 779 Aff.

Immer wichtiger wird auch der Begriff der Vollkommenheit (perfectio) aus Mt.5,48. Vollkommenheit wird von zahlreichen Auslegern des 11. und 12. Jahrhunderts mit der Erfüllung der oben genannten Tugenden gleichgesetzt. Eines der großen Ideale der Zeit, die vita apostolica, wird zum Interpretament der Bergpredigt. Vollkommen sind nurmehr diejenigen, die die Bereitschaft zur radikalen Nachfolge, zur Erfüllung ethischer Extremleistungen zeigen und die entsprechenden institutionellen und organisatorischen Voraussetzungen haben: die Ordensangehörigen.

Die Akzentverschiebungen lassen sich an der Auslegungs- und Wirkungsgeschichte einzelner Bergpredigtworte besonders deutlich zeigen. Die Seligpreisungen (Mt.5,3-12) und die Antithesen (Mt.5,21-48) sollen darum im fogenden gesondert untersucht werden.

TEIL IV: DIE SELIGPREISUNGEN

A. Einleitung

Seit Petrus Canisius (1521-1597) gehört die Lehre von den acht Seligpreisungen[1] zum Katechismuswissen eines jeden Katholiken. Dies deshalb, 'ut nossent omnes, quod christiana iustitia ultra fidem complecta-
tur et postulet, deinde scirent, quomodo iustis ,,corona iustitiae" ut
Paulus vocat, vel ,,merces" aeterna non sine labore obveniat.'[2] Die Seligpreisungen werden mit schöner Selbstverständlichkeit als Tugendakte
(actus virtutis), als eine vom Gläubigen 'ultra fidem' zu erbringende Leistung verstanden, der eine entsprechende Belohnung (meritum) verheißen ist.

In den reformatorischen Kirchen haben es die Seligpreisungen nie zu
einem Platz im Katechismus gebracht. In Predigten bezeichnet sie Luther
als 'aller lieblichste[n] verhaissung', als 'ein gut geschrey, ein gutte pre-
dig von Christo, wie der herr von got dem vater her gethan sey, das es allen Leuten helffe und hayl thu an leyb und an seel, zeytlich und ewig-
klich' – kurz: für Luther sind die Seligpreisungen Evangelium im Gegensatz zu Gesetz und Gebot.[3]

Diese beiden seit der Reformation konfessionell festgeschriebenen
Auslegungstypen[4] spiegeln traditionelle Auslegungsmodelle der Patristik[5] und des Mittelalters. Die Entstehungsgeschichte der beiden Modelle
ist lang und verwickelt. Das Quellenmaterial ist äußerst vielschichtig, haben doch die Seligpreisungen über die Quellengattungen weg eine außer-
ordentlich breite Wirkung als selbständiges Schriftwort entfaltet. Das ist
nicht zuletzt die Folge einer 'Sinnkumulation' durch die Verbindung meh-

---

1   Zum Verhältnis der Mt.- und der Lk.fassung vgl. unten, 197ff.

2   P. Canisius, ed. Streicher, 1933, 69.

3   Ein Sermon auffs fest aller heyligen, WA 10/3, 400.

4   Vgl. Luz, 1985, 210.

5   Vgl. jetzt zur lateinischen patristischen Auslegung der Seligpreisungen Spinelli,
    1982.

rerer Bedeutungsträger.[6] Angeregt durch die Darstellung des Matthäusevangeliums gelten die Seligpreisungen seit Augustin als Gruppe von acht,
bzw. sieben Worten.[7]

Auslegung und Wirkung der Seligpreisungen berücksichtigen stets die
Kombination der beiden Bedeutungsträger *beatitudo* und *Acht-* bzw.
Siebenzahl. Die Auslegung der Seligpreisungen folgt darum neben den
allgemeinen Grundsätzen der allegorischen Auslegung vor allem den Gesetzen der Zahlenallegorese.[8] Die Zählung der Seligpreisungen in der
Fassung des Matthäusevangeliums variiert in den mittelalterlichen Quellen. Gewisse Ausleger setzen sieben Seligpreisungen voraus, andere acht,
ohne daß eine der beiden Zählungen sich einer bestimmten Epoche zuordnen ließe.[9] Die Grundlagen dieser doppelten Zählung bringt auch
hier wieder [10] Augustin in 'De sermone Domini in monte'.

Die Seligpreisungen sind das Zentrum der Bergpredigtauslegung Augustins. Sie bilden die Stufen, auf denen der Christ zum ersehnten Ziel
der Vollkommenheit emporsteigt.[11] Dabei gehören die ersten sieben Seligpreisungen zusammen. Sie beziehen sich auf die Vollendung des gefallenen Menschen. Die achte Seligpreisung steht außerhalb der Reihe. Darauf weist neben dem besonderen Wesen der Zahl Acht die Wiederholung der Verheißung aus der ersten Seligpreisung 'quoniam ipsorum est
regnum caelorum'. Die achte Seligpreisung greift auf die erste zurück und
hebt sie überbietend in Vollendung auf.

> 'Haec octava sententia, quae ad caput redit perfectum-
> que hominem declarat, significatur fortasse et circum-
> cisione octavo die in veteri testamento, et domini re-
> surrectione post sabbatum, qui est utique octavus

---

6 Vgl. oben, 5f. und Meier, FMS 8, 1974, 385ff.

7 Vgl. oben, 7f.

8 Zu den Grundlagen der allegor. Auslegung vgl. oben, 1ff. – Zur Zahlenallegorese vgl. Meyer, 1975 und Meyer/Suntrup, FMS 11, 1977, 1ff. sowie de Lubac,
   1961, 7ff.

9 Es widerspricht den Quellen, wenn man eine zeitliche Nachordnung der Achtzahl postuliert wie Franz, 1902, 455, Anm. 2. Acht- und Siebenzahl stehen in
   der mittelalterlichen Auslegung nebeneinander. Die jeweils aktuelle Zahl ist keine Frage der 'allgemeinen Annahme', sondern des damit verbundenen Kontexts
   und der theolog. Aussage!

10 Vgl. oben zum Neuen Gesetz, 38f.

11 Zur Bergpredigtauslegung Augustins vgl. Holl, 1960; Mutzenbecher, CChr.SL 35,
    IXff.; Duchrow, ZThK 62, 1965, bes. 344ff.

> idemque primus dies, et celebratione octavarum feria-
> rum quas in regeneratione novi hominis celebramus,
> et numero ipso pentecostes.'[12]

Die Zahl acht bedeutet Vollendung, Auferstehung und ewiges Leben.[13] Entsprechend deutet Augustin die achte Seligpreisung als Ziel und Ende aller Seligpreisungen durch den Verweis auf Jesu Auferstehung und deren Präfiguration in der alttestamentlichen Beschneidung. Die Seligpreisungen bezeichnen ferner die Erneuerung des gefallenen Menschen und deren liturgische Feier im Ablauf des Kirchenjahres.

Besonders wichtig sind die liturgischen Feiern an der Oktav großer Kirchenfeste und das Pfingstfest. Pfingsten hat als Fest des Heiligen Geistes eine besondere Beziehung zur Siebenzahl und entsprechend auch zur Auslegung der sieben Seligpreisungen. Auch diese Verbindung geht auf Augustin zurück. Er kombiniert als erster die sieben Seligpreisungen mit den sieben Gaben des Heiligen Geistes nach Jes.11,2f.. 'Et requiescet super eum spiritus Domini: Spiritus sapientiae et intellectus, Spiritus consilii et fortitudinis, Spiritus scientiae et pietatis; et replebit eum spiritus timoris Domini.'

Allerdings kehrt Augustin die Reihenfolge um[14]: er verbindet spiritus timoris mit der ersten Seligpreisung, spiritus pietatis mit der zweiten Seligpreisung der Sanftmütigen und fährt entsprechend fort bis zur Verbindung des spiritus sapientiae mit der Seligpreisung der Friedensstifter.

Verbindendes Element ist die Siebenzahl. Sie führt zusätzlich zur Kombination dieser beiden Septenare Seligpreisungen und Geistesgaben mit den sieben Bitten des Vaterunser.

> 'Videtur etiam mihi septenarius iste numerus harum
> petitionum congruere illi septenario numero ex quo
> totus iste sermo manavit.'[15]

Die Bitte um Heiligung des Gottesnamens ordnet Augustin dem spiritus timoris und der ersten Seligpreisung zu und entsprechend fährt er fort bis zur Kombination der Bitte um Befreiung vom Bösen mit der Seligpreisung der Friedfertigen und dem Geist der Weisheit.

---

12 CChr.SL 35, 12,250/256, vgl. auch 9, 177/187.
13 Vgl. oben, 6f. und Meyer, 1975, 139ff.; de Lubac, 1964, 21ff.
14 CChr.SL 35, 9, 188ff.
15 Ebd., 128, 828/830.

spiritus timoris	b. pauperes spiritu	sanctificetur nomen tuum
spiritus pietatis	b. mites	adveniat regnum tuum
spiritus scientiae	b. qui lugent	fiat voluntas tua
spiritus fortitudinis	b. qui esur. et sit. justitiam	panem cotidianum da nobis
spiritus consilii	b. misericordes	dimitte nobis debita nostra
spiritus intellectus	b. mundicordes	ne nos inducas in temptationem
spiritus sapientiae	b. pacifici	libera nos a malo

Die Verbindung dieser drei Septenare ist neu. Bei Ambrosius waren die Seligpreisungen noch eine Art hierarchisierter Tugendkatalog; Augustin prägt durch die dargestellte Verbindung der drei biblischen Septenare 'einerseits den asketisch-neuplatonischen Aufstieg um zu einem Weg aus den fortschreitenden Gnadengaben des göttlichen Geistes und verleiht andererseits der Schrift eine große Bedeutung für das Weitergehen auf diesem Wege.'[16] Die Seligpreisungen interessieren nicht in erster Linie als Tugenden (virtutes), sondern als durch die Gnade des Heiligen Geistes vermittelte Gaben (dona virtutum). Nicht die menschliche Leistung steht im Vordergrund, sondern die göttliche Gnade.

Augustins Kombination hat für die mittelalterliche Auslegung nicht zu überschätzende Folgen gehabt; kaum ein Exeget, der seine Septenarverbindung nicht kennt und weiterverwendet. Die Verbindung von Sieben- und Achtzahl weist bereits bei Augustin auf Pfingsten. Grundlage ist eine mathematische Operation, bei der beide Zahlen als Faktor bzw. Summand bedeuten.[17]

> 'Nam septenario septies multiplicato, quo fiunt quadraginta novem, quasi octavus additur, ut quinquaginta conpleantur et tamquam redeatur ad caput. Quo die missus est spiritus sanctus, quo in regnum caelorum ducimur et hereditatem accipimus et consolamur et pascimur et misericordiam consequimur et mundamur et pacificamur. Atque ita perfecti omnes extrinsecus illatas molestias pro veritate et iustitia sustinemus.'[18]

---

16 Duchrow, ZThK 62, 1965, 347; Vgl. Meyer, 1975, 55ff.
17 Vgl. zur entsprechenden Regel der Zahlenallegorese.
18 CChr.SL 35,12,256-13,263.

Die Siebenzahl, Zahl der Seligpreisungen und der Geistesgaben, wird ergänzt durch die Eins, die als Verweis auf die achte Seligpreisung 'quasi octavus additur.' Durch die mathematische Operation 7 mal 7 = 49 + 1 = 50 kommt Augustin auf das Pfingstfest; die Ausgießung des Heiligen Geistes ist Hinweis auf die an Ostern begonnene und im Eschaton zu vollendende Erfüllung der Erlösung.

Je nach dem Kontext, in dem die Seligpreisungen jeweils stehen, prägen die beiden Zahlen Sieben und Acht und deren Bedeutungen die Auslegung. Das gibt der Hermeneutik der Seligpreisungen in der mittelalterlichen Auslegung ihr eigenes Gepräge. Gleichzeitig hat die Kombination der Seligpreisungen mit der Sieben- und der Achtzahl den Seligpreisungen zu einer ungemein breiten Wirkungsgeschichte verholfen.

B. Die Hermeneutik der Seligpreisungen

Diejenigen hermeneutischen Phänomene, die die Auslegung der Seligpreisungen mit anderen Bergpredigtworten teilt, sollen hier nicht noch einmal dargestellt werden.[19] Statt dessen soll versucht werden, die durch die Verbindung der Seligpreisungen mit bestimmten Zahlen gegebene Berührung mit den Gesetzen der Zahlenallegorese an einigen Beispielen zu verdeutlichen.

Daß Zahlen durch die *Zusammensetzung aus Faktoren und Summanden* bedeuten können, ist eine grundlegende Regel der Zahlenallegorese. Die oben zitierte Auslegung Augustins aus 'De sermone Domini in monte' ist ein erstes Beipiel für die Anwendung dieser Regel. Ein weiterer Beleg stammt aus dem berühmten Figurengedicht des *Hrabanus Maurus, De laudibus sanctae crucis*.[20]

Die Seligpreisungen sind Thema des 17. Gedichts dieses Zyklus. Jedes Gedicht besteht aus einem Bild bzw. einem Figurengedicht und einer Paraphrase in Prosaform. Der Bildteil zu den Seligpreisungen zeigt die acht Seligpreisungen kreuzförmig angeordnet; je vier Seligpreisungen bilden den waagrechten und den senkrechten Balken des Kreuzes. Für seine Auslegung greift Hrabanus Maurus auf die Zusammensetzung der Zahl acht aus den Faktoren Zwei und Vier zurück (2 mal 4 = 8). Die acht Seligprei-

---

19 Vgl. dazu oben, 1ff.
20 Vgl. dazu Brunhölzl, 1975, 326f. und unten, 154f.

sungen, in zwei Vierergruppen angeordnet, entsprechen der Darstellung der zwei Liebesgebote durch die vier Evangelien. Auf dem Weg des Kreuzes, nämlich durch Erfüllung der Liebesgebote als *summa Evangelii* gelangt der Gläubige zum ewigen Leben, der 'gaudia sempiterna', abgebildet durch die Zahl acht.

> 'Crux quoque Christi via est iustorum, ascensus ad coelum, rota de infimis ad superiora nos trahens, dux et ianua regni, victoria nostra. Per illam vitam possidebimus veram, et mercedem percipiemus aeternam, quae et binario quater posito, octanarium in se concludens, significat quod per duo praecepta charitatis, quae nobis sancti quatuor Evangeliarum libri commendant, promereri possumus gaudia sempiterna.'[21]

Bedeutsam ist ferner die einer Zahl entsprechende *geometrische Figur*. Im Fall der Achtzahl handelt es sich um den Kubus, denn die Acht ist — mit Ausnahme der Eins — die erste Kubikzahl. Die Achtzahl erhält dadurch die Konnotationen der Solidität und Vollkommenheit, weil der Kubus sämtliche Dimensionen enthält. 'cubus est figura solida, quae longitudine et latitudine et altitudine continetur.'[22] Die entsprechende biblische Schlüsselstelle ist Sap.11,21: 'Omnia in numero et mensura et pondere posuisti', teilweise auch Eph.3,18f. 'ut possitis comprehendere cum omnibus sanctis, quae sit latitudo et longitudo et sublimitas et profundum; scire etiam supereminentem scientiae caritatem Christi, ut impleamini in omnen plenitudinem Dei.'[23] *Rupert von Deutz* nimmt Bezug auf den Kubus, wenn er in seinem Erstlingswerk *De divinis officiis* auf den Zusammenhang der acht Seligpreisungen mit der Oktavfeier zu Ostern hinweist. Die acht Seligpreisungen sind Abbild des Kubus, des 'plenum et solidum corpus', durch Christus selbst empfohlen.[24] Der Leib

---

21 Hraban.: PL 107, 282C; vgl. ebd. 216A.

22 Isidor, Etym. III,12, zit. nach Meyer, 1975, 60.

23 Vgl. dazu Ohly, 1983, 182ff.

24 CChr.CM 7, 272, 550-273, 558 'Veram ergo circumcisionem resurrectionis recte solemnibus octo dierum celebramus officiis, quam Dominus ipse ut magnificam esse ostenderet, tamquam plenum et solidum corpus longo, lato atque alto permensus est octonario beatitudinum numero commendans, qui eiusmodi est apud geometras, ut plenum et solidum corpus primus perficiat. Nostris enim numeris illi uti familiare est, immo suis, cui veraciter dictum est: Omnia in numero et mensura et pondere posuisti.'. Vgl. auch Peri, 1983/1984, 1ff.

Christi umfaßt nämlich alle Dimensionen. Christus ist darum mit den acht Seligpreisungen identisch, indem er alle ihre Dimensionen erfüllt.

Diese christologische Deutung der Seligpreisungen kann aber auch Resultat einer weiteren Regel der Zahlenallegorese sein, derjenigen Regel nämlich, die die Bedeutung der *Proportionen* zur Auslegung heranzieht.[25] Im mittelalterlichen Fächerkanon der artes liberales ist die musica für die Proportionenlehre zuständig. Rupert von Deutz hat sich mit der Verbindung von Proportionenlehre und Schriftauslegung beschäftigt.[26] Er verwendet für die Auslegung der Seligpreisungen die entsprechende Regel der Zahlenallegorese, indem er die beiden Zahlen sieben und acht ins Verhältnis setzt.

Acht Töne umfaßt das Intervall Diapason, acht Saiten hatte die antike Cithara. Der achte Ton wiederholt stets den ersten, ist also Bild für die Reihenfolge der Seligpreisungen, deren achte die erste wiederholt und vollendend aufhebt. Die Seligpreisungen sind die acht Saiten der Cithara, die acht Töne der *aeternae laetitiae cantilena*. Die sieben ersten entsprechen den sieben Gaben des Geistes, deren Träger Christus war. Die achte ist Hinweis auf die Auferstehung. Christus hat als musicus caelestis alle acht Töne zum Klingen gebracht und mit diesen himmlischen Tönen seine Nachfolger 'ad bene operandum' verlockt.[27]

Nach einer weiteren Regel der Zahlenallegorese ist die *Stellung der Zahlen in der Zahlenreihe* zu berücksichtigen. Für die Sieben beispielsweise ist die Stellung zwischen der Sechs und der Acht bedeutsam. In der Regel bezeichnet die höhere Zahl eine Sache von größerer Bedeutung. Die Acht als Zahl der ewigen beatitudo und der Auferstehung übertrifft

---

25 Vgl. Meyer, 1975, 67ff.

26 Vgl. ebd. 68ff.

27 CChr.CM 7, 273, 559ff. 'Verumtamen, quoniam non adeo geometricas traditiones, sed potius aeterni musici Dei cantiones in Scriptura sacra cognoscere operae pretium est, qui et citharam se habere indicat, cui dicit in psalmo: Exsurge, gloria mea, exsurge, psalterium et cithara, cantilenam eiusdem citharae, immo citharam ipsam, in his octo beatitudinum sententiis tamquam octo chordis, quae integram reddunt diapason, consideramus. Et hoc placeat vel maxime musicis, quia, cum, sicut tradunt musicae artis scriptores, citharas antiquitus octo per diapason chordis fieri mos fuerit, musicus caelestis Deus hanc illis in cithara sua, id est in ea, quam assumpsit, humanitate, de carnis nostrae silva similitudinem repraesentat, dum aeternae laetitiae cantilenam per integram diapason, id est per octo beatitudinum chordas modulans scitos pueros ad saltandum, id est dociles discipulos ad bene operandum excitat.' – Rupert verweist in der Fortsetzung auf Augustins 'De doctrina christiana'. vgl. ebd. 273, 586ff.

also die Sieben; die Sieben bezeichnet im Verhältnis zur Acht die Vergänglichkeit, das Irdische.[28] Sie steht aber über der Sechs, der Zahl der sechs Schöpfungstage. Wichtig ist für uns die Stellung der Sieben unter der Acht. Wir sind dem Verhältnis der beiden Zahlen bereits bei der Beschreibung des Neuen Gesetzes begegnet. Dort war der Ort der Achtzahl über der Sieben Hinweis auf den vollkommeneren Inhalt des Neuen Gesetzes im Vergleich zum Inhalt des Alten Gesetzes.[29]

Gerhoch von Reichersberg bringt eine weitere Deutung. Er kombiniert die Siebenzahl mit den beiden sich entsprechenden Septenaren der Laster und der Geistesgaben, die Achtzahl mit den acht Seligpreisungen und den acht Tugenden. Das Ganze ist ihm Bild für den Aufstieg der Gläubigen über die sieben, bzw. acht Stufen von Ez.40,31,34,37. 'feriantes a viciis, septem quoque spiritus donis ditati per octo virtutum exercicia ad octonarium beatitudinum culmen Christo conresurgentes pertingimus.'[30] Geistesgaben und Seligpreisungen sind verbunden als Hilfestellung zum Aufstieg der Gläubigen 'Christo conresurgentes'.

Die genannten Belege mögen genügen. Die Regeln der Zahlenallegorese betreffen die Auslegung der Seligpreisungen weit über die Kommentarauslegungen hinaus. Wichtige Konsequenzen ergeben sich besonders für die Architektur- und Liturgieallegorese des Mittelalters.

EXKURS III: ZU EINIGEN BELEGEN AUS ARCHITEKTUR- UND LITURGIEALLEGORESE

'Die wichtigste Quelle für die Deutung nichtbiblischer gezählter Bedeutungsträger ist die mittelalterliche Liturgieallegorese', stellt Suntrup in seinem Aufsatz zur Zahlenbedeutung in der mittelalterlichen Liturgieallegorese fest.[31] Liturgieallegorese ist im Westen erstmals im 7. Jh. belegt, als allegorische Gesamterklärung der Liturgie gibt es sie seit dem 8. Jh. (Amalar von Metz). Die Definition dessen, was Liturgie umfaßt, ist breit: 'der Ritus der Messe und die Spendung der Sakramente, vor allem der Taufe und der Firmung, den gottesdienstlichen Raum und seine Ausstattung, die liturgischen Gewänder und Geräte, die Heiligung der Zeit

---

28 Vgl. Meyer, 1975, 137f.
29 Vgl. oben, 45f.
30 Ldl 3, 319.
31 Suntrup, ALW 36, 1984, 325.

im Stundengebet und in der Feier des Kirchenjahres'.[32]

Architekturallegorese ist in gewisser Weise[33] eine Untergattung der Liturgieallegorese, insofern sie die Deutung kirchlicher Bauten betrifft. Architektur- und Liturgieallegorese basieren vor allem auf den Gesetzen der Zahlenallegorese.[34]

Allgemein anerkannt ist die große Bedeutung oktogonaler Bauten in der christlichen Kunst. Kirchen und besonders Baptisterien werden bis ins 13. Jh. häufig mit achteckigem Grundriß gebaut. Hinweise auf zeitgenössische Deutungen sind allerdings selten. Berühmt ist die Inschrift aus dem Baptisterium der Theklakirche in Mailand, die Ambrosius verfaßt haben soll.

> 'Hoc numero decuit sacri baptismatis aulam surgere,
> quo populis vera salus rediit luce resurgentis Chr(ist)i,
> qui claustra resolvit mortis et e tumulis suscitat exani-
> mes confessosq(ue) reos maculoso crimine solvens fon-
> tis puriflui diluit inriguo.'[35]

Tod und Auferstehung Christi bilden die Grundlagen zur Interpretation der Taufe. Die Achtzahl verbindet beides. Der christologische Hintergrund der Taufe findet seinen sichtbaren Ausdruck im oktogonalen Grundriß des Baptisteriums.

In der Mitte des 9. Jh. erwähnt *Candidus* in der Vita des Abtes Eigil von Fulda dessen Bautätigkeit. Eigil hat den Bau der Michaelskapelle veranlaßt, einer runden kleinen Kapelle mit acht Säulen, die in einen gemeinsamen Schlußstein auslaufen. Candidus deutet dies auf das Mysterium von Christus und der Kirche. Die acht Säulen stehen für die acht Seligpreisungen, die Jesus der Kirche als Stützen gab. Der Schlußstein ist Jesus selbst; in ihm und durch ihn geschieht alles menschliche Handeln.[36]

---

32 Suntrup, ALW 36, 1984, 326. – Zu Lit. vgl. ebd. Anm. 24ff.

33 Architekturallegorese kann aber auch die Auslegung bestimmter bibl. Bauten bezeichnen, etwa der Stiftshütte, des Salomonischen Tempels, der Arche Noahs etc. Vgl. dazu Meyer, 1975, 80ff.

34 Suntrup, ALW 36, 1984, 324ff.; Meyer, 1975, 80ff., 90ff.

35 Dölger, AuC 1934, 155. – Zum Oktogon in christlicher Kunst vgl. ders., 153ff.; Staats, VigChr. 26, 1971, 29ff.; ders., 1976, 24ff.; Quacquarelli, 1973; Bandmann, LCI 1, 1968, 40ff.

36 MGH. SS 15/1, 231, 10/17: 'Quid vero significet hoc, quod in summo uno lapide istius aedificii perfectio consummatur, idem doctor [scil. Paulus] insinuat, qui nos intenta mente docet orare, ut 'ille, qui coepit in nobis opus bonum, perficiat usque in diem Christi Iesu', quatenus cuncta operatio nostra a Deo semper incipiat et per eum coepta finiatur. Octo igitur columnae in hoc templo Domini stantes octo beatitudinibus, quas ipse Dominus in euangelio comprehendit, convenienter coaptantur, ut quique quater bina haec dicta Iesu complentes in hac ecclesia Christi sustentacula mereantur haberi.'. – Den Hinweis auf diese Stelle verdanke ich P. Stotz, 1972, 161, Anm. 140.

Die Kapitelle im Chor der Abteikirche von Cluny tragen Bilder der acht Töne mit Spruchbändern. Die Inschrift zum achten Ton lautet: 'Octavus sanctos omnes docet esse beatos.'[37]

Aber auch Radleuchter sind achteckig gestaltet worden. Der berühmte Leuchter aus der Pfalzkapelle Karls des Großen in Aachen, einem oktogonalen Bau, trägt auf der Unterseite seiner acht Türme Darstellungen von Engeln mit Spruchbändern. Auf den Bändern steht der Text der Seligpreisungen.[38]

Staats hat auf die Bedeutung des Oktogons für die Reichskrone hingewiesen, 'die einzige Herrscherkrone der Welt, die statt der Rundung eine achteckige Form aufweist.'[39]

Konrad von Mure stellt die inneren, unsichtbaren Tugenden Rudolfs I. von Habsburg dem sichtbaren Herrschaftszeichen gegenüber. Der Name des Königs besteht aus acht Buchstaben (Rudulfus), wird er flektiert, aus sieben! Der Dichter deutet dies als Hinweis auf die zum Königsamt notwendige Ausrüstung durch die sieben Geistesgaben und die acht Seligpreisungen ('beatificancia'). Zuerst soll sich Rudolf diese Ausrüstung erwerben; erst danach darf er sich die Krone als Zeichen seines Amtes rechtens aufsetzen.[40] Der Gedanke ist verbunden mit dem Bild von der Glaubensrüstung aus Eph.6,16f.

Nach dem Schema der Bedeutungsträger, wie es Hugo v. St. Viktor aufstellt, ist ein Bedeutungsträger auch die Zeit (tempus). Im Zentrum des Interesses der Liturgieallegorese stehen dabei die Zeiten des Kirchenjahres, besonders aber die hohen Festtage. Die acht Seligpreisungen werden hauptsächlich zur Deutung der Oktaven von Weihnachten, Ostern und Pfingsten herangezogen.[41] Die Weihnachtsoktav fällt mit der Be-

---

37   Vetter/Diemer, WRJ 32, 1970, 37ff. 'Die Inschrift in Cluny bezieht die Feststellung der Antiphon, daß es acht Seligkeiten gibt, auf die Gemeinschaft der Heiligen, indem sie die Achtzahl mit der Aussage, daß alle die Glückseligkeit besitzen, verbindet'. (ebd. 43) — Entsprechende Abbildungen sind aus Moissac bekannt, vgl. Holl, LCI 4, 1972, 148. In diesem Zusammenhang ist auf die seit dem zweiten Drittel des 10. Jh. existierenden (Huglo), weit verbreiteten Merkverse zu den einzelnen Tönen hinzuweisen. Zwar scheinen die acht Töne nicht durchgehend mit den einzelnen beatitudines parallelisiert worden zu sein. Allerdings gibt es mehrere Belege für die Bezeichnung der acht Seligpreisungen als figura der acht Töne. Der Merkvers zum achten Ton lautet entsprechend ,,Octo sunt beatitudines". Vgl. Huglo, 1971, 386ff. Auch diesen Hinweis verdanke ich P. Stotz.

38   Vgl. Staats, 1976, 31ff.

39   Staats, 1976, 24.

40   Kleinschmidt, 1974, 302 'Rodolfus proprium, si quid vis credere docto, / Litterulis recto cane quoque texitur octo. / Casibus in reliquis hoc nomen habere putatur / septem litterulas, dum recte sillabitur. / Rex etenim, cui nomen id est, fidei bona vere / scilicet octo beatificancia debet habere. / Utque caput digne possit redimere corona, / praestet opem pneuma, cuius sunt septula dona: / et sic rex scuto fidei galeaque salutis / ac gladio verbi sit defensor male tutis.'.

41   Vgl. Meyer, 1975, 90; Löwenberg, LThK 7, 1962, 1127; Martimort, 1965, 231ff., 288ff.

schneidung Jesu zusammen. Seit der patristischen Zeit finden sich Hinweise auf Mt.5,17 in Predigten zur Weihnachtsoktav.[42] In der zweiten Hälfte des 12. Jh. erinnert *Sicardus von Cremona* anläßlich seiner Deutung der Weihnachtsoktav an die Seligpreisungen: 'octava tamen additur propter octo beatitudines, quae in illa solemni octava percipientur'.[43] Erster und achter Tag verweisen auf die Ewigkeit. Christus ließ sich am achten Tag beschneiden nach seinen eigenen Worten aus der Bergpredigt (Mt.5,17). Seine Beschneidung ist der Typus jener geistlichen Beschneidung, die jeder Gläubige vollzieht, wenn er sich von Fleischeslust und Sünde fernhält. Die geistliche Beschneidung ist Voraussetzung für die Teilnahme an der ewigen Herrlichkeit im achten Zeitalter.[44]

Aus der ersten Hälfte des 11. Jh. stammt ein aufschlußreicher Beleg zur Pfingstoktav. *Berno von Reichenau*[45] bezieht sich in seiner Auslegung des Meßoffiziums auf Streitereien über den Sinn der Oktav zu Pfingsten. Er scheint gewisse Unsicherheiten einzelner Kirchengebiete bezüglich der Feier der Pfingsoktav vorauszusetzen. Einige wollen die Nachfeier nach Pfingsten auf sieben Tage beschränken. Die Abweichung von der üblichen Praxis der Oktavfeier erklären sie mit dem Hinweis auf die sieben Geistesgaben, denn Pfingsten ist ja das Fest des Heiligen Geistes. Andere – zu denen Berno sich rechnet – feiern die Pfingstoktav in Analogie zu den übrigen Oktaven des Kirchenjahres.[46]

Berno argumentiert unter Berufung auf Augustins Darstellung aus 'De sermone Domini in monte.' Die Zeit zwischen Ostern und Pfingsten erhält ihre Bedeutung durch die Potenzierung der Siebenzahl als der Zahl des Heiligen Geistes und seiner Gaben. Zum Resultat wird die achte Zahl hinzugefügt.[47]

Die Oktaven von Ostern und Pfingsten beziehen sich auf die jeweiligen Tauftermine am Samstag vor dem Fest. Aber obschon die Taufe am Samstag gefeiert wird, gehört sie zum Auferstehungstag Christi, dem Sonntag, dem achten Tag. Die Feier der Taufe zieht sich über acht Tage hin, und zwar sowohl die Feier der Taufe Christi wie die der Apostel an Pfingsten! Während der ersten sieben Tage ist die Tauffeier Bild für das Wirken des siebengestaltigen Heiligen Geistes, am achten Tag verweist sie vorab auf Vollendung und Herrlichkeit. Auch die Pfingstoktav muß daher während acht Tagen gefeiert werden.[48]

Im literarischen Erstlingswerk des *Ruperts von Deutz, De divinis officiis* steht eine ausführliche Darstellung der Osteroktav und ihrer Be-

---

42 Vgl. oben 138f.

43 PL 213, 227B.

44 Vgl. auch Ivo: PL 162, 571ff.

45 Zur Stellung Bernos in der mittelalterl. Exegese vgl. de Lubac, 1961, 9ff.

46 PL 142, 1061D/1062A.

47 Vgl. oben, 138f.

48 Pl 142, 1063C. – Vgl. Honor.Aug.: PL 172, 752C/753B.

deutung.[49] Der entsprechende Passus ist sehr stark von Augustin, Hieronymus und Gregor beeinflußt. Die Auslegung der Oktav beruht auf den Texten und Lesungen der betreffenden Tagesoffizien. Im Zentrum stehen die Evangelientexte; ihnen werden die übrigen Lesungen zugeordnet.[50] Zur Bedeutung der Oktaven bemerkt Rupert zu Beginn seiner Auslegung, sie bildeten das Geheimnis der Kirche als des Leibes Christi ab. Jede Oktav verweist auf die künftige Auferstehung der Gläubigen im achten Zeitalter: 'idcirco octavas habeant, quia principium iam illis adesse finemque, id est consummationem felicitatis in resurrectione futuram esse pariter perducimus laetitiam.'[51] Der Festtag und seine Oktav bilden Anfang und Ende jener künftigen Freude und Herrlichkeit ab. Es sind Bilder der aeternitas und stabilitas, die auf die sieben vergangenen Weltalter folgen werden.

Jesus hat die Achtzahl in besonderer Weise ausgezeichnet. Es ist die Zahl des corpus ecclesiae, im Alten Testament vorgebildet durch die acht Menschen, die in der Arche Noahs von der Flut gerettet wurden (2.Petr. 2,5). Als Kubikzahl der Zwei ist die Acht ferner Bild der vollkommenen geometrischen Figur, des Kubus. Sie umfaßt sämtliche Dimensionen und entspricht darum den umfassenden Dimensionen des Kreuzes Christi. Durch den Tod Christi am Kreuz aber wurde die Kirche begründet, das corpus Christi. Acht ist darum auch die Zahl der Kirche.[52]

Die Osteroktav wird vorabgebildet durch die alttestamentliche Beschneidung am achten Tag; die Osteroktav feiert die wahre Beschneidung, die 'circumcisio resurrectionis'. Die österliche Beschneidung findet ihren biblischen Ausdruck in den Seligpreisungen.

> 'Huius autem verae circumcisionis octo, ut ait Hieronymus, beatitudines sunt, et considera, inquiens, quia verae circumcisionis octava beatitudo martyrio terminatur.'[53]

Die acht Seligpreisungen entsprechen den acht Saiten der Cythara, mit der der musicus caelestis den Menschen aufspielt. Die Cythara ist Bild

---

49 CChr.CM 7. – Zur Datierung vgl. Haacke CChr.CM 7, IXff.. Zur ausführlichen Zitierung von Väterautoritäten durch Rupert vgl. ebd., 273, 586f.

50 Vgl. ebd. 276, 704/706 und Einleitung, XIIf.

51 Ebd., 272, 533/537.

52 Zu den alttestamentl. Typen vgl. oben, 7. – Zur Acht als Zahl des Kubus vgl. Meyer, 1975, 80ff., bes. 80: 'Durch die Beziehung zur Vierzahl der Kreuzesarme werden die räumlichen Kategorien mit einem konkreten Sinn erfüllt, weil die unermessliche Liebe Christi sich im Kreuzestod erfüllt. Das Zeichen des Kreuzes seinerseits wird nicht nur durch das an ihm vollzogene Heilsgeschehen, sondern auch durch seine eigene Gestalt zur figura der göttlichen Liebe.'. – Vgl. Ohly, 1983, 171ff., 182ff. und de Lubac, 1964, 41ff.

53 CChr.CM 7, 272, 545/548.

für den Leib Christi, ihre Saiten sind die Weisungen, nach denen die Kirche lebt. Gleich einem Leitmotiv ziehen sich Hinweise auf das achte Weltalter, die Ewigkeit und die dieses Weltalter eröffnende Auferstehung Christi durch die Darstellung Ruperts. Das Fundament der Darstellung ist die rememorative Allegorese des Heilsgeschehens von Tod und Auferstehung Christi und dessen Präfigurationen im Alten Testament.[54]

Die Auslegung gibt aber auch Anweisungen zur Praxis der imitatio Christi durch die Glieder seiner Kirche und weist auf die eschatologischen Verheißungen dieser Kirche. Die Auslegung der Lesungen und Texte ist im übrigen die traditionell patristische, wie sie seit Augustin das Feld beherrscht. Rupert verbindet die acht Seligpreisungen und die sieben Geistesgaben mit den officia der acht Tage der Osteroktav. Jeder Tag hat seine eigene Seligpreisung und Geistesgabe.[55] Jeder Tag hat aber auch seine eigenen Stations-Heiligen, die Vorbild sind für das moralisch-sittliche Verhalten der Gläubigen.

Der *Sonntag* nimmt als Tag der Auferstehung Bezug auf den Inhalt der ersten Seligpreisung; die 'regina humilitas' ist das Fundament aller weiteren Seligpreisungen und der Anfang des geistlichen Glaubenskampfes. Die Geistesgabe der Gottesfurcht ermöglicht solche Demut. Die 'stola candida' des Jünglings aus dem Evangelientext des Tages (Mk.16,1ff.) verweist auf die von der ersten Seligpreisung bezeichnete Demut als Voraussetzung zum Eintritt ins Reich Gottes. Stationskirche des Tages ist Santa Maria; Maria, Mutter Jesu aber ist Urbild und exemplum der seliggepriesenen Demut. Zusammen mit Propheten und Aposteln ist sie das Fundament, auf dem die Kirche der Gläubigen ihre Demut bauen soll.

Die Evangelienlesung des *zweiten Tages* behandelt die Erzählung von den Emmausjüngern (Lk.24). Die beiden Jünger gehen ihren Weg zuerst furchtsam, später erkennen sie staunend den auferstandenen Jesus als ihren Begleiter. Der Bezug zur Seligpreisung der Sanftmütigen und den Geist der Frömmigkeit geht über den Introitus aus Ex.13,5 'Introduxit vos Dominus in terram fluentem lac et mel.' Dieses Land entspricht dem in der zweiten Seligpreisung Verheissenen. Es ist die menschliche Seele, die durch den Regen der compunctio lacrimosa erst fruchtbar wird.[56] Furcht und Liebe sind die beiden Grundkräfte der Seele, beide dargestellt am Beispiel der beiden Emmausjünger. Jesus unterweist die beiden Jünger aus der Schrift der Propheten; in der Tageslesung Apg.10, 37f. weist Petrus aus der Schrift und den Propheten nach, daß Gott denen, die an ihn glauben, ihre Sünden vergibt. Der Stationsheilige des Tages ist Petrus, das große Vorbild in der Tugend der Sanftmut [sic!]. Auch er läßt in seinem Verhalten die beiden Stufen der Furcht und der Liebe

---

54 Zur rememorativen Liturgieallegorese vgl. Suntrup, ALW 36, 1984, 331ff.

55 CChr.CM 7, 274, 624ff.

56 Exeget. Gemeingut zur Auslegung von Mt.5,4 ist der Verweis auf Jos. 15, 18f. 'Deditque ei pater suus irriguum superius et irriguum inferius'. Gregor hat ihn als erster verwendet. (Vgl. CChr.CM 7, 277, 724). Vgl. auch Gaufrid. Babio: PL 162, 1286B.

erkennen. Nachdem er Jesus dreimal verleugnet hat, beginnt er sich zu fürchten und weint bittere Tränen der Reue. Seine Reue aber wirkt Frucht; Jesus erscheint nämlich nach seiner Auferstehung dem Petrus aus Liebe und Barmherzigkeit.

Der *dritte Tag* der Osteroktav kreist in Lesungen und Texten um den Geist der scientia im Bild des Wassers. Die Evangelienlesung schildert, wie Jesus seinen Jüngern erscheint (Lk.24) und ihnen aufträgt, Buße und Sündenvergebung zu predigen. Die Bußpredigt soll zu Trauer über die begangenen Sünden führen; das entspricht der Seligpreisung an die Trauernden. Das Graduale erinnert an Erlösung und Auferstehung. Der Introitus erwähnt das Wasser der Weisheit, mit dem die Israeliten getränkt wurden (nach Eccl.15,3.4). Paulus, der Stationsheilige des Tages, tränkte die Völker mit diesem Wasser.[57]

Der *vierte Tag* handelt vom Verlangen nach Gerechtigkeit, dem künftig Sättigung verheißen ist. Der Evangelientext Joh.24,46f. schildert das Mahl der verwaisten Jünger nach Ostern, an dem plötzlich Jesus erscheint. Das Mahl ist Bild der ersehnten Sättigung im ewigen Mahl. Der Introitus handelt vom Reich, das den Erwählten verheißen ist (Mt.25,34). Bis zum Eintreffen dieser Verheißung muß die Kirche weiterhin ihre Netze auswerfen, um mit den Aposteln die 153 großen Fische an Land zu ziehen, das heißt, allen Erwählten das Evangelium kundzutun. Schon jetzt findet die Kirche das Brot der Sättigung in der Eucharistie.

Die Seligpreisung des *fünften Tages* handelt zusammen mit der ihr entsprechenden Geistesgabe und den Texten des Officiums von der Barmherzigkeit. Der Evangelientext beschreibt Maria Magdalena als Bild für die Kirche der Heiden (Joh.20,11ff.). Maria hält den auferstandenen Jesus in ihrer Verwirrung für den Gärtner; so ist sie Bild für die Heidenkirche, die die Wahrheit nicht zu sehen vermag und in Irrtümern stecken bleibt. Auch die Heidenkirche kann aber zum Brunnen der Gnade fliehen und sich reinwaschen lassen. Die Apostel, Stationsheilige des Tages, verkünden Gottes Erbarmen den Heidenvölkern.[58]

Der *sechste Tag* beschreibt das Geheimnis der Sündenvergebung in der Taufe. Introitus und Epistellesung stellen zwei Tauftypologien dar[59]: den Durchzug durch das Rote Meer (Ps.77,53) und die Errettung der Arche mit ihren acht Insaßen (1.Petr.3,18f.). Die Arche ist Bild der Kirche; ihre Proportionen entsprechen denen des Leibes Christi bis in Einzelheiten. Das kleine Fenster der Arche ist figura der Seitenwunde Christi; das Heilsgeschehen der Passion ist der Ort, an dem Kirche entsteht. Die Passion ist der einzige Weg, der zur Kirche und in die Kirche führt. Die Taube ist figura des Heiligen Geistes, der Sündenvergebung und Frieden wirkt.[60]

---

57 CChr.CM 7, 281.

58 CChr.CM 7, 285ff.

59 Vgl. dazu Daniélou, 1958, 104ff., 109ff.

60 CChr.CM 7, 290, 1241ff.

Die officia des *siebten Tages* kreisen um das Thema Synagoge und Ecclesia, bildlich dargestellt im Verhältnis der beiden Jünger Petrus und Johannes (Joh.20,1ff.). Der Unterschied der beiden zeigt sich an ihrer Reaktion auf Christus, den *lapis vivus*, wie ihn die Epistellesung nennt (1.Petr.2,1ff.). Die Kirche, der die Seligpreisung der Friedensstifter und die Gabe der Weisheit gilt, nimmt keinen Anstoß an Christus. Sie ist selber Leib Christi, mit Christus teilt sie den gemeinsamen Vater, Gott.

Der *achte Tag* nimmt die Verheißung des ersten auf 'quoniam ipsorum est regnum caelorum'. Der Evangelientext erzählt vom Mahl der Jünger, zu dem der Auferstandene stößt (Joh.20,19ff.). Er ist denen, die leiden und verfolgt werden, nahe und spendet Trost. Die Epistellesung preist seinen Sieg über die Welt (1.Joh.5,4ff.).[61]

Die Auslegung der Osteroktav durch Rupert von Deutz ist ziemlich ausführlich wiedergegeben worden, weil die Motive und Bilder typisch sind für die Auslegung der Seligpreisungen. Das Heilsgeschehen mit den Stationen Taufe, Beschneidung, Tod und Auferstehung bildet die Grundlage für das Leben der Kirche. Die Ekklesiologie der Paulusbriefe[62], die Vorstellung der Kirche als corpus mysticum prägt die Auslegung. Die Seligpreisungen sind verbindendes Element zwischen den Stationen des Heilsgeschehens, der Gegenwart der Kirche mit ihren Gefahren, Hindernissen und Aufgaben und dem verheißenen Eschaton. In den Seligpreisungen nimmt die Kirche teil an der Wirklichkeit des Gottesreiches, vermittelt durch die hohen Feste des Kirchenjahres und deren liturgische Ausgestaltung.

C. Die Seligpreisungen als formales und inhaltliches Gestaltungsmittel

In den Sechzigerjahren hat *Rathofer* mit seiner Arbeit zum Heliand eine heftige Kontroverse unter den Germanisten ausgelöst[63]; die Möglichkeit und Reichweite des Einflusses zahlensymbolischer Überlegungen auf die formale Gestalt dichterischer Werke steht seitdem zur Diskussion. Einige Jahre später hat *Duchrow* die These vertreten, die Seligpreisungen seien formales und inhaltliches Gliederungsprinzip mehrerer Werke Augustins.[64] Daß diese These mindestens für 'De sermone Domini in monte' zutrifft, haben weitere Untersuchungen deutlich gemacht.[65]

---

61 CChr.CM 7, 297ff.
62 Wichtig sind Stellen wie Eph.2; Röm.2,2ff.
63 Vgl. dazu mit Lit.angaben Meyer, 1975, 15ff. und Taeger, 1970.
64 Duchrow, ZThK 62, 1965, 338ff.
65 Vgl. Mutzenbecher, CChr.SL 35, IXff.; Holl, 1960; Bassi, 1931, 915ff.

Die Wirkungsgeschichte der Seligpreisungen im Mittelalter zeigt, daß die acht bzw. sieben Seligpreisungen des öftern als formales und inhaltliches Gestaltungselement verwendet worden sind. Die entsprechenden Belege stammen aus den unterschiedlichsten Quellengattungen. Sie sind meines Wissens bisher nie unter wirkungsgeschichtlichem Aspekt zusammengestellt worden.

Die folgende Darstellung stellt keinen Anspruch auf vollständige Erfassung sämtlicher Belege. Sie möchte den Blick für die Eigenarten und Besonderheiten der Wirkungsgeschichte der Seligpreisungen schärfen und Grundlagen zu einer allfälligen vollständigen Klassifizierung der Phänomene schaffen.

In karolingischer Zeit sind zahlreiche Tugend- und Lasterkataloge entstanden. Sie sind Ausdruck des Bemühens führender Vertreter der Geistlichkeit, im Rahmen einer umfassenden Reform der Gesellschaft sämtliche Bevölkerungsschichten zu sittlicher und geistlicher Erneuerung aufzurufen.[66] Für viele Werke ist ein pädagogisches Anliegen zentral. Es geht um die – längst fällige! – Belehrung der Laien. Als Motto dieser Schriften könnte ein Passus dienen, den *Paulinus von Aquileja* im letzten Jahrzehnt des 8. Jh. in seinem *Liber exhortationis* bringt.

> 'quia non solum pro nobis clericis, sed etiam pro omni genere humano, qui praedestinati sunt ad vitam aeternam Christus sanguinem suum fudit: nec solum nobis, sed etiam omnibus laicis eius ex toto corde praecepta servantibus regnum coelorum promissum est. Grandis namque confusio est animabus laicorum, qui dicunt: Quid pertinet ad me libros Scripturarum legendo audire vel discere vel etiam frequenter ad sacerdotes et ecclesias sanctorum recurrere?'[67]

Aus derselben Zeit stammen die *Versus de octo vicia et octo beatitudines.*[68] Es handelt sich um ein Gedicht mit neunzehn Strophen. Jede Strophe behandelt abwechslungsweise eine Seligpreisung und ein Laster. Formal ist die Gestaltung relativ einheitlich. Die Seligpreisungen werden jeweils durch 'Beatus homo' eingeleitet. Im zweiten Halbvers schließt sich das in der betreffenden Seligpreisung beschriebene menschliche Ver-

---

66 Vgl. Jehl, FS 1982, 320; Delaruelle, BLE 55, 1954, 130ff.; Riché, 1979, 288ff.; Eberhardt, 1970, 489, 658ff.

67 PL 99, 239D/240A. Vgl. auch Delaruelle, BLE 55, 1954, 225f.; Riché, 1979, 291.

68 MGH.PL IV,II,585ff.

halten als Relativkonstruktion an. Mit quoniam oder quia verbunden folgt die Verheißung. Den Schluß bildet die Wiederholung von 'Beatus homo'.

Die Lasterstrophen beginnen und enden mit 'est maledictus'. Dazwischen steht, in der Regel ebenfalls relativisch angeschlossen, das lasterhafte Verhalten. Das Gedicht schließt mit einem Lobpreis der Trinität.

Die achte Strophe, die vermutlich die Seligpreisung der nach Gerechtigkeit Hungernden und Dürstenden enthielt, fehlt. Der Text der Seligpreisungen ist recht frei behandelt. Besonders auffällig ist die dritte Strophe; statt der Sanftmütigen werden die Demütigen seliggepriesen. Die Verheißung entspricht dann allerdings wieder der Verheißung aus der zweiten Seligpreisung: 'terram habebit perpetuam'.[69]

Es ergibt sich folgende Gegenüberstellung von Tugenden und Lastern:

pauper spiritu	(1. Strophe)	gule voluptas / cibis deditus	(2. Strophe)
humilis	(3. Strophe)	carnis libido	(4. Strophe)
lugere in Domino	(5. Strophe)	avaricia / cupiditas	(6. Strophe)
sitire et esurire	(7. Strophe)	? (fehlt) [acedia?]	(8. Strophe)
manere misericors	(9. Strophe)	in ira permanere	(10. Strophe)
mundus animo	(11. Strophe)	mala tristicia	(12. Strophe)
paciens	(13. Strophe)	laudari ab homnibus cupere	(14. Strophe)
sustinens iniurias	(15. Strophe)	portare superbiam	(16. Strophe)
sperare in Domino	(17. Strophe)	spem ponere in homine	(18. Strophe)

Die Zuordnungen sind teilweise scheinbar vertauscht. So fragt man sich beispielsweise, warum der Demut fleischliches Begehren und umgekehrt dem Ertragen von Unrecht der Stolz zugeordnet ist. Strophe fünf paraphrasiert den Text der Seligpreisung der Trauernden. Der Text wird ergänzt durch die Näherbestimmung 'im Herrn'. Auch die Verheißung des Trostes wird erweitert durch die Angabe des Ursprungs jenes verheißenen Trostes. Der Text von Strophe fünf lautet übersetzt. 'Selig der Mensch, der im Herrn trauert, denn er selbst wird Trost vom Himmel erfahren.' Strophe sieben paraphrasiert die Seligpreisung der nach Gerechtigkeit Hungernden und Dürstenden. Das Objekt Gerechtigkeit fehlt. Leiblichem Hunger und Durst gilt nach der Fassung des Textes die Verheißung himmlischer Speise. Sollte damit die Erbauung durch Gottes Wort gemeint sein? Eine ähnliche Version dieser Seligpreisung ist aus dem zeitgenössischen Heiligengedicht aus St. Gallen 'Mire cunctorum Deus'

---

69 Vgl. MGH.PL IV,II,585.

bekannt.[70] Der Herausgeber *Stotz* erwägt die Auslegung auf die Eucharistie oder eine Anspielung auf das himmlische Mahl.[71] Natürlich liegt
der Hinweis auf die Lukasfassung der entsprechenden Seligpreisung nahe (Lk.11,21); auch dort fehlt ein Objekt. Stotz deutet die ganze Strophe aus *Mire cunctorum Deus* auf das Fasten. Eine entsprechende Deutung für die siebte Strophe unseres Gedichts ist erwägenswert.

Strophe neun behandelt die Seligpreisung der Barmherzigen. 'Selig
der Mensch, der barmherzig ist, denn Gott wird sich seiner erbarmen.' In
der Verheißung wird Gott als Grund des verheißenen Erbarmens genannt.
Strophe elf entspricht dem Bibeltext. 'Selig der Mensch, dessen Seele rein
ist, denn er wird Gott sehen können.' Leicht verändert ist Strophe dreizehn mit dem Text der Seligpreisung der Friedensstifter. Aus 'pacificus'
ist 'patiens' geworden. 'Selig der Mensch, der stets geduldig ist, denn er
wird Sohn Gottes genannt werden.' Das Versmaß scheint in Strophe fünfzehn die Umstellung der zwei Versglieder des zweiten Verses bedingt zu
haben. Außerdem fehlt die Verheißung. An ihrer Stelle wird das seliggepriesene Verhalten breit ausgeführt. 'Selig der Mensch, der Unrecht erträgt, der um der Gerechtigkeit willen Böses erduldet.'

Die Laster entsprechen den acht von Cassian genannten vicia.[72] Allerdings fehlt die acedia. Sie könnte in der ausgefallenen achten Strophe
gestanden haben und hätte dann der Seligpreisung der Hungernden und
Dürstenden entsprochen. Ausserhalb der Reihe stehen die beiden letzten Strophen mit dem Gegensatzpaar 'Auf Gott hoffen – auf den Menschen hoffen'. Der Text ist den beiden Psalmversen Ps.40,5 und 146,5
nachgebildet.

Zwischen 841 und 843 ist der *Liber manualis* entstanden; das einzige
Werk einer weiblichen Verfasserin aus dieser Zeit. Es handelt sich um ei-
ne Art Laienspiegel, den *Dhuoda*, die Gattin des Grafen Bernhard von
Bordeaux als Erziehungsbuch für ihren älteren Sohn Wilhelm verfaßte.[73]
Dhuoda belehrt ihren Sohn über seine Aufgaben als Vertreter des Adels.

---

70 Stotz, 1972, 143. – Der Text der Strophe lautet: 'Famis en iustae pariter sitis-
    que damna perpessus fuit hic beatus, unde divinis dapibus repletus gaudet in
    astris.'.

71 Ebd., 157f.

72 Vgl. Jehl, 1982, 287ff.

73 Eine ausgezeichnete Einführung gibt Riché, SC 255, und ders., 1979, 291.

Wilhelm soll 'cum famulis et militibus Christi, non sequestrate sed pluraliter militando'[74] dem Reich Gottes zustreben. Die sieben Geistesgaben und die acht Seligpreisungen dienen Dhuoda als Schema ihrer Darstellung, wenn sie ihnen auch nicht sehr systematisch folgt. Die Verfasserin betont, sie habe die Seligpreisungen nicht in derselben Reihenfolge behandelt, wie sie das Evangelium aufführe. Sie meint, selber zu wenig darüber zu wissen. Zudem fehlt ihrer Meinung nach Wilhelm die nötige Reife zu einer systematischen Lektüre der Seligpreisungen.[75]

Dhuoda setzt den Geistesgaben und Seligpreisungen nur pauschal 'vitia' entgegen, ohne auf einzelne Laster näher einzutreten. Demut und eine friedfertige Gesinnung sind die Voraussetzungen für den Empfang der sieben Gaben des Geistes; durch gute Werke kann sich Wilhelm ferner die verheißenen acht Seligkeiten erwerben. In den Seligpreisungen des Evangeliums verbergen sich die einzelnen Tugenden, deren der Mensch zum Kampf gegen die Laster bedarf. Geistesgaben und Seligpreisungen sind die fünfzehn Stufen *ad perfectionis acumen*. Steigt man diese Stufen nacheinander empor, dann ist der Aufstieg leicht. Dhuoda nennt als konkrete Schritte auf dem Weg zur Vollkommenheit Demut, Keuschheit, Gerechtigkeit für alle Untertanen Wilhelms und Barmherzigkeit für die Armen. Innere und äußere Reinheit befähigen Wilhelm, Anteil an den evangelischen Seligpreisungen zu gewinnen und dadurch gegen die Laster gewappnet zu sein.[76]

Vom Erstlingswerk des *Hrabanus Maurus*, dem kunstvoll komponierten Zyklus von Figurgedichten *De laudibus sanctae crucis* war bereits in der Darstellung der hermeneutischen Besonderheiten der Seligpreisungen die Rede.[77] Der Zyklus behandelt in achtundzwanzig Abschnitten

---

74 SC 225, 4, 29/30.

75 Vgl. ebd. 287ff. – Ähnlich dürfte das Fehlen eines ausgebauten Lasterschemas zu erklären sein. Vgl. Jehl, 1982, 332.

76 SC 225, 4ff. – Was die von Dhuoda erhobenen Forderungen im Rahmen des karolingischen Feudalismus und insbesondere für die berühmt-berüchtigte Familie des Grafen von Bordeaux bedeuteten, hat Wollasch, AKuG 39, 1957, 150ff. dargestellt.

77 Vgl. Müller, 1973, 13ff.; Staats, 1976, 27. – Zur Datierung – ev. 810 – vgl. Kottje, VL 4, 1983, 167 und Müller, 1973, 29ff. – Müller bringt in seinem Buch ein Faksimile von Cod.Reg.lat. 124 aus der Vatikanischen Bibliothek. Der Text ist allerdings teilweise sehr schlecht lesbar.

das Lob des Kreuzes. Jedes Gedicht besteht aus einem Figurengedicht und einer Paraphrase des Textes in Prosaform. Das Werk steht in einer langen Tradition von Figurgedichten seit der Antike.[78] Hrabanus ordnet dem Kreuz teils Zahlen, teils gezählte Einzelgegenstände aus biblischem und außerbiblischem Kontext zu. Der Bildteil (figurae) bildet zusammen mit dem Text in Versform den ersten Teil des Werkes. Bild und Text sind eng aufeinander bezogen. Der Bildtext ist meist separat auf der dem Bild folgenden Rektoseite der Handschrift nochmals einzeln dargestellt. Bild und Text sind dem Leser dank dieser Anordnung zugleich zugänglich.[79] So wird der Leser gleichzeitig belehrt und erbaut: '…claritatem eius [scil. sanctae crucis] et maiestatem perpetuam laudibus quibuscumque possum conservis meis predico, ut saepius eam legentes ac sedulo conspicientes, nostram in ea redemptionem assidue cogitemus, redemptorique nostro incessanter gratias agamus.'[80] Ursprünglich den Mönchen von St. Martin in Tours gewidmet, bei denen Hrabanus einige Studienjahre verbracht hatte, war das Werk seit den dreißiger Jahren des 9. Jh. ein beliebtes Geschenk für prominente Laien und Geistliche.[81]

Die Seligpreisungen sind Thema des siebzehnten Gedichts.[82] Der Bildteil zeigt ein durch je 39 Buchstaben gebildetes Quadrat.[83] Kreuzförmig angeordnet sind darin acht Oktogone eingezeichnet. Der ihnen eingeschriebene Text ist eine freie Variante des Textes der Seligpreisungen nach dem Matthäusevangelium. Auffällig ist angesichts des mit Rücksicht auf Buchstabenzahl und Oktogonform der figura beschränkten Platzes die starke Betonung der eschatologischen Komponente.

Den Zusammenhang von Kreuz und Seligpreisungen erläutert Hrabanus in der Prosafassung des Textes. Die Reihe der acht Seligpreisungen soll dem ganzen Volk der Gläubigen zeigen, wo der Anfang seines Heils liegt und wo Hilfeleistung zum Erlangen der Vollkommenheit zu finden sei.[84] Die Erlösung von den Sünden durch den Tod Christi am Kreuz,

---

78 Vgl. Kottje, 1983, 182ff.; Müller, 1973, 113ff., 212ff.

79 Vgl. dazu Müller, 1973, 120f.

80 MGH.ep.V,382,34/37, zit. nach Müller, 1973, 119.

81 Vgl. Müller, 1973, 31ff.

82 PL 107, 215ff.

83 Zu den insgesamt vier Abschnitten mit 39 Buchstaben vgl. Taeger, 1970, 64ff.

84 PL 107, 217A 'Octo ergo beatitudinum series hic in specie sanctae crucis notantur, ut cuncto fidelium populo innotescat, ubi salutis suae habuerit initium, et ubi perfectionis suae inventurus sit supplementum.'

die Hoffnung auf ewiges Leben, die Christi Auferstehung geweckt hat, sind die Grundlagen für das Heil der Gläubigen. Den Bund des Glaubens gehen die Menschen als Erlöste ein. Dieser Bund verheißt die Auferstehung zum ewigen Leben und fordert einen heiligmäßigen sittlichen Lebenswandel.[85] Hrabanus verweist auf die den Seligpreisungen vorausgehenden Geistesgaben; Seligpreisungen und Geistesgaben sind einander zugeordnet.[86] Sie bilden die Stufen des Aufstiegs zur Vollkommenheit, der Liebe (nach 1.Joh.4,16). Die bildliche Anordnung der Oktogone mit dem Text der Seligpreisungen soll den Gedanken des Aufstiegs verdeutlichen. Hrabanus setzt die beiden ersten Seligpreisungen ans untere Ende des senkrechten Balkens, die nächsten vier Seligpreisungen bilden – von links nach rechts – den Querbalken, den Schluß bilden die beiden letzten Seligpreisungen in der oberen Hälfte des senkrechten Balkens. Die Senkrechte verbindet die erste Seligpreisung mit der letzten: beiden ist das Reich Gottes verheißen. Die Demut führt den Christen zur Krone des Martyriums und ins Himmelreich. Christus, die wahre Gerechtigkeit, hilft alle Widrigkeiten, die den Gläubigen beim Aufstieg begegnen, zu überwinden. Der Querbalken verbindet die Trauernden mit den Herzensreinen. Hrabanus harmonisiert die Verheißung beider Seligpreisungen: der wahre Trost, der den Trauernden verheißen ist, besteht darin, daß die Gläubigen künftig die Schau des Königs ohne Aufhören genießen werden. Die Heiligen erfahren die Wahrheit dieser Verheißung bereits augenblickhaft in diesem Leben. Je mehr sie sich verächtlich von allem Äußeren abwenden, desto wunderbarer sind die ihnen zuteil werdenden Offenbarungen.[87]

Die durch die Seligpreisungen bezeichneten Tugenden zielen alle auf dasselbe: Rückzug aus der Welt, Ausrichtung des ganzen Lebens auf Christus und die Beschäftigung mit der inneren contemplatio. Diese For-

---

85   Vgl. die Versfassung, PL 107, 215A 'Nam bona quae in terram pius arbiter ore sereno / Semina dispersit sacra, multiplicavit, amavit:/ Quaeque sedens montis oravit in arce magister./ Discipulis tribuens pactum, pia foedera juris:/ Incipiebat enim almifico tunc ordine sanctis / Virtutum his titulis Dominus pia pandere dicta./ Ut benedicta Patris proles hoc dogmate signet.'

86   Hrabanus hat allerdings die Unstimmigkeit zwischen den acht Oktogonen mit den Seligpreisungen und den beiden Septenaren der Geistesgaben und Seligpreisungen aus dem seiner Darstellung zugrundeliegenden Augustintext nicht ausgeglichen. – Vgl. dazu bereits Taeger, 1970, 34f.

87   Vgl. PL 107, 218C.

derungen sind aber nicht einfach als Eigenleistung des Menschen gedacht: die Geistesgaben gehen ihnen voraus: 'Et hoc rite per spiritualia charismata innotescitur: quia per Spiritus sancti gratiam omne datum optimum, et omne donum perfectum nobis conceditur.'[88]

Der zweite Teil des Werkes erläutert in Prosaform Sinn und Gehalt der einzelnen dem Kreuz zugeordneten Figuren. Das Kreuz und die kreuzförmig angeordneten Seligpreisungen sind der Weg des Christen zur Vollkommenheit. Der Gedanke des Aufstiegs wird hier durch Hrabanus nochmals variiert. Die Achtzahl der Seligpreisungen ist Hinweis auf die Auferstehung und die ewige Freude, die dieser folgen wird. Der Weg zur Vollkommenheit über die acht Seligpreisungen entspricht dem Weg, wie ihn die Darstellung der zwei Liebesgebote durch die vier Evangelien schildern.[89] Die Steigerung von der Lehre Jesu hin zur Umsetzung in die Tat durch den einzelnen Christen verdeutlicht Hrabanus mit der Samenmetapher. Die Seligpreisungen sind der Same der evangelischen Botschaft, die guten Werke sollen als Früchte folgen. Gute Werke sind Demut und die hilfreiche Unterstützung der pauperes Christi durch Almosen. Im Jenseits werden solche Werke durch ewige Sättigung und den Nachlaß der Sünden vergolten werden. Geiz und Hochmut dienen dagegen kaum dem Seelenheil, wie Hrabanus lapidar feststellt.[90] Auch wenn die Begrifflichkeit nicht konsequent gehandhabt wird, ist die enge Beziehung zwischen den Seligpreisungen und den Tugenden (virtutes) deutlich.[91] Die Laster werden dagegen nur vereinzelt erwähnt: der Begriff selbst fehlt ganz.

Es bleiben drei weitere Belege aus dem 12. Jh. zu erwähnen. *Hugo von St. Viktor* hat – vermutlich als dritten Teil des umfangreichen pädagogischen Werkes *De institutione novitiorum* – eine Zusammenstellung von fünf Septenaren mit dem Titel 'De quinque septenis' verfaßt.[92]

Die fünf Septenare sind: Laster, Vaterunser-Bitten, Geistesgaben, Tugenden, das heißt die in den evangelischen Seligpreisungen geschilderten menschlichen Verhaltensweisen und endlich 'beatitudines', nämlich die

---

88 Ebd. 218A/B.

89 PL 107, 232C. – Vgl. oben, 140f.

90 Ebd. 232A/B.

91 Vgl. ebd. 215A 'titulum virtutis'; ebd. 217A 'omnium virtutum perfectio'; ebd. 218A 'virtutum series'.

92 Vgl. SC 155, 30ff. zu den Umständen der Entstehung des Werks.

verheißenen Belohnungen. Das Hauptinteresse liegt bei der *Entstehung* des jeweiligen Septenars. Die Fragestellung erinnert bereits stark an die Interessen der Schule von Laon.[93] Die Laster sind Wunden und Krankheiten des gefallenen Menschen, die übrigen Septenare 'antidota'. Den Rahmen bildet die Jesus-*medicus*-Metapher.

Die folgende Zusammenstellung soll den Zusammenhang zwischen den einzelnen Septenaren verdeutlichen.

vitia	preces	dona	virtutes	beatitudines
superbia	sanctificetur	timor Domini	pauper spir./humilitas	regnum coelorum
invidia	veniat regnum	pietas	mitis/benignitas	terra
ira	fiat voluntas	scientia	lugens/dolor	consolatio
tristitia	panem cotidianum	fortitudo	sitis et famis justitiae	satietas
avaritia	dimitte nobis	consilium	misericordia	misericordia
gula	ne nos inducas	intellectus	mundicordia	Visio Dei
luxuria	libera nos	sapientia	pax	regnum coelorum

Die Laster scheiden den Menschen von Gott (superbia), trennen ihn von seinen Mitmenschen (invidia) und entfremden ihn sich selbst (ira, tristitia, avaritia, gula, luxuria). Zurück bleibt der zur Selbsthilfe gänzlich unfähige, weil geschwächte und den Sinnen unterworfene Mensch. Rettung kann nur das Gebet vermitteln. Jeder Bitte aus seinem Gebet gewährt Gott eine Geistesgabe. Sie ermöglicht dem geschwächten Menschen, die entsprechende Tugend zu erfüllen. Dadurch heilen die Wunden der einzelnen Laster aus und der gesundete Mensch erhält Anteil an den ihm verheißenen beatitudines. Durch die letzte Bitte um Befreiung vom Bösen, die Gabe der Weisheit und die Tugend des Friedens wird der Zustand des Menschen vor dem Fall wiederhergestellt. Der geheilte Mensch ist wieder Ebenbild Gottes, wie er es schon vor dem Fall Adams gewesen war.[94]

Eine auffällige Vorliebe für Septenare gehört zu den Eigenarten fast aller Vertreter von Vaterunser-Auslegungen.[95] Hier soll wenigstens eine solche Auslegung kurz dargestellt werden. Es handelt sich um das anonyme *Paternoster* aus der Handschrift Innsbruck 652, f.72[r]-f.74[v]. Das Werk, das in der Forschung auch unter der Bezeichnung *Kärntner Vater-*

---

93   Vgl. Lottin, 1949, 329.
94   SC 155, 110ff.
95   Vgl. Tillmanns, 1963, bes. 31ff.; Pfältzer, 1959; Walther, RMAL 20, 1964, 45ff.

unser bekannt ist, wurde vermutlich um 1150 geschrieben.[96] Es ist in zwanzig Strophen gegliedert; die Strophen eins bis fünf behandeln den göttlichen Ursprung des Gebets, stellen dessen Bitten neben die Gaben des Heiligen Geistes und heben den neuen Stand der Christen als Söhne Gottes und Miterben Christi vom alten Bund der Juden ab. Die Geistesgaben werden als Tugenden (virtutes) bezeichnet. Die Strophen sechs bis neunzehn sind der Auslegung der einzelnen Vaterunser-Bitten und der Gleichsetzung mit den übrigen Septenaren gewidmet. Jede Strophe behandelt eine Bitte und ihre Parallelen aus den restlichen Septenaren. Neben den Vaterunser-Bitten kennt die Auslegung folgende Septenare: Geistesgaben, Seligpreisungen, die Stationen Christi und die sieben Patriarchen.[97]

Patriarchen	Geistesgaben	Seligpreisungen	Stationen Christi	Bitten
David	timor	pacifici	dies judicii	sanctificetur
Moses	pietas	mundicordes	ascensio Domini	adveniat regnum
Jacob	scientia	misericordes	resurrectio	fiat voluntas
Isaac	fortitudo	esur./sit.justitiam	sepultura	panem cotidianum
Abraham	consilium	lugentes	passio Christi	dimitte nobis
Noe	intellectus	mites	baptismum Christi	ne nos inducas
Adam	sapientia	paup.spiritu	nativitas Christi	libera nos

Die Zuordnung der Seligpreisungen und Geistesgaben ist gegenüber der traditionellen Ordnung Augustins verschoben: Geistesgaben und Seligpreisungen stehen je in der Reihenfolge des Bibeltextes. Allerdings sind die Bitten des Vaterunser in umgekehrter Reihenfolge zugeordnet. Die einzelnen Septenare sind eng miteinander verbunden. Die Bitten, in den ersten fünf Strophen behandelt, werden teilweise nochmals aufgenommen und mit den restlichen Septenare verknüpft. Die Strophe sieben etwa wird beherrscht durch die Seligpreisung der Friedensstifter ('fridasame'). Die Bitte um Heiligung von Gottes Namen wird hier nochmals aufgenommen; es sind die Friedensstifter, die Gottes Namen heiligen. Der Geist der Gottesfurcht ermöglicht den Friedensstiftern ein den Geboten Gottes entsprechendes Leben. David hat es exemplarisch erfüllt. Wer sich an Gottes Gebote hält, versöhnt sich hier und jetzt mit dem Bruder (Mt.5,23f.), weil er an das kommende Gericht denkt.

---

96 Vgl. Tillmanns, 1963, 31ff.; Ohly, ZDA 84, 1952/53, 214.
97 Zu den Patriarchen vgl. Ohly, ZDA 84, 1952/53, 212.214.

'<S>alich sint die fridasamen, die erent wol des vater
namen. die wellent hie sunliche leben, daz muoz diu
gotes vorhte geben. die sorgen zuo dem suondage, si
suonet sich hie unze si magen, si ne opherent deme
vater nieht unz si dem bruodere sculn ieht. die vorhten
David habete, duor sinen viant so sparete. er wainote
den Saulis tot, der in so ofte braht in not.'[98]

Im Text der Seligpreisung der nach Gerechtigkeit Hungernden und
Dürstenden fehlt wieder das Objekt iustitia. Statt dessen nennt der Text
das Brot des Lebens als Objekt des Hungers. Das Brot des Lebens ist
Gottes Wort. Es stärkt zu guten Werken, ist schlagkräftiger als Hellebar-
den, fordert auf zum Ablegen des alten und zum Anziehen des neuen
Menschen. Auch der Text zur ersten Seligpreisung ist recht frei. Die Haltung der 'gotes armen' entspricht der Haltung des Menschen vor dem
Fall; sie verachten allen irdischen Reichtum, weil sie die göttliche Weisheit über dessen Wertlosigkeit belehrt hat.[99]

Beim letzten Beleg, der hier vorgestellt werden soll, handelt es sich um
das anonyme, um 1150 entstandene *St. Trutperter Hohelied,* einen Hoheliedkommentar aus dem süddeutschen Bereich.[100] Sprache und formale
Gestalt des Werkes erinnern an mündlich vorgetragene Predigt.[101] Die
Gemeinde eines Frauenklosters ist Hauptadressat des Kommentars. Der
Kommentar gibt Anweisungen zu einem Leben mit den christlichen Tugenden und bereitet die Bräute Christi vor auf die unio mystica mit ihrem Bräutigam. Die Auslegung wird gerahmt durch Prolog und Epilog;
im Zentrum der Rahmenthematik steht der Heilige Geist mit seinen Gaben. Die Seligpreisungen sind als Gruppe von sieben bzw. acht Sprüchen
zweimal innerbiblisches Interpretament zum Text des Hohelieds. Sie erläutern beispielsweise Cant.5,13 'seine Lippen sind wie Lilien; sie trop-
fen von flüssiger Myrrhe'.[102] Was der Bibeltext hier Lippen nennt, bezieht sich auf die Weisungen Jesu aus der Bergpredigt. Die ersten sechs
Seligpreisungen entsprechen den Lilien, die siebte Seligpreisung [sic!]
der Verfolgten ist die Myrrhe.

---

98 Maurer, 1964/65a, 335.

99 Ebd., 343.

100 Vgl. Steinger VL 2, 1936, 474ff.; Ohly, ZDA 84, 1952/53, 198ff.; Riedlinger,
1958, 226ff.; Küsters, 1985.

101 Vgl. Ohly, ZDA 84, 1952/53, 198.

102 Vgl. oben, 55.

'ouch waz [iz] ane sînes selbis wor [th]e[n] dô er
sprac: beati pauperes. beati mites. beati qui lugent. beati qui esuriunt. beati misericordes. beati mundo corde.
beati pacifici. disiu sehsiu diu lûterônt die menniskin.
uon diu bezêchenet iz die lilien. dar nâch sprach er:
beati qui persecutionem patiuntur. dâ mite main[e]t
er die mirren diu dâ trophezôt ûz sîneme munde, wan-
de er in daz âhtesal gihiez unde dar nâch den êwigen
lôn.'[103]

Es fällt auf, daß die ersten Seligpreisungen anscheinend grundlos als
sechs gezählt werden. Sie sollen den Menschen läutern und auf die Verfolgung vorbereiten, die Jesus selber erleidet und in der Seligpreisung an
die Adresse der Verfolgten voraussagt. Der Text der Seligpreisungen ist
verkürzt wiedergegeben. Der Hinweis auf die Verheißungen fehlt ganz. Die
Seligpreisungen der Armen und der Hungernden entsprechen der Lukasfassung. Eine Deutung der Texte im einzelnen wird nicht gegeben.

Ausführlicher kommen die Seligpreisungen in der Auslegung von
Cant.7,1-7 zum Zug. Der Hoheliedtext beschreibt die Schönheit der
Braut. Die Seligpreisungen dienen der Auslegung dieses Textes als Rahmen. Sie sind Tugendspiegel für die künftigen Bräute Jesu und gelten allererst den angesprochenen Nonnen.

'dise lêre die saget got sînen lieben chindin, dô er ûf
deme berge saz. uon diu sô wirt elliu diu christinhait
dâ mitte zů zime brâh[h]t alsô ain brûth.'[104]

Noch sind die Bräute nicht vollkommen. Die Weisungen Jesu gelten
ihnen als solchen, die künftig vollkommen sein werden. Sie umschreiben das einer Braut angemessene Verhalten. Die Auslegung läuft auf
zwei Ebenen. Sie handelt vom Kampf zwischen den Tugenden und den
Lastern und beschreibt gleichzeitig, wie die einzelnen Kräfte der men-

---

103 Ed. Menhardt, 1934, 215, 82, 14/23.

104 Ebd. 258, 120, 3/6. – Das St. Trutperter Hohelied unterscheidet Gebote, die
     nur von Vollkommenen erfüllt werden können, von der Anleitung zum Leben
     für weltliche Christen. Anlaß zu dieser Unterscheidung ist Cant.7,3 bzw. der
     dort genannte Weizenhaufen. Er ist nach der Auslegung des St. Trutperter Ho-
     helieds unten breit und oben schmal; der breite Teil bezieht sich auf die Ge-
     bote an die weltlichen Christen, der schmale bezeichnet die schweren Gebote
     an die Vollkommenen. Vgl. ebd. 248, 112, 2/7: 'alse der hüffe nidenân brait
     ist unde obenân smal, alsô uindet man an deme gotes worte diu swâren gebot,
     diu niemmen getůn nemach niewan die durnahtigen. [m]an uindet ouch dar
     ane die lêre der weltlichen, wie die leben sulin. daz ist daz er brait ist.'.

schlichen Seele, memoria, ratio und voluntas, unter die Herrschaft der
ratio gebracht und ganz auf Jesus ausgerichtet werden können. Ziel beider Ebenen ist die unio mystica der bräutlichen Seele mit Christus.[105]
Die einzelnen Seligpreisungen sind im St. Trutperter Lied unterschiedlich gewichtet. Die erste Seligpreisung der pauperes spiritu fehlt beispielsweise ganz.[106] Der Text der Seligpreisung der nach Gerechtigkeit Hungernden und Dürstenden entspricht diesmal der Matthäusfassung.[107]
Bis zur Seligpreisung der Herzensreinen dominiert das Motiv des Tugend/
Lasterkampfes. Sanftmut, Demut und Gehorsam sind die Tugenden, die
die ersten beiden Seligpreisungen den Bräuten Christi empfehlen. Die
Fortsetzung besteht in Unschuld, Keuschheit, Geduld, Bußwilligkeit und
Reue. Die diesen Tugenden entgegengesetzten Laster (maintaten) sind
Hinterlist und Argwohn, Ungeduld, Trägheit und Üppigkeit, ferner Un-
keuschheit, Zorn, Neid, Stolz und böses Tun. Der Höhepunkt des Kampfes findet statt im Bemühen um ein reines Herz. Bereits die Seligpreisung der Friedensstifter setzt den endgültigen Sieg über die Laster voraus. Der Kommentar verwendet zur Schilderung des Zustandes der Seele das Bild von der belagerten Burg. Der Wille des Menschen ist der Burg-
herr. Er leitet die Verteidigung der angegriffenen Burg. Wachtturm ist das
menschliche Herz, Sitz und Quelle der Gedanken. Hegt der Mensch reine Gedanken, dann unterstützen sie die Verteidigung der Burg. Anfechtung und Versuchungen sind die Angriffe auf sie. Sie gehören zur Erzie-
hung der Gläubigen.

> 'swaz dich ane uihtet widir dînen willen daz inwirrit
> dir niht, iz bringit dir die himelisken corône.'[108]

Das Bildmaterial zu dieser Auslegung liefert Vers 5; der Hals der Braut
wird mit einem elfenbeinernen Turm verglichen, die Augen mit Teichen
beim Tor von Bat-Rabbim. Das Elfenbein als Baumaterial unterstützt
die Deutung auf die reinen Gedanken. Das St. Trutperter Hohelied kombiniert diesen Vers mit der Seligpreisung der Herzensreinen. Die im Text
genannten Teiche vermitteln die Reinheit der Verteidiger der Burg nach

---

105 Vgl. Ohly, ZDA 84, 1952/53, 222.

106 Die erste Seligpreisung wird nur ganz kurz in der Auslegung der Seligpreisung
der Sanftmütigen erwähnt, vgl. Ed. Menhardt, 1934, 246, 110, 1/4.

107 Vgl. Ed. Menhardt, 1934, 248, 111, 31f.

108 Ebd., 251, 114, 25/26.

außen an die noch unerlösten Menschen weiter. Solche Teiche sind Tränen, reuige Gebete und nicht zuletzt auch die Taufe. Die Nase der Braut vergleicht der Hoheliedtext mit 'dem Libanonturm, der gegen Damaskus schaut' (Cant.7,5). Dieser Turm ist die Warte, von der aus der Gläubige gut und böse scheiden muß. Dieser Turm gründet auf dem Berg Christus. Wenn sich die Unterscheidung von Freund und Feind, gut und böse auf ihn gründet, wird die Verteidigung gelingen.

Der nächste Vers des Hohelieds handelt vom Haupt der Braut; das Haupt des Gläubigen meint die ratio als hauptsächliche Kraft der Seele. Wie das Haupt alle anderen Glieder regiert und ihre Bewegungen koordiniert, so lenkt die ratio die Taten aller Seelenkräfte und richtet Kraft, Mut und Willen der Gläubigen ganz auf ein Ziel, Christus.

Die Fortsetzung geht von einer gewissen Vollkommenheit der Braut aus; der Kampf zwischen Tugenden und Lastern ist siegreich zugunsten der Tugenden beendet, der Leib ist der Seele untergeordnet, die Seele samt ihren Kräften auf Gott gerichtet. Dieser Text (Cant.7,6) betrifft Menschen, die gegen den Teufel, die Welt und den eigenen Leib, die drei großen Feinde, gesiegt haben. Der Sieg über den eigenen Leib ist allerdings erst nach dem Tod endgültig. Bis dahin geht der Kampf weiter.[109]

Noch ist die Kirche als Braut Christi nicht zur unio mystica bereit. Das St. Trutperter Hohelied verwendet zur Schilderung des zur Vereinigung führenden Weges Metaphern aus zwei Bereichen, nämlich Speisemetaphern und Metaphern zum Thema Wärme, Feuer, Brennen. Die Süße mystischer Vereinigung mit Gott kann nur durch Entsagung und Trauer erfahren werden.[110]

> 'wildû sůze trahene unde emzige gestungede haben in
> stâtiger hôhuerte. dû solt dînen brunnen graben in de-
> me tale.'[111]

Der Geist der Weisheit (gewizzede) schenkt den Gläubigen, die gemäß der Seligpreisung der Trauernden Trauer tragen, die Einsicht, daß sie sich aus der Welt zurückziehen und demütig Gott suchen. Die Seligpreisung der Trauernden gilt ohnehin nur den Demütigen. Demut, Buße

---

109 Vgl. zu diesem Gedanken auch PL 75, 661ff.(Gregor, Moralia).

110 Zum ganzen Wortfeld der 'Süße, Süßigkeit' im St. Trutperter Hohelied und darüber hinaus vgl. Ohly, 1985, 515ff. (zum St. Trutperter Hohelied) und 466ff. (zur Mystik des 12. Jh.).

111 Ed. Menhardt, 1934,247,110,23/28; vgl. Ohly, 1985, 518.

und Reue sind die Stationen der Minne zu Gott. Die Tränen der Buße
des Gläubigen vermischen sich mit den Tränen, die Jesus während seines
Leidens vergoß, als er die Gläubigen erlöste.

> 'dû hâst ouch gescenchet mit dînen trahenen hine ze
> der haizen helle der uerworhten sêlen.'[112]

Die nächste Stufe der Minne ist die Barmherzigkeit. Die Gläubigen
sollen sich der eigenen Seele genauso erbarmen wie der Seele ihrer Mitmenschen. Die Braut Christi nährt sich selbst und die andern Gläubigen
mit geistlicher Speise aus ihren Brüsten (Cant.7,4).

> 'unz wir siu alsô z[ie]hen, daz siu gestarchen in der go-
> tes minne, sô haben wir [si] ges[ou]get mit der ainun
> brust. sô sulin wir [die] anderen brust bieten unse-
> re[s] nâhesten sêl[e], sô daz si uns harter erbarme den-
> ne der l[î]p, swer daz wa[iz] wie michil sîn sele ist, den
> erbarmet si.'[113]

Durch die geistliche Speise erstarkt der Gläubige in der Minne zu Gott.
Es sind vor allem Gehorsam und Tugend, mit denen die künftigen Bräute Christi gespeist werden.[114] Hungrig sollen sie Gottes Wort verschlingen und weiter geben.[115] Den Hunger nach Gottes Wort beschreibt die
Seligpreisung der nach Gerechtigkeit Hungernden und Dürstenden. Speise
und Trank der Gläubigen sind aber auch reine Gedanken, die der Seele
Kraft geben.[116]

So vorbereitet und gestärkt erfährt der Gläubige die 'suze hitze' des
Heiligen Geistes, der die Seele mit Gott vereint. Das Liebesfeuer schmelzt
das Metall der Seele, befreit sie vom Rost der Sünde und prägt sie um
zur Gottähnlichkeit.[117] Der Heilige Geist bewirkt die mystische Einung.

---

112 Ebd. 247, 111, 15/17; vgl. ebd. 111, 6/12 'dîn anedâht daz ist der mitelôste
     tail dîner sêle, diu ist uol mîner minne. uon diu sône wirt dîn herze nieht âne
     die gestun[ge]de, dâ dû mîne uûze mitte duu[ah]est. dîn napf newirt nieht âne
     trinchen, wande dû mir gescenchet hâst in deme himile mit dînen trahenen.'.

113 Ebd. 249, 113, 2/7.

114 Ebd. 246, 109, 29-110,1.

115 Ebd. 248, 111, 26/30 'diu ezzet den waizzen d[e]r dâ bezêchenôt daz gotes
     worth dâ dû dich mitte uûren solt unde ouch den anderen geben solt durch
     mîne minne. unde solt daz mit hungere tûn. Vgl. ebd., 249, 112, 22/24 'swaz
     wir uon got uerne[m]en, daz sulin wir chiuwen sô daz iz uns ze deme magen gê.'

116 Vgl. ebd., 250, 113, 30ff. und 252, 115.

117 Vgl. Ohly, ZDA 84, 1952/53, 201ff.

Sie äußert sich als 'sprachloses' Gebet des ganzen Menschen. Es ist ein unhörbares Gebet, denn 'swaz an dir sterbentes ist daz mǔz dâ gesuîgen'. Der Heilige Geist übernimmt an Stelle des Menschen das Gebet; er richtet alle Kräfte der Seele auf Gott aus und läßt sie darin gleichsam selber zum Gebet werden.[118] Diese stumme unio mystica dauert aber nicht an. Die Anfechtungen setzen sich fort; Hochmut und Heuchelei drohen auch jenen, die den Moment der Einung erlebt haben. Solange der Gläubige in dieser Welt lebt, bleibt er gefährdet.[119]

Die Seligpreisungen sind im St. Trutperter Hohelied die Weisungen Gottes, durch die die künftigen Bräute 'zu zime' gebracht, auf ihre Funktion als Braut Christi vorbereitet werden. Es sind die grundlegenden Tugenden, die jeder Gläubige in ständigem Kampf gegen die Laster zu erwerben hat. Die Seligpreisungen entsprechen aber auch den Grundhaltungen, die zur Ausrichtung der Seelenkräfte auf Gott nötig sind. Tugenden, Verhaltensweisen und Haltungen werden gleichermaßen durch die Seligpreisungen bezeichnet.

Die bisher vorgelegten Belege zeichnen sich durch ein starkes pädagogisches Interesse aus. Thematisch sind sie durchaus unterschiedlich angelegt: Tugend/Lasterkataloge, Vaterunser-Auslegungen und der Hoheliedkommentar von St. Trutpert verwenden alle die Seligpreisungen als ein Deutungselement.

Von den bisher dargestellten Quellen heben sich mehrere Texte durch eine besondere Verwendung der Seligpreisungen ab. Bei diesen Quellentexten handelt es sich um ein Gedicht zu Ehren des heiligen Magnus *Mire cunctorum Deus* aus der zweiten Hälfte des 9. Jh., die nach 1050 entstandene *Bardovita* und um drei Predigten: die hom.xxiv *In natali sancti Bonifacii martyris* des *Hrabanus Maurus* (erste Hälfte 9.Jh.), die Predigt *De octo beatitudinibus et sancto Emmerammo* des *Arnold von St.Emmeram* (vor 1050) und eine nicht näher datierte Predigt zum Martinsfest von Bernhard von Clairvaux (12.Jh.). Alle diese Texte beschreiben das

---

118   Ed. Menhardt, 1934, 256, 118, 21/22. – Vgl. 118, 22/33 'dâne brahtet nieht der munt noch diu tôtliche zunge, sunder dâ betent alle die chrefte des inneren mennisken âne sêr un[de] âne chradem. dû nesolt nieht w[â]nin, daz dû dich sûmest mit dîneme suîgenne an dîneme gebete. niht! fur dich betet der wîse wîstǔm dînes brǔder hin ze deme gewalte ze dîneme gamahelen. daz ist der hailige gaist. deme wirt dîn nôth durfte der dû nieht gegern nechanst noch inmaht. daz ordinôt dir dîn liebir uater durch den hailigen gaist.'.

119   Vgl. ebd., 256ff.

Leben und die Tugenden eines Heiligen. Die Seligpreisungen dienen in diesem Zusammenhang als *Tugendschema*. Sie stehen als Gruppe von acht Tugenden neben andern biblischen oder außerbiblischen Tugenden, die dem Heiligen jeweils zugeschrieben werden.

Die einzelnen Texte sollen in chronologischer Reihenfolge kurz dargestellt werden.

Die Predigt des Hrabanus[120] behandelt die acht Seligpreisungen als maßgebende ethische Richtlinien des heiligen Bonifatius. Die Praxis der *octo praecepta* brachte den Heiligen in den Genuß jener ewigen beatitudo, die den Gläubigen erst verheißen ist. Die einzelnen Seligpreisungen spiegeln die Facetten jener Seligkeit. Hrabanus spricht von species beatitudinis.[121] Da im Gericht die guten Taten entscheiden werden, sind alle Gläubigen zur Nachahmung von Bonifatius' Verhalten aufgerufen. Nacheinander behandelt Hrabanus alle acht Seligpreisungen, ohne sie mit allzu vielen konkreten Begebenheiten aus dem Leben des Heiligen zu verbinden. Die erste Seligpreisung erfüllte Bonifatius, als er freiwillig auf Besitz verzichtete, seine Familie und Freunde verließ und sich aus der Welt zurückzog. In seiner Demut hielt er sich ganz an das Vorbild Christi, tat niemandem Böses, segnete diejenigen die ihn schmähten und betete für seine Verfolger. Zusammen mit den pauperes Christi litt er unter Verfolgungen und Armut, statt sich auf die Seite der Reichen zu schlagen.[122] Als Bischof und Missionar erfüllte er die Verheißung aus Ps.126,6: Euntes ibant et flebant, mittentes semina sua; venientes autem venient in exultatione, portantes manipulos suos. Bonifatius handelte gemäß der Seligpreisung der nach Gerechtigkeit Hungernden und Dürstenden, indem er Gottes Gebote hielt und auch andere dazu anhielt. Die Not seiner Mitmenschen trug er wie seine eigene und fand darum bei Gott Erbarmen. Das lumen sapientiae verlieh ihm ein reines Herz. Zum Friedensstifter wurde Bonifatius zuerst, indem er seinen Leib der Seele unterwarf, dann aber auch, indem er andere versöhnte und zu Gott bekehrte. Durch die bis zum Märtyrertod standhaft ertragene Verfolgung erlangte Bonifatius endlich die Vollkommenheit.[123]

---

120 PL 110, 47C/49C.
121 Ebd. 48A.49B.
122 Ebd. 48C.
123 Ebd. 48D/49A.

Beim nächsten Beleg handelt es sich um das Gedicht *Mire cunctorum Deus* aus dem Galluskloster in St. Gallen. Das zu Ehren des heiligen Magnus von Füßen verfaßte Gedicht wurde als Offizialhymnus verwendet.[124] Es besteht aus fünfzehn sapphischen Strophen. Die ersten sechs Strophen preisen den Heiligen und dessen angeblichen Lehrer und Mentor Gallus. Die sechste Strophe schließt mit einem klassischen monastischen Topos: Magnus hat 'als trübe verworfen die Ehre der Welt und das Irdische verachtet'. Daran schließt sich das Tugendschema der Seligpreisungen an. Die Strophen sieben, acht und elf behandeln je zwei, die Strophen neun, zehn und zwölf je eine Seligpreisung. Strophe dreizehn blickt gleichsam auf das ganze Schema zurück und bestätigt, daß der Heilige durch die 'zwei mal vier' Tugenden, die er erfüllt, für die Gläubigen strahlendes Vorbild ist. Das Gedicht schließt mit der Bitte um Vergebung der Sünden und gnädige Zuwendung des Heiligen und der göttlichen Trinität.[125]

Der Text der Seligpreisungen ist recht unterschiedlich behandelt. So fehlt etwa in Strophe neun das Ziel des Hungerns und Dürstens. Statt dessen wird die Art und Weise von Hunger und Durst beschrieben: 'Famis en iustae pariter sitisque..'. Stotz deutet die ganze Strophe auf das Fasten. Es geht dem Dichter um die 'Umbiegung im asketischen Sinne.[126]

124　Vgl. dazu und zur ausführlichen Analyse des Gedichts Stotz, 1971, 15ff., 145ff.

125　Stotz vertritt die Auffassung, die Strophen 6-13 mit dem Tugendschema der Seligpreisungen könnten späterer Einschub sein. Strophe 14 würde sich inhaltlich gut an Strophe 6 anschließen. Der himmlische Lohn wäre dann direkte Folge der Verachtung des Irdischen durch den Heiligen. Die Strophen mit dem Schema der Seligpreisungen sind nach Auffassung Stotz' 'ohnehin gewissermaßen pleonastisch', weil sie den himmlischen Lohn für die jeweils darzustellende Tugend in jeder Strophe ausführlich schildern. — Ob diese Argumente ausreichen, um das Tugendschema in Strophe 6-13 als Einschub zu deklarieren, ist fraglich. Führen nicht die Hinweise auf die den geschilderten Tugenden zugehörigen Verheißungen behutsam auf die Schlußstrophen (14/15) zu, die nicht mehr dem Leben des Heiligen gelten, sondern dessen himmlischem Sein 'als Bürger und Genosse'? Die einzelnen Verheißungen aus den Seligpreisungen sind ja nicht einfach Wiederholungen, sondern schildern die eine Sache (himmlischer Lohn) unter je verschiedenem Blickwinkel. Die Beschreibung steigert sich bis hin zur Klimax in Strophe 12; sie schließt mit der Bemerkung 'inde celestem merito decorem possidet ipse'. — Ohne zusätzliche Argumente formaler oder stilistischer Art scheinen mir die Argumente Stotz' nicht ausreichend zu sein.

126　Lat. Text: Stotz, 1972, 143; Zur Interpretation ebd.; 157.

Im ganzen ist das Urteil *Stotz'* berechtigt; es handelt sich um eine 'farblose Schilderung'[127] der einzelnen Tugenden. Sie entspricht weitgehend der aus den zeitgenössischen Kommentaren geläufigen Auslegung, weist aber keinen 'persönlichen' Bezug auf den heiligen Magnus auf. Dadurch wirkt die Darstellung schematisch und erinnert an die Tugend/Lasterlisten. Der Begriff der virtus fehlt ganz. Umfassende Bezeichnung der acht Seligpreisungen ist nach Strophe dreizehn 'summae species'. Die Formulierung erinnert an den Gedanken aus der Kommentarauslegung, daß die Seligpreisungen alle übrigen Weisungen und Worte des Neuen Gesetzes 'per speciem' enthalten.[128]

Warum muß in diesem Fall die Schilderung der aus den Seligpreisungen der Bergpredigt abgeleiteten Tugenden durch die Darstellung weiterer Tugenden in den Strophen drei bis sechs ergänzt werden? Das Phänomen ist keineswegs singulär. Auch andere Belege, die die Seligpreisungen als Tugendschema verstehen, beschreiben weitere Tugenden, die nicht aus den Seligpreisungen abgeleitet sind. Die Seligpreisungen haben mindestens einen Vorteil: die ihnen zugeordneten Verheißungen ermöglichen es dem Dichter, dem Gläubigen die verschiedenen Aspekte des himmlischen Lohnes für tugendhaftes Verhalten vorzuführen und dadurch zur imitatio aufzufordern. Wer solche Beschreibungen liest oder hört, wird auf den Zusammenhang aufmerksam gemacht, der zwischen dem Wohlverhalten des Heiligen während seines irdischen Wandels und seinem himmlischen Sein besteht. Es ist dies eine Art von Tun-Ergehenzusammenhang, der bis in einzelne Tugenden und die ihnen entsprechenden Belohnungen nachgewiesen werden kann, weil bereits der Text des Matthäusevangeliums dies nahelegt. 'Die Seligkeit ist hier nicht zukünf-

---

127 Ebd., 147.

128 Die Feststellung kann durch den Vergleich mit dem Dekalog erweitert sein. Vgl. dazu Paschasius Radbertus, CChr.CM 56, 303, 2207/2215: 'Ceterum species harum virtutum lectoris efficacia solertius discernat quod et legislator Moyses decem praecepta in monte generalia prius proponens deinde eadentidem suis explanat partibus et praeceptorum summam pluribus ex causis replicando rursus dividit per species. Ita et Christus volens ostendere se per Spiritum Sanctum illa docuisse simili modo nunc ac si virtutum genera octo beatitudinum proposuit verba ex quibus ni fallor quaecumque docuit in eodem monte pendent omnia.' – Läßt man diese Stelle als Parallele gelten, so wird dadurch auch die Feststellung von Stotz korrigiert, die 'summae species' seien die Seligkeiten, nicht aber die Tugenden. (Vgl. a.a.O., 161). Seligkeiten und Tugenden lassen sich in dieser Zeit, die dafür keine präzise Begrifflichkeit besitzt, nicht scharf trennen.

tiger Trost, sondern gegenwärtiger Lohn, über den der Heilige bereits verfügt.'[129] Für den Leser und Hörer bleibt er Lohn, der für die Zukunft verheißen ist. Gegenwart ist er nur dem Heiligen als dem 'civis aeternae sociusque turmae'[130], der darum auch als Fürsprecher und Helfer angerufen werden kann und dem Gläubigen Vorbild ist. Die Versicherung von Predigern und Kommentatoren, daß Heilige einzelne Weisungen Jesu, bzw. alle seine Gebote erfüllt hätten, ist beliebtes Mittel, um die Erfüllbarkeit der neutestamentlichen Forderungen zu beweisen.[131] Zugleich weist die Tugendreihe der Seligpreisungen die Legitimität des Heiligen als Glied der ecclesia triumphans aus. So schließt die letzte Strophe aus *Mire cunctorum Deus*, die sich mit der Erfüllung der Seligpreisung an die Verfolgten durch Magnus befaßt 'daher darf er billig die himmlische Herrlichkeit innehaben'.[132]

Als einzige Predigt *Arnolds von Emmeram* (ca. 1000-1050) ist die Homilie zu den acht Seligpreisungen überliefert.[133] Die Predigt ist zweiteilig. Im ersten Teil findet sich eine Auslegung der Seligpreisungen ohne besonderen Bezug auf den Heiligen. Im zweiten Teil folgen Überlegungen zur beispielhaften Erfüllung der Seligpreisungen durch Emmeram. Dieser zweite Abschnitt ist eine Art Kurzfassung der Vita des Heiligen, allerdings wiederum recht farblos und allgemein gefaßt. Die Grundlage bildet das Aufstiegsschema *de virtute in virtutem*: die einzelnen Seligpreisungen gelten als Tugenden.[134] Emmerams Werdegang führt über immer einflußreichere und ehrenvollere Ämter bis zu dem als Krönung gedeuteten Märtyrertod.[135] Einzelnen Seligpreisungen sind Geistesgaben zugeordnet, so etwa der Seligpreisung der Sanftmütigen der Geist der Frömmigkeit.[136]

---

129 Ebd., 155.
130 Ebd., 143, vgl. 161.
131 Vgl. Petr. Comestor: PL 198, 1805C; Augustin: PL 38, 1435ff.; Gaufrid. Babio: PL 171, 720Dff. und oben, 131.
132 Man vergleiche z.B. die Schilderung der Amandusvita aus dem 8. Jh., die dem Heiligen die Erfüllung der ersten Seligpreisung (Mt.5,3) zuschreibt und fortfährt: 'ac deinceps ad reliquarum plenitudinem virtutum perfecte sublimiterque conscendit et idcirco percipere dignus fuit caelorum regnum, talibus a Domino promissum.' (MGH.SRM V,475).
133 PL 141, 1089/1094 – Vgl. dazu auch unten, 207.
134 Ebd. 1094A.
135 Die Seligpreisung der Verfolgten wird hier als neunte gezählt. Vgl. ebd. 1093D.
136 Ebd., 1091A.

Kurz nach 1050 ist die *Vita* Bischof *Bardos* von Mainz entstanden. Ihr Verfasser ist Vulcuold, ein Mainzer Kaplan.[137] Die ganze Vita ist recht knapp. Vulcuold nennt nur wenige konkrete Begebenheiten aus dem Leben des Heiligen, obwohl er ihn selber gekannt hat.[138] Die Erzählung steuert zielstrebig auf die Wahl Bardos zum Erzbischof zu. Die 'Karriere' des heiligen Bardo ist klassisch zu nennen. Vulcuold hat zu ihrer Beschreibung durchwegs geläufige Topoi eingesetzt: Bereits die Eltern Bardos waren fromme Christen. Der kleine Bardo war puer oblatus in Fulda und wurde später Abt in Werth. Mit dem Bild von der Stadt auf dem Berg, die nicht verborgen bleiben kann, leitet Vulcuold die Schilderung der Wahl Bardos zum Abt von Hersfeld ein. Die fama des tüchtigen Doppelabts verbreitet sich im ganzen Reich und gelangt zu den Ohren der Kaiserin Gisela. Die Kaiserin ernennt den Heiligen persönlich zum Erzbischof von Mainz. Die acht Seligpreisungen setzt Vulcuold zur Darstellung der beispielhaften Amtsführung des Erzbischofs ein. Zwei Motive werden dadurch höchst kunstvoll verbunden: zum einen paßt Vulcuold das alte Schema vom Kampf zwischen Tugenden und Lastern geschickt den Erfordernissen einer Heiligenvita an. Tugenden und Laster sind nicht etwa Anteile ein und derselben Person, nämlich Bardos. Sie sind auf zwei 'Parteien' verteilt. Der Heilige vertritt die Seite der Tugenden, seine Feinde verkörpern die Laster. Das tugendhafte Verhalten des Heiligen hebt sich dadurch wirkungsvoll vom bösen Treiben seiner Gegenspieler ab.[139]

Die Rollenverteilung steht spätestens mit der Wahl Bardos zum Erzbischof von Mainz fest. Bardo, der 'servus Dei', ist bescheiden, demütig und sanft. Seine vorerst nicht näher bezeichneten Gegner dagegen quält der Stolz, sie sind hochmütig und erheben falsche Anklagen gegen den Heiligen. Sie stossen sich an Bardos Häßlichkeit und erweisen sich dadurch als 'homines animales' (1.Kor.2,14), denen gutes Aussehen mehr gilt als Geistesbegabung. Bardo reagiert auf ihre Vorwürfe mustergültig:

---

137 Zur Vita im ganzen und zur Datierung vgl. Manitius, 1911b, 375ff. und MGH. SS 11, 317ff. (Wattenbach).

138 Vgl. Wattenbach, MGH.SS 11, 317.

139 Die Hagiographie bestimmter Zeiten kennt notorische Bösewichte; solche Gegenspieler verschiedenster Heiliger sind für die merowingische Hagiographie z.B. der Hausmeier Ebroin und die Königin Brunichild. Das Motiv des Kampfes zwischen geistlicher und weltlicher Gewalt kann damit verbunden sein. – Vgl. Graus, 1965, 373ff.

gleichmütig erträgt er all ihre Anwürfe, bleibt geduldig und bescheiden trotz seines hohen Amtes, er vergilt Verachtung nicht mit Verachtung, sondern begegnet allen mit ungewöhnlicher Güte und Freundlichkeit. So stehen die Dinge nach der Wahl des Heiligen zum Erzbischof. Vulcuold hat an dieser Stelle das Tugendschema der Seligpreisungen eingesetzt; der heilige Bardo erfüllt nacheinander die acht Seligpreisungen und − das ist der nicht unerwartete Erfolg! − überzeugt dadurch auch die ursprünglichen Gegner von seiner Legitimität als Erzbischof.[140] Das also ist das erste Motiv: durch das Tugendschema der Seligpreisungen legitimiert sich der Heilige vor seinen Gegnern und besiegt dadurch indirekt durch sein tugendhaftes Verhalten die Laster. Das zweite Motiv ist mit dem ersten verbunden. Die acht Seligpreisungen beweisen den Fortschritt des Heiligen im geistlichen Leben (de virtute in virtutem). Der Begriff *virtus* wird im Zusammenhang mit dem Schema der acht Seligpreisungen nicht verwendet, wohl aber vorausgesetzt.[141] Die Erfüllung der Seligpreisungen durch den Erzbischof zeigt, welch hohe Stufe sein sittlicher Wandel bereits erreicht hat.[142]

Vulcuold interessiert sich nicht für die persönlichen Eigenschaften des heiligen Bardo. Er will vielmehr dessen mustergültige Amtsführung zeigen; die virtutes und mores des Heiligen sind quasi Amtspflichten. So bemerkt Vulcuold rühmend, Bardo habe sich gegen seine Widersacher so verhalten, daß er 'non quid episcopus posset sed quid episcopum deceret considerans'.[143]

Bereits der Einstieg ins neue Amt erweist sich als mühevoll. Von Seiten des Kaisers wird der neue Erzbischof durch Gesetze zurückgebunden, von Seiten seines eigenen erzbischöflichen Hofstaates wird er seiner Sanftmut wegen nicht ganz ernst genommen. Einige seiner Gefolgs-

---

140   'Sed hiis octo beatitudinum meritis illis quibus vir sanctus primum erat despicabilis, novissime omnibus gratus effectus est et venerabilis.' (MGH.SS 11, 321, 16/17).

141   Unmittelbar vor dem Einsatz des Schemas der Seligpreisungen steht der Begriff *virtus patientiae:* 'Ille tamen ut divinae ipsum patientiae virtus ammonuit, humilis et timens Deum tam domesticas quam extraneas indignationes aequo animo sustinuit, se despicientes non despexit, non quid episcopus posset sed quid episcopum deceret considerans.' (MGH.SS 11, 319).

142   Ebd. zur ersten Seligpreisung (Mt. 5,3): 'Sublimationis novae sic temperavit initium, ut iam eius et mores in illum ascenderent gradum de quo dicit euangelista: Beati pauperes spiritu..' (MGH.SS 11, 319).

143   Vgl. den Nachweis aus Anm. 139.

leute treten in den Dienst des Kaisers über; Bardo selbst hat finanzielle Schwierigkeiten. Aber mit Gottes Hilfe erweist sich der neue Erzbischof allen Schwierigkeiten gewachsen. Programmatisch steht über der Schilderung seines weiteren Weges:

> 'Vir sanctus et mitis non restitit malo, verum etiam vicit malum in bono, dicentem revolvens euangelistam:
> Beati mites quoniam ipsi possidebunt terram.'[144]

Es sind die Kategorien aus der Antithese zur Feindesliebe (Mt.5,38ff.), in denen Vulcuold das Verhalten des Heiligen schildert. Der Stadtpräfekt von Mainz, Erkenbald, verleumdet immer wieder prominente Mitbürger aus Mainz und setzt besonders die Mönche von St. Martin unter Druck. Er verbreitet falsche Gerüchte über Erzbischof Bardo, von denen sogar der Kaiser hört. Bardo hält geduldig stand, er weint um die Sünden Erkenbalds und schließt seinen Feind sogar in sein Gebet ein. Kurze Zeit später sieht er im Traum einen Baum und hört das Wort aus dem Johannesevangelium [sic!] Schon ist die Axt an die Wurzel der Bäume gelegt (Lk.3,9). Bardo verhält sich der Seligpreisung an die Trauernden gemäß: er weint um Erkenbald, denn niemand anders kann mit dem Baum gemeint sein. Wenig später erkrankt der gottlose Erkenbald tatsächlich an einer Lähmung und stirbt endlich völlig ausgedörrt.[145]

Der heilige Bardo pflegt auch als Erzbischof sommers und winters noch vor der Matutin allein in der Kirche zu beten. Eines Nachts fällt bei dieser Gelegenheit der *hostiarius* der Kirche über ihn her und verprügelt Bardo mit einem Stock. Am nächsten Morgen steht der Übeltäter unter den Armen, denen der Erzbischof regelmäßig Almosen austeilt. Bardo erkennt den Täter und gibt ihm statt eines Denars deren zwei: den einen als Almosen, den andern für den Stockschlag. Auch diese Erzählung ist in den Kategorien des Feindesliebegebotes gestaltet, ohne daß der Leser explizit darauf gewiesen wird.

Durch tägliches Studium der Heiligen Schrift verköstigt sich Bardo mit jener sättigenden Nahrung, die die Seligpreisung der nach Gerechtigkeit Hungernden und Dürstenden verheißt. Die Vita rühmt besonders die

---

144 MGH.SS 11, 320, 12/13.

145 Ebd., 320, 35ff. – Ob es sich dabei nicht auch um ein Strafwunder handelt, das auf den Versuch des Bösewichts folgt, die fama des Heiligen am Kaiserhof, die ja Voraussetzung war für die Wahl zum Erzbischof, ins Gegenteil zu verkehren? Vgl. oben 102, Anm. 152.

erzbischöfliche Mildtätigkeit an allen Armen. Klerikern und Laien, ja sogar den verachteten Possenreißern läßt Bardo Hilfe zukommen, wenn immer sie nötig ist. Verhalten und Aussehen der Hilfesuchenden spielen keine Rolle, denn Bardo richtet sich nur nach der Seligpreisung der Barmherzigen. Seine Einfalt scheint oberflächlichen Zeitgenossen Dummheit zu sein, bis später Wunder zeigen, daß Gott auf sein reines Herz sieht und nicht nach menschlichen Maßstäben mißt. Mit allen Menschen hält der Erzbischof Frieden (Röm.12,19) und steigt dadurch zur Stufe der Seligpreisung an die Friedensstifter empor.[146]

Durch die *merita octo beatitudinum* ausgezeichnet überzeugt Bardo endlich selbst seine Gegner. Die Erfüllung der 'evangelischen Kardinaltugenden' erweist die Legitimität des angefochtenen Erzbischofs.

Der letzte Beleg, der das Schema der Seligpreisungen zur Schilderung eines Heiligen verwendet, ist die nicht näher datierte Predigt *Bernhards von Clairvaux* zum Martinsfest.[147] Brillant leitet Bernhard das eigentliche Predigtthema mit einer Reverenz an die Hörer ein. Er hätte lieber die Hörer predigen hören statt selbst als unbedeutender Mensch 'irdisch und irdisch redend' (Joh.3,31) das Wort zu ergreifen. Der Prediger als potentieller Hörer bittet seine Hörer um Gehör. Er gehorcht darin dem Wunsch der Hörer, die ihn zum Predigen genötigt haben. Diese Variation zum Topos der Bescheidenheit leitet eine Meditation über die Beschaffenheit der menschlichen Natur ein. Der Mensch ist gespalten in Geist und Fleisch, er droht an seiner Doppelnatur zu zerbrechen (Gen.3,19f.; 2.Kor, 3,17; Joh.4,24). Christus, der mediator, hat dem Menschen neue Hoffnung gegeben; 'siquidem respirandum est nobis et nullatenus desperandum'.[148] Er mahnt zum Rückzug aus der Welt, zum Meiden der Laster, zu Gehorsam und zum Streben nach Himmlischem. Er hat den Gläubigen im Verlauf der Heilsgeschichte die verschiedensten 'exempla oboedientiae' gegeben: Engel, Patriarchen, Propheten und schließlich den Gottessohn selbst. Aber all diese exemplarischen Gestalten trennt ein breiter Graben von den Gläubigen der Kirche. Entweder haben sie 'in

---

146 'Quod dicit apostolus: Si fieri potest quod ex vobis est cum omnibus hominibus pacem habentes, ipse exercebat ad omnes. Et sic ascendit in illum gradum, de quo dicit euangelium: Beati pacifici…' (MGH.SS 11, 321, 10/12).

147 op. V, 1968, 399f. – Auffallend ist die Anspielung auf hohen Besuch im Konvent. Vgl. ebd. 399.
Vgl. aber auch Hrabanus, PL 110. 47C/49C.

148 Ebd., 402, 14/15.

grauer Vorzeit' gelebt wie die Patriarchen oder ihre Natur entspricht nicht der der Menschen. Darum braucht die Kirche menschliche Vorbilder, Glieder der Kirche aus einer Zeit, die noch nicht allzu lange zurückliegt. Ein solches Vorbild ist der heilige Martin, 'per omnia similis nobis, plane et sensibilis, et passibilis'. Der Heilige war ein gewöhnlicher Mensch, 'nihil de natura divinitatis habens'. Gott hat sich ihm nicht anders offenbart als allen andern Gläubigen der Kirche: im Sakrament und durch den Glauben. Das Beispiel Martins macht Gottes Offenbarung für die Gläubigen anschaulich. Martin ist 'vicarius lucernae', Stellvertreter des strahlenden Lichtes Christi. Der Heilige ist Glied der christlichen Kirche, in der 'alter ex altero commendetur et ex mutua collatione uterque complacitior fiat.'[149]

Der Heilige ist also Glied der Kirche. Er ist reich an Verdiensten, Wundern, Tugenden und Zeichen. Nicht alles dient den Gläubigen in derselben Weise. Einiges soll der Kirche Gegenstand der Verehrung sein, anderes, vor allem die Tugenden (virtutes) sollen die Gläubigen nachahmen.[150]

Bei den nachahmenswerten Tugenden handelt es sich vor allem um die der Seligpreisungen der Bergpredigt. Bernhard betont, der Heilige habe diese Tugenden nicht aus eigener Kraft erfüllt; seine Demut und Armut sind die Wirkung der göttlichen Gnade. Darum soll nicht die Person Martins nachgeäfft werden. Die Gläubigen sind aufgefordert, ihr eigenes Verhalten an dem auszurichten, was bereits die Bergpredigt zur Nachahmung empfiehlt.

> 'Sic enim vivitur et in talibus vita spiritus vestri. Nisi forte beatos praedicat sermo divinus, qui mortuos suscitant, caecos illuminant, morbidos sanant, leprosos mundant, paralyticos curant, daemonibus imperant, futura praenuntiant, miraculis coruscant, et non magis pauperes spiritu, mites, lugentes, esurientes et sitientes iustitiam, misericordes, mundicordes, pacificos, persecutionem propter iustitiam sustinentes.'[151]

---

149 Ebd., 408, 15/16.
150 Vgl. zu dieser Unterscheidung Bolton, Aevum 33, 1959, 209.
151 op. V, 1968, 410, 20/25. – Die Schilderung der Wundertaten im einzelnen: ebd. 407, 19/24. – Vgl. 407, 10ff. 'Et Martinus lucerna erat ardens et lucens; eum saltem non pigeat imitari, sed imitari in eo quod imitabile, non autem quod mirabile exhibetur... Discerne inter cibos et vasa ciborum. Illos enim iuberis tollere, sed non illa. Dives est iste Martinus, dives in meritis, dives in miraculis, dives in virtutibus, dives in signis. Diligenter ergo considera quae apponuntur tibi, quaenam videlicet ad admirationem, quae vero ad imitationem.'.

Das Schema der Seligpreisungen zeigt den Gläubigen die *indicia virtutum* des Heiligen. Diese Anzeichen sind gleichzeitig Kriterien für das Verhalten der Gläubigen hic et nunc.

Bernhard verwendet für jede Seligpreisung dasselbe Schema. Die Seligpreisungen sind identisch mit bestimmten Tugenden. Sie stehen jeweils am Anfang eines Abschnitts. Dann nennt Bernhard die Gewährsleute und Quellen, denen er die Nachricht von der entsprechenden Tugend Martins verdankt und führt einzelne Begebenheiten zur Illustration der jeweiligen Tugend an. Der Text der Seligpreisungen wird in keinem Fall ausführlich zitiert; Bernhard begnügt sich mit verkürzten Paraphrasen; sie sind teils als Verbalkonstruktionen, teils als nominale Abstracta formuliert.[152]

Die einzelnen konkreten Begebenheiten unterstreichen gewisse traditionelle Auslegungsschemata, die aus der Kommentarauslegung geläufig sind. Die Demut Martins erweist sich, wenn er sich aus Bescheidenheit sträubt, das Amt des Diakons zu übernehmen. Der Heilige ist ungepflegt und häßlich, seine Kleider sind schmutzig, er besitzt nichts. Das ändert sich auch dann nicht, als er Bischof wird. Seine Sanftmut wird im Umgang mit den Klerikern auf die Probe gestellt. Geduldig erträgt der Heilige das Unrecht, das man ihm zufügt, gleichmütig läßt er sich beschimpfen und beleidigen. Er verachtet alles Irdische und strebt eifrig nach dem Himmlischen. Seine Seele hat sich bereits so sehr mit himmlischen Dingen beschäftigt, daß die Tränen Martins aufwärts fließen,[153] wenn er die Sünden seiner Feinde beweint. Daß der Heilige nach Gerechtigkeit hungert und dürstet, beweist sein Kampf gegen den Götzendienst. Christus selbst legt Zeugnis ab von der Barmherzigkeit des heiligen Martin, wenn er sich im Traum mit der Hälfte von Martins Mantel bekleidet zeigt. Dem Feind, der ihm an der Tür auflauert, kann Martin ohne Furcht mitteilen, er ruhe in Abrahams Schoß. Soviel Furchtlosigkeit kann nur einer zeigen, dessen Herz rein ist. Der Heilige stiftet Frieden zwischen zerstrittenen Klerikern und erträgt zahlreiche Verfolgungen. Die Erfüllung aller durch die Seligpreisungen geforderten Tugenden

---

152 Es handelt sich um folgende Konstruktionen: pauper spiritu, mansuetudo, flere peccatis, iustitiam esurire, misericordia, munditia cordis, opus pacificorum, persecutionem propter iustitiam sustinui.

153 A.a.O., 409, 16.

bringt ihm endlich die Siegeskrone ein, die sonst den Märtyrern vorbehalten bleibt.[154]

Die Erfüllung der Seligpreisungen durch den heiligen Martin soll den
Gläubigen ein Ansporn sein; jeder Gläubige kann die virtutes tun, die
Martin getan hat, denn Martin ist ja *per omnia similis nobis*. Daß Martin
den Weisungen der Bergpredigt zu entsprechen vermag, verdankt er nicht
irgendwelchen wunderbaren Kräften, sondern allein Gottes Gnadenhandeln. Auch darin unterscheidet er sich nicht von andern Gläubigen. Jeder Christ kann Gott 'in fide et sacramentis' begegnen und auf diese Weise 'Christum in se habere'.[155] Das Tugendschema der Seligpreisungen
zeigt exemplarisch, wessen der von Gott erfüllte Gläubige fähig ist. Die
Seligpreisungen sind die Summe dessen, was am Heiligen 'imitabile' ist.
Dadurch unterscheiden sie sich von Zeichenhandlungen, Wundertaten
und merita des heiligen Martin, die keine konkreten Folgen im Leben
der Gläubigen haben können, sondern höchstens ehrfürchtiges Staunen
hervorrufen.

Die Zahl der Belege, die alle acht Seligpreisungen zur Darstellung eines Heiligen einsetzen, ist recht klein. Allerdings dürfen sie nicht isoliert
interpretiert werden. Sie gehören zur breit bezeugten Wirkungsgeschichte der Seligpreisungen, die die Gruppe von sieben oder acht evangelischen
beatitudines als Mittel zur Gestaltung formaler und inhaltlicher Zusammenhänge versteht. Die Gruppe der Seligpreisungen wird über die Sie-
ben- ('Gaben des Heiligen Geistes') oder Achtzahl ('Auferstehung Christi') mit wichtigen heilsgeschichtlichen Fakten verbunden. Heilsgeschichte ist in diesem Zusammenhang immer Geschichte der christlichen Kirche, des corpus mysticum Christi. Es ist Geschichte auf dem Weg zum
achten Zeitalter, dem Zeitalter der Vollendung. Die Gruppe der Seligpreisungen verbindet die unterschiedlichen Zeitachsen. Heilsgeschichtliche Grundlegungen der Kirche oder bestimmter Kirchenfeste, die im
Licht der Weisungen Jesu zu bestehende Gegenwart der Kirche und die
dieser Kirche verheißene Zukunft – all dies berühren die Seligpreisungen der Bergpredigt. Innerbiblische Interpretationshilfen sind vorzugs-
weise ekklesiologische Aussagen aus den neutestamentlichen Briefen
(Röm.2,17ff.; 6; Eph.2,11ff.).

---

154 Zum Motiv des unblutigen Martyriums vgl. Steidle, 1956, 171f.; Malone, 1956,
     201f.; Leclercq, 1956, 245ff.
155 op. V, 1968, 407, 4f.

Die Gruppe der Seligpreisungen gilt aber auch als Tugendkatalog, den der einzelne Christ zu erfüllen hat; in der Regel sind die einzelnen Seligpreisungen dann als Stufen des Aufstiegs verstanden. Das Ziel dieses Aufstiegs ist durchaus verschieden: es kann als christliche Vollkommenheit, aber auch als unio mystica der Seele mit Gott verstanden werden. Die Seligpreisungen können dabei als Gruppe von sieben oder acht Einzelsprüchen verstanden werden. Ihre Funktion als Tugenden wird häufig im Gegensatz zu weiteren Septenaren entfaltet. Besonders beliebt ist das Motiv des Tugend-Laster-Kampfes.

D. Die Auslegung der Seligpreisungen

Die Auslegung der Seligpreisungen in Kommentaren und Predigten setzt die Akzente teilweise anders, als die Wirkungsgeschichte es vermuten ließe. Wir stellen das Material im folgenden historisch geordnet dar.[156]

1. Die Kommentare

a. Die irischen Auslegungen

In der Handschrift *clm 14514* sind insgesamt fünf Auslegungen der Seligpreisungen überliefert.[157] f.109[r] entspricht der Auslegung des Ps. Walafrid-Strabo-Kommentars und stellt eine der zahlreichen Rezensionen der Expositio IV Evangeliorum des Ps. Hieronymus dar.[158] Die Seligpreisungen sind ziemlich knapp ausgelegt. Auffällig ist insbesondere das von sämtlichen irischen Auslegungen verwendete Schema, welches alle acht Seligpreisungen mit Schriftbelegen als von Christus erfüllte Weisungen darstellt.[159] Die achte Seligpreisung der Verfolgten wird in dieser Rezension durch zwei alttestamentliche Präfigurationen christologisch gedeutet.[160] Typisch für die irischen Auslegungen ist die stark schematisierte Auslegung der Seligpreisung der Trauernden.

---

156 Entstehung der einzelnen Werke, Datierungsfragen und biografische Daten zu den Autoren sind für die meisten Kommentare bereits in III.B behandelt worden.

157 Vgl. dazu oben, 26f.

158 Vgl. Bischoff, 1966, 204f. und Griesser, ZKTh 54, 1930, 40ff.

159 PL 114, 873A/clm 14514, f.109[r].

160 Jes.4,1 und 1.Petr.3,20/2.Petr.2,5; vgl. zu weiteren Belegen für die beiden Präfigurationen Meyer, 1975, 139ff.; Meyer/Suntrup, FMS 11, 1977,50.

Aus drei Gründen weint der Christ in dieser Welt: er beweint seine eigenen Sünden, die Sünden seiner Nächsten oder weint aus Sehnsucht nach
dem Himmel. Den drei Ursachen des Weinens entsprechen die drei Eigenschaften der Tränen: sie sind bitter, warm und fallen vom Himmel.[161]

Die Seligpreisungen werden nacheinander ausgelegt, ohne daß eine
Stufung beabsichtigt ist oder die Verbindung mit den Geistesgaben deutlich gemacht wird. Pauperes spiritu sind Menschen, die reich sein könnten, aber aus freien Stücken *pro Spiritu sancto* arm bleiben. Sanftmütig
heißen Menschen, die Böses nicht mit Bösem vergelten; das Erkennungs-
zeichen derer, die nach Gerechtigkeit hungern und dürsten, besteht darin, daß ihnen ihre guten Taten durchaus nicht ausreichend zu sein scheinen. Von den Barmherzigen weiß der Kommentar, daß sie 'cum dono
suo in coelo vadent.'[162] Ihnen hilft Gott aus ihren Nöten, weil sie selber Barmherzigkeit übten. Die Herzensreinen sind sich keiner Sünde bewußt; Gott, der selber rein ist, sieht auf sie. In vier Bereichen vermitteln
die Friedensstifter: zwischen Gott und Mensch, zwischen Feinden und
Freunden und zwischen Leib und Seele.[163] Verfolgung erleiden bedeutet, sie um Christi willen zu ertragen.

Die Auslegung wechselt zwischen dem einfachen, unvermittelten Vergleich mehrerer biblischer Worte und der Aneinanderreihung von unterschiedlichen Auslegungsschemata. Es ist für die gesamte mittelalterliche
Auslegung der Seligpreisungen typisch, daß einzelne Seligpreisungen mit
anderen Bergpredigtworten erläutert werden. In diesem Fall handelt es
sich um die Seligpreisung der Sanftmütigen (Mt.5,5), die durch die Antithese von der Feindesliebe (Mt.5,39) interpretiert wird.

Die christologische Interpretation der acht Seligpreisungen schließt
sich an die Auslegung der einzelnen Seligpreisungen an. Christus hatte
keinen Ort, wo er bleiben konnte (Lk.11,24), er war seinen Jüngern
Beispiel für Milde und Sanftmut (Mt.11,29), er weinte um Jerusalem
(Lk.19,41), seine Speise war die Erfüllung des väterlichen Willens (Joh.
4,34), er wollte Barmherzigkeit statt Opfer (Hos.6,6), forderte zur Nachahmung seiner Heiligkeit auf (Lev.19,2), gab den Jüngern seinen Frie-

---

161 Der Text ist stark verderbt. Der Sinn mancher Stellen ist kaum deutlich zu
     machen!
162 PL 114, 872D.
163 Ebd. 873A.

den (Joh.14,27) und wies auf die Verfolgungen hin, die ihn und seine Jünger heimsuchen sollten (Joh.15,18ff.).

Die beiden Auslegungen clm 14514, f.76 und f.129^v/f.130^r bringen einige Varianten. Die erste Seligpreisung betrifft nicht solche, die materiell Not leiden, sondern diejenigen 'qui carnalibus cogitationibus mundi sunt et sola spiritalia concupiscunt'. Die zweite Seligpreisung meint das ungestörte Verhältnis von Leib und Seele des Menschen. Sanftmütig ist der Mensch, dessen Seele seinen Leib keusch ('in castitate') bewohnt. Barmherzige tragen fremde Not wie ihre eigene. Das Schema zur Seligpreisung der Trauernden fehlt. Seliggepriesene sind solche, die ihre eigenen Sünden beweinen ('lugiunt pro scelere suo'); ihnen ist ewige Freude und die Schau Gottes verheißen.[164]

Auch diese Auslegung bringt zusätzlich zur Deutung der einzelnen Seligpreisungen die christologische Interpretation aller acht Seligpreisungen. Zur dritten Seligpreisung (Mt.5,5) wird zu Mt.11,29 noch auf das Verhalten Jesu während der Passion hingewiesen: 'et cum male diceretur non remaledixit; et cum percuteretur non repercussit'. Die Seligpreisung der Trauernden wird durch Lk.19,41 und den zusätzlichen Hinweis auf die Trauer Jesu anläßlich des Scheintodes von Lazarus ergänzt. Mt.5,6 ist durch das vierzigtägige Fasten Jesu (nach Mt.4,1ff.) und das Gespräch mit der Samaritanerin (Joh.6) ausgelegt sowie in Jesu Ausspruch am Kreuz (Joh.19,28). Die Seligpreisung der Barmherzigen erfüllt Jesus, wenn er sich über die viertausend Hörer erbarmt und sie speist (Mt.15,32). Mt.5,8 endlich gilt Christus, weil der Fürst der Welt keine Macht über ihn hat (nach Joh.14).

Die Belegstellen zur christologischen Interpretation der Seligpreisungen mischen grotesk wörtliche Deutungen — etwa der Hinweis auf den Ausspruch Jesu am Kreuz: 'Mich dürstet!' als Interpretament der Seligpreisung der nach Gerechtigkeit Hungernden und Dürstenden —, mit asketischen Elementen — so die Auslegung derselben Seligpreisung durch Jesu Fasten.

Bereits in der Auslegung der einzelnen Seligpreisungen finden sich spiritualisierte Deutungen; so gilt die erste Seligpreisung Menschen, die die Welt und ihre Laster hinter sich gelassen haben und *sola spiritalia concupiscunt*. Es handelt sich also im ganzen eher um frei zusammengestell-

---

164   clm 14514, f.76^r.

te Deutungsvorschläge als um eine konsequent durchgezogene Auslegung auf einer Ebene.[165]

Stark erweitert ist die Auslegung von clm 14514, f.103^r/f.104^r. Jeder Mensch ist fähig, Jesu Weisungen zu erfüllen. Die Seligpreisungen sind Ausdruck des grenzenlosen göttlichen Erbarmens. Gott will seine Geschöpfe lieber segnen statt ihnen zu fluchen. Die christologische Deutung weist einige unbedeutende Varianten auf.[166] Neu ist die zusätzliche Auslegung aller Seligpreisungen auf die Apostel. Die Apostel waren pauperes spiritu et verbo, denn Gott erwählt das, was der Welt töricht zu sein scheint. Die Apostel waren weder stolz noch aufgeblasen, sondern 'habebant caritatem ad edificantem ad fidem'. Daß in der ersten und letzten Seligpreisung das Himmelreich verheißen wird, ist ein Hinweis auf die unbeschränkte Binde- und Lösegewalt der Apostel; sie öffnen und verschließen das Himmelreich. Besonders ausführlich ist die Deutung der Seligpreisung der Trauernden. Sie besteht aus mehreren *Dreierschemata*. Drei Eigenschaften besitzen Tränen: sie sind durchsichtig wie der Himmel, salzig wie das Meer und warm wie das Feuer. Aus drei Gründen steigen dem Menschen die Tränen in die Augen: wegen körperlichem Schmerz, aus Trauer über den Verlust materieller Güter und nach enttäuschter Liebe. Israels Durchzug durch die drei Wasser des Roten Meeres, des Arnon und des Jordan präfiguriert die christliche Bußtrauer. Durch Glaube, Hoffnung und Liebe gelangt der Christ zum Glauben an die Trinität. Nur drei Arten von Trauer gilt die Verheißung des Landes: der Trauer um den Verlust geistlicher Güter, der schmerzlichen Sehnsucht nach dem Himmel und dem Überdruß an allem Irdischen sowie der zornigen Trauer im Kampf gegen Dämonen und Laster. Den verheißenen Trost wirkt in der Gegenwart der Heilige Geist, künftig der Erlöser selbst (nach Apk.21). Die Auslegung der vierten Seligpreisung der nach Gerechtigkeit Hungernden und Dürstenden verwendet die Vierzahl. Der Stellung der auszulegenden Seligpreisung in der Reihe der andern Seligpreisungen weist darauf hin, daß die dank der Tränen der Reue gereinigte Seele durch die vier Evangelien gesättigt wird. Die Seligpreisung der

---

165 clm 14514, f.129^v/f.130^r läßt in der christologischen Interpretation die erste Seligpreisung aus und setzt direkt mit Mt.5,5 ein [Andere Zählung der Vulgata beachten!].

166 Beleg zu Mt.5,3 ist 'qui pauper factus est pro nobis cum dives esset'. Beleg zu Mt.5,8 ist 'qui peccatum non fecit. nec inventus est dolus in ore eius.'

Friedensstifter (Mt.5,9) wird wieder durch ein *Dreierschema* ausgelegt: Friedensstifter schaffen Frieden zwischen den Engeln und den Menschen, zwischen Leib und Seele und unter den Menschen. Zur achten Seligpreisung an die Verfolgten bemerkt der Kommentar, daß drei Dinge dem Menschen große Mühe bereiten, nämlich Verzicht auf Reichtum, Verachten der Laster und Ertragen von Verfolgungen. Entsprechend groß ist der Lohn, das verheißene Himmelreich.

Die Auslegung der Seligpreisung aus *clm 6302*, einer Handschrift aus der zweiten Hälfte des 8. Jh.,[167] läßt gewisse Anleihen aus der Bergpredigtauslegung Augustins erkennen.[168] Der Text ist schlecht erhalten und läßt sich teilweise kaum verstehen. Der Aufstieg Jesu auf den Berg bedeutet das Fortschreiten von der vita actualis zur vita theorica.[169] Der Kommentar assoziiert dazu die beiden Gesetzestafeln des Dekalogs, die Jesus durch seinen Aufstieg erfüllte. Der Berg als Ort der Predigt deutet auf den mühevollen Weg ins Gottesreich.[170]

Mehrere schematische Deutungen der acht Seligpreisungen stehen nacheinander. Die Reihe wird eröffnet durch die Herleitung der einzelnen Seligpreisungen aus alttestamentlichen Prophetien. Hauptquellen sind die Psalmen und Jesaja. Daran schließt sich die Zuordnung der Seligpreisungen zu acht Patriarchen (Hiob, Isaac, Jacob, Samuel, Abraham, Loth, Salomo, David)[171] und die christologische Deutung der Seligpreisungen an.[172] Die Auslegung wird abgerundet durch einen Abschnitt 'quomodo haec octo beatitudines in omni fideli inplentur' und die Verbindung von Geistesgaben und Seligpreisungen in der seit Augustin üblichen Reihenfolge.[173]

---

167 Vgl. Bischoff, 1966, 255.

168 Die Auslegung setzt ein mit der ausführlichen Erläuterung von Mt.5,1-2 und der Lk.Parallele. Die Zuordnung der Seligpreisungen zu den Geistesgaben geht auf Augustin zurück; das heißt nicht unbedingt, daß eine direkte Beziehung besteht! Vgl. clm 6302, f.43ʳ. f.40ᵛ und CChr.SL 35, 9, 188ff. und CSEL 53, 145f.

169 Vgl. Bischoff, 1966, 220 – clm 6302, f.40ᵛ 'Apparet causa ascensionis in montem Visio multitudinis est et adfuit inabtuale In terica proficeret Et ut dua tabula impleret. Unam homini est hoc est actualem Et alterum deo hoc est theoricam vitam.'.

170 Vgl. clm 6302, f.40ᵛ: 'mons frigus et famis locus'.

171 Vgl. dazu Ohly, ZDA 84, 1952/53, 214.

172 clm 6302, f.41ᵛ/f.42ʳ.

173 Ebd., f.43ʳ.

Die Auslegung der Seligpreisungen auf die Erfüllung durch den einzelnen Gläubigen ist vielschichtig. So bemerkt der Kommentar etwa zur ersten Seligpreisung, *paupertas spiritu* bezeichne sowohl den Verzicht auf sämtlichen Besitz, wie ihn Jesus von seinen Nachfolgern gefordert habe als auch die Haltung der Demut. Es scheint, als beziehe sich die Deutung *Demut* auf einen größeren Adressatenkreis als die Deutung auf Besitzverzicht, der ausdrücklich als Forderung an Nachfolger bezeichnet wird. Die Seligpreisung der nach Gerechtigkeit Hungernden und Dürstenden fordert gerechtes Handeln, Almosen und die *caetera bona opera*. Die Adressaten der Seligpreisung der Herzensreinen sind Jungfrauen und Einsiedler; Herzensreinheit heißt nämlich nicht zuletzt leibliche Keuschheit. Die Seligpreisung der Friedensstifter wird durch das bereits aus clm 14514 bekannte *Dreierschema* ausgelegt; die drei Arten des Friedens sind hier in clm 6302 als 'pactiones' bezeichnet.[174]

clm 6302 enthält asketische, bezüglich der Adressaten begrenzte Aussagen neben einer Reihe von verinnerlichten Deutungen einzelner Seligpreisungen. Eine klare Linie ist auch in dieser Auslegung nicht ersichtlich.

b. Die karolingischen Kommentare

Hrabanus Maurus und Ps. Beda

Hrabanus setzt seine Auslegung der Seligpreisungen beinahe ausschließlich aus Hieronymus- und Augustinzitaten zusammen.[175] Er verwendet für die Seligpreisungen keinen besonderen Begriff; einzig im Rückblick auf die Auslegung von 5,3-10 bezeichnet er die Seligpreisungen als *sententiae*.[176] Er versteht die *beatitudines* als Verhaltensweisen, die in ihrer Gesamtheit zur *beatitudo* führen. Eine gewisse Stufung ist dazu Voraussetzung, wird aber nicht thematisiert. Von Augustin übernimmt Hrabanus die Kombination der Seligpreisungen mit den Geistesgaben; die Verbindung mit dem dritten Septenar der Bergpredigt, den Bitten des Vaterunser, folgt erst in der Auslegung des Vaterunser.[177] Die erste Seligpreisung ist als die dem Stolz und dem Hochmut entgegengesetzte Hal-

---

174   clm 6302, f.42ʳ. – Das Viererschema zur Auslegung der Seligpreisung an die Trauernden scheint irisches Gut zu sein. Vgl. Hraban.: PL 107, 796A/B; Ps. Beda: PL 92, 24C/D; Glossa ordinaria: PL 114, 872 C/D und oben, 25f.

175   Vgl. unten, Anhang I, 307.

176   PL 107, 799C.

177   Vgl. PL 107, 822B/823A.

tung der Demut und Gottesfurcht verstanden. Der Geist der humilitas macht den wahren, von Gott seliggepriesenen Armen aus; zu den Demütigen ist Jesus nach Jes.61,1 gesandt. Demut und Gottesfurcht ist die grundlegende Voraussetzung für die künftige beatitudo; umgekehrt eröffnen Hochmut und Stolz die Reihe der Laster.[178]

Die Seligpreisung der Sanftmütigen fordert dazu auf, 'das Böse durch das Gute' zu besiegen (Röm.12,21). Das Gegenteil einer solchen Haltung drückt sich in erbitterten Querelen um vergängliche Dinge aus. Das verheißene Land meint die terra viventium, die requies et vita sanctorum im Himmel. Die Deutung der dritten Seligpreisung (Mt.5,4) der Trauernden erweitert die irischen Dreierschemata: Jesus preist nicht jede beliebige Art von Trauer selig. Wahre Christen trauern aus vier Gründen: sie beweinen ihre eigenen Sünden, trauern um die Toten, die im Höllenfeuer schmachten, weinen um die in Sünden verharrenden Mitchristen oder vergießen Tränen aus Sehnsucht nach dem Himmel.[179] Die Trauer ist Zeichen einer gefallenen Welt; sie gilt dem Urstand und dem verheißenen Gottesreich gleichermaßen. Zeitliche Trauer aber schafft ewige Freude; der Heilige Geist bringt der Welt diese Freude.

Biblische exempla trauernder Menschen sind Samuel und Paulus.[180] Mt.5,6, die Seligpreisung der nach Gerechtigkeit Hungernden und Dürstenden spornt die Christen an, sich nicht einfach mit einer unkonkreten Sehnsucht nach Gerechtigkeit zufrieden zu geben, sondern Taten zu wagen. Gerechtigkeit muß quälen, wie leiblicher Hunger und Durst einen quälen. Nur der wird hier seliggepriesen, der wirklich handelt und *opera justitiae* wirkt. Der Täter der Gerechtigkeit wird mit jener Speise und jenem Trank gesättigt werden, die ewiges Leben bringen (nach Joh. 4,14.34).[181]

Liegt das Schwergewicht der Auslegung bei Mt.5,6 im konkreten Tun von Gerechtigkeit, so differenziert Hrabanus zu Mt.5,7; Jesus fordert

---

178 Die beiden bibl. Belegstellen sind Eccl.1,7 und Sir.10,12 (PL 107, 795A/B).

179 Auch die Eigenschaften der Tränen werden auf 4 ergänzt: Tränen sind feucht, sie waschen die Sünden ab und setzen die Taufe wieder in Kraft; sie sind salzig und bitter, dämpfen dadurch die voluptas und ziehen das Fleisch zusammen; sie sind warm als Gegensatz zur eisigen Kälte der Treulosigkeit; sie sind endlich rein und setzen den Menschen instand, nach der Buße über seine Sünden einen neuen Lebenswandel zu beginnen. (PL 107, 796A/B).

180 Ebd. 795D.

181 PL 107, 796B/C.

nicht nur zu materiellen Almosen auf. Barmherzigkeit ist auch auf das
Seelenheil des Nächsten gerichtet. Wer barmherzig sein will, der trage
die Last des andern wie seine eigene, er weise die Irrenden zurecht und
belehre die Unwissenden. Solche Taten werden ihm im Gericht angerechnet werden.[182] Reinheit des Herzens bezeichnet die Eindeutigkeit, 'Einfalt' eines Menschen, der ist, was er zu sein scheint. Wer einfältig ist, hat
ein gutes Gewissen und vermag Gott zu schauen, hier auf Erden wie
durch einen Spiegel, im Himmel dann von Angesicht zu Angesicht. (1.
Kor.13). Mehrere Handlungsebenen spricht die Seligpreisung an die Friedensstifter an. Frieden meint die vollkommene Harmonie zwischen den
Teilen eines Ganzen. Voraussetzung zum Frieden zwischen Menschen
oder Menschengruppen ist der innere Friede jedes Einzelnen. Dazu muß
er den Lastern entsagt und alle Affekte und Kräfte dem Geist und dem
Verstand untergeordnet haben. Der Verstand ist oberste Instanz der
menschlichen Seele und ist seinerseits Christus untertan. Der innere Friede setzt den Menschen in den Stand, auch für den äußeren Frieden zu
wirken.[183] Die achte Seligpreisung (Mt.5,10) steht außerhalb der Reihe
der übrigen sieben. Sie weist auf die Krönung aller seliggepriesenen Haltungen und Handlungsweisen im Martyrium hin.

Das hier und in der ersten Seligpreisung verheißene Himmelreich ist
die 'perfecta sapientia animae rationalis'. Alle Verheißungen spiegeln Facetten der großen, allgemeinen Verheißung des Himmelreichs. Sie sind
bereits in diesem Leben teilweise erfahrbar, wie das Beispiel der Apostel
lehrt. Für die Zukunft ist die vollkommene 'mutatio in evangelicam for-
mam' verheißen, die nicht in menschliche Worte gefaßt werden kann.
Immerhin: die Reihe der Verheißungen steigert sich von der vollkommenen Weisheit der ganz auf die ratio ausgerichteten Seele über die Wiederherstellung der Gottebenbildlichkeit des Menschen (Mt.5,9) hin zum
ewigen Erbe, dem Gottesreich.[184] Mt. 5,11 und 12 beziehen sich hauptsächlich auf die Apostel und weisen zusammen mit den beiden Bildworten vom Salz und vom Licht auf die hohe Würde des apostolischen Amtes hin.[185] Verfolgungen müssen die Nachfolger Jesu freudig aushalten;

---

182 Ebd. 796C.
183 Ebd. 797A/B.
184 PL 107, 799A.
185 Ebd. 799C/D.

der Lohn winkt ihnen in Gestalt geistlicher Güte jetzt schon, vollkommen aber erst nach der Auferstehung aller Gläubigen.

Ps. Beda kombiniert die Seligpreisungen von Anfang an mit den Geistesgaben. Die Auslegung setzt keine Stufung voraus. Die Geistesgaben werden teilweise als *beatitudines* bezeichnet, für die Seligpreisungen fehlt eine systematisierende Bezeichnung.[186] Die Auslegung der einzelnen Seligpreisungen entspricht in etwa der Auslegung Hrabanus', legt aber Gewicht auf die das geforderte Handeln bzw. Verhalten ermöglichenden Gaben des Geistes.

Paschasius Radbertus

Paschasius ist DER große Ausleger der Seligpreisungen; er baut auf den von Augustin gelegten Fundamenten weiter und macht aus seiner Exegese einen brillanten Traktat über den Zusammenhang von göttlicher Gnade und menschlichem Tugendhandeln. Begriffliche Schärfe und systematische Kraft machen seine Auslegung derjenigen Augustins kongenial und weisen voraus auf die großen Exegeten und Systematiker des 12. und 13. Jh..

Es sind die beiden Zahlen sieben und acht, die dem Ausleger das Paradox von Gnade und Tugend erschließen. Die Sprache Radberts wird hymnisch, wenn er auf das Geheimnis der beiden Zahlen hinweist:

> 'Intellegam enim quod
> septem sint dona sed unus Spiritus
> septem orationes sed una petitio. Unde propheta:
>> Unam petii a Domino hanc requiram.
> Septem virtutum beatitudines una nimirum caritas...
> Septem sunt incrementa meritorum sed una ex resurrectione Christi virtus quae et octava ..'[187]

Die sieben Bitten des Vaterunser, die sieben Gaben des Heiligen Geistes erschließen dem Gläubigen den Zugang zu den Tugenden ('virtutes'). Das Fundament dazu legt die eine virtus Christi, seine Auferstehung.[188]

---

186   PL 92, 24B. – In der Einzelauslegung dominiert allerdings der Begriff 'spiritus'. Vgl. ebd. B.D. etc.

187   CChr.CM 56, 301, 2153/2158.

188   'Quod licet septem Spiritus Sancti donis credentibus reseratum sit et praemissis septem carismatum precibus longe diu expetitum totidemque virtutibus harum beatitudinum inhianter quesitum tamen non absque octava Christi resurrectione illius praemia consecuntur.' (CChr.CM 56, 300, 2119/2123).

Durch das Wirken des siebenfältigen Geistes strömen sämtliche 'dona virtutum' hervor.[189] Die Salbung durch den Geist vermittelt den Menschen die zum Leben nötigen Bitten des Vaterunser. Ohne den Geist wüßte der Mensch nicht einmal, was er beten soll. Gestärkt durch die Gaben des Geistes, ausgerüstet mit den Bitten des Vaterunser, begibt sich der Mensch an die Ausführung der ihm befohlenen Tugendwerke. Durch die eine virtus Christi werden dem Menschen dann die *merita* oder *praemia* verliehen. Auch wenn der Mensch tatsächlich aufgefordert ist, Tugendwerke zu leisten, so verdankt er doch den 'processus meritorum et largitoris beneficia ex integro totum' Christus.

Die Tugendwerke der Seligpreisungen sind nicht in erster Linie menschliche Tugenden, sondern vielmehr 'virtus consumata in nobis'.[190] Die Kraft Gottes, virtus Dei, schafft in den Menschen die Voraussetzungen zur Ausführung der virtutes aus den Seligpreisungen. Sämtliche dem Menschen aufgetragenen virtutes sind in der virtus der Auferstehung Christi grundgelegte und im Leben und Sterben Christi erfüllte virtutes.

Die Trias von Vaterunserbitten, Geistesgaben und Seligpreisungen ist Ausdruck der göttlichen Pädagogik, die die unterschiedliche Auffassungsgabe der Menschen einzuschätzen weiß und entsprechend vorgeht:

> 'Idcirco conpendiose satis non modo mandatorum tradidit disciplinam verum etiam donorum atque precum ut verbis paucioribus memoriae res multiplices et pernecessarias commendaret.'.[191]

Trotz der unterschiedlichen Fähigkeiten der Menschen fordert Jesus in der Bergpredigt dazu auf, vollkommen zu sein. Diese Forderung gilt allen. Es ist aber nicht ein gnadenloser asketischer Wettkampf gefordert, Vollkommenheit *ex proprietate sui*. Gefordert ist vielmehr die Vollkommenheit *ex gratia divine largitatis et virtutum integritate*.[192] Das Streben nach solcher Vollkommenheit ist denn auch kein verbissen-egoistisches Kreisen um das eigene Seelenheil. Das macht etwa die Seligpreisung

---

189   CChr.CM 56, 302, 2170.
190   Vgl. ebd. 360, 3981ff. – Vgl. dazu oben, 58 sowie zum Begriff der virtus im 12. Jh. Javelet, Cîteaux 11, 1960,252ff.
191   CChr.CM 56, 408, 1527/1520. – Vgl. zur Trias auch CChr.CM 56, 289, 1783/1786; 300, 2119/2123; 301/302 – Bes. zur Funktion des Gebets und der Bitten vgl. ebd. 372ff; 377, 527-378, 547; 379, 583-380, 591; 383, 694/698; 386, 801/811; 405, 1420/1429; 408, 1522-409, 1542.
192   CChr.CM 56, 360, 3969f.

der nach Gerechtigkeit Hungernden und Dürstenden deutlich. Gerechtigkeit ist nämlich nicht eine Tugend neben andern Tugenden. Sie ist 'quasi genus ceterarum virtutum quibus constare videtur'. Gerechtigkeit bedeutet nach der klassischen Definition, jedem zu gewähren, was ihm zusteht.[193] Die Seligpreisung Mt. 5,6 zeigt exemplarisch, was grundsätzlich für alle Seligpreisungen gilt:

> 'Hinc patet quod non pro se tantum agit verum et aliis subvenire gaudet se quoque Deo reformari parat et commune cum proximis officiose vivere.'[194]

Radbertus *gliedert* die Seligpreisungen in mehrere *Gruppen*. Die ersten drei Seligpreisungen wollen den Menschen von seinen Sünden und Lastern reinigen. Bevor dies nicht geschehen ist, ist der Mensch unfähig, Tugenden zu wirken. Solange einer krank ist, fehlt ihm nämlich der Appetit auf stärkende Nahrung.[195] Die drei ersten Seligpreisungen heilen den gefallenen Menschen soweit, daß er Appetit auf Gerechtigkeit zu verspüren beginnt. Sie führen dem Kranken die Umwertung aller weltlichen Werte vor Augen; die erste Seligpreisung handelt vom Paradoxen derer, die 'tamquam nihil habentes et omnia possidentes'.[196] Der faktische materielle Besitzstand der Menschen spielt keine Rolle; wichtig ist die *Einstellung* dazu. 'An pauperes non sunt qui cuncta terrena non tamquam propria sed tamquam aliena dispensant?'.[197] Zu der von Jesus geforderten Armut gehört zweierlei: die contricio spiritus und der Verzicht auf alles Irdische. Den ersten Teil der Forderung können alle erfüllen; demütig und gottesfürchtig barmherzige Werke zu tun und den vorhandenen Besitz nicht zur Stillung leiblicher Gelüste einzusetzen. Sich dabei aber nicht besser einzuschätzen als andere, sondern 'semper se inutilem' zu betrachten.[198] Solchen geistlichen Armen ist das Himmelreich *quasi ex officio* verheißen, um der Welt zu beweisen, daß die Umwertung aller Werte Folgen hat: 'ut qui Christum paupertate sequi et servitutis iugo

---

193 Ebd. 289, 1778. – Vgl. den Apparat zur Stelle, der auf Aug.De lib.arb. 1,90 verweist.
194 Ebd. 289, 1779/1781.
195 Ebd. 289, 1774/1776; vgl. 293, 1891f.
196 Ebd. 284, 1612ff.
197 Ebd. 284, 1606/1607.
198 Ebd. 284, 1625.

subire decreverint divites futurorum regna felicesque possideant'.[199]
Die zweite Seligpreisung führt in dieselbe Richtung: sie gilt den Bescheidenen, denen, die ihre fleischlichen Regungen gebändigt und die Seelenkräfte der ratio unterworfen haben. Löste die erste Seligpreisung die sie
Erfüllenden von Stolz und Hochmut, so nimmt jetzt die Seligpreisung
der Sanftmütigen alle Gier nach der Welt 'ut deponant hinc inde tunicam
primi parentis'.[200] Die Seligpreisung der Trauernden setzt das Erlösungs-
werk fort, indem sie den Menschen reinigt.[201]

Nach diesen drei Seligpreisungen setzt ein neues Stadium ein. Es äußert
sich darin, daß der von Lastern und Gier befreite und gereinigte Mensch
von sich absehen kann und sich dem Mitmenschen zuzuwenden beginnt.

> 'Quas [scil. die drei ersten Seligpreisungen] qui habue-
> rit, miserias hominum cessabit suas non efficere, viribus
> quoque quibus poterit omnibus non subvenire.'.[202]

Diesem Stadium sind die beiden Seligpreisungen Mt.5,6.7 zugeordnet: Gerechtigkeit und Barmherzigkeit ergänzen einander.[203] Sie zielen
beide auf das Wohl des Mitchristen. Barmherzigkeit und Gerechtigkeit
gehen beide soweit, daß der sie Erfüllende auch feindlich gesinnten Menschen Gutes tut und Böse durch Güte zu überzeugen weiß.[204] Gerade
die Barmherzigkeit kann vieles in Bewegung setzen. Sie sichert jedenfalls
Vergebung der Sünden und befreit die Seele im Gericht aus der Todesge-
fahr.[205]

Die Seligpreisung der Herzensreinen (Mt.5,9) nimmt als sechste Seligpreisung Bezug auf den Schöpfungsakt des Menschen am sechsten Tag.
Damals schuf Gott den Menschen nach seinem Bild. Nach dem Fall ging
die Ebenbildlichkeit verloren.

Im Herzen des Gläubigen, das von allen Lastern und der Bindung an
die Welt frei ist, stellt sich die *imago Dei* wieder ein. Der Mensch vermag

---

199   Ebd. 285, 1653/1654.
200   Ebd. 287, 1701.
201   Die Auslegung ist ansonsten traditionell: Trauer besteht in der Besinnung auf
      das uns verheißene himmlische Sein und im Beweinen eigener und fremder
      Sünden. Exempla sind David (Ps.6,7), Jeremia (Jer.9,1), Samuel, Daniel und
      Paulus, Vgl. ebd. 287, 1727-288, 1736.
202   Ebd. 291, 1836/1837.
203   Ebd. 291, 1848-292, 1849.
204   Ebd. 291, 1845/1847.
205   Ebd. 292.

Gott genau in dem Maß zu schauen, in dem er zuvor der Welt entsagt hat. Der Geist der Einsicht erleuchtet die Seele, den *oculus mentis* zur Erkenntnis Gottes.[206] Ist der Gläubige einmal soweit vorgedrungen, so stellen sich ihm neue Gefahren in den Weg. Er darf sich jetzt nur noch auf das eine Ziel konzentrieren, auf die göttliche Trinität. Wer zum Licht aufsteigen will, darf unter keinen Umständen den Blick nach unten richten, wenn er nicht von Schwindel ergriffen abstürzen will.[207] Seele, Geist und Leib haben jetzt Frieden. Alle Kräfte des Menschen sind unter der Führung der ratio auf ein Ziel hin gespannt. Auch wenn dieser Zustand nicht dauerhaft sein kann, weil der Leib dem widerstreitet, bleibt doch ein Abglanz jenes Friedens, der allen Verstand übersteigt, zurück. Der Gläubige ist jetzt filius Dei, hat die Gnade der Annahme an Kindes Statt erhalten. Diese Gnade stärkt die Christen im täglichen Kampf um die Mehrung der Tugenden.[208] 'Et cum prestitum fuerit quod oramus totidem harum beatitudinum virtutibus caelorum munera per octavam Christi resurrectionem ad vitam praedestinatis iuxta opera singulorum connumerantur.'[209]

Die Reihenfolge der Seligpreisungen ist unumkehrbar. Jede setzt die Erfüllung aller vorangegangenen Seligpreisungen voraus.[210] Am schwersten ist es, Verfolgung zu ertragen. Ohne die sieben Tugenden und Gaben ist es unmöglich, diese größte Prüfung zu bestehen.[211] Darum muß sich der miles Christi rechtzeitig wappnen, um zum Streit gerüstet zu sein. Er kann auch ohne Blutvergießen die Märtyrerkrone erringen, falls er in Zeiten ohne Verfolgung lebt.[212] Sollte er aber vor die Wahl gestellt werden, den Glauben zu verleugnen oder zu sterben, so wähle er den Tod. 'Quia vera esuries iustitiae tunc probatur si ante quisque pro ea velit mori quam fidem ex qua iustificatus est sinat falsitatis mendatio violari.'[213]

---

206 Ebd. 293, 1905ff. Vgl. auch ebd. 361, 34-362, 46.
207 Ebd. 293, 1886ff. Vgl. auch zu Isaac von Stella, 273.
208 Radbertus läßt an dieser Stelle eine gewisse Hierarchisierung erkennen. Das Himmelreich ist allen verheißen. Je nach dem Maß der virtutes, die einer wirkt, winkt ihm ein besonderer Platz (gradus). Die merita virtutum bestimmen den Rang im Himmelreich. Vgl. CChr.CM 56, 297f.
209 Ebd. 300, 2128/2131.
210 Ebd. 287, 1705ff.
211 Ebd. 302, 2189f.
212 Zum blutlosen Martyrium vgl. Steidle, 1956, 171f.; Malone, 1956, 201ff.
213 CChr.CM 56, 302, 2184/2186.

Die Seligpreisungen sind die Summe dessen, was Jesus auf dem Berg predigte.[214] Was noch folgt, ist Erläuterung des komprimierten Inhalts der acht Seligpreisungen.

Christian von Stablo

Christian bezeichnet einzelne Seligpreisungen als *virtutes*. Offenbar kennt er den Gedanken eines stufenweisen Aufstieges nicht; auch die Verbindung von Seligpreisungen und Geistesgaben fehlt. Dafür hat Christian – vermutlich aus irischer Ttradition[215] – die christologische Auslegung sämtlicher Seligpreisungen übernommen.[216] Neben Beispielfiguren aus dem Alten Testament führt Christian auch die Heiligen Lampertus und Leodegar als Adressaten und Vorbilder einzelner Seligpreisungen an.[217] Die Auslegung der einzelnen Seligpreisungen nimmt sowohl auf den Kampf zwischen Tugenden und Lastern als auch auf äußerliche Handlungsweisen Bezug. In der Erklärung der Seligpreisung an die Barmherzigen betont Christian, diese Tugend richte sich keineswegs nur auf materielle Hilfeleistungen. Wichtig seien Mitgefühl und Erbarmen, auch wenn keine konkrete Hilfe erfolgen könne. Besonders in geistlichen Dingen brauchen Christen die gegenseitige Unterstützung. Barmherzigkeit spielt ebenfalls für das Verhältnis von Geistlichen und Laien eine Rolle. Der Pastor ecclesiae darf den Sünder erst dann von Sünden freisprechen, wenn dieser bereut hat. Wer sich Gott versündigt, kann von Menschen nicht Vergebung erwarten, bis Gott selber ihm die Absolution erteilt hat.[218] Einzelheiten der Auslegung sind neu; so beispielsweise eine Tugendtrias, durch die sich der Gläubige die den Sanftmütigen verheißene terra Domini erwerben kann. Es handelt sich um die Tugenden Wahrheit, Sanftmut und Gerechtigkeit.[219]

---

214 Ebd. 303f.
215 Vgl. dazu oben, 25f. – Zum irischen Einfluß bei Christian vgl. Laistner, 1957, 228ff.
216 PL 106, 1305B/C. – Die Belegstellen entsprechen denen aus clm 14514, f.109ʳ bzw. PL 114, 873A/B (vgl. oben 215ff.).
217 PL 106, 1305C, 1306A (Seligpreisung der Verfolgten, Mt.5,10-12); vgl.ebd. 1306A (Seligpreisung der Trauernden, Mt.5,4; Hl. Gregor).
218 PL 106, 1304C.
219 Ebd. 1303D.

Remigius von Auxerre

Quellenkritische Probleme haben bis vor kurzer Zeit die Untersuchung der Arbeiten aus der Schule von Auxerre erschwert. Einer der wichtigsten Autoren dieser Schule ist Remigius (ca. 840-908), Lehrer in Auxerre, später in Paris und Reims.[220] Grégoire hat Teile des nur handschriftlich überlieferten Matthäuskommentars von Remigius entdeckt und die Partie zu den Seligpreisungen 1970 veröffentlicht.[221]

Die Seligpreisungen schildern den Aufstieg der Seele zur Schau Gottes.[222] Die Geistesgaben werden in der seit Augustin geläufigen Weise den Seligpreisungen zugeordnet.[223] Überhaupt ist Augustin die hauptsächliche Quelle des Kommentars.[224] Die Bezeichnung der Seligpreisungen lautet auch hier *virtutes*. Die erste Seligpreisung gilt denen, die freiwillig arm und demütig sind. Typus einer solchen Haltung war die Urkirche und in ihr besonders die Apostel 'qui omnia sua reliquerunt pro Christo'. Remigius liebt ausführliche biblische dicta probantia. Zur urchristlich praktizierten Art der geistlichen Armut führt er beispielsweise 2.Kor.6,10; Ps.21,27; 33,7; 10,18; 50,9; Apg.3,6 an. Daß Remigius nicht nur materielle Armut als geistliche Armut bezeichnet, zeigt sein Hinweis auf die alttestamentlichen exempla Abrahams, David und Hiobs, die alle reich waren und denen dennoch die Seligpreisung an die geistlich Armen gilt, weil sie nicht stolz und hochmütig wurden.[225]

Gerechtigkeit ist die Tugend schlechthin. Mit der Nennung von Hunger und Durst wollte Jesus zu absoluter Hingabe an die Gerechtigkeit mahnen. Der Christ soll sich so um Gerechtigkeit bemühen wie einer, der Durst leidet, nichts mehr als einen Trunk wünscht. Gerechtigkeit meint in dieser Seligpreisung aber auch die Glaubensgerechtigkeit nach Röm. 3,22. Christus selbst ist die Gerechtigkeit, nach der der Gläubige streben soll (1.Kor.1,30) 'ut ardenti studio vestigia passionis ipsius imitari studeamus'. In diesem Leben kehren Hunger und Durst trotz allem Streben nach Gerechtigkeit regelmäßig wieder. Die verheißene Sättigung meint

---

220 Zur Biografie vgl. Scheffczyk, LThK 8, 1963, 1223ff.; Barré, 1962, 123ff.; Manitius, 1911a, 504ff.

221 Grégoire, REAug 16, 1970, 147ff., 283ff.

222 Grégoire, REAug 16, 1970, 157 (=ms 43, f.55rb). Die entsprechende Passage ist ein Zitat aus Augustins 'De doctrina christiana'.

223 Ebd. 157f. (=f.55va).

224 Vgl. ebd. 148.

225 Ebd. 152 (=f.52va).

die 'perfectio perpetuae felicitatis'.[226]

Auch die achte Seligpreisung nennt die Gerechtigkeit und ist darum Tugend schlechthin. Nur wem 'crucifixus est mundus, et qui perfecte mundo mortuus est' kann sie erfüllen. Allerdings bezieht sich auch diese Seligpreisung nicht nur auf wirkliche Verfolgungen. Durch die Achtzahl verweist sie auf die geistliche Beschneidung; durch gute Werke und geistliche Taten kann jedermann zum himmlischen Jerusalem emporsteigen.[227]

Das Schwanken zwischen asketischer und spiritueller Deutung einzelner oder aller Seligpreisungen ist typisch für die meisten Kommentare des 9. Jh.. Die Ausleger begnügen sich nicht mit einer Auslegungsebene, sondern führen alle ihnen geläufigen Traditionen an.

c. Die Kommentare des 11. und 12. Jahrhunderts

Bruno von Segni

Wer von sich sagen kann, er habe eine der Seligpreisungen erfüllt, darf bezüglich seiner künftigen Seligkeit beruhigt sein; Christus selbst, die Wahrheit, hat die Träger der Seligpreisungen seliggepriesen. Offensichtlich ist Bruno der Gedanke fremd, daß die Gruppe der Seligpreisungen einen stufenweise zu erfüllenden Tugendkatalog darstellen. Seiner Auffassung nach reicht es völlig, wenn jemand eine Seligpreisung erfüllt, weil jede Seligpreisung ohne Unterschied Verheißung mitbeinhaltet.[228] Eine besondere Bezeichnung für eine oder alle Seligpreisungen verwendet Bruno nicht. Er deutet die Seligpreisungen mehrheitlich spiritualisiert. So ist etwa die erste Seligpreisung der pauperes spiritu keinesfalls auf materiellen Reichtum zu beziehen. Entscheidend ist der Geist, der den Menschen prägt. 'Beati itaque pauperes spiritu et beati divites spiritu'. Viele Arme leben im falschen Geist; unter ihnen herrscht Zwietracht, Stolz, Uneinigkeit und Ehebruch. Es gibt aber auch Reiche, die im Geist der Weisheit, Einsicht, Verstand und aller spiritus aus Jes.11,2 leben und

---

226   Ebd. 154 (=f.53vb).

227   Ebd. 155 (=f.54va). – Der Rest der Auslegung ist traditionell. Vgl. zur vierfachen Natur der Tränen Grégoire, REAug 16, 1970, 153 (=f.53rb).

228   'Videat autem unusquisque haec audiens, si in aliqua istarum beatitudine continetur. Quod si in aliqua se invenerit, sit securus, beatus erit, hoc enim Veritas dixit.' (PL 165, 100C).

handeln. Entscheidend ist das Handeln und Leben im guten Geist.[229]
Die Seligpreisung der Sanftmütigen (Mt.5,5) fordert auf zu Geduld und
Standhaftigkeit, den Grundlagen jeder Tugend. Bruno von Segni weist
auf Lk.21,19 hin. Geduld und Standhaftigkeit ist auch im Verhältnis zu
den eigenen Sinnen vonnöten: der Geduldige hat seine Sinnesorgane 'im
Griff' und wehrt sich erfolgreich gegen unerwünschte Sinneseindrücke
jeglicher Art. Solche Zucht der Sinne führt zu Selbstbeherrschung im
Bereich des Leibes und der Seele.[230] Die Seligpreisung der nach Gerechtigkeit Hungernden und Dürstenden bezieht Bruno hauptsächlich auf
die Führungsspitzen im weltlichen und geistlichen Bereich: Könige, Fürsten, Richter, Bischöfe und Priester sollen sich stets Ps.106,3 vor Augen
halten: 'Wohl denen, die das Recht bewahren, und zu jeder Zeit tun,
was gerecht ist.'. Die Seligpreisung gilt aber auch jenen, die nicht so gerecht handeln können, wie sie möchten. Es reicht, wenn jeder tut was er
kann. Die Auslegung der restlichen Seligpreisungen ist traditionell.[231]

Rupert von Deutz

Die Auslegung der Seligpreisungen ist in den beiden Kommentaren
De trinitate et operibus eius (1117) und *De gloria et honore filii hominis
super Mattheum* (bis Buch 7: 1126) recht unterschiedlich.

In De trinitate et operibus eius ist der Rahmen durch die Terminologie
aus dem Bereich der *militia spiritualis* vorgegeben. Christus, der König
des neuen Reiches, sitzt auf dem Berg und belehrt seine Soldaten 'qui
vel quales esse debeant, qui militent regno Dei, quo belli ordine vel qua-
libus armis promerendum sit, ut sempiterna stipendia percipiant illius
regni.'[232] Rupert legt großes Gewicht auf die Feststellung, daß der neue
König seinen Soldaten all das vorlebt, was er von ihnen fordert. Die Seligpreisungen werden dabei mit den Geistesgaben gleichgesetzt, ohne
daß die Zuordnung explizit begründet würde. Die Seligpreisungen sind
nicht zuletzt gegen das jüdische Volk gerichtet: die Juden als 'leibliche

---

229 PL 165, 99D.

230 Ebd. 98A.

231 Exempla für die rechte Trauer sind Samuel (1.Sam.15,35), David (Ps.42,4),
     Jesus (Joh.11,35) und Paulus (PL 165, 98C). Belegstelle zur Seligpreisung der
     Herzensreinen (Mt.5,8) sind Mt.15,19 und Ps.137,9, zu Mt.5,9 werden Röm.
     12,18, Hebr.12,14 und Eph.2,14 zitiert. (ebd. 100A).

232 CChr.CM 23, 1797, 618/621.

Söhne des Reiches' glaubten, das neue Reich gehöre ihnen, und wurden darum hochmütig, stolz und gewalttätig. Sie eroberten sich Länder und häuften großen Besitz auf. So hofften sie, Herren des neuen Reiches zu sein. Ihren Erwartungen stellt der König Christus die Seligpreisungen entgegen. Christus will nicht Stolz, sondern demütiges Eingeständnis der eigenen Armut an geistlichen Gütern. Er verlangt nicht gewaltsame Eroberung großer Ländereien, sondern will Reue, Sündenbekenntnis und Buße haben. Er fordert Barmherzigkeit und Vergebung unter den Anhängern seines neuen Reiches. Die ersten sieben Seligpreisungen richten sich an alle Heere des Königs in gleicher Weise; Menschen und Engel sind gleichermaßen angesprochen. Die achte Seligpreisung dagegen gilt nur den Menschen, die aus Leib und Seele bestehen; nur sie können Verfolgung erleiden. Im übrigen ist Verfolgung auch als Anfechtung durch Laster zu verstehen, denen der *miles Christi* in Zeiten äußerer Ruhe ausgesetzt bleibt.

Die Verheißung der ersten und achten Seligpreisung unterscheidet sich darin, daß die erste Verheißung das Himmelreich Engeln und Menschen bereits *secundum animam* gegenwärtig sein läßt, die achte aber erst mit der Auferstehung aller Gläubigen *secundum corpus.*[233]

Christi Soldaten entsprechen jedenfalls nicht den Maßstäben irdischer Soldaten. Sie wollen nicht herrschen, sondern wissen, daß sie nur als Pilger auf Durchreise in dieser Welt weilen. Sie leiden lieber Unrecht, statt selber Unrecht zu tun und zu töten. Sie sind weder hochmütig noch ungerecht und gewalttätig.[234] Durch ihr Verhalten widersprechen sie dem Verhalten Luzifers, das zum Fall der Engel und der Menschen geführt hatte.[235] Noch Moses durfte Gott nicht schauen, obschon er barmherzig war und Gott für das Volk Israel um Verzeihung bat. Gott ließ sich nicht blicken, weil die Zeit der Versöhnung noch nicht gekommen war. Erst durch die Versöhnung Christi ist die Feindschaft zwischen Gott und den Menschen aufgehoben. Erst jetzt kann den Gläubigen die Gottesschau verheißen werden. Dasselbe gilt für die Adoption der Gläubigen an Kindes Statt. Sie wird ermöglicht durch den Geist der Weisheit. Bereits jetzt feiern die Friedensstifter den Sabbat, den siebten Tag als Kinder Gottes.[236]

233   Ebd. 1892, 795ff.
234   Ebd. 1803, 817ff.
235   Ebd. 1798,638ff.
236   Ebd., 1801, 761ff.

In *De gloria et honore filii hominis super Mattheum* interpretiert Rupert von Deutz die Seligpreisungen als Deutungshilfen zur Auslegung der bis anhin unverständlichen Schrift. Im Alten Gesetz befahl Gott selbst mehrfach, die Worte zu versiegeln und sie dadurch vor den meisten Menschen geheim zu halten (Jes.8,16; Dan.12,4). Die Schrift war versiegelt, die Juden verstanden all das fleischlich und dem Buchstaben nach, was eigentlich geistlich gemeint gewesen wäre. Solche Mißverständnisse lagen nahe, weil die Juden noch irdischen Begierden unterworfen und dem Leib und seinen Bedürfnissen hörig waren. Erst durch Christi Menschwerdung wurden die versiegelten Schriften allen Menschen zugänglich gemacht. Christus selbst deutete sie neu und beseitigte dadurch vorhandene Mißverständnisse. Seine Auslegung der Schrift eröffnete er mit dem *canticum beatitudinis* der acht Seligpreisungen. Rupert hält die Auslegung der Seligpreisungen für zu bekannt, um seinerseits noch etwas Neues hinzufügen zu können. Er will nur zeigen, daß Jesus sich auch in den Seligpreisungen an die Autorität der Schriften gehalten hat.[237] Zu diesem Behuf zitiert Rupert ausführlich alttestamentliche Belege. Zur Armut im Geist sind die alttestamentlichen exempla Abraham, Isaac und Jacob nach Hebr.11,13-16. Sie alle klammerten sich nicht an die irdische Heimat, sondern begaben sich auf Wanderschaft, um die neue, ihnen verheißene Heimat zu suchen. – Damit trafen sie genau den Sinn dessen, was Jesus mit der ersten Seligpreisung sagen wollte: daß der Mensch sich nicht eigenmächtig in der Welt einrichten solle, sondern in Demut auf die ihm verheißene himmlische Heimat und Ruhe warten müsse.[238] Gott hat nämlich allen Gläubigen eine *Stadt, die die festen Fundamente hat* (Hebr.11,10) bereitet. Diese Stadt ist Bild für das in den Seligpreisungen verheißene Himmelreich, für das Land, das den Sanftmütigen gehören soll. Moses, Josua und Kaleb sind die alttestamentlichen Vorbilder für die entsprechende Seligpreisung (Mt.5,5). – Mose durfte zwar das verheißene Land nicht mehr betreten. Josua und Kaleb aber berichteten ihm und dem Volk vom Land, in dem Milch und Honig fließt (Nu.13). Sie waren später auch dabei, als das Land in Besitz genommen wurde. Die Richter Israels sind Typoi der Seligpreisung an die Trauernden (Mt. 5,4), weil sie mit dem Volk zusammen über dessen Sünden weinten (Ri. 2,4f.) und Israel dadurch retteten. Die Schrift bezeichnet die Richter

---

237 CChr.CM 29, 106, 99ff.
238 Ebd. 106,111ff.

auch als Retter, salvatores; dieser Titel erweist die Richter als Vorläufer des wahren Retters Christus. Besonders deutlich wird dies an Samuel, der den Saul betrauerte und dadurch getröstet wurde, daß er David zum König salben durfte, den 'salutis temporalis ducem et salutis aeternae fontem sive originem, id est patrem salvatoris Christi nominatum post Abraham secundum carnem'.[239] Die Propheten verkörperten die in der Seligpreisung der nach Gerechtigkeit Hungernden und Dürstenden angedeuteten Eigenschaften. Sie litten unter mancherlei Trübsal und Not (Hebr.11,35ff.) um der von ihnen ersehnten Gerechtigkeit willen. Sie hungerten und dürsteten aber auch buchstäblich. Rupert erinnert an Elia, der die Baalspriester vernichtete, weil sie ihm seine Speise, Christus, rauben wollten. Er wurde später an den Ort entrückt, an dem weder Hunger noch Durst mehr herrscht.[240] Beispiel der Seligpreisung der Barmherzigen ist der Palastvorsteher Obadja, der hundert verfolgte Propheten vor den Nachstellungen Ahabs und Isebels versteckte und sie mit Speise und Trank versorgte. Weil er selbst barmherzig war, galt ihm Gottes Erbarmen: er wurde später Schüler Elias und der vierte der zwölf Propheten, Obadja.[241] Daniel und seine Gefährten sind Typoi der Seligpreisung der Herzensreinen (Mt.5,8). Sie enthielten sich aller unreinen Speisen und Gott gab ihnen Wissen und Einsicht in die Heiligen Schriften. Daniel erhielt überdies die Fähigkeit, Visionen und Träume zu deuten, und sah Gott in einer Vision (Dan.7,9ff.). Die Apostel endlich sind die ersten Friedensstifter. Als ministri perfectae pacis waren sie Zeugen von Jesu Predigt auf dem Berg und setzten sein Versöhnungswerk fort. Jesus nahm ihnen alle Waffen weg, mit denen sie sich hätten wehren können, und gab ihnen eine einzige Waffe, das geistliche Schwert, 'sermo Dei vivus et efficax'(Hebr.4,12). Die Seligpreisung der Friedensstifter weist als siebte Seligpreisung auf den 'sabbatismus pacis', das neue Zeitalter des Friedens, das mit Christus angebrochen ist (Joh.20,17.21; 2. Kor.5,18f.). Die achte Seligpreisung umfaßt alle andern: 'Omnes enim, inquit apostolus, qui pie volunt vivere in Christo Iesu, persecutionem patiuntur'(2.Tim.3,12). Sie richtet sich in besonderer Weise an die Jünger, betrifft aber auch alle anderen Gläubigen.[242]

---

239 Ebd. 108, 161/163.
240 Ebd. 108, 181ff.
241 Ebd. 109, 194ff.
242 Ebd. 111, 291ff.

Zacharias Chrysopolitanus

Zacharias legt in seiner Evangelienharmonie der Auslegung der Seligpreisungen den Text nach Matthäus zugrunde, fügt aber zusätzlich noch
die vier Wehesprüche der Lukasfassung der Seligpreisungen (Lk.6,24-26)
an.[243] Nach der Auslegung der einzelnen Seligpreisungen folgt eine knappe Zusammenstellung der Geistesgaben und der Seligpreisungen.[244] Zacharias übernimmt von seinen Gewährsleuten eine gegenüber den bisher
dargestellten Auslegungen teilweise neue Begrifflichkeit zur Schilderung
des Verhältnisses von Gnadengabe und Tugendwirken. Dem menschlichen
Handeln geht die 'septiformis operatio Spiritus sancti' voraus. Die sieben
Geistesgaben sind wirklich Gaben Gottes; sie sind der Ursprung aller Tugenden und wecken erste Regungen zum Guten im menschlichen Herzen.

Die Seligpreisungen ihrerseits sind Tugenden (*virtutes*) und konkrete
Wirkung der einzelnen Geistesgaben (*effectus donorum*). Sie gehören bereits zum 'habitus animi confirmati'; Gott wirkt sie mit dem Menschen
zusammen. Seligpreisungen sind Gaben und Verdienste, Geistesgaben
aber nur Gaben ohne verdienstlichen Charakter.[245] Die sieben ersten
Seligpreisungen sind Stufen zur Vollkommenheit. Die achte mahnt zur
Standhaftigkeit in Verfolgung und Martyrium. Typus dazu war die alttestamentliche Beschneidung am achten Tag. An der Standhaftigkeit
und Ausdauer, die jemand in Verfolgung an den Tag legt, zeigt sich, ob
er die durch die ersten sieben Seligpreisungen geforderten habitus wirklich vollkommen sein eigen nennt. Die Auslegung der einzelnen Seligpreisungen übernimmt die spirituell-verinnerlichte Linie der Deutung:
Demut, geduldiges Aushalten von Unrecht statt Vergeltung von Bösem
durch Böses, Selbstbeherrschung und Unterordnung des Leibes unter
die Seele, Einfalt des Herzens und Trauer über den Mangel an Tugenden

---

243 PL 186, 123A/C.

244 Ebd. 121C/122B.

245 Ebd. 122A/B 'Haec autem differentia est inter septem dona Spiritus sancti,
et septem praenominatas virtutes, quod dona sunt primi motus in corde origi-
nesque virtutum, virtutes vero sunt effectus donorum, et habitus animi iam
confirmati. Dona dicuntur etiam Spiritus, ut in Apocalypsi vidit Ioannes septem spiritus discurrentes ante thronum Dei. Spiritus dicuntur, id est, inspira-
tiones quae praecedunt virtutes, et sunt dona solummodo, non merita; virtutes sunt et dona et merita. In illis enim operatur Deus sine nobis, in istis operatur nobiscum.

und das Elend der irdischen Existenz sind hauptsächlicher Inhalt der Seligpreisungen.[246]

Die vier Weherufe handeln nach Zacharias und seinen Gewährsleuten
von den Verhaltensweisen, die den in der Seligpreisungen geforderten
Haltungen widersprechen. Sie warnen vor dem sich Klammern an irdische Dinge (Koh.5,9; Sir.31), eitlem Gelächter (Prov.14,10; Koh.7,4) und
falschem Ruhm (Ps.10,3).[247]

Die Glossa ordinaria

Die Glossa hat bekanntlich für ihre Auslegung des Matthäusevangeliums eine Abbreviation des großen Matthäuskommentars von Radbertus
verwendet.[248] Sie übernimmt erwartungsgemäß zur Deutung der Seligpreisungen die meisten Schemata ihrer Vorlage. Anzahl und Abfolge der
Seligpreisungen sind bedeutungsvoll; ohne daß der Zusammenhang von
Seligpreisungen und Geistesgaben ausdrücklich thematisiert würde, ist
doch eine enge Verbindung beider Septenare vorausgesetzt und äußert
sich in der Auslegung einzelner Seligpreisungen.[249] Der Weg zur vollkommenen beatitudo beginnt mit der Demut. Nicht materielle Not, sondern Glaube und Verehrung Gottes sind mit der ersten Seligpreisung gefordert. Die Seligpreisung der Sanftmütigen ist 'perfecta virtus'; sie mahnt
den Gläubigen zur Selbstbeherrschung. Die drei ersten Seligpreisungen
legen die Grundlage für das Verlangen nach Gerechtigkeit. 'Qui autem
peccata deposuit, mores mansuetudine correxit, flevit etiam, iam potest
esurire et sitire justitiam, quod prius non poterat'.[250] Adressaten der
vierten Seligpreisung sind die Liebhaber des verbum bonum, denen die
Gerechtigkeit ein persönliches Anliegen ist. Gerechtigkeit und Barmherzigkeit ergänzen sich wechselseitig.[251] Auch die Barmherzigkeit setzt
wie die Gerechtigkeit die ihr vorangehenden Tugenden voraus.

---

246 Vgl. PL 186, 120B/122C.

247 Ebd. 120B/C.

248 Weisweiler, Schol. 35, 1960, 503.

249 PL 114, 89D/90A; 90B etc. – Zur Bedeutung von Reihenfolge u. Anzahl der
     Seligpreisungen vgl. ebd. 90B/C.

250 Ebd. 89D.

251 Die entsprechende Passage stimmt mit wenigen Ausnahmen mit der entspre-
     chenden Passage bei Radbertus überein. Vgl.PL 114, 90B mit CChr.CM 56,
     292, 1851ff.

Die weiteren Seligpreisungen beschreiben das Resultat der Unterordnung von Leib und Affekten unter die Herrschaft der Vernunft. Alle sieben Seligpreisungen sind 'perfectionis ostensio et probatio'.[252] Die Seligpreisung der Verfolgten ist vor allem an die Apostel gerichtet und mahnt
diese an den hohen Grad der Würde, den ihr Amt mit sich bringt.[253]

Gottfried Babio (Ps. Anselm PL 162)

Der über die Glossa stark von Paschasius Radbertus geprägte Kommentar[254] führt die Aussagen des Radbertus zur Verbindung von Seligpreisungen, Gaben und Vaterunserbitten fort und verwendet dazu teilweise eine weiterentwickelte Begrifflichkeit. Jesus stellte die drei Septenare als guter Pädagoge zusammen, um den Menschen die Abkehr vom
Bösen und den Aufstieg zu Gott möglich zu machen. Auch nach dem
Kommentar Gottfrieds ist die Reihenfolge unumkehrbar:

> 'Per petitiones venitur ad dona, et per dona ad virtu-
> tes, per virtutes ad beatitudinem'.[255]

Die Seligpreisungen sind *virtutes*, Tugenden, oder *mandata/praecep-
ta*, Gebote Gottes.[256] Sie sind vom Gläubigen zu erfüllen. Gottfried unterscheidet zwei Gruppen von Seligpreisungen. Die ersten drei beinhalten die 'separatio a nequam saeculo'. 'Quicumque enim vult accedere ad
Deum, debet prius mala removere, mundum abdicare, Deum timere'.[257]

Gottfried unterscheidet zwei Stufen der Erfüllung einzelner Seligpreisungen. Man kann grundsätzlich eine Tugend *in mente* erfüllen, ohne sie
zu praktizieren. So lebt beispielsweise ein armer Eremit in der Wüste, wo
ihm niemand Unrecht tun und ihn angreifen wird. Der Eremit kann darum die Tugend der Sanftmut nicht ausüben, gilt aber trotzdem als sanftmütig, weil er ja nicht gewalttätig ist![258] Die zweite Stufe der Erfüllung
von Tugenden ist *habere exercitium virtutis*, das heißt, eine Tugend in
konkreten Handlungen zu verwirklichen.

---

252 Ebd. 90C.
253 Ebd. 90D.
254 Vgl. dazu Weisweiler, Schol. 35, 1960, 363ff., 503ff.
255 PL 162, 1305B.
256 Ebd. 1284A, 1290B (mandata, praecepta); ebd. 1285C, 1286A.C.D (virtutes).
257 Ebd. 1284B.
258 Ebd. 1286A.

Handeln die ersten drei Seligpreisungen davon, wie der Mensch der Welt absagen und sich von Lastern fernhalten kann, so beziehen sich die nächsten vier Seligpreisungen auf die himmlischen Dinge und den Aufstieg zum Himmel.[259] Menschliche Gerechtigkeit kann nicht vollkommen sein. Darum verlangt Jesus in der entsprechenden Seligpreisung auch nur 'Hunger und Durst nach Gerechtigkeit'; Gerechtigkeit schulden wir Gott in Gestalt des Gottesdienstes und der liebenden Verehrung, uns und unseren Mitmenschen dagegen in Form von Selbstbeherrschung, Unterordnung des Leibes unter die Herrschaft der Seele und der Versorgung des Leibes mit der nötigen Nahrung und Kleidung. Am Nächsten soll Gerechtigkeit so geübt werden, wie wir es uns selbst wünschen würden. Unsere eigene Kraft reicht dazu nicht aus; wir bitten deshalb um das tägliche Brot, die Gnade Gottes und sein Wort, den Geist der Stärke, den angelus ministratorius, kurz all das, was die Gerechtigkeit in uns stärkt.[260]

Daß Gerechtigkeit nicht menschliche Leistung ist, zeigt die Seligpreisung der Barmherzigen. Der Gerechte lebt aus der Barmherzigkeit Gottes. Zur Barmherzigkeit Gottes aber kommt er, indem er selber im Umgang mit dem Nächsten Barmherzigkeit übt. Die Seligpreisung der Herzensreinen steht an sechster Stelle und erinnert an die Schöpfung des Menschen zum Bild Gottes am sechsten Tag. Durch seine eigene Schuld verlor der Mensch die Gottesebenbildlichkeit, durch Gottes Gnade erhält er sie im sechsten Zeitalter wieder. Die Reinheit des Herzens ist dieses Abbild Gottes; die Reinheit des Herzens ermöglicht die Gottesschau im Geist der Erkenntnis. Gottesebenbildlichkeit heißt nichts anderes, als Gott zu erkennen. Nach dieser sechsten Tugend bleibt dem Gläubigen nurmehr der Empfang der größten Belohnung, des wahren Friedens. Gott selbst ist der wahre Friede. Er ist unbeweglich, unveränderlich und ruht in sich; die Gläubigen, die ihm angehören, macht er sich ähnlich 'quia erunt incorruptibiles, et impassibiles, et incommutabiles et ita sunt concordes, quod de bonis aliorum gaudebunt, tanquam de suis'.[261] Dieser Friede ist der Sabbat des siebten Zeitalters, es ist der Friede nach Phil.4 und Joh.14. Vollkommener Friede und der Geist der Weisheit sind eins. Beide umschreiben einen Zustand, in dem der Mensch nicht mehr nach Erkennt-

---

259 Ebd. 1286D.
260 Ebd. 1287A/B.
261 Ebd. 1288B.

nis trachtet, sondern die Weisheit bereits besitzt und sich daran freut. Es ist ein Zustand, in dem der Mensch von Gott erkannt ist und sich nicht mehr um Erkenntnis müht.[262] Dieser Zustand entspricht der Bitte um die Heiligung des Gottesnamens; Gottes Name geht auf die Gläubigen über, durch die Ähnlichkeit mit Gott werden sie zu Kindern Gottes. Die ersten sieben Seligpreisungen zeigen den Weg zur Vollkommenheit auf. Die achte Seligpreisung stellt die Vollkommenheit auf die Probe; falls einer wirklich arm, sanftmütig, trauernd, gerecht etc. ist, wird er durch das Feuer der Verfolgung gestählt und besteht die Probe. Hat er aber die Tugenden der ersten sieben Seligpreisungen nur scheinbar erfüllt, dann wird er in der Verfolgung schwach und gibt auf. Je mehr einer erdulden kann, desto besser steht er da.

Die Verheißungen der einzelnen Seligpreisungen steigern sich. Die höchsten Belohnungen sind sicherlich Gottesschau und Annahme an Kindes Statt. Gottfried verwendet zur Schilderung des unterschiedlichen Wertes der Belohnungen das Bild vom königlichen Fest. Alle Träger der Verheißungen sind zwar eingeladen; der eine wird zusätzlich getröstet, der andere gesättigt, mit Geschenken versehen oder er darf den König sehen und wird Sohn genannt.[263] Die Stellung und Würde der einzelnen Gäste des königlichen Festes ist also durchaus verschieden. Jesus wendet sich anschließend mit der letzten Seligpreisung besonders an die Jünger; er will sie in Verfolgungen durch Geduld und Demut stärken. Sie haben im Leid Jesu Beispiel vor Augen, das ihnen Kraft und Stärke geben wird.[264]

d. Zusammenfassung

Auffällig ist die im einzelnen unterschiedliche Bezeichnung der Seligpreisungen als *beatitudines, virtutes, mandata, praecepta* oder *sententiae*. Die einzelnen Begriffe können von gewissen Auslegern nebeneinander verwendet werden. Für die Bestimmung der genauen Bedeutungsnuancen ist die von Augustin entwickelte und in der gesamten mittelalterlichen Auslegung sehr verbreitete Zuordnung der Seligpreisungen zu zwei weiteren biblischen Septenaren, den *Geistesgaben* nach *Jes. 11,2* und den *Bitten des Vaterunser Mt. 6,9ff.*, grundlegend. Die Kombination dieser

---

262 Ebd. 1288A.
263 ebd. 1289C/1290A.
264 Ebd. 1290D.

drei Septenare dient zur Erläuterung des Zusammenwirkens von göttlicher Gnade und menschlichem Tugendhandeln. Die Bitten des Vaterunser um die Gaben des Heiligen Geistes bilden die Grundlage für die Praxis der durch die einzelnen Seligpreisungen geforderten Einstellungen und Verhaltensweisen. Die Reihenfolge von Bitten (*preces*), Gaben (*dona*) und Seligpreisungen (*beatitudines, virtutes*) ist unumkehrbar und sichert den Vorsprung des göttlichen Gnadenwirkens vor jeder menschlichen Aktivität.

Gewisse Ausleger deuten die Zuordnung der drei Septenare als Ausdruck göttlicher Pädagogik. Die Seligpreisungen der Bergpredigt werden dann als eine Art Kurzfassung des Neuen Testaments verstanden, die in nuce alles enthält, was Gott seiner Kirche im Neuen Gesetz ausführlich mitgeteilt hat (Radbertus, Rupert von Deutz).

Häufig werden die Seligpreisungen als *Tugendstufen* gedeutet, über die der Gläubige *de virtute in virtutem* aus seiner Verflochtenheit in Sünde, Welt und Todesverfallenheit aufsteigend bis zur Erneuerung der seit dem Fall zerstörten Gottesebenbildlichkeit und der Schau Gottes vorstößt (Radbertus, Glossa, Gottfried Babio). Einzelne Ausleger teilen in diesem Zusammenhang gewisse Seligpreisungen unterschiedlichen *Aufstiegsphasen* zu: die drei ersten Seligpreisungen (Mt.5,3.4.5) handeln von der Lösung des Menschen aus den Bindungen der Welt und der Reinigung von den Lastern, während die beiden nächsten (Mt.5,6.7) seine Zuwendung zu den Mitmenschen beschreiben. Die beiden letzten Seligpreisungen schildern die Erneuerung der im Schöpfungsakt angelegten imago Dei und die Adoption des Gläubigen durch Gott (Mt.5,8.9).

Andere Ausleger scheinen das Aufstiegsschema nicht vorauszusetzen und behandeln die Seligpreisungen stärker als Richtlinien für das ethische Verhalten (Christian Stablo, Bruno von Segni). Recht verbreitet ist auch die christologische Deutung der Seligpreisungen. Einzelne Quellen kennen daneben auch die Zuordnung der Seligpreisungen zu Personen oder Personengruppen aus dem Alten Testament (Irische Kommentare, Rupert von Deutz) oder beziehen den auszulegenden Text typologisch auf alttestamentliche Weissagungen (clm 6302).

Die Auslegung der einzelnen Seligpreisungen ist in der Regel durch eine Mischung unterschiedlicher Aspekte gekennzeichnet. So gehört zur Deutung der ersten Seligpreisung an die pauperes spiritu sowohl das Moment der Demut wie das der materiellen Armut. Keiner der untersuchten Kommentare setzt einen der genannten Aspekte absolut. Wichtig

scheint vor allem die innere Haltung zu sein, die einer dem Besitz gegenüber einnimmt (Hrabanus, Radbertus, Bruno von Segni). Im 12. Jahrhundert kann zudem zwischen der Erfüllung einer Seligpreisung *in mente*
und dem konkreten Handlungsvollzug (*habere exercitium virtutis*) unterschieden werden (Gottfried Babio).

2. Die Predigten

a. Die Predigten des 8. und 9. Jahrhunderts

Beda

Die Allerheiligenhomilie zu Mt.5,1ff. stellt ein Exzerpt aus Bedas Lukaskommentar dar.[265] Beda harmonisiert den Text von Matthäus und
Lukas. Mit seinen acht Seligpreisungen will Matthäus auf die Hoffnung
der Auferstehung hinweisen; die vier Seligpreisungen nach der Fassung
des Lukas entsprechen dagegen den Kardinaltugenden.[266] Beda interpretiert die einzelnen Seligpreisungen hauptsächlich asketisch.[267] Es sind
Leistungen, die der Mensch zu erbringen hat. Die Seligpreisungen zu erfüllen meint, sich in die Burg der Tugenden zu begeben, allmählich vom
Guten zum Besseren und vom Besseren zum *summum bonum* aufzusteigen, bis zum Gipfel, dem Predigtort Jesu. Die Seligpreisungen richten
sich in erster Linie an die Apostel als die 'quasi perfectiores', die bereits
die Anfangsgründe der christlichen Lehre begriffen und verwirklicht haben.

[Bonifatius]

Brunhölzl und *Jäschke* haben die unter Bonifatius' Namen überlieferten Predigten als unecht bezeichnet, ohne sie einem anderen Autor zuordnen zu können. *Longère* stellt gewisse „contacts avec l'œuvre de
Césaire d'Arles" fest.[268] Die einzelnen Seligpreisungen werden als Gebote

---

265 Vgl. PL 94, 447B/C450 und CChr.SL 120, 136, 1416-141, 1600.

266 Beda übernimmt damit die Auslegung der Lk.variante des Ambrosius, vgl. CChr.
     SL 14, 152, 521ff.

267 Die erste Seligpreisung bezieht sich auf den Rückzug aus der Welt und den Ver-
     zicht auf die delectatio irdisch-fleischlicher Genüsse, die Seligpreisung der
     Trauernden befaßt sich mit dem Mangel an geistlichen Tugenden etc. Vgl. PL
     94, 448B/449A.

268 Predigt: PL 89, 850B/852B. – Vgl. Brunhölzl, 1975, 230.543; Jäschke, TRE
     7, 1981, 69ff.; Longère, 1983,50.

Gottes verstanden, als Tugenden, die der Vorbereitung auf die beatitudo dienen. Der Text gewichtet die eschatologische Motivation des Tugendhandelns sehr stark: ewiges Gericht, Höllenstrafe auf der einen, Teilhabe an der Seligkeit der Engel und Heiligen auf der andern Seite sollen den Gläubigen dazu bewegen, sich um die durch die Seligpreisungen empfohlenen Tugenden zu bemühen. Das geschieht vorab durch das Bekenntnis der eigenen Sündhaftigkeit, durch Buße und nachfolgende gute Werke. Die Auslegung verwendet im einzelnen sowohl verinnerlichende Schemata (Demut, Bußfertigkeit, Beichte) wie 'soziale' Deutungsmuster (Opera misericordiae am Mitmenschen, Friedenstiften).

Haimo von Auxerre

Die Werke des gelehrten Mönches aus St. Germain in Auxerre sind bis vor kurzer Zeit Haimo von Halberstadt zugeschrieben worden. Barré hat sich mit der Verfasserschaft der zahlreichen überlieferten Predigten beschäftigt und für die Homilie 8 zum Fest der Märtyrer Haimo von Auxerre als Verfasser erkannt.[269]

Der Predigt liegt der Lukastext der Feldrede zugrunde: Es wird fortlaufend ergänzt durch den Matthäustext der Seligpreisungen. Die Predigt ist maßgeblich beeinflußt durch den Kommentar des Beda zu Lukas.[270] Daß Jesus sich auf unterschiedliches Fassungsvermögen seiner Hörer einstellt, zeigt die Wahl der Predigtorte. Die Masse, der nur die allereinfachsten Gebote zuzumuten sind, belehrt Jesus auf der Wiese, die Jünger, denen die Geheimnisse des Himmelreiches ausgelegt werden sollen, stehen neben Jesus auf dem Berg. Zwar gelten die Seligpreisungen allen Hörern; trotzdem richtet Jesus seine Augen auf die Jünger (nach Lk.6,20), wenn er mit der Auslegung der Seligpreisungen beginnt. Er gibt den Jüngern besondere Tugenden, er will sich ihrer besonders erbarmen.[271] Unter allen Seligpreisungen nimmt die erste einen besonderen Platz ein. Sie

---

269 Barré, 1962, 67f., vgl. auch 33ff., 50ff. sowie Gross, LThK 4, 1960, 1325.

270 Das zeigt sich etwa in der Behandlung der unterschiedlichen Predigtorte für die Jünger und das Volk: PL 118, 776C/777C und CChr.SL 120, 136, 1416/1424, PL 118, 778A/D und CChr.SL 120, 136, 1433/137, 1450 sowie in der Auslegung der Seligpreisungen: PL 118, 778D/781B und CChr.SL 120, 137, 1476/138, 1546.

271 PL 118, 778D/779A 'Etsi generaliter Dominus loquebatur, specialiter in discipulos oculos levavit, quos maiori gratia digniores fecit. Elevatio quippe oculorum Jesu Christi, amplioris misericordiae munera significat. Et in discipulos oculos levavit, quos specialius virtutibus ditavit...'.

ist Grund und Ursprung aller übrigen Tugenden, der Barmherzigkeit, der Sanftmut, der Herzensreinheit und des Friedens. Die erste Seligpreisung der freiwillig Armen handelt vom Paradox derer, die nichts ihr eigen nennen und dennoch alles haben. Alttestamentliche Vorbilder einer solchen Haltung sind Abraham, Jakob und David.

Innerhalb der Kirche sind besonders die *perfecti monachi* Vertreter einer der ersten Seligpreisung entsprechenden Lebensweise; sie haben um Gottes willen alles verlassen und verfügen nicht einmal mehr über den eigenen Leib und den eigenen Willen.[272] Die Seligpreisung der nach Gerechtigkeit Hungernden und Dürstenden erläutert die Lukasparallele (Lk.6,21) dahingehend, daß Jesus den Hunger nach Gottes Wort und dem in ihm enthaltenen Gebot gemeint habe. Die übrigen Seligpreisungen sind traditionell verstanden; sie gelten alle als Tugenden, die aus der Haupttugend der *paupertas spiritu* hervorgehen. Daß Haimo in seiner Predigt auf die *perfecti monachi* zu sprechen kommt und sie als Hauptadressaten der Seligpreisungen versteht — wenn auch nicht als ausschließliche Adressaten — ist für die Zeit neu und ungewöhnlich. Haimo weist darin auf gewisse Ausleger des 12. Jh. wie Rupert von Deutz und Gottfried von Admont voraus. Das gilt ebenso für die zur Erklärung der unterschiedlichen Adressatengruppen herangezogene Geschichte vom reichen Jüngling (Mt.19), die erst im 12. Jh. von einem breiteren Kreis von Auslegern zur Deutung der Bergpredigt herangezogen wird.

Hrabanus Maurus

Zwischen 826 und 844 sind die *Homiliae de festis praecipuis item de virtutibus* entstanden.[273] In der Widmung an Erzbischof Haistulph bezeichnet sie Hrabanus als 'sermones praedicando populo'. Einige dieser Predigten handeln von einzelnen Tugenden und stützen sich dazu unter anderem auf die Seligpreisungen.[274] Die Predigten lesen sich wie er-

---

272 'Rebus et spiritu sunt pauperes perfecti monachi, qui propter Deum omnia relinquentes, nec corporis proprii potestatem in suo arbitrio relinquunt, et ideo quanto hic propter Deum sunt pauperiores, tanto in futura gloria erunt ditiores, iuxta promissionem Domini dicentis: 'Omnis qui reliquerit domum, agros, patrem et matrem, fratres et sorores, uxorum et filios propter me, centuplum accipiet, et vitam aeternam possidebit.' (ebd. 779D).

273 Vgl. dazu Longère, 1983, 41.

274 PL 110, hom.51 'De misericordia et indulgentia', 93D/95B, hom.52 'De pace et unitate', 95C/97C und hom.53 'De benignitate, humanitate et eleemosyna', 97C/99B.

weiterte Auslegungen der jeweiligen Seligpreisung im Matthäuskommentar des Hrabanus. Die erste dieser Predigten handelt von der *Barmherzigkeit*, jener Tugend, die nach Hrabanus' Auffassung dem Menschen zum Leben am allernötigsten ist. Die angeschlagene Natur des Menschen bedarf der barmherzigen providentia Gottes. Wie man dazu gelangt, zeigt die Seligpreisung der Barmherzigen (Mt.5,7). Gott will vom Menschen Barmherzigkeit im Umgang mit Sündern. Er fordert Vergebung von Schuld, wenn anders der Mensch die Seligkeit erlangen will. Barmherzigkeit zeigt sich allererst im Umgang mit sich selbst; sie bedeutet den Verzicht auf bestimmte Sünden. Gott richtet den Menschen in und mit dieser Seligpreisung so, daß das Verhalten des Menschen über das Urteil im jüngsten Gericht entscheidet.[275]

Die zweite Predigt handelt vom *Frieden*. Christus gab ihn seinen Jüngern als sein Erbe (Joh.14). Wer darum Erbe Gottes sein will, halte den geschenkten Frieden, sei sanftmütig, einfältig, einmütig, treu und tugendhaft. Es gilt, wachsam zu sein, die Trägheit abzuschütteln und das Licht in guten Werken leuchten zu lassen. So gelangt man aus der Nacht ins Licht.[276]

Beispielhaft verkörperte die Urgemeinde diesen Frieden (Apg.1.4). Die dritte Predigt knüpft an Titus 3,4 an und hat die Tugend der *Güte* (benignitas) zum Thema. Die uns erschienene Güte und Menschenliebe Gottes verpflichtet zur Weitergabe. Der Anfang von Güte und Barmherzigkeit besteht nach Sir.30,23 im Ablegen der Laster. Güte und Erbarmen äußern sich aber auch im Verhalten dem Nächsten gegenüber sowie in Almosen und Geschenken. Almosen sichern uns Gottes Erbarmen und den Erlaß unserer Sünden. Die Seligpreisung der Barmherzigen (Mt.5,7/Lk. 6,36) mahnt dazu, sich nicht an den Besitz zu klammern, sondern freigiebig zu sein.

---

275 Ebd. 94C.
276 Ebd. 97B/C.

b. Die Predigten des 11. und 12. Jahrhunderts

Arnold von Emmeram

Arnold von Emmeram (ca.1000-ca.1050) ist der Verfasser zahlreicher hagiographischer Werke. Als einzige Predigt ist von ihm die Homilie über die acht Seligpreisungen überliefert. Arnold war ein glühender Verehrer des heiligen Emmeram; fast alle seine Werke zeugen davon. Arnold lebte als Mönch in St.Emmeram (Regensburg), wo er nach einer dreijährigen Verbannung nach Magdeburg später auch das Amt des Propstes ausübte.[277]

Die Predigt ist zweigeteilt. Ein erster Teil beschäftigt sich mit der Auslegung der Seligpreisungen auf alle Gläubigen. Der zweite Teil handelt von der beispielhaften Erfüllung der Seligpreisungen durch den heiligen Emmeram.[278]

Jesus lädt alle Menschen ein, seinen Worten zuzuhören und von ihnen zu zehren. Seine Worte sind das Wasser, das den Durst des Menschen löschen kann und ewiges Leben hervorbringt (nach Joh.7,37f.). Jeder ist eingeladen, seinen Durst zu stillen, vom angebotenen Wasser zu trinken und die Gebote der Schrift zu erfüllen. Wer das Angebot wahrnimmt, stillt damit nicht nur seinen eigenen Durst, sondern von ihm 'werden Ströme lebendigen Wassers fließen' (Joh.7,38). Gott teilt den Gläubigen geistliche Gaben aus, damit sie sie weitergeben. Das Weitergeben und Austeilen geschieht in der Predigt; je nach Fähigkeit und Art der Zuhörer soll die Predigt den Weg zur Wahrheit durch Beispiele und erklärende Worte erleuchten. Die Zuhörer müssen zur Demut ermahnt und der Herrschaft der Dämonen entrißen werden. Durch die Predigt werden auch die Hörer befähigt, die Gaben weiterzugeben. Jesus gab seinen Jüngern das durstlöschende Wasser des Lebens in der Weise der acht Seligpreisungen. Die Apostel sollten dieses Wasser trinken, die Gebote erfüllen und dann überströmen, den Mitmenschen die Bergpredigt verkündigen und den Weg ins Himmelreich zeigen. An der Stellung zur Armut entscheidet sich das Geschick eines jeden Gläubigen. Es geht um das Ganze – Seligkeit oder Verdammnis. Der echte *pauper spiritu* begehrt keinen Reich-

---

277 Zur Biografie und den Werken vgl. Langosch, VL 2, 1978, 464ff.; Heyse, Lexikon d. Mittelalters 1, 1980, 1008 – Pertz hatte dagegen die Homilie zu den acht Seligpreisungen einem Namensvetter des Arnold v. Emmeram zugeschrieben. Vgl. PL 141, 988A.

278 Vgl. zum zweiten Teil der Predigt oben, 169f.

tum. Mit Hilfe der Gnade des Heiligen Geistes erträgt er freiwillig seine Armut. Das Himmelreich ist ihm in Glaube, Hoffnung und Liebe schon jetzt gewiß, wenn er es auch erst nach dem Tod vollkommen besitzen wird. Die Auslegung der übrigen Seligpreisungen bewegt sich im gewohnten Rahmen. Vor allem die spiritualisierte Deutung beherrscht das Feld.[279]

Herbert von Losinga

Herbert (1054-1119) ist als Prior von Fécamp bezeugt. Sein erstes Bistum in Thetford erkaufte er sich später 'pour un pot de vin de 1000 ou 1900 livres',[280] ließ sich aber einige Jahre später durch den Papst bestätigen. Nicht zuletzt dieses Vorgehens wegen wurde sein Bischofssitz 1096 nach Norwich verlegt, wo Herbert eine rege Tätigkeit als Bauherr entfaltete. Als Emissär des Königs reiste er 1101 nach Rom, um − mit illegalen Mitteln − in den Streit des Königs mit Anselm v. Canterbury einzugreifen.

Die Seligpreisungen sind Thema einer Predigt zu Allerheiligen,[281] dem Fest, das der Erinnerung an die Kämpfe und Siege der unendlich großen Schar aller Heiligen gewidmet ist. Jedes Zeitalter hat seine eigenen Heiligen: Herbert erinnert an Abel, Enoch und Seth (1.Zeitalter), Noah, Abraham, Isaac und Jakob, Josef, Moses, Josua und Kaleb, die Propheten und Lehrer. Alle Heiligen genießen jetzt die beatitudo, der sie je nach der Art ihrer Verdienste teilhaftig sind.[282] Auch die Armen der Gegenwart gehören zu den gefeierten Heiligen. Jetzt werden sie von Hunger und Kälte geplagt, aber im kommenden Reich werden die Armen Könige sein und über das Los der vormals Reichen bestimmen. So lehrt es die *veritas Evangelii* in den Seligpreisungen.[283] Mit dem Zitat der Seligpreisungen in der Version des Matthäus beendet Herbert den entsprechenden Passus der Predigt. Die einzelnen Seligpreisungen erklärt er nicht ausführlich. Das Zitat soll den oben dargestellten Gedanken unterstützen, daß bei der einen allen Heiligen gemeinsamen beatitudo eine Vielzahl von gratiae, retributiones und beatitudines den unterschiedlichen Verdiensten der einzelnen Heiligen Rechnung tragen.

---

279   PL 141, 1090Aff.
280   Vgl. Stacpole, DS 7, 1969, 265. − Zur Biografie ebd. 265-268.
281   Ed. Symonds, 1878, 394-431.
282   Ed. Symonds, 1878, 426.
283   A.a.O.

Bruno von Segni

Die Homilie *In natali plurimorum martyrum*[284] zu Mt.5,1ff. ist Exzerpt aus dem Matthäuskommentar Brunos.

Hervaeus von Bourgdéols

Über den französischen Benediktinermönch Hervaeus (ca.1075- ca. 1150) sind nur sehr wenig biografische Einzelheiten bekannt. Er besuchte wahrscheinlich die Kathedralschule von Le Mans, bevor er um 1100 in die Benediktinerabtei Bourg-Dieu in Berry eintrat. Hervaeus hat ein umfangreiches Opus hinterlassen; exegetische Werke, ein Kommentar zur *Hierarchia caelestis* des Ps. Dionysius und zahlreiche Homilien gehören dazu.[285] Seine Predigten sind lange Zeit Anselm von Canterbury zugeschrieben worden.[286]

Bei der Predigt zu Mt.5,1ff. handelt es sich um eine knappe Auslegung der Seligpreisungen; Hervaeus ordnet ihnen die passenden Wirkweisen des Heiligen Geistes und die Vaterunserbitten zu und kennt die seit Augustin geläufige Abfolge von Bitten, Gaben des Heiligen Geistes, Tugenden und beatitudines. Er setzt die Vorstellung eines Aufstiegs über die einzelnen Tugenden voraus. Der ersehnte Zustand der beatitudo bedeutet die vollkommenste Übereinstimmung aller bona. Wer beatus genannt wird, hat alles, was er sich nur irgend wünschen kann. Die ersten sieben Tugenden der Seligpreisungen führen auf dieses Ziel hin; sie machen vollkommen. Die achte Seligpreisung befestigt und bestätigt das Erreichte gemäß Sap.3,6 'Succendatur fornax ut probetur aurum'. Die Auslegung der Seligpreisungen ist traditionell; verinnerlichende und asketische Deutungselemente ergänzen sich. Zu erwähnen bleibt eine gewisse Vorliebe für Zahlenschemata; fast jede Seligpreisung besteht nach Hervaeus aus einer bestimmten Anzahl von Teilen, die nacheinander aufgezählt werden.[287] Neu ist der Hinweis zur Seligpreisung der Friedensstifter: sie kann nur von kontemplativ Lebenden erfüllt werden.

---

284 Die Predigt findet sich als hom. 131 in PL 165, 850B/C, die entsprechende Passage des Kommentars ebd. 97B/100D. – Migne hat das Incipit der Homilie nicht mitabgedruckt. Vgl. zum Ganzen Grégoire, 1965, 86ff.

285 Vgl. Oury, DS 7, 1969, 373ff.

286 Vgl. Wilmart, AHDL 1927, 5ff. und ders., DS 1, 1937, 629. – Die Predigt zu Mt.5,1ff. steht PL 158, 595A/597.

287 So besteht beispielsweise Armut im Geist aus 2 Teilen, nämlich der Absage an die Welt und der geistlichen Trauer; Gerechtigkeit hat 3 Teile, nämlich Gerechtigkeit gegenüber der eigenen Seele, gegen den Nächsten und gegen Gott etc. Vgl. PL 158, 595Bff.

Der Friede setzt nämlich voraus, daß der Gläubige alles Weltliche verachtet und seine ganze Kraft und Aufmerksamkeit dem Ewigen zuwendet.[288]

Bernhard von Clairvaux

Die Predigten Bernhards von Clairvaux (1090-1112) bündeln gleichsam die bis dahin übliche Auslegung der Seligpreisungen. Die Mittel der Auslegung sind die alten, Sprache, Stil und systematisierende Kraft aber machen die Ausführungen Bernhards zu den Seligpreisungen zu einem der Höhepunkte innerhalb der Auslegungsgeschichte von Mt.5,3-12.[289] Bernhard und später seine Ordensbrüder stellen die Seligpreisungen in den scharf beobachteten und präzise beschriebenen Kampf der Seele mit den Lastern und ihr Ringen um die Tugenden. Die Seligpreisungen gehören in den 'psychologisch' verstandenen Bußvorgang; sie machen Sündenvergebung als Folge der Inkarnation Christi und der Passion konkret erfahrbar. Durch die Seligpreisungen und die mit ihnen verbundenen Vaterunserbitten und Gnadengaben des Geistes werden die Ursünden des ersten Menschenpaares aufgehoben. 'Eodem ordine quo processit culpa, subsecuta est et culpae medicina' – das ist der Leitsatz der ganzen Auslegung.[290]

Die Anschaulichkeit, mit der Bernhard vorwiegend in der Metaphorik der *Zubereitung und Aufnahme von Speise* sowie der Jesus-*medicus*-Metapher dies alles beschreibt, geben den altbekannten Tugend-Lasterschemata und der Verbindung von Seligpreisungen, Gaben des Geistes und Vaterunserbitten neuen Glanz. Die unterschiedlichen Ebenen der Urgeschichte des Menschen mit den Stationen des Sündenfalls, der Heilsgeschichte und des täglich erneuerten Kampfes aller Gläubigen um das Heil ihrer Seelen werden überzeugend zu einem Ganzen verbunden. Die Quel-

---

288 Ebd. 596A.

289 Buzy hat Bernhard sämtliche 'systematisation spéculative' abgesprochen und ihn unter die Vertreter einer rein asketischen Deutung der Seligpreisungen gerechnet. Damit liegt er völlig falsch. Die Auslegung der Seligpreisungen durch Bernhard von Clairvaux — wie im übrigen die aller zisterziensischen Autoren — macht mit aller wünschenswerten Deutlichkeit klar, daß eine Trennung von 'rein' asketischer und 'rein' mystischer Auslegung ein den Texten fremdes Schema darstellt, das den Tatsachen keineswegs gerecht wird! Buzy, DS 1, 1937, 1298ff. (Zu Bernhard, ebd. 1304f.).

290 Vgl. op VI/1, 1970, 299, 12/14.

lenlage ist im Fall Bernhards günstig; zahlreiche Predigtentwürfe, sogenannte Sentenzen und Parabeln sowie mehrere große Predigten handeln von den Seligpreisungen nach Mt.5,3-12. Ich stelle hier den sermo zu Allerheiligen und die berühmte, im Frühjahr 1140 vor dem Pariser Klerus gehaltene Predigt *De conversione ad clericos* sowie die originelle Parabel *De octo beatitudinibus* vor und ergänze die Ausführungen, wenn nötig, durch Verweise auf die den entsprechenden Predigten zugrunde liegenden Entwürfe.[291]

Die Predigt zu Allerheiligen kreist um die Metaphorik der Zubereitung und des Verzehrs von Speise. Den Rahmen bildet das Bild vom großen Mahl, das die Heiligen in der himmlischen Herrlichkeit feiern. Je mehr sich die lebenden Gläubigen um die geistlichen Güter bemühen und geduldig die ihnen auferlegten Lasten tragen, desto lieber feiern die Heiligen. Sie haben Speise in Fülle; die lebenden Gläubigen, unter ihnen die zisterziensischen Mönche, müssen dagegen Tag und Nacht um das lebenspendende Brot bitten und betteln, denn sie sind als Bettler auf die Brosamen vom Tisch der Feiernden angewiesen. Das Mahl ist den Bettlern schon bereitet, die Speisen gekocht; Gott selbst 'dat vobis panem de caelo vivum: ipse vos pascit, et operibus, et sermonibus, etiam et carne Filii sui, quae est vere cibus'.[292] Bernhard ist der Koch, seine Seele die Küche. Die Speise besteht aus den Geboten Jesu in der Bergpredigt. Die *vox suavis* Jesu (Ps.44,3; Cant.5,16) lockt zahlreiche Hörer an, obwohl schon der Predigtort *auf dem Berg* die Erhabenheit der zu erfüllenden Tugenden (virtutes) zeigt. Aber Inkarnation und Passion Jesu ermöglichen die Nachfolge: 'Secure, inquam, viam mandatorum tuorum curro, quandoquidem novi quod a summo caelo egressio tua ad currendam hanc viam, et occursus tuus usque ad summum eius fuerit per hanc vi-

---

291 Bereits unter den Belegen zum Tugendschema der Seligpreisungen behandelt wurde die Predigt zum Martinsfest, vgl. oben 173ff. *Ad clericos de conversione* steht in op. IV, 1966, 69/116, s.1 *In festivitate omnium sanctorum* steht op. V, 1968, 327/341. Bei den sententiae handelt es sich um Nr. 2 *De octo beatitudinibus*, a.a.O, 1972, 60/64, Nr. 3 (o.T.), ebd. 64/65, Nr. 4 *Quomodo anima per septiformen gratiam a septem vitiis principaliter emundatur*, ebd.65/66 und Nr. 126 *De septem donis spiritus Sancti et evangelicis beatitudinis*, ebd. 240/245. Die Parabel zu den acht Seligpreisungen steht a.a.O., 1972, 295/303. Zu den versch. Arten (sermo, sententia, parabola) vgl. a.a.O., 1966, 119, 125ff., 158f. Zu den Sentenzen vgl. Rochais, 1962, 1.

292 op. V, 1968, 329, 11/13.

am'.[293] Jesu Vorbild ist tatsächlich nötig, denn seine Lehre ist unerhört und neu. Juden und Heiden nehmen Anstoß am Einstieg der Seligpreisungen mit der Armut. Von den Christen erwartet Bernhard, daß sie sorgfältig nach dem Sinn der Seligpreisungen fragen und bereit sind, ihr gewohntes Verhalten in Frage stellen zu lassen. Denn genau dies sollen die Seligpreisungen bewirken: den status quo umzustürzen, den Fall Adams rückgängig zu machen.

Die ersten drei Seligpreisungen versöhnen die Kräfte der Seele, die zwei nächsten stiften Frieden zwischen Mitmenschen, die sechste versöhnt Mensch und Gott und die siebte führt den umfassenden Frieden herbei.[294] Das Ziel der ersten drei Seligpreisungen ist die Erneuerung der imago Dei, das der nächsten zwei die Erfüllung der Goldenen Regel (Mt. 7,12).

Diese fünf Seligpreisungen entsprechen den fünf Ursünden: die ersten dem Stolz Luzifers, der den Fall der Engel verursachte, die zweite Evas Ungehorsam gegen Gott, die dritte der Weitergabe der Sünde an Adam, die vierte Adams Ungehorsam, die fünfte Adams Versündigung an Eva.[295]

Die beiden Seligpreisungen der Herzensreinen und der Friedensstifter beziehen sich nicht mehr auf bestimmte Ursünden. Sie fordern den Nachfolger Jesu auf, durch das Gebet und die confessio den seine Seele immer wieder bedrohenden Lastern zu widerstehen und den Frieden, soweit es in ihrer Macht steht, zu fördern. Die Seligpreisung der Verfolgten bezieht sich vor allem auf die Märtyrer; in Zeiten ohne Verfolgungen gilt diese Seligpreisung aber auch den freiwillig Armen der ersten Se-

---

293 Ebd. 330,20/22, vgl. auch 18/20 'Fiducialiter sequor te, Domine, quocumque ieris, et secure incedo viam mandatorum tuorum, sciens quod per eam praecesseris ipse'.

294 'Et attende, quemadmodum in tribus quidem prioribus sibi reconciliatur anima, in duobus quae sequuntur proximo, in sexto Deo, in septima etiam alios reconciliat, tamquam receptus in gratiam Domini et felici familiaritate donatus. Nam paupertate, mansuetudine, fletu renovatur in anima similitudo quaedam et imago aeternitatis omnia tempora complectentis, dum paupertate futura meretur, mansuetudine sibi praesentia vindicat, luctu paenitentiae praeterita quoque recuperat... Porro iustitia et misericordia perfecte proximo cohaeremus, dum quidquid nolumus nobis fieri, aliis non faciamus per iustitiam, et quaecumque volumus ut faciant nobis homines, et nos faciamus illis per misericordiam. Iam reconciliati nobis, reconciliati etiam proximo, fiducialiter per munditiam cordis reconciliamur Deo'. (a.a.O., 340, 7/18).

295 Vgl. ebd. 335-336 und den s.66 zu Allerheiligen, op.VI/2, 1972, 299ff.

ligpreisung, denn gekrönt wird nur jener Nachfolger, der die Welt verachtet, sich aus ihr zurückzieht, Versuchungen standhaft erträgt und seine Begierde kreuzigt.[296]

De conversione ad clericos[297] geht vom völlig verderbten Zustand der
menschlichen Seele nach dem Fall aus. Die Geschichte des Falls und ihre einzelnen Stationen spielen hier keine Rolle. Umso ausführlicher schildert Bernhard die Heilung der Seele und ihrer Kräfte ratio, memoria und
voluntas.[298] Das Wahrnehmungsvermögen der menschlichen Seele ist im
Gegensatz zu dem des Leibes nicht in verschiedene Sinnesorgane gespalten. Wenn die Seele Gottes Wort hört, sieht sie gleichzeitig ihre eigene
Wertlosigkeit und den hoffnungslosen Zustand, in dem sie sich befindet.
Der Wille hat sie befleckt, die beiden andern Kräfte memoria und ratio
sind geschwächt und verdunkelt.[299] Voluptas, curiositas und ambitio
sind die drei hauptsächlichen Makel der Seele, aus denen alle übrigen
hervorgehen.

In einem Predigtentwurf ergänzt Bernhard die verschiedenen Sündenstufen und ihren Bezug zu den einzelnen Kräften der Seele.

Er schreibt von der verzweifelt nach Hilfe suchenden ratio:

'Et mirans et contemplans unde et qua,
   quo foramine,
   qua via,
   quo situ haec foeditatis stillicidia emanarunt,

invenit quia per corpus ex voluntate in memoriam vel
conscientiam,
   foramine malae suggestionis
   viae malae delectationis
   situ malae consensionis'.[300]

---

296 Vgl. op. V, 1968, 341.
297 Op. IV, 1966, 69/116. – Zu den näheren Umständen, Datierung etc. vgl. ebd.
     61ff. und VII (Einleitung). – Man beachte auch die im Apparat mitgedruckte,
     in weiten Stücken parallele Predigt Bernhards *In festivitate omnium sancto-
     rum de voluntate, ratione et memoria et de novem beatitudinibus.*
298 'Est enim quiddam animae, sicut memoria quae inficitur, sic voluntas ipsa qu-
     ae inficit. Denique tota ipsa nihil est aliud quam ratio, memoria et voluntas.'
     (a.a.O., 1966, 84, 13/15). – Zur *Anthropologie* Bernhards vgl. Hiss, 1964, bes.
     89.111ff.(zu den Seelenkräften ratio, memoria und voluntas).
299 A.a.O., 73. – Vgl. auch op. VI/2, 1972, 62 'Non enim sperari potest a se,
     id est a ratione quae caeca est et impotens,
     nec voluntate quae infirma est et impatiens,
     non ex memoria quae tetra et obscura est,
     non ex corpore quod corrumpitur et aggravatur animam'.
300 A.a.O., 1972, 61.

Die Sündenstufen sind suggestio, delectatio und consensio. Die Liste kann erweitert werden und enthält dann die folgenden Stufen: negligentia, curiositas, concupiscentia, consensus, consuetudo, contemptus und delectatio (bzw. malitia).[301]

Der Seele bleibt nichts anderes übrig, als Buße zu tun. Dazu braucht sie aber den Leib, denn Bußgesinnung allein reicht nicht. Buße besteht in konkreten Taten, zu denen die Seele jetzt die einzelnen Körperteile aufruft. Aber sie stößt auf Unverständnis und Unwillen, denn der Leib müßte seinen Lebenswandel ändern und sich unter die Vorherrschaft der ratio begeben, wenn die Buße gelingen soll. Verzweifelt setzt sich der Leib gegen das unerhörte Ansinnen der Seele zur Wehr. Seine Bequemlichkeit ist in Gefahr und er beschuldigt die Seele mangelnder Unterstützung. Die Seele verzweifelt an sich selbst, denn sie muß einsehen, daß niemand anderes als sie selbst den Leib in diesen Zustand gebracht hat. In dieser hoffnungslosen Lage hört die Seele die einzelnen Seligpreisungen und Geistesgaben.[302] Sie nimmt sie gehorsam auf und rettet dadurch sich selbst und den Leib, denn die Geistesgaben und die Seligpreisungen wirken den einzelnen Stufen der Sünde entgegen.[303] Die erniedrigende Notlage der Seele war notwendig, denn aus der Not entsteht Barmherzigkeit, und Erniedrigung wandelt sich in Demut(*humiliatio in humilitatem transeat*). Aus der Not wird eine Tugend: die Seele vertraut nicht mehr auf die eigenen Kräfte. Sie sieht auf den Arzt Christus und erwartet Heilung von ihm allein.[304] Genau dies nämlich beinhaltet die erste

---

301 Vgl. a.a.O., 1972, 65, 8/11. – Die Wirkung der einzelnen Stufen bis zur Gefangenlegung der Seele im Kerker der Verzweiflung ebd. 12/14: 'Negligentia tardat, curiositas impedit, concupiscentia ligat, consensus stringit et obdurat, consuetudo trahit, contemptus praecipitat, delectatio incarcerat carcere desperationis, quia peccator, cum in profundum malorum venit, desperat'.

302 Vgl. ebd. 1972, 62, 23-63, 2: 'Respiciensque retro ad aegrum suum, miratur ratio cur eam voluntas non sequatur. Surgit ad eam adducendam, et comparando delectationes carnis cum virtutum delectatione, exsecrando, obsecrando, suscitans eam a lecto desidiae, urgens rebellem, trahens pigram et infirmam, in esuriem iustitiae incipit eam paulatim inducere et satietates esurientibus iustitiam praeparatas ei ostendere. Pedetentim illa procedens, et quam suavis est Dominus gustare incipiens, exhilarata tandem aliquando facie in oleo caritatis'. Man beachte auch hier die Bilder aus dem Bereich der sinnlichen Wahrnehmung (sehen, hören, schmecken, fühlen)!.

303 Vgl. a.a.O., 1972, 66, 4/14.

304 A.a.O., 1966, 86.

Seligpreisung: von sich selber abzusehen und sich zu Gott zu flüchten. Noch wagt die Seele nicht, auf das verheißene Himmelreich zu hoffen, denn sie hat ja nicht einmal ihre eigenen Kräfte unter Kontrolle. So hört sie denn auf die zweite Seligpreisung und bändigt den Willen die 'crudelis bestia'.[305] Die ratio lehrt den Willen die vier Kardinaltugenden. Hört der Wille auf die Lehren der ratio, so werden ihr die Gaben des Geistes zuteil.[306] Noch ist der Zustand der Seele bedenklich; wendet sich jetzt der Wille der Seele zu, so erschrickt er und beginnt nach der Seligpreisung der Trauernden zu weinen, denn die Lage ist hoffnungslos: 'nec intus, nec subtus, nec circa se sibi occurrere consolationem'.[307] Aber die Trauer wirkt Trost; der Wille stößt auf das Paradies der Tugenden, er findet den hortus conclusus, der den Quell mit den vier Flüssen birgt, die die vier Tugenden strömen lassen.[308] Unter dem Tor zu diesem Paradies stehend hört der Wille, wie eine Stimme ihm den Rat zuflüstert, nach Gerechtigkeit zu hungern und zu dürsten. Wille und Verstand halten sich an den Rat und strengen sich im Guten genauso an wie vordem im Schlechten.[309] Staunend stellen beide fest, daß solches Verhalten sättigt, daß die Folgen fühlbar, 'schmeckbar' sind. Der Wille ist jetzt geheilt, der Leib wieder unter der Herrschaft des Verstandes. Noch steht das Schwerste bevor, die memoria bleibt durch die Fehler des alten Lebenswandels verschmutzt, denn Geschehenes kann nicht ungeschehen gemacht werden. Die einzige Hoffnung der Seele ist der Zuspruch der Sündenvergebung durch Jesus. Jesu Barmherzigkeit nimmt den Flecken der memoria ihre Sichtbarkeit. Er kann die Sünden nicht ungeschehen machen, aber er nimmt ihnen ihre beschmutzende und belastende Wirkung.[310] Die Seligpreisung der Barmherzigen mahnt dazu, unter Tränen um die Sündenvergebung zu beten und Buße zu tun. Die Seele des Menschen ist nunmehr geheilt. Der Mensch ist in den Stand gesetzt, über

---

305 Ebd. 86, 18.

306 Ebd. 93ff. – Bernhard räumt ein, daß der Gehorsam des Willens alles andere als selbstverständlich sei. Versuchungen und Laster greifen täglich wieder den Willen an. Einziges Heilmittel bleibt aber das Hören auf die Ratschläge des Arztes und das Befolgen seiner Gebote. (ebd. 95, 13/15).

307 Ebd. 96, 8/9.

308 Ebd. 98f.

309 Ebd. 102.

310 Ebd. 103.

sein eigenes Wohlergehen hinaus auch das seines Nächsten zu bedenken. Er soll Vergebung üben, wenn sich jemand an ihm vergangen hat, soll Almosen geben und dadurch an seiner Reinigung mitarbeiten. Er soll gemäß der Seligpreisung der Friedensstifter Böses mit Gutem vergelten und dem, der ihm schadet, nützen. So verdient er sich den Stand der Gotteskindschaft, den vornehmsten Stand in der himmlischen Heimat. Die Reihenfolge der Seligpreisungen ist unumkehrbar: die Herzensreinen suchen den Vorteil ihrer Mitmenschen, nicht den eigenen. Ohne diese Selbstlosigkeit kann die Seligpreisung an die Friedensstifter nicht erfüllt werden. Das ist eine ernste Warnung an die Adresse der Kirchenmänner, besonders aber an die Ordensleute.[311] Das Leben in der Kirche liegt im Argen. Alle Kirchenvertreter sind zur Buße aufgerufen.

Die Parabel *De octo Beatitudinibus*[312] erinnert an eine Predigt des Chromatius.[313] Bernhard greift das Gleichnis vom Kaufmann (Mt.13, 45f.) auf, der alles um der einen kostbaren Perle willen verkauft. Das Gleichnis wird verfremdet, indem Bernhard zwei neue Gestalten einführt, die sich über die zum Verkauf angebotene Handelsware der Seligpreisungen unterhalten. Die eine dieser Gestalten ist ein Mönch, der sich aufgemacht hat, um die acht Seligpreisungen auf dem Markt feilzubieten. Er begegnet unterwegs Jesus, der zweiten Gestalt des verfremdeten Gleichnisses. Die Parabel zielt auf die Schilderung der Vorzüge des Klosterlebens ab. Jesus fragt den reisenden Mönch, wo dieser sich seine Ware erworben habe. Der Mönch weist auf das Kloster und die *claustralis disciplina* hin. Jesus antwortet: 'O felicem monasterii illius mansionem! Apostolum te facio fratrum tuorum. Dic illis ex me delectet eos a claustris monasterii illius saepius vel longius exire vel vagari, ubi tantam copiam et facultatem habent lucrandi'.[314]

---

311 Ebd. 110ff. Bernhard rät dazu, notfalls auf das Leben als Ordensangehöriger zu verzichten, statt etwas zu versuchen, was man nicht halten kann!

312 Vgl. zur Echtheitsfrage und zum literar. Stellenwert der Parabeln Rochais, 1962, 29f. Zur 7. Parabel von den acht Seligpreisungen vgl. ebd. 45ff.

313 Vgl. Chromatius, Sermo XLI, CChr.SL 9A, 174-180. – Auch Chromatius kombiniert die Seligpreisungen mit dem Gleichnis vom Kaufmann (Mt.13,45.47).

314 Op. VI/2, 1972, 302/303. – Vgl. die Antwort des Mönches auf die Frage Jesu: 'In monasterio, in claustro, in claustrali disciplina. Ibi horum negotiorum locus, horum lucrorum facultas, nec memini me inde processisse lucri alicuius gratiam.'(ebd. 302) – Bernhard spielt damit vielleicht auf die zu seiner Zeit gängige und oft kritisierte Praxis des Klosterwechsels an. Dem Mönch, der auf (Fortsetzung der Fußnote nächste Seite)

Der Mönch schildert seinen Weg aus dem Paradies des guten Gewissens über die Verführung durch fleischliche Gelüste bis zum Eintritt ins Kloster. Die Mönchskutte ist ihm Büßergewand, und durch die Praxis der göttlichen Gebote kann er endlich 'tamen omnia priora damna perditae rationis multiplici lucro' wiedererlangen.[315]

'Exarsi et amavi et clamavi ad Dominum et exaudivit me' – solcherart ist der Weg des Mönchs, der ihn zum verborgenen Schatz im Acker führt.

> 'Mox enim invento thesauro beatitudinis in agro paupertatis, abii et vendidi omnia quae habui et emi agrum illum, et factus sum pauper spiritu'.[316]

Die erste Seligpreisung wird buchstäblich verstanden. Der Wortlaut von Bernhards Deutung ist durch die Anweisung Jesu an den reichen Jüngling (Mt.19,21) geprägt. Der Verzicht auf allen Besitz, das Bekleidetwerden mit der Mönchskutte, der 'vestis mortificationis et penitentiae indicem' – kurz, der Eintritt ins monastische Leben sind Vorbedingung für die Erfüllung der restlichen Seligpreisungen und damit für die Hoffnung auf die beata resurrectio post sabbatum quietis in der Achtzahl. Das macht die Begegnung der beiden Gesprächspartner mit einem weiteren Händler deutlich. Dieser zweite Händler gleicht dem Mönch auf's Haar; allerdings hat er nur vier Körbe, während der Mönch entsprechend den acht Seligpreisungen acht Körbe trägt. Der fremde Händler wohnt *in loco campestri*, er will nicht mit den Aposteln zusammen auf den Berg steigen, ihm genügt das, 'quod commune habet cum multitudine et cum eis, qui veniunt ut curentur a languioribus'. Der Händler handelt mit den vier Seligpreisungen aus dem Lukasevangelium. Er ist 'negotiator tenuis substantiae, monachus tepidae oboedientiae'.[317] Immerhin – Jesus schließt auch den Händler mit den vier Körben nicht vom Himmel-

---

die Frage nach Woher und Wohin antwortet: 'A monasterio ad nundinas res quas vides [scil. Seligpreisungen] vendere, si emptorem invenerit', antwortet Jesus jedenfalls, falls ein Verkäufer dasei, hätte die Ware bereits einen Käufer gefunden.

315 Ebd. 301.
316 Ebd. 301.
317 Ebd. 302. – Vgl. auch a.a.O.: 'Docuit enim eum Lucas syrus ille medicus, qui sicut medicus scit quid cui expedit, nec revelavit ei delicias et divitias quibus medicavit meus telonearius Matthaeus sedens in teloneo, id est lucris huiusmodi deditus et negotiorum horum magister et doctor constitutus'.

reich aus, denn 'et parvus et magnus ibi sunt'. Aber der Mönch mit den acht Körben ist der Vollkommenheit näher, denn nur er als strenger und ernsthafter Mönch hat die nötigen Voraussetzungen, um den Schatz im Acker zu kaufen, nämlich mit der Seligpreisung der Armen wirklich ernst zu machen. Aber auch andere Seligpreisungen sind nur im kontemplativen Leben erfüllbar; so weiß der Mönchshändler zu erzählen, die Herzensreinheit sei von kostbaren Tüchern umgeben, nämlich 'lectiones, meditationes, orationes, contemplationes'.[318]

Die Darstellung der einzelnen Sündenstufen und der ihnen entgegengesetzten Geistesgaben und Seligpreisungen stimmt im übrigen mit den Aussagen der oben erwähnten Predigten überein.[319] Bernhard verwendet auch hier wieder die Metaphorik des Essens. Der Mönch gelangt zur Weisheit, dem Holz des Lebens, an dessen Ästen die Früchte der Geistesgaben wachsen; er riecht und schmeckt die Süße dieser Früchte und ißt eine nach der andern. So hebt er die Wirkung der Laster auf und erwirbt sich einen Schatz von Tugenden. Memoria, ratio und voluntas, die Kräfte seiner Seele, werden durch die köstliche Speise gestärkt und erbaut.

Bernhard parallelisiert die Urgeschichte der Menschen mit dem Sündenfall, den Weg des einzelnen Gläubigen aus der Knechtschaft der Sünde zur Gotteskindschaft und das Klosterleben 'multo sudore et longo negotiationis labore'. Letztlich gelingt der Weg aus den Sünden zu den Tugenden und der beatitudo nur dem Ordensangehörigen ganz, der konsequent nach den acht Seligpreisungen lebt. Zwar ist das Himmelreich auch denen verheißen, die nur vier Seligpreisungen erfüllen, aber ein Rangunterschied bleibt bestehen.

Serlo von Vaubadon

Serlo von Vaubadon († 1158) war erst Abt der Benediktinerabtei Savigny, bevor er 1147 Savigny und 28 Filialklöster an Clairvaux abtrat und 1153 selber als Mönch in Clairvaux eintrat. Seine Predigten verraten den Einfluß Bernhards von Clairvaux.[320]

---

318 Ebd. 297, 18f.

319 Die Heilung der Seele entspricht bis in Einzelheiten der Entstehung der Sünde mit ihren verschiedenen Stufen. Eva sieht am Baum die süßen Früchte, ißt sie und genießt. Der Mönch sieht am lignum vitae die Früchte des Geistes und die Seligpreisungen, ißt sie und macht dadurch die Sündenstufen rückgängig. Vgl. 299, 17/21 und 300, 29/29. Zum *lignum vitae* vgl. auch 301, 3/7.

320 Vgl. Mercier, DTC 14, 1941, 1940.

Die Predigt zu Allerheiligen setzt ein mit der Gegenüberstellung von Altem und Neuem Gesetz. Das Neue Gesetz hat seine Mitte in den *sieben virtutes*, den Seligpreisungen der Bergpredigt.

> 'In hoc autem sermone dat novum testamentum in septem virtutibus: ad quas omnis doctrina etiam Evangelica respicit'.[321]

Die Zuordnung von Vaterunserbitten, Geistesgaben und Seligpreisungen verrät den fähigen Pädagogen. Die Bitten beginnen beim Erhabenen und enden beim Alltäglichen. Darin spiegeln sie die Herabkunft Christi in der Inkarnation. Die Seligpreisungen dagegen beginnen bei unserem menschlichen Elend und führen zum Himmlischen. Sie sind der Weg, der von dieser Welt ins Reich Gottes führt.[322]

Die drei ersten Seligpreisungen zielen auf die *separatio a saeculo nequam*. Die restlichen Seligpreisungen richten sich auf das Himmlische. Ihre Krönung finden sie im Ähnlichwerden der Gläubigen mit Gott, 'quia incorruptibiles erunt, impassibiles, et ita sibi concordes, ut de bonis aliorum gaudebunt, tamquam de suis'.[323]

Die Auslegung der einzelnen Seligpreisungen verwendet die bekannten Elemente spiritualisierter und asketischer Art. Eine Differenzierung gegenüber älteren Auslegungen macht Serlo im Fall der ersten Seligpreisung. Geistlich arm können auch Reiche sein, allerdings ist es sicherer, ganz auf Reichtum zu verzichten, wie es Jesus dem reichen Jüngling rät. Materielle Armut ist sicherer, weil sie die Liebe zu Gott verrät.[324] Gott er-

---

321 Ed. Tissier, 1664, 119.

322 Ebd. 120, vgl. 119 'Sed in Propheta conputantur dona a superiori descendentia ad unum, cum dicitur, spiritus sapientiae et intellectus, spiritus consilii et fortitudinis, spiritus scientie et pietatis, spiritus timoris Domini: quia de Christo descendente ad terras agebat. Similiter in oratione Dominica a superioribus petitionibus descenditur ad inferiores: quia caelestia prius, deinde terrena petenda sunt. In hoc autem sermone Christus more boni doctoris, ab inferiori incipit, tendenda ad superiora. Invenit enim nos in inferioribus, et vult ad superiora reducere: ad ideo incipit a paupertate: et a tentatione mali, et a timore'. – Ist Serlo ansonsten stark von Augustin geprägt, so erweist er sich in der Kombination der Gaben und Seligpreisungen als selbständig. Zum Vergleich von Altem und Neuem Gesetz vgl. Leo d.Grosse, CChr.SL 138A, 582/590.

323 Ebd. 120.

324 Vgl. a.a.O., 119 'Ista paupertas et in divitibus esse potest. Unde David: Divitiae si affluant, nolite cor apponere. Sed securius est ea non possidere, unde Dominus. Vade, vende omnia quae habes, et da pauperibus, et veni sequere me. Ideo securius, quia vix sine amore haberi possunt.'.

mahnt diejenigen, die an der Welt und ihren Gütern hängen und sich nur ungern davon lösen wollen. Sie sollen sich die Worte Jesu an den reichen Jüngling zu Herzen nehmen, freiwillig arm werden und Gott liebend zu dienen. Die Erfüllung der übrigen Seligpreisungen hängt vom Verhältnis zu Besitz und Besitzlosigkeit ab.[325]

Auch wenn nirgends explizit vom Klosterleben die Rede ist, scheint doch die Wertschätzung der Besitzlosigkeit nach Mt.19,21 auf den höheren Wert der Existenz des besitzlosen Ordensangehörigen hinzuweisen. Die Begründung dafür liefert das Argument der höheren Sicherheit des Besitzlosen in Anfechtungen.

Isaac von Stella

Isaac († ca.1170) wurde 1147 Abt des Zisterzienserklosters Stella (bei Poitiers) und zog sich später aus unbekannten Gründen mit einigen Gefährten auf die Insel Ré zurück. Seine Predigten sind wahrscheinlich zwischen 1147 und 1169 entstanden. Prägend war die Theologie des Ps. Dionysius.[326]

Isaac von Stella hat einen Zyklus von sechs Allerheiligenpredigten über die Seligpreisungen verfaßt.[327] Die Wiederherstellung der imago Dei in der auf die ratio ausgerichteten Seele des Menschen, die Erlösung des Menschen aus der Knechtschaft der Sünde zur Freiheit der Kinder Gottes sind bei Isaac nur Zwischenstationen auf dem Weg zur unio mystica der Seele mit Gott. Seine Auslegung der Seligpreisungen bildet durch ihre mystische Orientierung unter den Auslegungen eine Art erratischer Block. Alle sechs Predigten kreisen um die verschiedenen Septenare der Heiligen Schrift: die Seligpreisungen, die Geistesgaben, die Bitten des Vaterunser, die den sieben Lastern entgegengesetzt werden.

> 'septenis sit expeditio militiae christianae, dum in hoc
> septem dierum circulo vivitur super terram... Nihil

---

325 Vgl. zur Auslegung von Mt.5,5 ebd. 119 'Haec mansuetudo nascitur de paupertate: Qui enim amat terrena, non potest de amissis non commoneri. Sed verus pauper, sicut nec haec habita amavit, sic nec propter amissa dolebit'.

326 Vgl. SC 130, 12ff. sowie die Aufsätze von Gaggero, COCR 22, 1960, 21ff.; Bliemetzrieder, RTAM 4, 1932, 134ff.; Fracheboud, CCist 9, 1947, 328ff. und ebd. 1948, 19ff.; Javelet, Citeaux 11, 1960, 252ff.; Longère, 1983, 61f. 206 (Quellen).

327 SC 130, 84-178.

enim vel hic, vel in futuro, bonum, malum, miserum, beatum, quod non hinc vel inde nascatur, et sub hac generalitate non claudatur'.[328]

Die Gnade ist Grundlage aller positiven Septenare, der Vaterunserbitten, der Geistesgaben und der Tugenden. 'Gratia est, quae praevenit, ut velimus; quae adiuvat, ne frustra velimus; quae suscipit, quia non frustra voluimus'.[329] Für das Verhältnis von göttlicher Gnade und menschlichem Tugendhandeln ist der Begriff der *virtus* entscheidend.[330] Gott selbst ist virtus; er verkörpert veritas, virtus und caritas, jene Trias, die den Menschen zu ihm aufsteigen läßt.[331] Der Aufstieg des Menschen zu Gott entspricht den verschiedenen Hierarchien der Engel. Jede Stufe, die die Seele erklimmt, entspricht einer bestimmten Engel'gattung'. Sind die einzelnen Seelenkräfte einander in der rechten Weise zugeordnet, so daß die ratio über voluntas und affectio herrscht, so gleicht der Mensch den Seraphim und Cherubim.[332] Die Engel verkörpern auf eine nicht näher zu bestimmende Art das Wesen der virtutes.[333] Die Ausrichtung der Tugenden des Menschen findet jedenfalls ihr Vorbild in den 'ordines gradusque' der Engelwelt. Das Fortschreiten *de virtute in virtutem* führt zum ersehnten Ziel, der unio mystica der Seele mit Gott. Nichts Schwaches, Minderwertiges darf die Seele dann noch beschweren. Die

---

328 Ebd. 178. – Zur Tradition der Septenare vgl. die materialreiche, allerdings in keiner Weise ordnende Darstellung SC 130, 339f..

329 Ebd. 176, 201/203. – Vgl. ebd. 198/201 'Ex Deo igitur omne donum, ex Dei dono omne meritum, pro merito praemium, et Deus ipsum; ut ex ipso, et per ipsum, et in ipso sint omnia.' Die Reihenfolge der verschiedenen Septenare macht auch die folgende Formulierung deutlich: 'Ecce quid quaerere debes, o homo; ecce quid quaerit a te Deus tuus, ut quaeras ab eo.'. Ebd. 118, 48/49.

330 Vgl. dazu Javelet, Citeaux 11, 1960, 252ff., bes. 259ff.

331 Vgl. SC 120, 158, 201ff.

332 SC 130, 160, 222/230 'Nam sicut in coelestium angelorum ordinibus cherubim et seraphim suprema noscuntur in suo coelo, sic in nostro coelo, id est in anima iusti, in qua sapientia sedet, cum ibi iidem ordines gradusque possint, debeantque esse virtutum, tamquam suorum angelorum, ne nostrum coelum sine angelis sit, cognitio et dilectio, tamquam cherubim et seraphim, archiam obtinent, hisque debent omnia virtutum agmina subdi et famulari'. – Zu den Anleihen aus Ps. Dionysios vgl. Fracheboud COC 9, 1947, 328ff. und 10, 1948, 19ff. sowie SC 207, 336, Note complémentaire 17 (La connaissance de Dieu). – Zu einer verwandten Komposition bei Hildegard vgl. Meier-Staubach 1987, 73ff.

333 Vgl. Dazu Javelet, Citeaux 11, 1960, 259.

Vereinigung mit Gott geschieht 'masculo corde et mente virili'[334]; sie besteht darin, daß der Mensch in virtus, veritas und caritas der göttlichen Trinität immer ähnlicher wird, bis beide momenthaft identisch werden. Die virtus ist 'habitus animi bene instituti' nämlich jener Zustand der Seele, in dem die Affekte und der Wille von der ratio gelenkt und im Gleichgewicht behalten werden.

Gottes virtus, die virtus der Engelhierarchien sind Vorbild der menschlichen virtus. Gottes virtus schafft im Menschen die Voraussetzung zur Realisierung der verschiedenen virtutes, etwa jener sieben virtutes der Bergpredigt.[335]

Vorab sind die Kräfte der Seele so aufeinander zuzuordnen, daß die Liebe Formprinzip ist. Liebe (caritas) und Tugend (virtus) als habitus der Seele aber ergänzen sich.[336] Ist die Seele somit auf die Liebe zugeordnet, so steht sie im 'habitus animi bene instituti' und kann mit dem Erwerb weiterer Tugenden beginnen. Die Gerechtigkeit nimmt unter den Tugenden eine besondere Stellung ein. Sie ist 'conus vel apex virtutum', insofern als sie jedem den ihm zustehenden Platz zuteilt. Auf die Tugend der Gerechtigkeit laufen die drei ersten Tugenden der Bergpredigt zu; sie korrigieren falsche Vorstellungen, die sich manche Menschen von der beatitudo machen.[337]

---

334 Vgl. SC 130, 156, 164/165 und Javelet, Citeaux 11, 1960, 259.

335 Vgl. Javelet, Citeaux, 11, 1960, 259 'La vertu de permanence dans le bien, de progrès dynamique vers la sagesse, abandonne son aspect moral; s'assimilant aux états angéliques, elle en vient à connoter la puissance. D'aretn par andreia nous en sommes venus à dunamis.' Vgl. SC 130, 90, 78/80 'Totum de virtute vitae, de beatitudine gloriae, de regno caelorum sermonem texit'. (Von der Bergpredigt).

336 SC 130, 140, 127/133 'Itaque ut paucis absolvamus, discrete, sobrie, fortiter, et iuste instituenda est affectio, ut sit in ea habitus animi bene instituentis, qui virtus dicitur, et in caritatem formetur, ordineturque, sicut legitur: Ordinavit in me caritatem; sitque prius, qui spiritualis esse desiderat, affectione quam ratione, et conversatione quam meditatione.'.

337 Vgl. ebd. 114.116, 25ff. — Mehrere Tugenden werden bei Isaac als *apex, fastigium* etc. bezeichnet. Es handelt sich dabei weder um einen Selbstwiderspruch noch um die 'complexité de la vie chrétienne dans son unité foncière', sondern schlicht um verschiedene Zwischenstufen der seelischen 'Entwicklung' in Richtung auf die unio mystica hin. So schließt beispielsweise die Seligpreisung der nach Gerechtigkeit Hungernden und Dürstenden die drei ersten Seligpreisungen ab und eröffnet die zweite Gruppe, durch die Jesus 'dirigit itinerantes'. (Vgl. ebd. 92f., 112.126, 165ff.)

Caritas, virtus und Gott sind im letzten identisch. Sie bilden das 'principium efficiens, formale, finale' der menschlichen Seele.[338] Der mystische Aufstieg der Seele, dem die sieben beatitudines der Bergpredigt beschreiben, besteht darin, nach diesem principium formale zu suchen, sich
ganz darauf einzulassen und Gott also auch zum principium finale, zum
letzten Ziel der Seele zu machen.

> 'Deus cordis mei..., ubi finem statuo, propter quod la-
> boro, quod ordinatae affectioni domum portem, un-
> de caenet mecum, et ego cum illa, Deus ipse. Ipse mi-
> hi meditatio, ipse mihi delectatio. Ipsum propter ip-
> sum super me quaero. Ipso ab ipso intus me pasco. Ip-
> se mihi ager in quo laboro, ipse mihi fructus pro quo
> laboro. Ipse mihi causa, ipse mihi effectus, ipse mihi
> principium, ipse mihi finis sine fine, ipse mihi in aeter-
> num: et pars mea, inquit Deus in aeternum'.[339]

Dieses eine Ziel, das gleichzeitig Formalprinzip und 'causa efficiens'
der Seele und ihres Aufstiegs ist, muß während des Aufstiegs immer aus-
schließlicher zum Orientierungspunkt der Seele werden. Das ist nicht
leicht und ergibt sich keineswegs von selbst, sondern muß bewußt ein-
geübt und immer neu vollzogen werden. Sobald einer den Aufstieg nicht
mehr um der völligen Ausrichtung auf Gott hin wagt, wird er scheitern:
Schwindel wird ihn packen und er wird abstürzen, weil er, statt nach
oben, zum Ziel zu blicken, während des Aufstiegs nach unten, auf das
Irdische herabgesehen hat.[340]

Darum ist die gegenseitige Zuordnung von affectio, voluntas und ratio der Seele so wichtig; affectio und voluntas bestimmen die Ausrichtung des menschlichen Handelns. Wenn die affectio und der Wille auf
ein falsches Ziel gerichtet sind, wird alles menschliche Handeln wertlos,
ja gefährlich. Nach dem Fall herrschen die drei Seelenkräfte in perverser
Weise, nämlich als concupiscentia carnalis, sensus animalis und mens rationalis. Isaac verwendet zur Darstellung der drei Kräfte das Bild der drei
Protagonisten der Erzählung vom Sündenfall: Mann, Frau und Schlange.[341]

---

338 SC 130, 138, 97ff.
339 Ebd. 152, 118/128.
340 Ebd. 130, 150, 89ff., 138ff., 150ff.
341 Vgl. dazu SC 207, 343, Note compl. 22 (Le symbolisme de l'homme et de la
     femme).

Die concupiscentia reizt zur Übertretung der Gebote wie einst die Schlange, der sensus animalis folgt der Verlockung und genießt das Verbotene wie Eva, die mens rationalis gibt ihr Einverständnis und wird mitschuldig wie Adam. So ist der Mensch seit Adam gleichzeitig *per naturam* gut und *per culpam* gefallener Sünder. Beides aber gehört gleichermaßen zu jedem Menschen und pflanzt sich über die Generationen fort.[342] Die durch die Ursünde pervertierten Seelenkräfte können nicht aus menschlicher Kraft erneuert werden, weil die sieben Laster bereits die ganze Natur des Menschen korrumpiert haben, 'ut de pretiosissimo homine fiat vilissimum stercus'.[343] Erst seit dem Kommen Christi besteht wieder Hoffnung, denn Christus stärkt als Arzt die 'gute' Natur des gefallenen Menschen durch die medicamina gratiae und rottet die Schuld aus. In der Taufe zieht der Mensch Christus an. Damit beginnt die gnadenhaft ermöglichte regeneratio naturalis der Seele, die Neuschöpfung des gefallenen Menschen nach dem Bild der Schöpfung am Anfang der Welt.[344]

Virtus steht jetzt gegen vitium, Tugend gegen Laster; auf seiten der Tugend unterstützt den Menschen die septiformis gratia. Sie befreit den von Lastern gefangenen Menschen und hilft ihm bei der Neuausrichtung seiner Kräfte auf Gott.[345] Die Wirkweisen von Gnade und Tugend sind denen der Laster formal ähnlich, führen aber statt zum Tod zum Leben.

> 'Itaque hinc concupiscentia, hinc gratia; natura vero iam media, prurit, tentat, suggerit concupiscentia. Si delectatur natura, concipit; si consentit, parit; si parit, moritur...

---

342 SC 130, 168ff. Vgl. auch 170, 99/104 'Unde et nos de utroque genus ducere necesse est, ut simus filii Dei et filii diaboli, de bono boni bene conditi, de malo mali male corrupti; hinc habentes naturam, unde aliquid sumus, hinc trahentes culpam, qua nihil effecti sumus'. Und 170, 122-172, 132 'In Adam hinc natura, hinc culpa, simul tamen natura et culpa ... simul oriatur et culpa naturalis et natura culpabilis; ut non prius sitis boni a bono per naturam, quam mali a malo per culpam; simulque gignatur, sicut de homine homo, ita de peccatore peccator; nec sine culpa mala ulla in nobis natura bona sit, nec culpa mala nisi in natura bona esse possit.'.

343 SC 130, 166, 59/60. – Vgl. zu dieser Vorstellung Ohly, ZDA 84, 1952/1953, 218 und SC 130, 338, Note compl. 8 (La doctrine du péché originel chez Isaac).

344 Vgl. dazu Ohly, ZDA 84, 1952/1953, 219. – SC 130, 174, 162/173.

345 Man sehe sich die entsprechende Passage auf die charakteristischen Verben hin an. SC 156, 168/171.

> Suggerit etiam gratia, et hortatur naturam, praefert
> consilium, offert auxilium; si delectatur natura, con-
> cipit; si consentit, virtutem parit; virtus autem parta
> beatitudinem parit...'[346]

Dies also ist der Weg der sieben Geistesgaben und der sieben Seligpreisungen; 'singulae singulis oppositae' schaffen sie den Menschen neu nach
dem Bild der Schöpfung des Menschen durch Gott. Die Taufe legt den
Grund, Gott tritt in den kranken Menschen ein; wenn der Mensch ihn
aufnimmt, das heißt, nach dem Wort Gottes lebt und handelt, [347] richtet er affectio und voluntas nach der Liebe aus und kann zur unio mystica
aufsteigen.

Der Weg dahin bleibt allerdings anstrengend. Er führt aus der Zerstreu-
ung der Sinne zur Einkehr in die Seele, vom Leiblichen zum Geistlichen,
vom Tal, in dem die turbae lagern, zur Höhe der Berge, auf denen Jesus
den Jüngern predigt.[348] Niemand schafft den Aufstieg, ohne Ballast ab-
zuwerfen, nämlich den Besitz und überhaupt jede Bindung an die Welt.
Jesus ist darin Vorbild und Experte:

> '...audiamus pauperes pauperem, pauperibus pauper-
> tatem commendantem. Experto credendum est. Pau-
> per natus, pauper vixit, pauper obiit'.[349]

Die Tugend der paupertas spiritu ist eng mit der nachfolgenden Tugend der Sanftmut verbunden. Denn zur Weisheit der Welt gehört es,
Besitz anzuhäufen, um so über andere verfügen zu können und Macht
auszuüben. Jesus stellt die Hörer der Seligpreisungen vor die Wahl zwischen Reichtum und Sanftmut; den Sanftmütigen verheißt er Himmel
und Erde. Kann einer da noch zögern? Die meisten Menschen entscheiden sich trotzdem für den Reichtum. Aber Besitz bringt Sorgen mit sich,
und Sorgen nagen an der Geduld und der Ausdauer, die zur Sanftmut
nötig sind. Wer etwas besitzt, muß es notfalls verteidigen. Seine Ausrichtung auf die caritas ist darum nicht vollkommen. Nicht vergebens rät
Jesus den Jüngern, kein Geld mit auf den Weg zu nehmen, mit niemandem zu prozessieren, Milde zu bewahren und einander zu vergeben. All

---

346 Ebd. 174, 175-176, 183.
347 Vgl. 148, 64/69.71/76.
348 Vgl. ebd. 96, 112ff.
349 Ebd. 96, 149/152.

das gehört zusammen. Aber selbst die Kirche hält sich nur unvollkommen an die Weisungen Jesu. Die *Kartäuser* etwa besitzen nur sehr wenig. Der Orden von *Grandmont* dagegen hat überhaupt keinen eigenen Besitz und muß darum auch nichts verteidigen. Allerdings erfüllen auch die Mönche von Grandmont Jesu Worte nur halb, weil sie entgegen der Weisung allzuviele Leute grüßen, denen sie auf der Straße begegnen (Lk.10, 4)![350]

Anders gesagt: die wörtliche Praxis der Gebote Jesu an die Jünger ist unerlässliche Voraussetzung zum Aufstieg. Isaac unterscheidet mehrere Stufen solch wörtlicher Praxis: die sinnvolle Verwendung des eigenen Reichtums, den totalen Verzicht auf allen Besitz und den Einsatz des ganzen Menschen.[351] Gegen den fiktiven Einwand, besitzlosen Mönchen sei die Praktizierung der Tugend der Barmherzigkeit unmöglich, führt Isaac den Topos vom täglichen Ganzopfer des Mönchs ins Feld. Mönche haben ganz auf Besitz verzichtet und Familie und Freunde verlassen. Sie haben die Verfügung über den eigenen Leib und den Willen abgetreten und opfern sich so jeden Tag aufs neue Gott. Darin besteht die Vollendung der *vita activa* und der ersten fünf Seligpreisungen! Die zwei letzten Seligpreisungen zur Herzensreinheit und zum Friedenstiften betreffen die *vita contemplativa.* Die Seele muß ihren Aufstieg mit anderen Mitteln fortsetzen; bis zu diesem Punkt haben sie die eigenen Füße getragen, jetzt muß sie sich in die Luft schwingen und sich dem Ziel fliegend nähern.[352] Die Seele gelangt über fünf Stufen zur Schau des Schöpfers: sensus, imaginatio, ratio, intellectus, intelligentia. Diesen fünf Arten der Erkenntnis entsprechen fünf Weltelemente, durch die die aufsteigende Seele zum obersten Himmel vorstößt.[353] Der Aufstieg bis dahin, der in der Gottesschau gipfelt, ist in diesem Leben nur wenigen Menschen vergönnt, den *viri spirituales,* geübt in der Kontemplation und im

---

350 Vgl. ebd. 96,100ff.

351 Ebd. 96,124 mit den folgenden bibl. Belegen: Lk,11,41. Mt.19,27. Kor.12/15.

352 Der Gegensatz der Fortbewegungsarten ist hier Rudiment einer ausführlicheren Darstellung, wie sie beispielsweise das St. Trutperter Hohelied verwendet, um mit der 'Vorstellung der beschleunigten Bewegung zu Gott in der Folge des Gehens', Reitens, Fliegens und endlich des Ankommens die Steigerung der sieben Geistesgaben zu verdeutlichen. Vgl. Ohly, ZDA 84, 1952/1953, 221.

353 Vgl. ebd. 130ff.. Zu den fünf Arten der Erkenntnis vgl. ebd. 134, 53/65. Vgl. auch Javelet, Citeaux, 11, 1960, 256ff. und Fracheboud, COCR 9, 1947, 328ff.

Gebet 'et qui per consuetudinem exercitatos habent sensus'. Auch diesen wenigen wird die Gottesschau nur in kurzen Momenten zuteil, 'raptim et quasi in excessu mentis',[354] Das Erlebnis der Schau und vollends die Erfahrung der unio mystica lassen sich nur schwer in Worte fassen. Es kann sich allenfalls um tastende Versuche handeln, die immer größere Ähnlichkeit und endlich – momenthafte! – Identität des principium efficiens, formale und finale mit seinem Abbild zu beschreiben.

> 'O unum unum! o unum unice unum! o unum prorsus necessarium! Unum propter quod omnia mundi huius dulcia relinquenda, amara sustinenda, inhonesta fugienda, et honesta amplectenda. Unum ad quod multipliciter curritur, in quo uniformiter statur, pausatur, delectatur. O si detur audacia verbis!'[355]

Am nächsten kommt der zu beschreibenden Sache die Liebesmetaphorik.[356] Bereits die Wirkweise der Tugenden beschreibt Isaac mit Ausdrücken, die die immer größere Nähe der Seele zur *caritas qua Deus* verraten: conglutinare, immutare, Deo adhaerere, amare.[357] Den Höhepunkt der unio beschreibt Isaac analog zum 'una caro fieri' (Gen 2,24) als 'unus spiritus effici'.

> 'Sic nimirum, immo multo amplius, totus spiritus sobrie ebrius, fortiter enervis, in Deo omnia potens erit, in omnibus gaudebit, quando per plenissimam veritatem, virtutem, caritatem, ei adhaerebit, qui in omnibus suis omnia erit'.[358]

Masculo corde et mente virili, im Vollbesitz der virtutes und der Trias veritas, virtus und caritas vereint sich die Seele mit Gott. 'Ecce quid quaerere debes, o homo; ecce quid quaerit a te Deus tuus, ut quaeras ab eo'.[359]

---

354 Ebd. 136, 83ff.

355 Ebd. 156, 184/191.

356 Isaac weist allerdings auf die der Metaphorik zugrundeliegende Erfahrung hin, die letztlich der von den Metaphern zu beschreibenden Sache grundsätzlich entgegensteht. 'O si conferre liceat turpia decoris, inhonesta castis, supremum spiritus carnis extremo!' (ebd. 156, 189f.) 'Numquam melius, numquam proprius, numquam expressius, haec unio sancta, spiritualis, divina, in his tenebris monstratur, quam a simili, per eius contrarium. Nihil enim veritate dissimilius, nihil comparatione similius.' (ebd. 156, 191-158, 195).

357 Vgl. ebd. 156, 168ff., 154, 158ff.

358 Ebd. 158, 201/205. – Vgl. ebd. 154, 158-156, 168.

359 Ebd. 118, 48/49.

Guerricus von Igny

Guerricus (ca. 1070/80-1157) war vielleicht Kanoniker in Tournai [360], bevor er in der Absicht, von Bernhard geistlichen Rat zu erbitten, nach Clairvaux kam und dreizehn Jahre als Mönch dort lebte. 1138 wurde er Abt von Igny, einer Tochtergründung von Clairvaux. Guerricus v. Igny ist vor allem als Prediger bekannt. Mehr als fünfzig Sermones sind überliefert.[361]

Für die Auslegungsgeschichte der Seligpreisungen ist vor allem die Predigt Guerricus' zu Allerheiligen mit dem Text Mt.5,3 von Bedeutung. Der Abt entfaltet in dieser Predigt eine 'théologie de la pauvreté monastique',[362] die bereits Elemente franziskanischer Armutstheologie vorwegnimmt. Die Auslegung der Seligpreisungen durch Guerricus liest sich wie ein Kurzabriß des monastischen Lebens.

> Est enim manifeste quidam ascensus cordium, et profectus meritorum iste per ordinem digestus octonarius virtutum, gradatim de imis ad summa perducens virum evangelicae perfectionis, donec ad videndum Deum deorum in Sion ingrediatur templum, de quo propheta dicit: Et in octo gradibus ascensus eius'.[363]

Der 'vir evangelicae perfectionis' ist angesprochen; jener Gläubige, der über die acht Stufen der Seligpreisungen zur Gottesschau gelangen will und sich dazu die Erfüllung der acht virtutes angelegen sein läßt. Die acht Seligpreisungen sind 'laetum prorsus ac novae plenum gratiae novi testamenti principium'.[364] Die unerhörten Paradoxe dieses Anfangs zwingen auch die trägsten und faulsten Christen aufzuhorchen. Jesus verheißt das Himmelreich den Armen, denen, die in dieser Welt keine Heimat finden, den bedürftigen Exulanten! Wer auf Besitz verzichtet, gibt dadurch seiner Verachtung für alles Irdische und Weltliche Ausdruck und erwirbt sich durch diese Haltung einen himmlischen Schatz. Der Arme besitzt paradoxerweise mehr als alle Reichen zusammen, denn er ist freier Erbe Gottes. 'An non possident omnia qui possident continentem et disponentem omnia, quorum Deus portio est et hereditas; qui ut nihil

---

360   Vgl. SC 166, 10f.
361   Vgl. dazu a.a.O., 10ff.; Leclercq, 1962a, 159ff.; Longère, 1983, 60f.
362   So der Titel eines Aufsatzes von Louf, COC 20, 1958, 207ff., 362ff.
363   SC 202, 498, 23-550, 28.
364   Ebd. 498, 11/12.

desit timentibus eum cetera prout expedire novit dispensat ad uten-
dum, seipsum servat ad fruendum?'[365]

Der Reiche ist Sklave seines Besitzes. Was er zu besitzen meint, beherrscht in Wahrheit ihn selbst. Der Reiche wird getrieben von immer neu-
en Wünschen und Scheinbedürfnissen, die sein Besitz in ihm weckt.[366]

Allerdings hängt das Heil nich einfach von der Besitzlosigkeit ab. Armut garantiert nicht automatisch Vollkommenheit, denn auch den Armen fechten die Laster an. Es geht um die richtige Einstellung zu Besitz
und Reichtum, um das demütige *uti* dessen, was Gott einem jeden zuteilt.[367]

Materielle Armut und Demut machen zusammen die Tugend der ersten
Seligpreisung aus, der die beatitudo des Himmelreiches verheißen ist. Die
Verheißung gilt nicht nur für eine ferne Zukunft, sondern jetzt und hier.
Das Reich Gottes ist als Same, Wurzel, Erstlingsfrucht und Pfand des
vollkommenen Erbes im Armen gegenwärtig.

> 'Si haec ergo sentimus in nobis, cur non fidenter pro-
> nuntiemus intra nos esse regnum Dei? Quod autem in-
> tra nos est illud vere nostrum est, quia nobis invitis
> eripi non potest'.[368]

Armut verleiht eine Sicherheit, von der Reiche nur träumen können:
den Mönchen ohne Besitz gehört das Himmelreich schon in dieser Welt.

> 'Vos enim, quibus amica est paupertas et grata spiri-
> tus humilitas, securos fecit de possidendo regno coe-
> lorum incommutabilis veritas, vestrum esse illud asse-
> rens, vobis illud repositum fideliter custodiens; si ta-
> men et vos ipsi spem istam in sinu vestro firmiter cu-
> stodiatis usque in finem, cooperante Domino nostro
> Iesu Christo'.[369]

Armut und Demut, die beiden Grundtugenden, verpflichten den Gläubigen, der Hoffnung auf die Vollendung des Erbes entsprechend zu leben. Noch ist der erhoffte Status nicht vollkommen gegenwärtig, noch

---

365 Ebd. 502, 61/65.
366 Ebd. 504, 93ff.
367 Ebd. 507, 120-508, 126, vgl. 502, 61ff.
368 Ebd. 508, 148-510, 152.
369 Ebd. 512, 197-514, 203.

ist der Erbe nicht 'adultus et emancipatus'. Erst wenn er sich sowohl im aktiven wie im kontemplativen Leben 'studiis vel exercitiis' ausgewiesen hat, ist der Gläubige der Gotteskindschaft würdig. Erst wenn die Praxis der acht Tugenden den Menschen nach dem Bild Gottes neu geschaffen hat, kann die auf Erlösung harrende Schöpfung ihn als ihr Haupt erkennen.[370]

Bereits die virtus der Herzensreinen vermittelt dem Gläubigen die Fähigkeit, 'pater et minister aliorum' zu sein; im Dienst dieser verantwortungsvollen Aufgabe erwirbt sich der Gläubige häufig 'virtutem et meritum... martyrii', die Krönung der acht Seligpreisungen der Bergpredigt.[371]

Nikolaus von Clairvaux

Nikolaus von Clairvaux († 1178) war Sekretär und Vertrauter Bernhards in Clairvaux, bis dieser ihn wegen Diebstahl und Vertrauensbruch verstieß. Nikolaus gewann später das Vertrauen Papst Hadrians III. und kehrte mit dessen Unterstützung ins Benediktinerkloster Montiéramey zurück, wo er bereits seine Ausbildung erhalten hatte und später als Abt wirkte. Nikolaus ist ein geschickter Nachahmer des Stils von Bernhard von Clairvaux; Leclercqs boshaftes Diktum 'il a fait du saint Bernard' ist jedenfalls nicht unberechtigt.

Die Predigten des Nikolaus sind lange Petrus Damiano zugeschrieben worden.[372]

Die Predigt zur Allerheiligenperikope Mt.5,1ff.[373] behandelt das Thema der vorbildhaften Erfüllung der in den Seligpreisungen enthaltenen Tugenden durch die Heiligen. Maria und die Engel Gottes, die Jungfrauen, Märtyrer, Patriarchen, Propheten und alle anderen Heiligen genießen jetzt den Lohn ihrer Bemühungen. Sie feiern zusammen mit dem Herrn aller Tugenden die Erfüllung aller Geheimnisse und genießen Ruhe, Frieden und die illuminatio cordis. Sie sind Fürsprecher der Gläubigen, die noch auf der irdischen Kampfbahn dem verheißenen Lohn nachjagen. Diesen Gläubigen gelten die acht Seligpreisungen zusammen mit den

---

370 Ebd. 502, 66f.

371 Es scheint, als hätte man es hier mit einer Anspielung auf ein Amt innerhalb der monastischen Gemeinschaft zu tun bzw. die Beschreibung des Ordenstandes innerhalb der Kirche. Vgl. dazu auch SC 166, 21 und Louf, COC 20, 1958, 208. 216.

372 Leclercq, 1962a, 47ff.; Benton, DS 11, 1982, 255ff.

373 PL 144, 811C/815C.

Geistesgaben und den Vaterunserbitten als Stufen des Aufstiegs. Nikolaus kennt die alte christologische Deutung der Seligpreisungen.[374] Christus erfüllte die Seligpreisungen exemplarisch; wer in Christus bleiben will, muß hinter dem Vorbild Stufe um Stufe emporsteigen, die Welt verlassen und gegen die Laster kämpfen. Die Deutung der einzelnen Seligpreisungen ist traditionell. Vorherrschend ist die spirituelle Auslegung.[375]

Helinand von Froidemont

Helinand († 1229) ist eine Generation jünger als die andern hier behandelten Zisterzienserprediger. Er war wie sein Vater Trouvère am Hof Philipp Augusts, bevor er als Mönch ins Zisterzienserkloster Froidmont bei Beauvais eintrat. Die erhaltenen Predigten Helinands sind durch Bernhard von Clairvaux beeinflußt.[376]

So greift Helinand in seiner Allerheiligenpredigt ein Thema auf, zu dem sich bereits Bernhard geäußert hatte: die Prachtsbauten profilierungssüchtiger Zisterzienseräbte.[377] Motto der Predigt ist ein Satz aus dem Tagesoffizium zu Allerheiligen: 'Gaudent in coelis animae sanctorum'. Helinand handelt über die unterschiedlichen Bezeichnungen der himmlischen domus durch die Schrift: 'Dicitur enim coelum, terra, thalamus, desertum, patria, civitas, curia, cubiculum, templum'.[378] Auch regnum coelorum ist eine Bezeichnung derselben Sache, der himmlischen 'domus' der Heiligen. Die dort Wohnenden sind Menschen, die nach den Forderungen der Seligpreisungen gelebt haben: Demütige, Selbstlose, Trauernde, Menschen mit reinem Herzen und reinen Händen, Friedensstifter, Sanftmütige und Milde, solche, die dem Aufenthalt in der Masse die Einsamkeit vorziehen. Es sind alles Menschen, die jedenfalls den Alltag hinter sich gelassen und den Aufstieg de virtute in virtutem gewagt haben.[379] Ihnen ist jene terra viventium verheißen, die nicht wie die irdischen Wohnstätten der Vergänglichkeit unterworfen sind, das künftige

---

374 Ebd. 812C.
375 Ebd. 813ff.
376 Vgl. Hoste, DS 7, 1969, 141ff.
377 Vgl. Bernhard, Apologie XII, op.III, 1963, 104ff.; Schneider, 1974, 65.
378 PL 212, 670A.
379 Ebd. 671A/D.

Haus, der unsterbliche Leib.[380]

Die Hoffnung auf die überaus prächtige und kostbar ausgestattete himmlische Wohnstätte machen die aufwendigen irdischen Bauten überflüssig. Es ist viel einfacher, sich das verheißene Himmelreich durch die Praxis der Tugenden zu erwerben, als einen teuren Palast zu bauen. Der Kaufpreis für die himmlische Wohnung besteht aus der Absicht, irdische Güter mit den Armen zu teilen. Arme sind die Türe zum Paradies; sie verschaffen den Reichen Zugang zum Himmelreich. Arme und Vollkommene bauen sich kein irdisches Haus, sondern hoffen auf das ewige himmlische Haus.[381]

Die Geschichte der Architektur ist die Geschichte menschlicher Schuld – sie beginnt beim Mord an Abel (Gen.4,17) und endet bei der Erbauung prunkvoller Klöster auf Kosten armer Leibeigener![382]

Zu Recht stellen die Leute bezüglich der Bauweise der Zisterzienserklöster besonders kritische Fragen:

> 'Cur ergo vos Cistercienses, quanquam reliquistis omnia, sobrietatem et paupertatem professi estis, tam sumptuosa et superflua construitis aedificia'.[383]

Was hat die luxuriöse Bauweise gewisser Klöster, die schon beinahe an Cluny erinnern, noch mit der zisterziensischen Armut, dem Armutsgelübde überhaupt zu tun?

---

380   Ebd. 672A. – Hinzuweisen ist auf die sich anschließenden anthropologisch interessanten Ausführungen zur sinnlichen Wahrnehmungsfähigkeit der Seele mit und ohne Leib. Die Wahrnehmungsfähigkeit der Seele, so der Tenor der Darstellung, verstärkt sich ohne die Mithilfe der fünf Sinne des Leibes paradoxerweise, weil die Seele nicht mehr 'abgelenkt' wird und nur noch sieht, hört, fühlt, riecht und schmeckt. Das ist nach der Darstellung Helinands der Grund für die merkwürdigen Phänomene, von denen die Heiligenviten zu berichten wissen. 'Legimus ad multorum sanctorum cadavera multam de coelo lucem effulsisse, multos adfuisse conventus coelicos, multosque edidisse cantus dulcissimos, multisque suavissimis odoribus ex sua praesentia praesentes aspersisse'. (ebd. 673C).

381   'O quam infelix et stultus dives, a cuius ianua pauper excluditur! cum ipse excludendus sit a porta paradisi, nisi per pauperem quasi per ostiarium introducatur. Idcirco vero pauperes et quilibet perfecti nullam sibi faciunt in terris domum propriam, scientes sibi a Deo domum aeternam in coelis paratam, ut etiam docet Paulus'. (ebd. 675B).

382   Vgl. dazu Augustin, CSEL 40/2, 64,13; Bernards, 1960, 409, Anm. 148.

383   PL 212, 676D.

'Denique si pauperes sumus, et volumus credi, cur nos facimus divites aestimari? Ista quippe tanta aedificia licet pauperibus a nobis pauperibus fiant: difficile tamen creduntur esse pauperes, tanta in aedificiis impendentes'.[384]

Die allzu solide Architektur aus Stein, die angeblich auch nach hundert und mehr Jahren den Armen Schutz bieten soll, widerspricht nicht nur der Seligpreisung der Armen, sondern auch der Weisung Jesu, sich um den morgigen Tag nicht zu sorgen. Außerdem will Gott nicht Fürsorge für die Armen künftiger Zeiten. Hilfe an Armen und Bedürftigen hat hier und jetzt zu geschehen, alles andere ist unglaubwürdig.[385]

Richard von St. Viktor

Richard († 1173) stammt vermutlich aus Schottland. Er war Schüler Hugos v. St. Viktor, Regularkanoniker in St. Viktor und später vermutlich selber dort als Lehrer tätig.[386]

Die Allerheiligenpredigt zu Mt.5,1ff. wurde lange Hugo von St.Viktor zugeschrieben,[387] gehört aber in Wirklichkeit zu dem zwischen 1153 und 1160 entstandenen, überaus weitverbreiteten *Liber excerptionum* Richards. Die Auslegung bewegt sich in bekannten Bahnen. Die Seligpreisungen werden gedeutet als 'octonarius, per quem ad octo beatitudines pervenitur'.[388] Vorausgesetzt ist der Aufstiegsgedanke.

Die einzelnen Seligpreisungen sind Tugenden, durch die der Gläubige zur Seligkeit aufsteigt.[389] Vor allen andern Tugenden ist die Tugend der Armut die *via regia*, die ans ersehnte Ziel führt. Es ist ein Weg der Mitte; weder soll der Pilger ausschließlich um sein eigenes Seelenheil bemüht

---

384 Ebd. 677D/678A.

385 'Quasi vero non sufficiat diei malitia sua, nisi adiiciatur et sollicitudo de die non solum crastina, sed et post centum annos futura plane vivendum nobis est in nostro tempore, non in alieno. Satis magna est miseria, nos esse sollicitos de necessariis aetati nostrae sufficientibus; cur nobis imponimus onera futurorum? Satis magna charitas est, alterum alterius onera portare, quod solum de contemporaneis intelligi potest; neque enim alter est a me qui non est. Qui autem nondum est, non est.' (ebd. 677C).

386 Zur Biografie vgl. Fritz, DTC 13, 1937, 2676ff.; Manitius, 1911c, 118ff.; de Lubac, 1961, 387ff.; Longère, 1983, 66f.

387 Vgl. Chatillon, RMAL, 4, 1948, 343ff.

388 Ed. Chatillon, 1958, 443.

389 a.a.O.

sein, noch soll er sich ganz an den Dienst am Nächsten hingeben und sich dadurch überfordern. Nicht jeder ist zur vita contemplativa bestimmt![390]

Die Seligpreisungen sind im übrigen Ausdruck einer kritischen Haltung zum weltlichen status quo. Das wird etwa an der Seligpreisung der Trauernden deutlich: gewöhnlich trauert man über Unwesentliches und vergißt darob das Wesentliche. Trauer um den Verlust geliebter Menschen ist natürlich; dem Christen müßte aber die Trauer um die fehlenden Tugenden näher sein. So müßte der 'gefallene' Mensch den Verlust der Keuschheit, der Hochmütige die fehlende Demut, der Zornige die mangelnde innere Gelassenheit und der Geizige die nicht vorhandene Freigebigkeit bedauern. Darum preist Jesus den Menschen selig, der über seine Sünden weint, Buße tut und Vergebung erlangt.[391] Richard schließt seine Predigt mit der Aufforderung, Wichtiges von Unwichtigem zu trennen, nicht auf weltliche Belange Rücksicht zu nehmen und sich ganz dem Himmelreich zuzuwenden.

Petrus Comestor

Petrus († ca. 1179) war Kleriker in Troyes, bevor er 1164 Kanzler der Pariser Universität wurde (1164-1169). Später zog er sich als Regularkanoniker nach St. Viktor zurück.[392]

Die Echtheit gewisser unter seinem Namen überlieferter Predigten ist umstritten.[393]

Der Rahmen zu der *Ad claustrales* überschriebenen Allerheiligenpredigt des Petrus ist das Bild vom großen Mahl aller Heiligen im Himmel. Gott hat den Gliedern seiner Kirche ein Mahl bereitet, den Heiligen als den Vertretern der ecclesia triumphans und den Pilgern aus der ecclesia militans, die noch unterwegs sind. Die ecclesia triumphans feiert das Mahl bereits jetzt. Die ecclesia militans empfängt als Stärkung einen Vorgeschmack dieses Mahles in Gestalt der Eucharistie.[394] Aber auch der allen Heiligen geweihte Tag ist eine Vorschau auf jenes Mahl.[395] Alle sie-

---

390 a.a.O.

391 Richard führt aber auch die traditionelle Trias der christlichen 'Trauerarten' an: vgl. a.a.O., 444.

392 Vgl. Iung, DTC 12, 1935, 1918ff.; de Lubac, 1961, 379f.; Longère, 1983, 71f.

393 Vgl. Iung, DTC 12, 1935, 1920; Manitius, 1911c, 156ff.

394 Vgl. PL 198, 1801B/C.

395 Man beachte die Bemerkung Petrus' bezüglich der Stiftung des Allerheiligenfestes durch Papst Bonifatius; ebd. 1801D.

ben Teilnehmergruppen jenes Festes werden von der Kirche an diesem Tag gefeiert, denn sieben ist die Zahl des Heiligen Geistes. Maria und die Jungfrauen, die Engel, Patriarchen, Apostel, Märtyrer und Bekenner sind geladene Gäste an Gottes Festmahl. Insofern eignet ihnen allen derselbe Rang von Gästen Gottes. Ihr Platz im einzelnen aber ist unterschiedlich, denn keine Wohnung im Hause Gottes ist der andern gleich (Joh. 14,2).[396]

Die unterschiedliche Plazierung der Gäste am himmlischen Mahl entspricht den verschiedenen *modi beatitudinis* aus der Bergpredigt, die die sieben Gruppen von Heiligen verkörpern.[397]

Maria und Jesus verkörpern die Tugend der Demut; sie sind Gott am nächsten und 'fruitione fruuntur Deitatis'. Jesu Demut als Mensch war so groß wie seine Majestät als Sohn Gottes, Maria erwies sich durch ihre Antwort an den Verkündigungsengel als Muster an Demut. Die Tugend der Sanftmut wird durch die Engel verkörpert. Petrus begründet dies mit dem gemeinschaftsorientierten Sein der Engel: alle setzen sich füreinander ein, verfluchen den sie Schmähenden nicht und vergelten Böses mit Gutem. Die dritte Wohnung [sic!] gehört den Patriarchen des Alten Bundes. Sie warteten in der Gefangenschaft auf Erlösung und wußten um die Vorläufigkeit des irdischen Lebens. So 'saßen sie an den Flüssen Babylons und weinten' (Ps. 137,1), weil sie sich nach der himmlischen Heimat sehnten und erwarben sich dadurch Anspruch auf die meritoria salutis. Die Apostel sind Träger der Seligpreisung der nach Gerechtigkeit Hungernden und Dürstenden. Vor allen anderen taten sie sich hervor im Bemühen um Gerechtigkeit, 'sermone suo in omnes fines terrae opera lucis et tenebrarum distinxerunt opera carnis ab operibus spiritus secernentes'.[398] An fünfter Stelle folgen die Märtyrer als Verkörperung der Herzensreinheit. Gott hat durch seinen Geist die letzten irdisch-fleischlichen Gedanken aus ihnen entfernt, so wie ein Windstoß über einen staubigen Platz fährt und ihn säubert.[399] Die Bekenner befol-

---

396 Vgl. auch den – klassischen! – Hinweis auf 1.Kor.15,41 'differet enim stella a stella in claritate'. ebd. 1802D.

397 Petrus stellt die Seligpreisung der Herzensreinen gegenüber der Vulgataversion um. Die Reihenfolge läuft Mt.5,8.7.9. Es läßt sich nicht entscheiden, ob ihm ein entsprechender Bibeltext zur Verfügung stand oder ob er die Umstellung wegen der Übereinstimmung mit den genannten Heiligengruppen vornahm. Vgl. PL 198, 1804Cff.

398 Ebd. 1804C.

399 a.a.O.

gen die Seligpreisung der Barmherzigen und wohnen an sechster Stelle. Sie erwiesen sich selber Barmherzigkeit, indem sie die Laster vertrieben, ihr Fleisch kreuzigten und opera misericordiae taten, 'nec fuit terminus miserendi, nisi qui et vivendi'.[400] An siebter Stelle folgen die Jungfrauen, die Frieden stifteten zwischen Fleisch und Geist und unbefleckt blieben. Die Bezeichnung *virgo* deutet an, daß die Jungfrauen in Tugendhaftigkeit und Geistesstärke eher dem Mann (vir) als der Frau (mulier) ähneln.[401] Der Kampf gegen das Laster und das Ringen um die Tugenden ist für Angehörige des weiblichen Geschlechts besonders hart, denn 'caro eius infirmior, et spiritus minus promptus' – umso größer ist der Lohn, die Gotteskindschaft.

Petrus schließt mit einem Vergleich der Versammlung der Gläubigen der ecclesia militans (conventus) und der Gästeschar aller Heiligen (convivium); diese bleiben zusammen, ihr Mahl ist ein ewiges Mahl, jene gehen wieder auseinander, ihr conventus ist nur Weggemeinschaft auf einem gemeinsamen Wegabschnitt.[402]

Adam von Dryburgh

Adam († 1210) war Prämonstratenser, wahrscheinlich Abt von Dryburgh (nach 1184). Er muß sein Amt ziemlich rasch wieder aufgegeben und sich in eine Kartause bei Witham zurückgezogen haben. Später hatte er den Bischofssitz in Lincoln inne. Seine Traktate und Predigten scheinen alle aus der prämonstratensischen Zeit zu stammen.[403]

Adams Predigt zum Tag der unschuldigen[404] Kindlein behandelt anhand von Mt.2,13ff. das Motiv des Tugend-Lasterkampfes. Die einzelnen Gestalten der Geschichte von der Flucht nach Ägypten verkörpern einzelne Tugenden, Laster und die von ihnen infizierten Seelenkräfte. Herodes etwa ist Bild für das Hauptlaster, den Hochmut; bis heute verfolgt er die menschliche Seele, das heißt Joseph. Maria ist die erhabene Weisheit, die dem Gläubigen durch innere Eingebung Früchte des Heils sprossen läßt, reine Gefühle, Gedanken und gute Taten. Jesus ist

---

400 Ebd. 1804C.

401 Ebd. 1805A/B.

402 Ebd. 1805D.

403 Versteylen, DS 1, 1937, 196ff.; Schreiber, APraem 16, 1940, 41ff. und ebd. 17, 1941,5ff.; Longère, 1983,68.

404 PL 198, 309C/320D.

Bild für solche Heilsfrüchte. Die Seligpreisungen werden von Adam nur am Rande erwähnt. Sie sind Ausdruck des von Jesus geforderten Tugendstrebens der gläubigen Seele. Die Deutung der Tugenden entspricht der verinnerlichenden Auslegung der Seligpreisungen. Allerdings ergänzt Adam, daß Jesus mit den Seligpreisungen der Bergpredigt nicht nur einfach Verhaltensweisen gefordert habe, sondern auch Tugendwerke asketischer Art.

> 'Si enim, verbi causa, abstinentiae et vigiliis, si orationi et lectioni, si sanctae praedicationi et fraternae admonitioni, si eleemosynis vel caeteris quibuslibet sanctae actionis exercitiis insistis, puer est Jesus, quem penes te habes'.[405]

Gottfried Babio

Vita und Werk Gottfried Babios sind bis in die neuere Forschung nur unbefriedigend dokumentiert und geklärt. Gottfried war magister an der bischöflichen Schule von Angers (1130-1140), später in Intrigen im Zusammenhang mit dem Schisma von 1130 verstrickt, scheint er zu einem Bistum gekommen zu sein. Nach der These von Bonnes ist Gottfried Babio identisch mit Gottfried von Loroux, dem Erzbischof von Bordeaux und Primas von Aquitanien.[406]

Wahrscheinlich stammen die lange dem Anselm zugeschriebenen *Enarrationes in Mattheum* ebenso von Gottfried wie eine größere Anzahl homiletischer Werke, die unter dem Namen Hildeberts von LeMans überliefert wurden.[407]

Der sermo *In Rogationibus*[408] stellt die beiden Seligpreisungen der Trauernden (Mt.5,5) und der Verfolgten (Mt.5,12) nebeneinander; beide fordern dazu auf, sich zu freuen angesichts von Verfolgungen und Schmähungen in dieser Welt. Gottfried erinnert an die vielen Zeiten, die der Prediger aufzählt (Koh.3,1ff.): so gibt es eine Zeit der Trauer und eine Zeit der Freude. Beide haben ihren Ort im Leben des Menschen. Auch das Kirchenjahr kennt Zeiten der Trauer und Zeiten der Freude. Während der Fastenzeit soll der Gläubige trauern, an Ostern darf er sich freuen.

---

405 PL 198, 316B.

406 Bonnes, RBen 46, 1945/1946, 174ff. Vgl. auch Longère, 1983, 74f.

407 Vgl. Bliemetzrieder, RThAM 1, 1929, 435ff.; van den Eynde, RThAM 26, 1959, 50ff.

408 PL 171, 572A/574A.

Der Sünder muß zuerst sein Gewissen durch Bußtränen entlasten, bevor er Vergebung erlangt und sich über die Aufnahme in die *familia Domini* freuen kann. Das den Zeiten des Kirchenjahres zugrundeliegende Heilsgeschehen entspricht den Stationen der Befreiung des einzelnen Gläubigen. Tod und Auferstehung Jesu sind das Urbild des Todes der Seele durch die Laster und die Auferstehung durch Tugendwerke. Jetzt, in der Fastenzeit, soll getrauert werden, Fasten und Gebete sind Elemente einer Gott wohlgefälligen Trauer.[409]

Petrus von Blois

Petrus (ca. 1135-ca. 1204) stammt aus adliger Familie, bildete sich umfassend in Troyes, Paris, Bologna und Rom, besonders auch in Mathematik und Medizin. Er wurde als Erzieher Wilhelms II. nach Sizilien berufen, zog allerdings bereits nach zwei Jahren (1169) als magister nach Frankreich, weil Eifersüchteleien seiner Umgebung ihm das Bleiben in Sizilien verunmöglichten. Heinrich II. betraute ihm mit mehreren diplomatischen Missionen für den englischen Königshof; später war Petrus Archidiakon von Bath und ab 1195 von London. Überliefert sind Briefe, Predigten und Traktate.[410]

Der einzige Weltgeistliche unter den hier behandelten Predigern hat eine Serie von sechs Allerheiligenpredigten zu den Seligpreisungen verfaßt.[411] Die einzelnen Seligpreisungen sind Stufen der Leiter Jakobs (Gen.28,12ff.), die zur Seligkeit führen. Seligkeit und Gericht sind Anreiz und Abschreckung; wie kaum ein anderer Autor setzt Petrus den Gerichtsgedanken als Mittel ein, um die Hörer zur Praxis der Seligpreisungen zu bewegen.[412]

Seine Predigten sind Bußpredigten; die Hörer werden dringlich ermahnt, mit guten Werken ihre Sündenschuld zu tilgen, um im Gericht bestehen zu können.[413] Die einzelnen sermones sind alle nach demselben Grundmuster aufgebaut: Petrus reiht die unterschiedlichen Arten der jeweiligen Tugend in Genitivkonstruktion aneinander.[414] Zwei Se-

---

409 PL 171, 573C. – Vgl. die Aufzählung der vier Gebetsarten (obsecratio, oratio, postulatio und gratiarum actio) nach 1. Tim.2, ebd. 573D.

410 Vgl. Iung, DTC 12, 1935, 1884ff.

411 PL 207, 688D/703C.

412 Vgl. PL 207, 692D., 704B/706B.

413 Ebd. 705C/706B; 699B/C; 700A/C, 696C; 691C; 689B/C.

414 S.44 zur Seligpreisung der Trauernden, a.a.O., 695D/696A, s.46 zur Seligpreisung der Barmherzigen, ebd. 699D/B, s.48 zu den Friedensstiftern, 702D etc.

ligpreisungen heben sich durch Ausführlichkeit der Behandlung von den andern ab und verraten das Interesse des Autors: die erste und die achte Seligpreisung der Armen im Geist und der Verfolgten.

Jesus predigt auf dem Berg; darin ist die Forderung eingeschlossen, zuerst gute Werke zu tun, bevor man das officium docentis übernimmt. 'Ut qui nomen et honorem magisterii appetit, prius faciat docenda quam doceat facienda'.[415] Der Aufstieg auf den Berg steht aber gleichzeitig auch für den Rückzug aus den Irrungen und Wirrungen des weltlichen Lebens 'in eminentiam virtutum'. Die 'lex Evangelii' nimmt ihren Anfang bei der Armut. Die Armen sind Erben des Gottesreiches. Der Titel *Armer* ist höchst ehrenvoll vor Gott, darum hat Jesus die Vollkommenheit mit der Armut in eins gesetzt, als er dem reichen Jüngling riet, all seinen Besitz zu verschenken.[416] Die seliggepriesene Armut im Geist, die Demut und Bescheidenheit, gilt denen, die der Welt entsagt, den eigenen Willen verleugnet und sich 'sub potenti manu Dei et sub observantia ordinis' demütigen.[417] Geistlich arm sind Menschen, die von sich selbst gar nichts und von Gott alles erwarten.[418] Armut im Geist hängt nicht primär vom Besitzstand ab. Allerdings ist der Reichtum der Reichen nutzlos, während die Armut der Armen ein nicht zu überschätzendes geistliches Gut ist, das Angeld auf das verheißene Himmelreich.[419] Diese Sicherheit im Blick auf ihr Los nach dem Tod teilen die Armen im Geist mit den Märtyrern, denen vor allem die achte Seligpreisung gilt. Auch den Märtyrern ist die retributio aeterna schon jetzt sicher ('fructum aeternae retributionis ad manum habent').[420]

Armut und Martyrium sind gleichwertig, denn Jesus hat ihnen dieselbe Verheißung zugesprochen. Das eine ist ein leibliches, das andere ein geistliches Martyrium.[421] Sowohl Arme wie Verfolgte bedürfen in besonderem Maße der Tugend der Geduld und der Ausdauer. Allen anderen Menschen hängt trotz aller Tugenden noch etwas an vom 'pulvere

---

415 Ebd. 699D, vgl. auch ebd.C.
416 Ebd. 693C.
417 Ebd. 690C.
418 Ebd. 690B.
419 Ebd. 691B.
420 Ebd. 692B.
421 Vgl. zum Motiv des unblutigen Martyriums Malone, 1956, 201.206ff., 244ff.

humanae conversationis', nur die Märtyrer und die Armen sind davon nicht betroffen. Ihnen bleibt darum das Fegefeuer erspart: 'statim ad locum beatitudinis evolant; alii vero adipiscuntur beatitudinem sic quasi per ignem'.[422] Geduld und Ausdauer sind sichtbare Hinweise auf die Vollkommenheit ihres Trägers; sie äußern sich aber auch als innere Haltung. Leider fehlt den meisten Menschen diese Geduld. Wenige Worte reichen aus, um Zorn und Rachsucht zu erregen.

Petrus führt als Gegenbeispiel einen Eremiten an, der von einem Besessenen geschlagen wurde und ihm geduldig die andere Wange darbot. Aus dem Besessenen schrie der Dämon 'Sola patientia me vicit, sola patientia me eiecit', um sogleich den Gequälten zu verlassen und aus ihm auszufahren.[423]

Wie anders geht es den meisten Menschen: ob ihrer Ungeduld und Bosheit drohen ihnen Gericht und Verdammung; aber noch ist Vergebung möglich, wenn Buße getan wird.[424]

Die restlichen Seligpreisungen deutet Petrus traditionell.[425]

Radulph Ardens

Radulph († ca.1200) stammt aus Beaulieu (Picardie) und lehrte als Magister an der Pariser Universität. Die letzten Jahre vor seinem Tod hat er wahrscheinlich in der Kartause Liget bei Tours verbracht.[426]

Radulphs Allerheiligenpredigt über Mt.5,1ff. gliedert sich in zwei Teile. Der erste Teil handelt vom lebenden Beispiel Jesu als Lehrer der Prediger. Der zweite Teil der Predigt will die Hörer zur Nachahmung der acht Tugenden der Seligpreisungen führen; die Tugenden führen vom Rückzug aus der Welt über die Mäßigung fleischlicher Leidenschaften bis hin zur Praxis der Tugenden. Eine Verbindung mit Geistesgaben und Vaterunserbitten scheint Radulph nicht zu kennen.[427]

---

422 Ebd. 692D.

423 Ebd. 704C.

424 Ebd. 706B.

425 Ebd. 696/701.

426 Vgl. Gründel, LThK 8, 1963, 967ff.; Grabmann, LThK 8, 1936, 607f.; Ghellinck, 1955, 226.; Longère, 1983, 88.

427 Vgl. PL 155, 1475Dff.

Innozenz III.

Die Allerheiligenpredigt Innozenz' III. geht von der Seligpreisung der Herzensreinen aus.[428] Wer sind die Adressaten dieser Seligpreisung, wenn doch niemand von sich behaupten kann, rein zu sein? Jesus wandte sich nicht an vollkommen reine Gläubige; er fordert die Menschen auf, sich mit der bereits erreichten Reinheit nie zufrieden zu geben, sondern immer weiter nach der vollkommenen Reinheit zu streben.

> '...non quia omnino mundus, sed magis magisque mundandus, quia nullus adeo mundus est in hac vita, quin mundior possit esse in ea'.[429]

Mit Hilfe der Gnade Gottes und gestützt auf die Mitwirkung des eigenen freien Willens kann der Gläubige mindestens eine partielle Reinheit erreichen, wenn er sich aller anstößigen Taten enthält. Dazu ist ständige Wachsamkeit nötig, denn Welt, Teufel und das eigene Fleisch sind ständige Anfechtungen. Der Mensch in dieser Welt besitzt die beatitudo nur der Hoffnung nach; seine Seligkeit ist eine vorläufige. Die Heiligen kennen die beatitudo 'in re'; sie weilen schon in der himmlischen Heimat und ihre Seligkeit ist endgültig.[430]

So ist auch bezüglich der den Herzensreinen verheißenen Gottesschau zu unterscheiden. Innozenz nennt die visio corporea in sensu, die visio aenigmatica in imagine und die visio comprehensiva in intellectu. Gott kann nicht mit den Augen des Leibes wahrgenommen werden, weil er Geist ist und nicht Leib. Seiner menschlichen Natur nach hat er sich geoffenbart.[431] Als Lebende können die Gläubigen Gott nur *in aenigmate* sehen, durch den Glauben, auf unvollkommene Weise. Schon die Patri-

---

428 PL 217, 589C/596C, s.31 'In eadem Solemnitate habitus in Monasterio Sublacensi — Mundi corde quinam sint, quomodoque iidem beati; beatitudo ut sit duplex; visionem Dei esse triplicem; quo denique pacto cor mundandum sit'.

429 Ebd. 591A.

430 Die Aufreihung der Eigenarten dieser und jener Welt sind typisch: ebd. 592A/B.

Welt: beatitudo des Weges	Heilige: beatitudo der Heimat
in spe	in re (meritum)
in fide	in specie
in merito	in praemio
in gratia	in gloria
isti ambulant, laborant, exercentur in lege-Ps.119,1	illi habitant, quiescunt, delectantur in laude-Ps.84,5.

431 Ebd. 592C.

archen des Alten Bundes schauten Gott 'per quamdam videlicet similitudinem visionis humanae, quae vel sensui vel imaginationi potius appa-
rebat'. Die Gläubigen der Kirche können durch Inspiration, Kontemplation, Gebet, Meditation und weitere geistliche Übungen zur Gottesschau
gelangen.[432]

Die Voraussetzung zur Gottesschau ist allemal ein von Lastern und
irdischen Sorgen gereinigtes Herz, der Rückzug aus der Welt, monastisches Leben mit den Bußwerken Fasten, Beten und Almosen.[433]

c. Volkssprachliche Predigten

Speculum ecclesiae

Beim Speculum ecclesiae handelt es sich um eine Sammlung von ungefähr 70 Predigten (auch Benediktbeurer Sammlung genannt) in frühmit-
telhochdeutscher Sprache. Die Sammlung umfaßt sehr kurze, mittlere
und lange Texte, was vielleicht auf unterschiedliche Hörergruppen schließen läßt. Die Predigten weisen jedenfalls keine Anspielungen auf eine
monastische Hörergemeinschaft auf. Die längeren Texte sind in der Regel von Vorlagen französischer Kanzlerredner des 12. Jh. abhängig, während die kürzeren Texte Kompilationen aus patristischen und karolingischen Quellen darstellen. Die Sammlung scheint im Bayrischen um 1150/
1170 entstanden zu sein.[434]

Die Nummer 55 der Sammlung ist eine Allerheiligenpredigt. Sie setzt
ein mit einer Legende zur Entstehung des Allerheiligentages. Papst Bonifatius wirkte als Exorzist in einer dem Teufel geweihten Kirche Roms,
die er anschließend der Jungfrau Maria 'und allen Heiligen' weihte 'unde
nante disen tac eine hoczit aller gotes heiligen unde gebot, daz allez daz
uolc, daz ze Rome ware, an dem tage zesamene chome unde misse des
tages in êre aller gotes heiligen uon dem babeste uername'.[435] Bonifatius
wollte durch seine Stiftung Gelegenheit geben, die Versäumnisse und

---

432   Ebd. 593B 'Videtur tamen et in praesenti per inspirationis, contemplationis,
      orationis, meditationis, lectionis, praedicationis effectum, quibus ad intuen-
      dum Deum anima sublevatur'.

433   Ebd. 696C. – Zur Darstellung der 'Reinigung' des Herzens greift Innozenz zu
      drei biblischen Bildern: dem Auszug aus Ägypten, der Aufforderung, die to-
      ten Fliegen auszuwischen (Koh.10,1) und der Geschichte von Zachäus, der auf
      einen Baum kletterte, um Jesus sehen zu können. Vgl. ebd. 593D/594A.

434   Vgl. Eggers, VL 4, 1953, 227ff. und Mellbourn, ed. Speculum ecclesiae, 1944,
      VXff.

435   Ed. Mellbourn, 1944, 129, 26/29.

Sünden anderer Festtage vor die Heiligen zu bringen und Sühne zu erlangen.[436] Wer kommt ins Himmelreich, und wodurch sind die Heiligen ins Himmelreich gekommen? Die Heiligen kamen durch die in den Seligpreisungen erwähnten Tugenden hinein:

> 'Mit deumŏte, mit gehorsame, mit senfte, mit riwe, mit hungere, mit durste, mit uroste, mit barmherze, mit lutterme herzen, mit gedultecheit, mit aller slahte ahtesale garnoten alle heiligen daz gotes rîche'.[437]

Die hier aufgelisteten Tugenden entsprechen nicht genau den acht Tugenden der Seligpreisungen. Reue, Gehorsam, Erdulden von Kälte kommen dazu. Der Verfasser der Predigt führt gesondert Mt.5,10, die Seligpreisung an die Verfolgten an; wie Jesus um unseretwillen viel' trŏbesal unde scande' tragen mußte und für uns starb, so müssen wir jetzt tragen, was uns an Widerwärtigem und Leidvollem zustößt. Die Predigt schließt mit der Aufforderung, Gott mit Almosen zu dienen und die Heiligen um ihre Fürsprache anzuflehen.[438]

Die Sammlung von Priester Konrad

Die Sammlung wird nach der Selbstbezeichnung des Verfassers genannt. Entstanden ist sie wahrscheinlich im Tirol; die Predigtentwürfe sollen 'plebeis et popularibus prespiteris' als Hilfe bei der Predigtvorbereitung dienen. Die Predigten haben meist die Form von Homilien, zu den Heiligenfesten enthält die Sammlung ferner Sermones über frei gewählte Texte.[439]

Die Allerheiligenpredigt stellt die verschiedenen Scharen der Heiligen an den Anfang, die es an Allerheiligen zu feiern gilt.[440] Ein zweiter Abschnitt ist überschrieben mit 'Ewangelium' und stellt eine mehr oder weniger wörtliche Übersetzung von *Ruperts* kurzem Kommentar zu den Seligpreisungen aus *De Trinitate et operibus eius* dar.[441] Der Gegensatz

---

436 Ebd. 129, 29-130, 4.

437 Ebd. 130, 16/19.

438 Ebd. 130.

439 Vgl. Mertens, 1971 und ders. VL 5, 1985, 131ff.

440 Es handeit sich um die üblichen Gruppen: Jesus und die Trinität, Maria und die Jungfrauen, die Erzengel und die Engelchöre, Patriarchen, Propheten, Apostel, Märtyrer, Päpste, Priester und Bischöfe. (Schönbach, 1891, 234/336). Auffällig ist die Vermischung von Vater und Sohn in der Trinität, vgl. 234, 13/16 und 234, 21/23 ('unser herre vater Jhesus Christus').

441 Vgl. CChr.CM 23, 1797ff. und oben, 193f.

zwischen den irdischen Gewalthabern und dem König des Himmelreiches bestimmt die Darstellung.

Die Könige der Welt fürchteten in Jesus einen Gegenspieler; Herodes ließ darum sämtliche Knaben töten. Aber Jesu Reich ist nicht von dieser Welt. Die Seligpreisungen sind die Waffenrüstung der 'dienistman und rechen' des himmlischen Königs. Die von ihm gelehrten Tugenden hat er selber erfüllt. Dank seiner großen Demut krönte ihn sein himmlischer Vater zum König und gab ihm Vollmacht, seine Dienstleute mit dem Himmelreich zu entlöhnen

> 'daz ouch die dar nach iht anders striten oder vehten
> niwan mit den tugenden, die er in nu da vor gezalt hat,
> unde also er in die lere selbe vor getragen hat'.[442]

Die Auslegung der einzelnen Seligpreisungen entspricht derjenigen Ruperts. Zu Mt.5,10ff. schreibt Priester Konrad, Gott mahne durch diese Seligpreisung 'daz sine holden baidiu redelichen leben unde ouch dar zuo anderiu lute bezern mit dem heiligen gots worte'.[443] Denn wer still nur für sich selbst lebt, den läßt man in Ruhe, aber wer andern predigt, der wird verfolgt.

d. Zusammenfassung

Die Auslegung der Seligpreisungen in den Predigten entspricht in vielem derjenigen in den Kommentaren. Hier wie dort werden unterschiedliche Bezeichnungen für die Seligpreisungen verwendet (*beatitudines, virtutes, praecepta* etc.); sowohl in den Predigten wie in den Kommentaren bildet die Kombination der Seligpreisungen mit anderen Septenaren, vorwiegend mit den Bitten des Vaterunser und den Geistesgaben, häufig aber auch mit den sieben Lastern (*vicia*) die wichtigste Grundlage für die Auslegung des Bibeltextes. Auch bezüglich der Deutung einzelner Seligpreisungen sind gewisse Übereinstimmungen festzuhalten: so wird beispielsweise die erste Seligpreisung teils auf materiell Arme, teils auf Demütige ausgelegt. Die Seligpreisung der Friedensstifter (Mt.5,9) wiederum betrifft sowohl Bemühungen, die seelischen Kräfte des Menschen (*ratio, memoria* bzw. *affectio, voluntas*) miteinander in Einklang zu bringen und der Vorherrschaft der ratio zu unterstellen wie das Bestreben, zwischen Menschen Frieden zu schaffen (Bonifatius (?), Hrabanus, Bernhard, Petrus von Blois).

442 Schönbach,1891,239,5/7.
443 Ebd. 238, 26/28.

Neben diesen Gemeinsamkeiten fallen aber auch Akzentverschiebungen und gattungsbedingte Unterschiede auf.

Die Seligpreisungen sind Predigttext an Allerheiligen. Es ist darum naheliegend, daß in den Predigten mehr als in den Kommentaren auf die Heiligen Bezug genommen wird. Im 12. Jh. gewinnt der Gedanke, daß die Heiligen die allen Gläubigen verheißenen merita oder praemia der Seligpreisungen bereits genießen, große Bedeutung. Prägend sind dabei Stellen aus dem Tagesoffizium zu Allerheiligen wie *Gaudent in coelis animae sanctorum* oder Bibelstellen wie Joh.14,2. Die unterschiedlichen mansiones oder Plätze beim himmlischen Gastmahl, die den nach ihren verschiedenen Ämtern und Gaben gruppierten Heiligen (Martyrer, Bekenner, Maria und die Jungfrauen etc.) zukommen, stehen für die unterschiedlichen Verheißungen der einzelnen Seligpreisungen, von denen jede dem besonderen Charisma einer Heiligengruppe zugeordnet ist. Die Praxis der verschiedenen modi beatitudinis (Petrus Comestor) entspricht der Zuteilung der himmlischen Wohnstätten und Belohnungen. Die Verheißungen der Seligpreisungen dienen als Motivation des von den Gläubigen geforderten ethischen Verhaltens. (Herbert von Losinga, Petrus Comestor, Innozenz III). Neben der hervorgehobenen Stellung der Heiligen in der Auslegung der Seligpreisungen fällt auf, daß häufig die Lukas- und Matthäusvariante der Seligpreisungen miteinander verglichen werden. Während für *Beda* die acht Seligpreisungen der Matthäusfassung auf die Auferstehung Jesu verweisen und die vier Seligpreisungen des Lukastextes den Kardinaltugenden entsprechen, ist die Auslegung anderer Prediger in der Regel durch die Unterscheidung zweier Adressatengruppen geprägt. Die Matthäusfassung richtet sich an solche Hörer, die die perfectiora mandata fassen könnten, die Lukasfassung dagegen an diejenigen, welche nur die einfachsten Gebote begreifen. *Haimo von Auxerre* zieht zur Erläuterung das Gespräch Jesu mit dem reichen Jüngling (Mt.19,16ff.) heran. Zuerst empfahl Jesus nur die einfachen Gebote, später „ostendit ei montem perfectionis doctrinae". Die Seligpreisungen der Matthäusfassung entsprechen dieser vollkommenen Lehre Jesu. Sie sind differenzierter als diejenigen der Lukasfassung. Die erste Seligpreisung an die pauperes spiritu (Mt.5,3) etwa weist darauf hin, daß es unterschiedliche Arten von Armut gibt. Materielle Armut ist nur eine davon. Die Praxis uneingeschränkter Armut ist nur den vollkommenen Mönchen möglich.[444] Ähnlich bestimmt im 12. Jh. *Bernhard von Clairvaux*

---

444 PL 118, 776.

das Verhältnis der Matthäus- und der Lukasfassung.

Typisch für die Akzentverschiebung in der Behandlung der Seligpreisungen ist im übrigen die herausgehobene Stellung der Armut. Sie gilt als
grundlegende Tugend, aus der alle übrigen hervorgehen. Auch wenn die
unterschiedlichen Nuancen der paupertas spiritu durchaus berücksichtigt werden, erhält der Verzicht auf Besitz und der damit verbundene
Rückzug aus der Welt in die vita contemplativa eine Schlüsselstellung. Er
gilt als via regia zur Vollkommenheit, als Krönung aller Tugenden, dem
dieselbe Verheißung zugesagt ist wie dem Martyrium (Mt.5,3.10).[445]
Das Leben in freiwilliger Armut trennt den wahren Jünger Jesu von der
Menge, die die evangelischen Forderungen nur halbherzig praktiziert. Die
Anweisungen Jesu an die Jünger (Lk.10), die Geschichte vom reichen
Jüngling (Mt.19) sind die wichtigsten Interpretamente für diese Art der
Auslegung.

Ausführlich und differenziert wird ferner das Motiv des Tugend-
Lasterkampfes behandelt. Im 12. Jh. deuten die beiden Zisterzienser
Bernhard von Clairvaux und *Isaac von Stella* den Kampf zwischen den
Lastern und den sieben Tugenden der Bergpredigt als das Ringen der
Seelenkräfte ratio, memoria bzw. affectio und voluntas um die Wider-
gewinnung ihrer seit dem Fall Adams nur noch in pervertierter Form
bestehenden Funktionen.

3. Die Seligpreisungen in der Hagiographischen Literatur

Die einzelnen Seligpreisungen sind in der hagiographischen Literatur
in sehr unterschiedlichem Maß verwendet worden. Selten finden sich
Mt.5,4.5.6, die Seligpreisungen der Trauernden, der Sanftmütigen und
der nach Gerechtigkeit Hungernden und Dürstenden.[446]

Wo immer die Seligpreisungen in der hagiographischen Literatur Verwendung finden, gelten sie als *virtutes*, Tugenden. Vereinzelte Belege verwenden alle acht Seligpreisungen als Tugendschema zur Darstellung des
Aufstiegs des Heiligen *de virtute in virtutem*. Es hat sich gezeigt, daß dabei nicht das Interesse an der konkreten Umsetzung einzelner Seligprei-

---

445 Petr.Bles.: PL 207, 692B.

446 Über die Gründe lassen sich nur Vermutungen anstellen. Sind im Falle dieser
     Tugenden, die ja durchaus zum klassischen Tugendkatalog der Heiligen gehö-
     ren — man denke nur an die Seligpreisung der Trauernden — andere Bibelstel-
     len wichtiger? Warum aber wird dann der Text der jeweiligen Seligpreisung
     nicht als ergänzendes Zitat verwendet?

sungen in Leben und Wirken des Heiligen bestimmend ist.[447] Die entsprechenden Aussagen der Quellen bleiben häufig unkonkret und farblos.[448] Wichtig ist vielmehr die Tatsache, daß der Heilige über alle acht virtutes aufsteigend zur plenitudo virtutum, zur beatitudo gelangt. Auch einzelne Seligpreisungen können demselben Zweck dienen. So verweist etwa die Amandusvita auf die 'paupertas, id est mentis humilitas' des Heiligen als Ausgangspunkt zum Erlangen der übrigen Tugenden und des Himmelreiches.

> 'Illam igitur paupertatem, id est mentis humilitatem, sanctissimus pater Amandus concupivit et ad huius primae beatitudinis initia primo festinanter pervenit ac deinceps ad reliquarum plenitudinem virtutum perfecte sublimiterque conscendit et idcirco percipere dignus fuit caelorum regnum, talibus a Domino promissum.'[449]

Der Begriff 'conscendit' macht deutlich, daß der Aufstiegsgedanke auch für die Auslegung der Seligpreisungen in der Hagiographie wichtig ist. Jede Tugend ist eine Stufe, die nicht einfach leichtfertig übersprungen werden kann. Darin läuft die hagiographische Literatur mit der Auslegung der Seligpreisungen in Kommentaren durchaus parallel.[450]

Die Auslegungsschemata der hagiographischen Werke sind denen der Kommentare und Predigten verwandt. Auffällig ist die *Mehrschichtigkeit* der Auslegung auch in der Hagiographie. Jede Seligpreisung kann vom Heiligen auf unterschiedlichen Handlungsebenen erfüllt werden. Das soll am Beispiel der Seligpreisung der Barmherzigen gezeigt werden. Durch den Verheißungsteil der Seligpreisung wird der Gläubige auf die eigene Situation als Schuldner Gottes hingewiesen, der ebenso auf Barmherzigkeit angewiesen ist wie jeder andere Mensch. Barmherzigkeit erweist sich darum immer auch als Vergebungsbereitschaft. Die entsprechende Vaterunserbitte sowie Mt.7,1ff., das Wort vom Nicht-Richten, können innerbiblisches Interpretament zu dieser Auslegung sein. Der folgende Beleg aus der Lambertsvita zeigt die Kombination von Barmherzigkeit und Vergebung:

447 Vgl. dazu oben, 168f.
448 Vgl. v.a. 171, 175f.
449 MGH.SRM 5, 475, 18/22; vgl. MGH.SRM 5, 475 (zu Mt.5,3) und ebd. 559 (zu Mt.5,8). MGH.SS 10, 586 (zu Mt.5,8).
450 Vgl. PL 114, 90B (Glossa) und MGH.SS 12, 821 (Vita Ottonis episc. Babenbergensis).

'Erga delinquentes fratres omnem sollicitudinem gere-
bat, ut reatum suum recognoscerent, et cognitum,
quod sui proprie proprium erat, misericordia, qua semper affluebat, statim remitteret, recordans, quod in
evangelio dictum est: Beati misericordes, quoniam ipsi misericordiam consequentur.'[451]

Wo Barmherzigkeit auf finanziell-materiellen Einsatz des Heiligen gedeutet wird, fehlt in der Regel der Hinweis auf die himmlische Belohnung nicht. Besonders schön gestaltet ist diese Art von Auslegung in der
Vita des heiligen Stefan von Ungarn. Barmherzigkeit ist eine von dessen
Haupttugenden. Er umfaßt die pauperes Christi mit 'Armen der Barmherzigkeit', ja umfaßt darin Christus selbst. Dieses Motiv nimmt der Autor
der Vita bei der Schilderung der Reliquienerhebung des Heiligen wieder
auf. Die Leiche des Heiligen ist zerfallen, nur der rechte Arm ist unversehrt; der Autor begründet dies mit dem Hinweis auf die von Stephan
zu Lebzeiten vollbrachten Werke der Barmherzigkeit.

'Quid est, fratres, quod caeteris membris dissolutis et
in pulverem carne redacta penitus disiunctis, sola dextera manus, ossibus cute cum nervis adhaerente, sua
servaverit decus integritatis? Non aliud arbitror divini
consilii profunditatem in huius excellentia facti voluis-
se declarare, nisi dilectionis opus et elemosinae cunc-
tos virtutum gradus ascendere. Unde Veritas dicit in
euangelio: Beati misericordes, quoniam ipsi misericordiam consequentur. Et item: Date, et dabitur vobis.
Item in alio loco: Sicut aqua extinguit ignem, ita ele-
mosina extinguit peccatum. Merito beati viri dextera
fuit aliena putredinis, quae semper pietatis flore revi-
rescens, in alendis pauperibus numquam vacua fuit donis erogationis.'[452]

---

451 MGH.SS 15/2, 949, 18/21. – Vgl. bereits im 9. Jh. Hrabanus, PL 107, 796C
'Misericordia ergo non solum in eleemosynis intelligitur, sed in omni peccato
fratris, si alterius ut onera nostra portemus, si inscium doceamus, si errantem
corrigamus. Misericordia enim non solum in donis corporalibus, sed etiam in
animabus sanandis, exercenda est. Quibus hoc misericorde judice rependitur,
quod ipsi de miseria liberentur'.
452 MGH.SS 11, 242, 13/20, vgl. zur Vorgeschichte ebd. 235f. 'In omnibus enim
factis suis felicibus illud intendebat esse praecipuum, quod ex euangelio fideli
pectoris contemplatus est visu, per Veritatis ipsius testimonium dicentis: Beati
misericordes, quoniam ipsi misericordiam consequentur; et in alio loco: Date
et dabitur vobis. Tantis igitur misericordiae et pietatis brachiis Christi pauperes, immo Christum in ipsis amplexabatur, quod nullus umquam hospes et pe-
regrinus ab eo sine benignitatis alicuius solamine tristis abscessit.'
MGH.SS 12, 544, 15/18. Zum Motiv der Rechten als misericordia vgl. Deitmaring, ZDA 98, 1969, 265ff. bes. 267f., 269f.

Barmherzigkeit kann im Extremfall soweit gehen, daß die eigene Person mit Leib und Seele zum opus misericordiae wird statt äußerer Werke oder der Bereitschaft zum Vergeben. Im 12. Jh. schildert die Vita des heiligen Karl von Flandern die große Barmherzigkeit und Freigebigkeit des Grafen Karl. 'Neminem enim frustratum a se recedere patiebatur, vestesque etiam, quibus admodum preciosis utebatur, sibi detractas eis frequenter largiebatur. Audierat enim euangelium illud: Beati misericordes, quoniam ipsi misericordiam consequentur, et illud: Quod uni ex minimis meis fecistis, mihi fecistis.'[453] Die Not seiner Mitmenschen nahm sich der Heilige derart zu Herzen, daß er selber körperlich darunter litt und seine Umgebung ihn leiden sah im Sinne von 2.Kor.11,29: 'Wer ist schwach und ich werde nicht schwach? Wer leidet Ärgernis und ich brenne nicht?'. Diese Art der Auslegung findet sich ebenso in Kommentaren; exempla sind meist Jesus und Paulus.

Ähnlich vielschichtig ist etwa auch die Auslegung der Seligpreisung der Armen im Geist (Mt.5,3). Materielle Armut und Demut gehören beide zur Deutung hinzu. Im 12. Jh. erzählt die Translatio S. Modoaldi, wie Meinwerkus, der Bischof von Paderborn, den König Heinrich bat, in seiner Diözese 'fratres pauperculos' ansiedeln zu dürfen. Später litten diese Brüder oft materielle Not, was sie aber nicht daran hinderte, demütig und fröhlich der 'paupertas spiritu' nachzuleben, so daß sich einige Zeitgenossen zum Eintritt in einen Orden entschlossen, weil ihnen dies die einzig würdige Erfüllung der ersten Seligpreisung zu sein schien.[454]

Abt Sigiramnus zieht wie einer der pauperculi umher und verbringt mit ihnen den Winter in der Kirche des Märtyrers Saturnin, Gottes Wort predigend und durch sein Beispiel die Armen belehrend.

---

453   MGH.SS 12, 544 und CChr.CM 56, 292, 1868ff.

454   MGH.SS 12, 291, 42/50 'Et cum inhabitantes fratres frequenter angustiaret anxia rerum tenuitas, tamen nullo modo defervebat in eis amor religionis et regularis sedulitas, sed pauperes spiritu, suum credentes esse regnum caelorum, ibant gradatim de virtute in virtutem. Cum hic fervor filiorum Dei longe lateque opinionem sui dilataret, plures Christi fideles, illorum accensi et animati exemplo, res huius ecclesiae suis coeperunt redditibus dilatare. Multi quoque aemulantes charismata meliora, modicum videri censebant, si tantummodo rebus suis renuntiarent, et praecepto instructi euangelico, credebant se non esse dignos Deo, nisi, renuntiantes sibimet ipsis, sub regula monachili circumferrent in corpore suo semper mortificationem crucis Christi.'
Vgl. zu Mt.5,3 auch MGH.SS 15/2, 1179, 56/58; SRM 4, 633,15f.; SRM 6, 281, 27/32; SRM 5, 475, 14/22 und ebd. 238, 4/7; SRM 3, 510, 16/20.

> '..ut, sicut ipse sponte, non necessitate, pro Christi amore paupertatem studebat diligere, ita et ipsi in sua paupertate Deum glorificantes eum semper haberent, illum nimirum iugiter animo revolventes, quod ait Dominus in euangelio: Beati pauperes spiritu, quoniam ipsorum est regnum celorum.'[455]

Armut an sich ist noch keine Garantie für das Seelenheil; es ist die freiwillige, um Gottes willen ertragene Armut, die Jesus seligpreist.

Die Wirkung der Seligpreisung der Friedensstifter (Mt.5,9) läßt sich korrekterweise nur im Zusammenhang mit der Antithese vom Gewaltverzicht und der Feindesliebe (Mt. 5,38ff.) darstellen.[456] Beide Stellen legen sich nach dem Verständnis der mittelalterlichen Autoren gegenseitig aus. Die virtus des Friedens wird durchaus unterschiedlich eingeschätzt. Sie ist einerseits – als innerer Friede – Voraussetzung für den Erwerb der anderen Tugenden und andererseits 'summa virtus', die höchste unter den vom Christen zu erfüllenden Tugenden.[457] Geiza, der Vater des heiligen Stephan von Ungarn, zeichnet sich schon als Heide durch seinen Einsatz für den Frieden aus und läßt dadurch die künftige Bekehrung zum Christentum ahnen.

> 'Dux Geiza ... paganismi licet adhuc ritibus obvolutus, tamen appropinquante spiritualis fulgore karismatis, cum omnibus circumquaque positarum provinciarum vicinis de pace, cuius numquam antea fuit amator, coepit attente tractare, ut iam in illo posset agnosci, cuius filius desideraret fieri, secundum dictum Salvatoris nostri dicentis in euangelio: Beati pacifici, quoniam filii Dei vocabuntur.'[458]

Der Autor spielt hier auf den Einsatz des Herzogs für den Frieden an, den dieser quasi von Amtes wegen leistet und der sich in konkreten politischen Aktionen äußert.

Erzbischof Eberhard von Salzburg dagegen hat sich bereits durch viele Tugenden ausgewiesen. Er fühlt seinen Tod nahen und möchte nun noch die höchste Tugend des Friedens nach Mt.5,9 erfüllen, 'bonam hanc virtutum suarum consummationem existimans, si pacem ecclesiae red-

---

455   SRM 4, 623, 13/16.
456   Vgl. unten, 296ff.
457   Vgl. dazu Paschasius Radbertus, CChr.CM 56, 294, 1925ff., 1933ff.
458   MGH.SS 11, 230, 27/31.

ditam reliquisset.' Der Wunsch geht in Erfüllung; Eberhard versöhnt die
zerstrittenen Parteien und kann ruhig sterben. 'Iuxta Salomonem ergo
desiderium suum iusto datum est; inter pacis actiones ad aeternam est
pacem translatus'.[459]

Ähnlich konkret versteht etwa auch die oben erwähnte Vita des Grafen Karl von Flandern die Seligpreisung der Friedensstifter. Karl fordert
die Ritter dazu auf, die Bedingungen des Gottesfriedens einzuhalten 'in
eorum studens numero inveniri quibus promittitur ipsa veritate dicente:
Beati pacifici, quoniam filii Dei vocabuntur'.[460]

Die Auslegung der Seligpreisungen in der hagiographischen Literatur
entspricht in ihrer Vielschichtigkeit der Auslegung durch die Kommentare und Predigten. Gewisse auf konkrete Handlungen bezogene Auslegungen — vor allem die Deutung der Seligpreisung der Friedensstifter
(Mt.5,9) — sind gewichtiger und durch die Füllung mit einzelnen Begebenheiten und Namen farbiger als die entsprechenden Hinweise in den
Kommentaren.[461]

---

459 MGH.SS 11, 82, 36ff., 48ff. — Zum Einfluß der Kirche auf das soziale Verhal-
     ten anhand der Bergpredigt vgl. Angenendt, 1979, 140ff. bes. 147ff., 151.
460 MGH.SS 12, 545, 16/18.
461 Vgl. die entsprechende Auslegung bei Hieronymus, CChr.SL 27, 25, 459/461.

TEIL V: DIE ANTITHESEN

A. Einleitung

Die Auslegung der Antithesen ist pièce de résistence jeder Bergpredigt-auslegung. Hier wird deutlich, was das Gesetz Jesu vom Alten Testament trennt und was beide verbindet.

Die Antithesen erhalten ihr Gewicht von Mt.5,48, der Aufforderung Jesu, vollkommen zu sein *wie euer himmlischer Vater. Vollkommenheit* ist immer wiederkehrendes Stichwort in der Auslegung der Antithesen. Das Verständnis von Vollkommenheit, die Kombination mit unterschied-lichen Schriftstellen wie Mt. 19,21, die von ihrer Auslegungsgeschichte her dem monastischen Bereich nahestehen, prägt notwendigerweise das Bild der ganzen Bergpredigt.

Die Auslegung ist stark von Begriffen und Bildern aus dem Rechtsbe-reich durchsetzt: lex, praeceptum, im 12. Jh. daneben consilium, justi-tia und judicium sind oft gebrauchte Schlüsselbegriffe. Jesus ist Legisla-tor, König und Richter in einem. Irdische Rechtssprechung von Seiten der staatlichen Gewalt und der Kirche steht neben dem himmlischen Ge-richt am Ende der Zeiten, Hölle und himmlische Seligkeit drohen bzw. motivieren den Leser zum Handeln.

Konkrete Taten, gerechtes Handeln stehen im Vordergrund. Die opera justitiae sind für viele Auslegungen identisch mit den Antithesen. Der Wortsinn ist in der Auslegung der Antithesen erstaunlich breit vertreten.

Wie in der Literatur zu den Seligpreisungen ist auch hier die anthropo-logische Dimension berücksichtigt. V.21f. bzw. 23f. bilden seit Hierony-mus die Basis zur Exemplifizierung der Lehre von den unterschiedlichen Sündenstufen. Suggestio, delectatio und consensio können auf die einzel-nen Seelenteile des Menschen ausgelegt werden.

Im 12. Jh. wächst das Bewußtsein für die Schwierigkeit des durch die Antithesen Geforderten. Allerdings wird nach wie vor betont, Jesus ha-be nichts Unmögliches, sondern das Vollkommene gefordert. Aber eini-ge Ausleger lassen durch Wortwahl, Begriffe und Auslegung eine Ein-schränkung der Antithesen auf einen kleinen Kreis von Elitechristen erkennen; die Ordensleute, die ecclesiastici viri sind die einzigen, für die Jesu Rede wirklich erfüllbar ist.

B. Die Auslegung der Antithesen

1. Die Kommentare

a. Die irischen Kommentare

Die Auslegung der Antithesen ist in dieser exegetischen Tradition recht kurz. Die Gerechtigkeit Jesu hebt sich von derjenigen der Pharisäer dadurch ab, daß Theorie und Praxis übereinstimmen. Die Pharisäer machten große Worte und taten wenig; ihre Lehre war von persönlichen Vorlieben und Abneigungen bestimmt.[1]

Die beiden ersten Antithesen erhalten durch die Drohung des Jüngsten Gerichts und der Hölle ihr eigenes Gewicht. Der Zorn gegen den Bruder äußert sich in gehässigen, abfälligen Äußerungen und Anwürfen. Die Strafe dafür ist ohne nähere Abstufung das Höllenfeuer. *Ps. Walafrid* erläutert Höllenfeuer als eine doppelte Strafe für Leib und Seele. Zu V.23ff. gilt grundsätzlich, daß ein Christ mit allen Menschen Frieden haben soll. Die Versöhnung mit dem Bruder ist je nach Umstand nur *mente* möglich. Opfer meint ein Gebet oder eine Gabe, kann aber auch den ganzen Menschen bezeichnen.[2] Gegner ist die lex Evangelii; je nach Verhalten des Christen zu Lebzeiten droht das Neue Gesetz mit Höllenstrafen. Für den Quadrans (V.26) nennt Ps. Walafrid — angeregt durch die Kombination des Sinnträgers mit der Zahl vier — die Deutungen als vierter Teil des Betrags, der dem Priester für die Reinigung zu entrichten war, als winzigste Sünde oder als Anspielung auf den aus vier Elementen bestehenden Menschen. Die Auslegung ist hier wegen des durchwegs schlechten Textzustandes nur teilweise verständlich. Zur Antithese vom Ehebruch (V. 27ff.) zählt Ps. Walafrid zwei concupiscentiae auf: bei der einen bleibt der Affekt ohne weitere Folgen, bei der zweiten folgt dem Affekt wenn möglich die Tat. Diese zweite Art bedeutet Ehebruch auf seelischer und körperlicher Ebene. Ps. Walafrid nennt die seit Hieronymus geläufige Begrifflichkeit für diese Stufen der Sünde nicht.

Was bedeutet die Aufforderung, das rechte Auge auszureißen oder die rechte Hand abzuschneiden (Mt.5,29f.)? Gemeint ist, daß geistliche Lei-

---

1   PL 114, 874A. Vgl. clm 14514, f.109ᵛ.

2   Vgl. ebd. 874B.

ter, Lehrer, wenn sie vom Gottesdienst abhalten, ihres Amtes enthoben
werden sollen. Die Auslegung von V.33ff. unterscheidet Meineid vom totalen Verzicht auf jeden Eid. 'Est, est, non, non' (V.37) bezieht sich auf
die Übereinstimmung von Gedanke und Wort. V.38ff. handeln vom Verzicht auf Vergeltung des Bösen mit Bösem. Zum Schlag auf die rechte
Wange wird häufig die Erklärung vom dogmatischen Streit zwischen Christen und Häretikern herangezogen. Der Christ soll dem falschen Zeugnis
des Häretikers mit der biblischen Lehre entgegentreten. Tunika und Pallium ablegen meint, heimliche und offensichtliche Sünden gestehen. Der
Christ geht, wenn man ihn dazu zwingt, nicht nur buchstäblich zwei
Meilen mit. Auch den seelischen Beistand verweigert er nicht, wenn jemand ihn darum bittet. Er gibt je nach Verlangen Worte oder Almosen.
So widerspricht die Feindesliebe keineswegs den Forderungen des Alten
Gesetzes. Dort war vom Teufel als dem Feind die Rede, den man hassen müsse, hier werden die drei Arten von Feindesliebe Menschen gegenüber beschrieben: aus dem Herzen gegen den Haß, mit Werken gegen Verfolgung und durch Gebet gegen verbale Anwürfe. Sonne und Regen bezeichnen die vier Weltelemente: arida, calida, humida und frigida. Entsprechend schuldet der Mensch seinen Feinden Speise und Trank, Kleidung und ein liebevolles Wort.[3]

Ps. Walafrid bringt eine sonst nicht geläufige Etymologie zu Publicanus.[4] Die Aufforderung vollkommen zu sein bezieht sich auf die Erfüllung der Antithesen durch Almosen, Fasten und Gebet.

clm 14514, f.109^V-110^V entspricht auch hier Ps. Walafrid, dasselbe
gilt mit Ausnahme weniger Worte für Orléans 65, f.293-f.303. Eine andere Variante kennt clm 14514, f.76^V. Zorn ist die Wurzel des Mordes. 'vita et mors in manu linguae'. Worte können einen Menschen rechtfertigen
oder verdammen. Die im Text der Bergpredigt aufgeführten Schimpfworte verdammen den, der sie ausspricht. Der Gegner, dem es zu willfahren
gilt, ist auch hier der sermo euangelicus. Er steht dem Fleisch entgegen.
Der Mensch darf nicht zögern, den Worten des Evangeliums nachzukom-
men, indem er ihren Inhalt beherzigt und danach handelt.

Bei der Auslegung von quadrans (V.26) ergänzt die vorliegende Variante den Begriff Sünde durch die Erläuterung, damit seien unnütze Worte oder Gedanken gemeint.

---

3   Ebd. 875C.
4   A.a.O. 'Publicanus dicitur, quia publice peccat, aut qui rem publicam agit.'

Wichtig scheint die Zuweisung von rechts und links zu V.29ff.. Die rechten Körperteile sind vollkommener und geliebter. Links meint äußerlich.[5]

Die Hand kann einen Familienangehörigen, der Fuß einen Bediensteten bezeichnen. Man soll diese Menschen von sich weisen, falls sie in Häresie oder schwere Sünden fallen. V.39 bezieht sich auf die Ermahnung durch geistliche Worte, denen man rechtes und linkes Ohr öffnen soll. Tunica bezeichnet den Glauben, Pallium den Leib; Jesus fordert hier zu Demut auf. Dasselbe gilt für V.41f. Demut und Geduld sind die wichtigsten Tugenden. Eine andere Deutung ist ebenfalls möglich. Falls jemand nach Gott dem Vater ruft, soll man ihn auch auf den Heiligen Geist aufmerksam machen.[6]

b. Die karolingischen Kommentare

Hrabanus Maurus und Ps. Beda

Hrabanus setzt mit seinen patristischen Quellen – im Fall der Antithesen wie der Seligpreisungen dem Matthäuskommentar Hieronymus' und Augustins Bergpredigtauslegung – den Unterschied von Altem und Neuem Gesetz bei den je anderen Anwendungsebenen fest. Das Alte Gesetz berücksichtigt nur die Tatebene, das Neue geht weiter und beurteilt die einzelne Tat nach der ihr zugrundeliegenden Absicht. Reinigung der intentio und Klärung des Willens führen den Menschen zur Vollkommenheit. Diese ist sowohl vollkommene Gerechtigkeit wie grenzenlose Barmherzigkeit.

Bei Jesus zählt jede seelische Regung, die darauf gerichtet ist, dem Bruder zu schaden, gleich wie Mord.[7] 1.Joh.3,15 ist der in der Folge vielzitierte Beleg dazu. Man hat zwischen dem Menschen und der Sünde als Objekten des Zorns sorgfältig zu unterscheiden. Wer dem Menschen zürnt, sündigt, denn jeder Mensch ist Gefäß des Heiligen Geistes und Geschöpf des einen himmlischen Vaters. 'Qui enim aeque in Deum credenti dixerit fatue, impius est in religionem'.[8] Zorn kennt verschiedene Abstufungen, die Jesus sämtliche aufzählt: am geringfügigsten ist der Zorn, der

---

5 Vgl. dazu Deitmaring, ZDA 98, 1969, 265ff. bes. 274f..

6 clm 14514, f.77[r]. – clm 14514, f.130[r] ist eine Kurzform von f.76[v]-77[r], clm 14469 ist identisch mit PL 114, 874ff.

7 Vgl. PL 107, 806A.

8 Ebd. 806D. Vgl. dazu oben, 110ff.

als Regung des Herzens ohne äußeren Ausdruck bleibt; es folgt der zornige Ausruf ohne besondere inhaltliche Bedeutung und das den Andern schmähende und verletzende Wort. Entsprechend abgestuft sind die Strafen in Gericht, Konzil und Hölle.[9] Je nach Schwere der Sünde ist mit der entsprechenden Strafe zu rechnen. Nennt Hrabanus bereits hier die gradus peccatorum, so findet sich in der Auslegung der Antithesen vom Ehebruch (V.27ff.) die von Hieronymus stammende Begrifflichkeit, die später von der Scholastik übernommen wird. Jesus geht es nicht um das Begehren der Frau als solches. 'Videre mulierem ad concupiscendum eam' heißt das unter Anklage gestellte Vergehen. Gemeint ist die seelische Haltung, die Absicht, mit der man einer Frau begegnet. Ist es nur ein Kitzeln fleischlicher Begierde, dem man unterworfen ist, ohne ihm zuzustimmen? Oder hat man der Gier, dem ungezügelten Drang bereits zugestimmt und wartet nurmehr auf die passende Gelegenheit, sie in die Tat umzusetzen? Die fehlende bzw. vorhandene Zustimmung machen den Unterschied von *propassio* und *passio* aus. *Propassio* zählt nicht als Verbrechen; sie ist nur ein Kitzel ohne den Willen zu sündigen. *Passio* zählt als Laster, die innere Zustimmung verwandelt den Gedanken in ein Gefühl; der Wille richtet sich auf die Tat. Einzig die Gelegenheit fehlt noch.[10] Das zweigestufte Schema wird ergänzt durch die drei Stufen der *suggestio, delectatio* und *consensio*, die Hrabanus von Augustin übernimmt. Sie entsprechen der Sünde im Herzen, in der Tat und als Gewohnheit. Die Sünde im Herzen meint die innere Zustimmung zur Begierde; ihr folgt die konkrete Tat; am Ende wird die menschliche Seele durch die Macht schlechter Gewohnheit bedrängt. Moechia, Ehebruch, nennt Jesus an dieser Stelle jede Begierde des Fleisches. Sie ist daran zu erkennen, daß sich die Seele dem höheren Gesetz verweigert und durch den bösen Willen der niederen Natur befleckt wird. Es ist der Grundkonflikt von gutem Willen (*recta voluntas*) und Genußsucht des Leibes (*delectatio carnis*), den Jesus anspricht und in dem er seine Hilfe anbietet. Die Erkenntnis der eigenen Schwäche ist der Anfang zur Besserung.[11]

---

9 Ebd. 807A/C.

10 Ebd. 811A/B. Vgl. zur Lehre von der Sünde Blomme, 1958.

11 Vgl. ebd. 811D 'Et ideo quisquis carnalem delectationem adversus rectam voluntatem suam rebellare sentit, exclamet lugendo, imploret consolatoris veri Domini Christi auxilium. Nec parvus est ad beatitudinem accessus, cognitio infelicitatis suae.'

Dasselbe Auslegungsmuster gilt für die Fortsetzung: Auge und Hand können Gedanken, Sinne, die Affekte und den Willen bezeichnen, die ohne Richtung umherschweifen und dadurch dem Laster Tür und Tor öffnen.[12]

Um die Absicht geht es bereits in V.23ff.. Die Versöhnung mit dem Bruder ist vornehmlich im übertragenen Sinn zu deuten. Nach 1.Kor. 3,16f. ist jeder Christ Tempel Gottes, sein Glaube ist der Altar. So soll denn die Absicht bei jedem Opfer, das der Gläubige seinem Gott bringt, rein sein. Wer etwas gegen den Bruder im Schild führt, besinne sich auf die richtige intentio und bemühe sich um den Affekt der Liebe.[13] Alles Trachten sei auf Frieden und Eintracht gerichtet. Das meint die Aufforderung, sich mit dem Gegner noch auf dem Weg zu einigen. Die einzig mögliche Konsequenz ist die Liebe, die auch den Feind einbezieht und das in Röm.12 beschriebene *cum omnibus hominibus pacem habere*.[14] Jesus warnt hier vor dem Jüngsten Gericht. Er selber wird dann Richter sein (Jak.4,6; Röm.5,10; Sir.10.12).[15]

Auf aktives und kontemplatives Dasein kann die Aufforderung, die Hand oder das Auge auszureißen, gedeutet werden. Möglich ist aber auch die Deutung auf einen nahestehenden Menschen, der uns daran hindert, das wahre Licht zu sehen.[16]

Bei der Antithese zur Ehescheidung geht es um die Unterscheidung von Personen und den zum menschlichen Leben gehörenden Gegebenheiten. Besser als die normale Ehe ist die Geschwisterehe. Sie entspricht dem Wort des Paulus: 'qui habent uxores, quasi non habentes sint'(1.Kor. 7,29f.). Zudem ist an Lk.14,26 zu erinnern. Jesus mahnt dort seine Nachfolger, ihre Angehörigen zu hassen. Aber wie paßt diese Aufforderung mit der vorliegenden Antithese zusammen, die doch Scheidung nur im Falle von Ehebruch erlaubt? Wie wahr ist Mt.11,12 *regnum coelorum vim patitur* — denn wieviel gewaltsame Anstrengung ist nötig, daß der Mensch seine Feinde liebt und seine Angehörigen haßt. Jesus spricht hier aber vom Himmelreich, das nicht an die irdischen Lebensbedingungen gebunden ist. Gal.3,28 und Mt.22,30 belegen die Unangemeßenheit menschli-

---

12 Ebd. 812A.
13 Ebd. 808A/D.
14 Ebd. 809D.
15 Ebd. 810B.
16 Ebd. 812D.

cher Kategorien im Bezug auf das Himmelreich. Hier auf Erden haben
wir uns allerdings mit den Bedingungen unserer irdischen Existenz aus-
einanderzusetzen. Unser Haß darf nicht den Menschen gelten, sondern
den irdischen Gegebenheiten, denen niemand enthoben ist.[17]

Der Eid auf eine Person oder einen Gegenstand ist gleichbedeutend
mit Verehrung oder Liebe dieser Person oder Sache. Schwören war eine
schlechte Gewohnheit der Juden, die Jesus im Neuen Gesetz zurück-
schneidet. Sein Verbot steht aber nicht im Widerspruch zu den zahlreichen eidähnlichen Äußerungen Paulus' (Gal.1,20;2.Kor.11,31;Röm.1,9).
Schwören ist nicht an sich schlecht, sofern es nicht zum Mißbrauch
führt. Ein Eid kann nötig sein, wenn etwa begriffsstutzige Menschen zum
Glauben gebracht werden sollen. Grundsätzlich reicht aber unter Christen die einfache Schilderung der Tatsachen ohne Eid aus. Die Wiederholung est, est, non, non bezieht sich auf die notwendige Übereinstimmung von Worten und Taten.[18]

Bei der Auslegung der Antithese vom Gewaltverzicht verwendet der
Autor ein Stufenmodell: Hrabanus unterscheidet in Anlehnung an Augustin vier Stufen der Vergeltung: die Rache, die über das erlittene Unrecht hinausgeht, ist die schlimmste und brutalste Art der Vergeltung.
Gegen sie war das alttestamentliche 'Auge um Auge, Zahn um Zahn', die
nächste Stufe, gerichtet. Die Rache entspricht dabei dem erlittenen Unrecht. 'Et haec est pacis inchoatio'. Bleiben nurmehr zwei Stufen: die
Rache, die nicht das Ausmaß des Unrechts annimmt und der vollständige Verzicht auf Rache, mehr noch, die Bereitschaft, weiteres Unrecht
klaglos zu erleiden. Diese letzte Stufe beschreibt Jesus im Neuen Gesetz.
Anhand dreier Beispiele erläutert er, wie vollkommene Gerechtigkeit erfüllt wird, indem der Mensch geduldig und barmherzig die Schwächen
seiner Mitmenschen erträgt.[19]

Darum geht es letztlich überall im Neuen Gesetz: um die Barmherzigkeit gegenüber menschlicher Schwäche, um Gleichmut und Geduld beim
Ertragen der *imbecillitates animi.*[20]

---

17 Ebd. 813D.
18 Ebd. 827A/D.
19 Ebd. 828B.
20 Vgl. zu 5,39, 826D: 'Quod ad misericordiam pertinere hi maxime sentiunt, qui
    eis quos multum diligunt, tanquam filiis, vel quibuslibet dilectissimis suis aegro-
    tantibus serviunt, vel parvulis, vel phreneticis, a quibus multa saepe patiuntur,
    (Fortsetzung der Fußnote nächste Seite)

Die Jesus-*medicus*(animarum)Metapher verbindet sich mit der Beschreibung der exemplarischen Erfüllung der Tugend Sanftmut und Milde durch Jesus. Belegstellen wie Mt.11,29; Joh.18,23; Ps.7,5 und Thr.3, 27.30 werden zentral. Den *Menschen* gilt es als Geschöpf Gottes zu lieben, seine *Schwäche* barmherzig zu ertragen, das seine Natur korrumpierende *Laster* energisch zu bekämpfen. Gefragt ist nicht augenwischende Scheinliebe, sondern notfalls auch Strenge und Zurechtweisung. Die Grundhaltung dem Mitmenschen gegenüber ist 'per mansuetudinem patientiam et tranquillitatem habere in innocentia'.[21]

Das gilt beispielsweise im Fall von Bitten und Ansprüchen, die der Mitmensch an uns richten kann. Wichtig ist nicht, ob einer tatsächlich zwei Meilen mitläuft oder reiche Almosen spendet. Entscheidend ist die Haltung dem Bittenden gegenüber, 'ut animo semper sis ad faciendum paratus, utique compassionis affectum et studium solatii impendere ei, qui a te expetit.'[22] Darin ist wiederum Jesus bestes Beispiel. Er erduldete alles, was ihm seine Verfolger antaten, mit Gleichmut. Darum ist Feindesliebe entgegen der Ansicht vieler Menschen grundsätzlich möglich. Sie übersteigt die Kräfte der menschlichen Natur nicht, darum genügt es auch nicht, die Feinde nicht zu hassen. Die exempla aus dem Alten und Neuen Testament sprechen eine deutliche Sprache. David (1.Sam.24; 2.Sam.18) liebte seine Verfolger Saul und Absalom, Stefanus (Apg.7) bat für seine Mörder, Paulus wollte sich an Stelle seiner Verfolger verfluchen lassen (Röm.9) und Jesus bat am Kreuz um Vergebung für seine Feinde (Lk.23). Wenn es diesen Glaubenszeugen möglich war, ihre Feinde zu lieben, muß es auch allen anderen Menschen möglich sein.

Dem widerspricht der Einwand nicht, schon die Propheten des Alten Testaments, später auch die Apostel und Jesus selbst hätten gelegentlich ihren Feinden geflucht (2.Tim.4;Mt.11;Ps.109,9 etc.), denn das geschah nicht, um den Feinden Böses zu wünschen, sondern durch den Geist der Weissagung. Die Propheten, Apostel und Jesus nahmen dadurch jeweils künftige Ereignisse voraus, ohne durch eigene böse Wünsche gebunden zu sein.[23]

---

et si eorum salus id exigat, prebent se etiam ut plura patiantur, donec vel aetatis, vel morbi infirmitas transeat. Quos ergo Dominus medicus animarum curandis proximis instruebat, quid eos aliud docere debuit, nisi ut eorum, quorum saluti consulere vellent, imbecillitates aequo animo tolerarent? Omnis namque improbitas ex imbecillitate animi venit.'

21 Ebd. 828D.
22 Ebd. 828B.
23 Ebd. 829D/830C.

Auch das ist kein gültiges Gegenargument, Johannes habe im Fall der Todsünde eines Bruders vom Gebet für diesen Bruder abgeraten (1.Joh.5). Hier handelt es sich um Brüder, Jesus spricht von Feinden. Die Todsünde meint den bewußten Verstoß gegen die brüderliche Liebe, den Abfall aus der einmal gewonnenen Gnade. Solche Sünde wiegt schwerer als Verfolgung durch Feinde. Den Nicht-Liebenden soll man lieben in der Hoffnung, daß er dadurch selber zum Liebenden wird. Dem Feind mit Güte begegnen, damit er vielleicht künftig Bruder wird.[24] Das ist der Sinn von 1.Joh.4,12.

Und darin besteht auch die vollkommene Barmherzigkeit, zu der uns Jesus in Mt.5,48 aufruft. Sie ist die Voraussetzung für die Aufnahme ins Reich Gottes. Barmherzigkeit und Güte zwischen Menschen ahmen Gottes Güte nach. Sie wirken die Annahme des Menschen durch Gott an Kindes statt.[25]

Parallel zu dieser Auslegung kennt Hrabanus die ganze Breite wörtlicher Auslegung. Er bringt gelehrte Ausführungen zum Begriff Racha,[26] er kennt die Tradition vom Gehenna-Tal in der Nähe Jerusalems ebenso wie die Erklärung des quadrans und die Etymologien von publicanus und ethnici.[27] Aber diese Traditionen bleiben nebensächlich. Entscheidend ist und bleibt die Erweiterung des Neuen Gesetzes gegenüber dem Alten Gesetz auf die Ebene von Wille und Absicht, die damit verbundene Aufforderung, die menschliche Seele und ihre Kräfte in stetem Kampf gegen fleischliches Verlangen und die Laster zu reinigen und ihre Anteile unter die *recta voluntas* zu bändigen. Durch das Beispiel Jesu und seiner Vorläufer ermutigt, kann der Christ seinem Mitmenschen barmherzig und gütig begegnen. Er weiß um den Unterschied von Person, Geschöpf, korrumpierendem Laster und menschlichen Schwächen.

Daß Hrabanus die innere Bereitschaft zur Erfüllung der Forderungen Jesu gegen ein allzu 'buchstäbliches' Verständnis dieser Forderungen setzt, darf nicht zu dem Mißverständnis führen, seine Auslegung sei 'Gesinnungsethik'. Innere Haltung ist immer Voraussetzung für konkrete Taten, nicht etwa Ersatz!

---

24 Ebd. 832C/D.
25 Ebd. 833A.
26 Ebd. 806B/C; – vgl. auch Exkurs I: Der Wortsinn, oben 9.
27 Ebd. 807C; 809B; 832B/C.

Ps. Beda bringt eine kürzere Variante als Hrabanus. Pharisäische Gerechtigkeit begnügte sich damit, den Mord zu verbieten. Christliche Gerechtigkeit geht darüber hinaus, indem auch die neuen Weisungen Christi verbindlich sind. Das ist Vorbedingung für die Zugehörigkeit zum Himmelreich.[28] Die Ausführungen zu den Sündenstufen und die Unterscheidung von passio und propassio sind identisch mit denen des Hrabanus.[29] Ebensowenig fehlen die üblichen wörtlichen Erläuterungen.[30]

Zu V. 23f. bemerkt Ps. Beda, unsere geistlichen Gaben an Gott müßten 'fidei puritate' glänzen. Dazu gehört der liebevolle Affekt, die Versöhnung mit dem Bruder.[31] Der Gegner, mit dem wir uns einig werden sollen, kann den Teufel, das Fleisch, Gott oder dessen Gebot bezeichnen. Ps. Beda begnügt sich damit, diese möglichen Deutungen aufzuzählen, ohne sich für eine zu entscheiden. Wir dürfen den Verführungen des Teufels und des Fleisches nicht erliegen, denen wir bereits in der Taufe abgesagt haben. Jesus befiehlt uns, wohlwollend Widerstand zu leisten, um nicht durch nachgiebiges Verhalten die Rache der enttäuschten Versucher zu provozieren.[32]

Motiviert sind Jesu Zusätze allesamt durch die Drohung mit Jüngstem Gericht und Höllenstrafe. Ehebruch meint jede Begierde (concupiscentia), die die Betroffenen von Gottes Gesetz abkommen läßt. Auch in diesem Kommentar ist die vollkommene Barmherzigkeit identisch mit der Feindesliebe. Dem Charakter der Glossen entsprechend stehen im übrigen die verschiedenen Deutungsmöglichkeiten unverbunden und ohne nähere Wertung nebeneinander. Rechtes Auge und rechte Hand meinen den Angehörigen oder Seelenführer, können auch vita activa und contemplativa bezeichnen.[33]

Die linke Wange hinhalten meint menschliche Schwächen geduldig zu ertragen und im Lehrstreit mit Häretikern schlagkräftige Lehrsätze bereit

---

28 PL 92, 27A.

29 Ebd. 27B/C, 28B.

30 Ebd. 27B (Racha); 27C (Gehenna); 27D/28A (Quadrans); 31A/B (publicanus).

31 Ebd. 27D.

32 Der Text aus Migne wird auch durch den Vergleich mit clm. 3741, einer Münchner Handschrift (10. Jh.) nicht klarer. Handschrift und Text von PL 92 stimmen wörtlich überein. Vgl. Cat.cod.man. bibl. 1, p.11, 1894, 130.

33 Ebd. 28C.

zu halten.[34]

Tunica und Pallium bezeichnen das zum Leben Notwendige, bzw. das Überflüssige. *Spiritaliter* beziehen sie sich auf das Sündenbekenntnis des Lehrers.[35]

Paschasius Radbertus

Der hohe Stellenwert der Seligpreisungen für die Bergpredigtauslegung des Paschasius spiegelt sich auch in der Auslegung der Antithesen: Die Deutung der Antithesen ist eng mit derjenigen der Seligpreisungen verbunden. Das unterscheidet die Ausführungen Radbertus' von denen seiner Vorgänger.

Die Gerechtigkeit der Pharisäer bezog sich vor allem auf den Kult. Christus dagegen lehrt, wie der Christ im Alltag leben soll. Er erfüllte die Gebote des Alten Bundes, die verschleierte Verheißungen kommenden Lebens enthielten, durch sein Leben mit Wahrheit. Christliche Gerechtigkeit ist nichts anderes als wahrer Glaube aus dem Gesetz des Evangeliums, der durch vollkommene Werke erfüllt wird. Vollkommene Werke entsprechen dem durch die Antithesen empfohlenen Verhalten.[36] Sie widersprechen dem Alten Gesetz keineswegs. Denn wer die Gebote des Neuen Gesetzes hält, erfüllt dadurch automatisch auch die des Alten Gesetzes mit. Die Glaubensgerechtigkeit setzt sich aus den verschiedenen Tugenden zusammen. Vollkommenheit beginnt mit den Werken des Gesetzes. Die von Jesus geforderte Vollkommenheit ist gleichzeitig vera iustitia, perfecta iustitia und integritas doctrinae.[37]

Christus selber ist der Weg, auf dem wir zur Vollkommenheit gelangen, der sermo divinus unser Weggefährte und Führer. Sämtliche Antithesen beschreiben, wie der Christ mit seinem Weggefährten in Einklang stehen kann. Das ist zuweilen unbequem,[38] verlangt er doch, den Feind zu lieben, die leiblichen Angehörigen entgegen der menschlichen Natur zu

---

34 Die Auslegung fehlt auch bei Hrabanus nicht. Sie verliert aber angesichts der ausführlichen Erläuterung des Ursprungs menschlicher Schwäche und des vorbildlichen Umgangs Jesu als Muster für Milde und Sanftmut ihr Gewicht, vgl.PL 107, 827B.

35 Ebd. 30A; vgl.PL 107, 827C/828A.

36 Vgl. CChr.CM 56, 316, 2621ff.

37 Ebd. 318, 2661ff.

38 Ebd. 324, 2852/2872.

hassen, Böses durch Güte zu überwinden.[39]

Jesus will durch seine Gebote nicht nur — wie das Alte Gesetz — die Symptome der Sünde bekämpfen. Er geht dem Übel an die Wurzel und rottet auch den fomes der Sünde aus.[40]

Alles, was den Menschen vom Weg der Gerechtigkeit abbringen könnte, muß 'ausgerissen' werden. Alle Arten von Gedanken und Gefühlen, die den menschlichen Geist aus dem Stand der Reinheit und Gerechtigkeit fallen lassen, stehen im Gesetz Jesu unter Anklage.[41] Die Antithesen führen nur aus, was bereits in den Seligpreisungen grundsätzlich erörtert wurde und was die Bitte um Erlösung vom Übel anspricht. Der Geist der Frömmigkeit muß die Seele mild stimmen, damit sie alles ertragen kann. Von sich aus, ohne Hilfe der erbetenen Geistesgabe, mag sie die von ihr verlangte Haltung des Gleichmuts und der Liebe nicht einzunehmen. Radbertus ergänzt, es handle sich dabei nicht um das Brechen des eigenen Willens, sondern vielmehr um die Ausrichtung der innersten Absicht und der mores auf das, was der sermo euangelicus sagt.

> 'Recolat igitur prudens animus etiam si ubi vel ubi quod supra proposui commemorare pretermitto, quod hec omnia ex illis octo beatitudinibus quasi a genere speciantur. Hinc est quod hic oratio fidei implorat liberari nos a malo, id est ab adversario per spiritum pietatis, ut mitescat animus et possit omnia tolerare. Alioquin nisi mitis fuerit, quomodo in via cum adversario consentire valet? Verum tamen etsi ad euangelium referendum est, qualiter eius aliquis consentiet iussis, nisi pietatis spiritu repletus fuerit? Ille enim consentit, qui eum pie audit et intellegit. Deinde quicquid intellexerit, etiamsi contra voluntatem suam sonat, non adversatur sed magis diligit oboediendo et gaudet implere, licet contra mores suos veniat. Siquidem non eum ad voluntatem propriam detorquendo, sed mores et omnem intentionem cordis ad ea quae dicuntur humiliter referendo.'[42]

---

39 Ebd. 324, 2874-325, 2894.
40 Ebd., 319, 2708/2716 'Quapropter magister veritatis integritatem doctrinae perfectioribus volens ostendere iota uel apicem superaddidit non modo ut homicidia de media removeret, verum etiam maledicta et verba iracundiae nec non et fomitem irascendi penitus de corde tolleret. Unde quam terribile sit irasci et si humanum sit prius animus intellegat. Quia quod dictum est antiquis: Si quis occiderit reus erit iuditio, hoc et irascentibus dicitur, ut appareat quid sit inter iustitiam Pharisaeorum et Christianorum quae vera et perfecta esse iustitia praedicatur.'
41 Ebd. 325, 2895/2907.
42 Ebd. 329, 3027/3040.

Radbertus ordnet einzelne Antithesen konkrete Geistesgaben zu. So gehört offensichtlich der spiritus pietatis zur ersten Antithese vom Zorn. Für die Antithesen vom Ehebruch und der Ehescheidung fehlt eine explizite Zuordnung.[43] Um ganz auf den Eid verzichten zu können, muß jemand Gerechtigkeit hungern und dürsten und durch den Geist der Stärke geleitet sein. Ohne die beiden ist es unmöglich, die vollkommene Gerechtigkeit des Himmelreichs zu erfüllen und sich auf die einzelnen Aspekte des vollkommenen Lebens einzulassen.[44]

Der Antithese vom Gewaltverzicht entspricht der Geist des Rates und die Gnade der Barmherzigkeit.[45] Hier hört die Zuordnung auf. Außerhalb der Reihe, gleichsam als deren Fundament, steht der Hinweis auf den Geist der Demut, ohne den keiner sich mit seinem Bruder versöhnen und Gott gefällige Opfer bringen könnte. Demut, das Gegenstück zum Laster des Stolzes und des Hochmuts, ermöglicht die Nächstenliebe. Ohne die Nächstenliebe gibt es keine Liebe zu Gott. Demut ist die menschliche Haltung, die allem aktiven Handeln vorangehen muß.[46]

Wenn es so im Ganzen darum geht, durch innere Haltung und äußeres Verhalten die Seele mit all ihren Teilen zu reinigen und alles der Gottesnähe Hinderliche auszurotten, bedeutet das im Einzelnen Unterschiedliches. Der Weg zum Heil ist nicht für Jeden derselbe. Den einen hält die Vielfalt der Beschäftigungen der vita activa vom Weg zur Vollkommenheit ab. Den andern hindert seine geistige Schwäche, aus der Konzentration auf das kontemplative Leben Nutzen zu ziehen. Jeder muß darum den seinen Fähigkeiten angemeßenen Weg zum Heil suchen. Jeder muß wissen, wo die Gefahren lauern und wodurch er ihnen am besten begegnet. Einen Einheitsweg gibt es nicht.[47]

Nur soviel gilt für den Umgang mit geistlichen Gefahren auf dem Weg zur Vollkommenheit: der Gläubige soll sie, wenn er sie als solche erkannt

---

43 Aus der Fortsetzung kann geschlossen werden, daß der Geist der Erkenntnis hierher gehören müßte.

44 Ebd. 342, 3449-343, 3454 'Hinc igitur constat quod in ore Christiani non minus in negando quam in adserendo semper veritas esse debet. Sed tamen talia quae tam ardua sunt et difficilia quia peccandi vis satis lubrica est nemo sine spiritu fortitudinis custodit. Nemo nisi esuriat et sitiat iustitiam partes vitae perfectioris et consummatam regni caelestis iustitiam adimplebit.'

45 Ebd. 343, 3477/3478.

46 Ebd. 322, 2816-323, 2826.

47 Ebd. 335, 3213/3226.

hat, sehr ernst nehmen. Er darf sie nicht zum Laster werden lassen, das
sein Gewissen am Jüngsten Tag belasten könnte. Jede Art von libido ist
im Keim zu ersticken. Radbertus argumentiert hier ebenfalls in den bekannten Kategorien der unterschiedlichen Sündenstufen. Die *propassio*
definiert er als *accidens sine deliberatione boni aut mali operis*, die *passio* als *affectio deliberati animi si locus adsit perficiendi*.[48] Der Wille, die
Absicht müßen im Kern gut bleiben. Die Reinheit von Wille und Absicht
ist bereits nicht mehr gewährleistet, wenn aus der leisen Versuchung (*suggestio*) Genuß und ein Affekt wird, der nurmehr auf die passende Gelegenheit wartet, um zur Tat zu schreiten. Aber im Gericht Gottes zählen nur die Willensrichtung und der Zustand des Gewissens.

> 'Quia non secundum quod quis non potuit aut non li-
> cuit sed secundum quod fuit et proposuit ex conscien-
> tia aut accusatur aut defenditur in die cum iudicaverit
> Deus occulta hominum.'[49]

Die Antithesen sprechen beides an: die innere Haltung des Menschen
und sein Verhalten im zwischenmenschlichen Bereich. Grundlage und
Maßstab im Gericht ist aber jedenfalls die innere Haltung. Sie bestimmt
das menschliche Handeln in jeweils aktuellen Situationen und sie bestimmt ebenso die Gesamtwertung menschlichen Lebens im Gericht.

Der gewichtige Unterschied von Altem und Neuem Gesetz liegt in der
Motivation menschlichen Verhaltens. Das Alte Gesetz bändigte den
fleischlichen Menschen durch die Drohung mit Vergeltung. Jesus legte
dem Neuen Gesetz den durch die Liebe wirkenden Glauben zugrunde.[50]

Schon im Alten Testament gibt es Beispiele wahrer Feindesliebe. Vollends hat Jesus in eigener Person Feindesliebe vorgelebt und uns dadurch
deren Erfüllung ermöglicht. Er fand eine feindliche Welt vor und machte sich die Menschen zu Freunden. Jesus, der *novus homo*, gibt ein neues
Gebot. Er erneuert uns durch seine Liebe und fordert dazu auf, alle Menschen in Gott oder um Gottes willen zu lieben. Gott selber ist Liebe.
Der Mensch ist als Abbild der göttlichen Trinität geschaffen. Gott ist als
Liebe die *forma* und *natura* für den liebenden Menschen. Jesus hat das
seit dem Fall der ersten Menschen korrumpierte Wesen des Menschen als

---

48 Ebd. 330, 3070/3073.
49 Ebd. 332, 3121/3124, vgl. auch ebd. 3110ff.
50 Ebd. 347, 3586ff., 353, 3753ff.

Abbild Gottes erneuert. Der Mensch ist durch die Gnade Gottes an Kindes Statt angenommen. Es gilt jetzt, den bereits auf Hoffnung hin gültigen Stand durch innere Haltung und äußeres Verhalten zu bestätigen. Radbertus erinnert an das Gleichnis vom verlorenen Sohn. Der Herr des Neuen Testaments will durch die Gesetze der Bergpredigt verhindern, daß der Christ, aus Gnade vom Vater als Sohn anerkannt, in den Stand des Knechtes zurückfällt. Gottes väterliches Beispiel, Jesu brüderliches Vorbild setzen den Christen in den Stand, das zu leisten, was den Menschen aus dem Alten Bund unmöglich war. Jesus hat das Gesetz vollkommen erfüllt. Er hat alle Menschen erlöst. Seine Milde, Sanftmut und Geduld sind beispielhaft. Den Christen bleibt nur das eine zu tun: sein Beispiel anzunehmen und selber entsprechend zu handeln. Jesus ist Vorbild, Hoffnung und Ermöglichungsgrund für das Leben des einzelnen Christen.[51] Der Weg zur Vollkommenheit führt nicht über die menschlichen Fähigkeiten. Er besteht in der Annahme der göttlichen Gnadengabe und in den verschiedenen Tugenden. Nicht die menschliche Natur an sich ist zur Vollkommenheit befähigt. Das Maß der Teilhabe an der göttlichen Vollkommenheit bestimmt den Grad menschlicher Vollkommenheit.[52] Wichtigstes Testfeld dafür ist der Umgang mit dem Bösen. Grundsatz des Neuen Gesetzes ist das *non resistere malo*. Radbertus nennt Übel, die die Seele beeinträchtigen und zum ewigen Tod führen. Sie sind hier nicht gemeint. Gegen sie muß sich jeder Christ wehren. Das Böse, dem es keinen Widerstand entgegenzusetzen gilt, besteht aus den vielen kleinen Übeln, die uns das Leben schwer machen können. Sie prüfen uns, erproben unsere Fortschritte auf dem Weg zur Vollkommenheit. Diese zeitlichen Übel müßen wir geduldig aushalten und dadurch zum Guten wenden. Hiob ist darin unser Vorbild.[53]

Jesus nennt drei Arten von zeitlichen Übeln: erstens, geduldig erlittenes Unrecht ertragen, das heißt nach dem Ausspruch von Ps.107,2 bereit sein, für Gott zu leiden. Zweitens, innerlich und äußerlich die Tugend bewahren, freiwillig weggeben, was man gewaltsam von uns fordert. Diese zweite Art, sich zeitlichem Übel gegenüber zu verhalten, bedeutet gleichzeitig den Verzicht auf weltlichen Glanz, die Verachtung

---

51 Ebd. 356, 3848ff.
52 Ebd. 360, 3964ff.
53 Ebd. 344, 3504-345, 3527.

unersättlicher Gier nach Besitz, Geiz und Eitelkeit. Gerade dies fällt vielen schwer, und oft entstehen unter Vertretern der Kirche Streitigkeiten um Geldangelegenheiten. Der Christ suche sich ein Vorbild unter den wenigen Vollkommenen, die dieses schwierige Gebot eingehalten haben.

An dritter Stelle steht die Aufforderung, wenn nötig sich selber ganz hinzugeben, in jedem Fall aber das einem auferlegte Geschick gemäß den Weisungen des Evangeliums zu tragen.[54] Tausend Schritte betrug der Sabbatweg der Juden. Geistlich verstanden meint der Sabbatweg die geistliche Vollkommenheit. So werden wir durch dieses Gebot dazu angehalten, unser Leben nach dem kommenden Sabbat auszurichten. Das heißt, keine opera servilia zu tun, sondern so zu handeln, wie es der Vollkommenheit entspricht, nach der wir streben. Die zwei zusätzlichen Meilen bezeichnen Seele und Geist des Menschen. Leib, Seele und Geist sind gemeinsam auf die Vollkommenheit auszurichten.[55]

Durch diese drei Arten von Unrecht soll der Christ sich in Geduld, Sanftmut und Milde einüben. So gelangt er zur vollkommenen Gerechtigkeit. Radbertus kennt im übrigen dieselben Stufen des Umgangs mit dem Bösen wie Hrabanus.[56]

Diese letzte, vollkommene Stufe ist nichts anderes als die menschliche Antwort auf Gottes Gnadengabe.[57] Gottes Güte geht bis zur Versöhnung der gefallenen Menschheit durch den menschgewordenen Gottessohn. Dadurch ist das Neue Gesetz bereits erfüllt. Wer an der göttlichen Vollkommenheit teilhaben möchte, braucht nur das Beispiel Gotttes nachzuahmen. Die opera pietatis sind vorgezeichnet. Gott gibt Gerechten und Ungerechten das, was zum Leben notwendig ist. Alle Menschen können sich danach richten.[58]

Radbertus' Ausführungen werden ergänzt durch einige Exkurse. Zur Antithese vom Ehebruch geht der Ausleger auf die Frage ein, ob Ehebruch nur vom Mann oder auch von der Frau begangen werden kann. Das göttliche Gesetz gilt nach ihm für beide Geschlechter in derselben Weise. Weiter diskutiert er die Problematik der Zweitehe. Ist der zweite Partner eines Geschiedenen a priori Ehebrecher? Radbertus spricht auch

---

54 Ebd. 349, 3650ff.
55 Ebd. 350, 3661ff.
56 Ebd. 344, 3486/3503.
57 Vgl. ebd. 352, 3735/3749.
58 Vgl. ebd. 357, 3884ff.

in dieser Frage einer gleichmäßigen Geltung des Gesetzes das Wort. Von
einer Zweitehe ist grundsätzlich abzuraten.[59] Dogmengeschichtlich aufschlußreich ist die Abhandlung zu donec aus V.26.[60] Radbertus befaßt
sich mit dem Problem, inwieweit donec in zeitlich begrenzendem Sinne
gemeint sei. Er verweist auf Mt.1,25 '..non cognovit eam Ioseph, donec
peperit filium primogenitum.' Zwar bezeichnet der mit donec eingelei-
tete Teil des Satzes das zeitliche Ende des im ersten Satzteil ausgesagten
'non cognovit eam Ioseph'. *Secundum catholicam fidem* allerdings kann
donec hier keineswegs zeitbegrenzend gedeutet werden, denn Marias im-
merwährende Jungfräulichkeit steht fest.

Christian von Stablo

Die Auslegung der Antithesen macht den hauptsächlichen Inhalt von
Kap. 11 *De adimpletione legis*[61] aus. Altes und Neues Gesetz unterscheiden sich in Bezug auf ihre Reichweite. Im Alten ist nur die vollzogene
Tat strafbar, im Neuen bereits der Ansatz dazu in Gedanken oder Worten.[62] Jene Forderungen, die mit *dictum est antiquis* eingeleitet sind,
gelten zusammen mit dem Neuen Gesetz weiterhin als Gottesgebot. Die
übrigen waren Zugeständnis des Menschen Moses ans rohe und fleischlich
gesinnte Israel. Allerdings bleibt die Antriebskraft für Christen und Juden anscheinend dieselbe. Christian nennt jedenfalls nichts, was an Stelle der Drohung mit Höllenfeuer und ewiger Qual stünde.

Auch ihm gilt Christus als novus homo, der neue Gesetze schafft.
Aber das Neue an ihnen bezieht sich hier auf die Ausweitung ihres An-
wendungsbereichs, nicht auf die hinter den Gesetzen wirkende Kraft der
Liebe wie bei Radbertus. Entsprechend gestaltet sind die Beispiele. Sie
stammen vorwiegend aus der Welt kirchlicher Bußpraxis oder aus dem
Rechtsbereich. Die erste Antithese befaßt sich mit den verschiedenen
Stufen des Zorns. Zorn ist als solcher im Neuen Gesetz genauso strafbar
wie Mord. Die unterschiedlichen Ausdrucksweisen des Zorns verlangen
nach unterschiedlichen Todesarten als Strafe. Heimlicher Haß, der sich
nicht in Worten äußert, müßte mit dem Tod durch das Schwert bestraft

---

59 Vgl. ebd. 337f.
60 Ebd. 326,2933-327, 2971.
61 PL 106, 1307C/1314A.
62 Ebd. 1307C/D.

werden. Im Falle des Zorns, der sich in unartikulierten Äußerungen Luft macht, kommt zur Todesstrafe das Moment der Qual. Zornige Beschimpfungen verlangen Höllenstrafen.[63]

Das Strafmaß kann nicht erstaunen, wenn man bedenkt, daß Christian hier eine Gemeinschaft von Christen vor sich sieht. Bruder ist jeder Christ, Kind des himmlischen Vaters und Träger des Heiligen Geistes. Zorn ist kein Delikt im zwischenmenschlichen Bereich, sondern Blasphemie, die entsprechende Strafe verdient.[64] Beleg ist das Urteil des Petrus für das lügende Ehepaar Ananias und Saphira(Act.5,4): *Non es mentitus hominibus sed Deo.*

Den Fall dessen, der opfert, ohne mit seinem Nächsten versöhnt zu sein (V.23f.) bedenkt Christian im Hinblick auf die Handhabung der Beicht- und Bußpraxis. Angenommen, jemand habe gestohlen, komme zur Beichte und gestehe sein Vergehen ein. Wie soll der Priester darauf reagieren? Ist es angemeßen, dem Betreffenden für eine gewisse Zeit Enthaltsamkeit von Wein und Fleisch aufzuerlegen? Christian verneint entschieden. Das wäre seductio, Mißbrauch der priesterlichen Vollmacht, jemanden von Sünde loszusprechen. Unter Umständen könnte der durch eine Fastenauflage Gebüßte durch sein gestohlenes Gut reicher werden, als er es ohne Fasten geworden wäre. Die angemeßene Lösung besteht darin, die Tat selbst abzubüßen. 'Destrue opus, et accipe tunc poenitentiam..'[65]. So weitet Christian den Sinn der einzelnen Antithesen aus. Ähnliches gilt für die Antithese vom Ehebruch. Ehebruch meint jede Regung, die zum Verbrechen führen könnte. Auch hier fehlt das Beispiel vom Diebstahl nicht.[66] Christian führt die traditionelle Unterscheidung von passio und propassio an, ohne allerdings näher darauf einzutreten.

Am Eidverbot zeigt sich die neue Einschätzung der Adressaten des Gesetzes. Es sind die Vollkommenen, die Christen, die untereinander die Wahrheit sagen sollen. Moses Verbot des Meineids war ein Zugeständnis an die Juden. Sie hätten sonst möglicherweise im Namen ihrer Götter (!) geschworen.[67]

---

63 Ebd. 1308A/B.
64 Ebd. 1308C.
65 Ebd. 1309A. — Vgl. zw. zeitgenössischen Beicht- und Bußpraxis C. Vogel, Le pécheur et la pénitence au moyen âge, 1982, bes. 196ff. — Mt. 5,23f. scheint i.A. nicht besonders herangezogen worden zu sein.
66 Ebd. 1309D.
67 Ebd. 1310C/D, 1311C.

Sämtliche Antithesen richten sich auf die in V.48 genannte Vollkommenheit. Sie ist den Gläubigen beispielhaft vorgelebt worden. Für die
Feindesliebe waren es Samuel, David und weitere Heilige des Alten Bundes, später Jesus. Besonders dessen Aufforderung *Discite a me quia mi-*
tis sum et humilis corde (Mt.11,29) soll dem *ecclesiasticus vir* Vorbild
für das eigene Verhalten sein.[68] Feindesliebe entspricht der menschlichen Gleichheit vor Gott, dem Schöpfer. 'Non enim erat conveniens ut
Deus, qui omnes aequaliter creaverat de uno patre et matre, aliquem
odire praecepisset'[69].

c. Die Kommentare des 11. und 12. Jahrhunderts

Bruno von Segni

Das Himmelreich ist die Kirche, und darin sind jene erwünscht, die das
Gesetz gleichzeitig auslegen und tun. 'In qua [scil. Ecclesia] sancti apostoli, martyres et confessores magni valde venerantur et habentur, qui
legis mandata et fecerunt et docuerunt.'[70]

Auslegen und Einhalten des Gesetzes kennzeichnet die Vertreter der
christlichen Kirche. Die Pharisäer dagegen hatten wohl rhetorische Fähigkeiten, die sie zu guten Predigern machten, aber Täter des Gesetzes waren sie nicht. Die Antithesen sind im übrigen Anleitung zur Vollkommenheit. Worin diese besteht, erläutert Jesus im Gespräch mit dem reichen Jüngling 'Si vis perfectus esse, vade, vende omnia quae habes, et da
pauperibus'. (Mt.19,21). Die Aufforderung richtet sich vor allem an die
Apostel und deren Nachfolger.[71] Folgerichtig bleibt Bruno von Segni für
seine Auslegung im Raum jener Apostelnachfolger, der Vertreter der Kirche. Die Antithesen des Neuen Gesetzes berücksichtigen auch die kleinste Sünde. Nichts darf unter den Tisch gekehrt werden, denn es könnte
bedeuten, daß die Seele verloren wäre.[72] Allerdings schränkt der Bischof
sogleich ein, nicht jede Art von Zorn könne unter Strafe gestellt werden.
Einem kirchlichen Gericht jedenfalls sei dies unmöglich, da so gut wie
keiner schuldlos sei. Es kann sich nur um hartnäckigen, beharrlich fort-

---

68 Ebd. 1311D., 1312B/C.
69 Ebd. 1312B.
70 PL 165, 103A/B.
71 Ebd. 112A.
72 Ebd. 106A.

bestehenden Zorn handeln, nämlich Haß. Das stimmt dann auch mit der Aussage von 1.Joh.3,15 überein: 'omnis qui odit fratrem suum homicida est'. So werden die unterschiedlichen Äußerungsweisen solchen Hasses vor unterschiedliche Instanzen gebracht. In aufsteigender Reihenfolge sind es Gericht, Bischofskonzil und Höllenfeuer. Letzteres droht demjenigen, der aus Hochmut und Neid seine Mitbrüder zu Unmut oder gar Haß provoziert, statt sie demütig zur Buße anleiten zu wollen.[73] Allerdings gibt es auch hier noch die Möglichkeit der Buße und der Versöhnung mit dem Gegner.

Der Gegner auf dem Weg zum Gericht (V.25f.) ist mehr als ein beliebiger Mitmensch. Es ist der sermo divinus, der uns während des ganzen Lebens begleitet und an der Ausführung übler Vorsätze hindert. Sein Inhalt läßt sich knapp in die Goldene Regel zusammenfassen: Quod tibi non vis, alii ne feceris.[74] Vor übertrieben wörtlichem Verstehen der Aufforderung, sich ein Ärgernis schaffendes Glied auszureißen, warnen bereits die Konzilsbeschlüsse der Väter. Selbstverstümmelung ist ein Hinderungsgrund zum Empfang der Weihen.[75]

'Ausreißen' soll man herumschweifende Gedanken oder Menschen, die den Glauben an Christus und das eigene Seelenheil gefährden.[76] Das Eidverbot erläutert Bruno durch Heranziehen von Jak.5,12. Wer völlig auf den Eid verzichtet, steht dadurch auch nicht in Gefahr, falsch zu schwören. Etwas anderes zu sagen, als 'est, est, non, non' ist ohnehin gleichbedeutend mit Lüge.[77] Die Wahrheit ist schlicht und ohne Wenn und Aber. Dasselbe gilt für die knappen Anweisungen Jesu bezüglich der Vollkommenheit. Empfohlen werden Geduld und die Tugend der Freigebigkeit.[78] Das väterliche Beispiel Gottes soll Ansporn sein. Er hat seinen Regen das heißt die Lehre und den Glauben, erst durch die Propheten, später durch den eigenen Sohn und nach diesem durch Apostel und Lehrer der Kirche offenbart. Die Lehre ist fruchtbar, hat die Samen guter Werke genährt. Die Zugehörigkeit aller Christen zum Leib Christi, die Abstammung vom selben Vater ist der Grund der Feindesliebe. Liebe und Ein-

---

73 Ebd. 105C.
74 Ebd. 106B.
75 Vgl. ebd. 107, Anm. 133.
76 Ebd. 107B.
77 Ebd. 109C.
78 Ebd. 110A.

tracht sind zu fördern. Durch solches Verhalten werden Christen aus Kindern Gottes *per creationem* zu Kindern *per imitationem.*[79]

Rupert von Deutz

Kein anderer Ausleger des 12. Jh. äußert sich zu den Antithesen der Bergpredigt so deutlich wie Rupert von Deutz in *De sancta trinitate et operibus eius.* Motiv des ganzen Kapitels ist Mt.7,13f.'Intrate per angustam portam, quia lata porta et spatiosa via, quae ducit ad perditionem, et multi sunt qui intrant per eam: Quam angusta porta et arcta via, quae ducit ad vitam, et pauci sunt qui inveniunteam.' Gottes Reich setzt andere Maßstäbe als alle irdischen Reiche. Jesus, der König, ist konsequenter und härter, als es irdische Machthaber zu sein pflegen. Er verlangt von seinen Mitstreitern dieselbe Härte. Weiche Kleider, lockende Versprechungen kennt er nicht (Mt.11,8). Jesus weiß um die Erwartungen der Menschen; sie orientieren sich an irdischen Maßstäben. Jesus ist für sie ein Machthaber wie jeder andere vor ihm. Aber durch die Antithesen zerschlägt er diese falschen Vorstellungen. Noch ist Jesus nicht wirklich König, hat er den Kreuzestod nicht erlitten. Trotzdem setzt er seine Ansprüche über diejenigen des väterlichen Gesetzes. 'Audistis quia dictum est antiquis: ego autem dico vobis.' Die Antithesen ersetzen die Gebote des Dekalogs.[80] Rehabeam hat nicht unähnlich die Fron Israels aus den Tagen seines Vaters David verschärfen wollen. 'Minimus digitus meus grossior est dorso patris mei, et nunc pater meus posuit super vos iugum grave, ego autem addam super iugum vestrum.' (1.Kön.12,14). Die Reaktion des Volkes entsprach der Härte der königlichen Worte. Israel fiel als Erbe Davids weg, das Reich war fortan gespalten. Dasselbe geschieht nochmals im Neuen Bund. Christus verliert viele der alten Anhänger des Glaubens. Häresien zerreißen seine Gemeinde, treu bleibt nur die Kirche des wahren Bekenntnisses.[81]

Die gnadenlose Härte Jesu hat ihre Berechtigung; Gott selber ist der fordernde König, Christus der oberste Richter, dem alle weltlichen Gewalten untertan sein müssen. Irdische Könige fordern Steuern und Zölle, Gott ist darauf nicht angewiesen. Irdische Gewalthaber buhlen um die Gunst ihrer Untertanen. Der göttliche Herrscher kehrt das Verhältnis um: 'Non

---

79 Ebd. 111A, vgl. 111C.
80 CChr.CM 23, 1804.
81 Ebd. 1805.

vos me elegistis, sed ego elegi vos'(Joh.15,16). Er schmeichelt niemandem, die Gunst von Menschen braucht er nicht. Seine Worte sind wie Widerhaken, hoch oben eingeschlagene Nägel, gerade und aufrichtig. An ihnen mißt er jeden, der zu seinem Reich gehören will. Analoges Verhalten sollen seine Mitstreiter in der Kirche an den Tag legen. Es zeugt von falschem Mitleid, die Menschen mit süßen Worten in die Schar der Jünger Jesu locken zu wollen. Die Vertreter der Kirche müssen die Gläubigen schonungslos mit dem harten und steilen Weg vertraut machen, der als einziger zu Gott führt.[82]

Eine Auslegung der Antithesen im Einzelnen bringt Rupert an dieser Stelle nicht. Er will den Geist des neuen Königs und seines Reiches beschwören. Davor verblassen die einzelnen Gebote. Die Kürze seiner Ausführungen darf nicht über den Eindruck hinwegtäuschen, den sie beim Leser seines Werkes hinterlassen mußten. Die Evangelien schildern das Wirken Jesu im sechsten Weltzeitalter, dem Reich Gottes. Dieses Wirken setzt Maßstäbe für das Leben der Kirche. Was Rupert äußert, sind Mahnungen an die Adresse der Zeitgenossen. Der Anhänger der Siegburger Observanz weiß um die Härte mancher Reformforderungen. Er sieht sie durch das Beispiel Jesu legitimiert.

Was Rupert in *De Trinitate* allgemein und ohne näheren Bezug auf einen der kirchlichen Stände schildert, führt er im Matthäuskommentar wenige Jahre später aus. Die Seligpreisungen und die Bildworte vom Salz, dem Licht und der Stadt auf dem Berg waren nur die einleitenden Worte zur Bergpredigt. Jesus hat sie nach der Art des geschickten Rhetorikers als *captatio benevolentiae* eingesetzt, um der Aufmerksamkeit seiner Hörer sicher zu sein. Mit der von ihm vorgenommenen Verhältsnisbestimmung von Altem und Neuem Gesetz beginnt seine Rede erst richtig. Rupert gliedert sie nach den vier Kardinaltugenden: 5,17 bis 5,48 gehören zur Tugend der Gerechtigkeit, das ganze Kapitel sechs zur Mäßigkeit, die erste Hälfte von Kapitel sieben (V.6-14) ist der Tapferkeit, die zweite Hälfte (V.15-18) der Klugheit zugeordnet.[83] Die ganze Predigt richtet sich gegen die Pharisäer und die Schriftgelehrten als Vertreter des jüdischen Volkes, die sich grundsätzlich so verhalten, wie es dem Gegenteil der von Jesus geschilderten Tugenden entspricht.[84] Sie suchen irdi-

---

82 Ebd. 1805, 906ff.
83 CChr.CM 29, 123, 754-124, 780.
84 Ebd. 124, 781ff., 794ff.

schen Ruhm, sind heuchlerisch und maßlos.[85]

Der Haß Kains auf die gerechten Werke seines Bruders ist das Urbild für den Haß der Juden gegen Jesus. Weil seine Werke gut, die der Pharisäer dagegen böse waren, mußte es zur Verfolgung kommen. Die Juden neideten Jesus außerdem seine Lehre. Das hatte tragische Folgen: Judas wurde zum Urbild derer, die das Gesetz nicht halten und darum ihr Amt verlieren. Er verriet Jesus, geriet darob in Verzweiflung und erhängte sich. Sein Apostelamt ging auf einen andern über. Entsprechend ging es den Juden: sie ließen sich durch die Pharisäer verführen und sprachen sich selber das Gericht: 'Sanguis eius super nos et super filios nostros' (Mt.27, 15). Daraufhin verlor das jüdische Volk sein priesterliches oder bischöfliches Amt, und an seine Stelle traten die Christen.[86]

Sie sollen die pharisäische Gerechtigkeit übertreffen. Sie dürfen sich nicht damit zufrieden geben, vom Gesetz zu reden, sondern müssen es auch tun.

Jesus war der erste und einzige, der das Gesetz ganz und vollkommen erfüllte. Er gab seinen Jüngern die Fähigkeit, mit Hilfe seiner Gnade dasselbe zu tun. Es bleiben unterschiedliche Rangstufen: am wertvollsten ist der, der tut und lehrt. Er erfüllt das Gesetz Jesu. Die meisten Gläubigen gehören zu den beiden Mittelstufen. Ihnen fehlen die nötigen Fähigkeiten und Kräfte, um das Gesetz zu lehren oder auch nur es zu tun. Sie bleiben ihr Leben lang Hörer! Am schlechtesten kommen jene weg, die das Gesetz auflösen und es so lehren. Für sie ist kein Raum im Himmelreich. Alle anderen gehören dazu. Die Hörer zwar nicht darum, weil sie das Gesetz vollkommen erfüllt hätten, sondern aus Gnade. Rupert verweist dazu auf Röm.4,5. Die Stände der Kirche sind damit klar gegliedert: an erster Stelle steht das Lehramt der Apostelnachfolger. Die eigentliche Gesetzeserfüllung ist nur diesem Stand möglich. Die beiden Mittelstände entsprechen den Laien. Sie können die Gebote allenfalls selber erfüllen, aber keinesfalls weitergeben. Sie sind auf die göttliche Gnade angewiesen, die den Glauben anstelle der fehlenden Werke des Gesetzes anrechnet.

Es erhebt sich die Frage nach dem Gesetz. Vor Jesus gab es zwei Gesetze. Das eine gab Gott den Menschen vor dem Fall. Es war ein Zeichen

---

85 Ebd. 142, 245ff.

86 Vgl. ebd. 125, 850-126, 860. – Zum Ganzen Beinert, 1973, 356ff. ebd. 361 (Ruperts Verhältnis zu den Juden seiner Zeit).

seines Wohlwollens. Dazu gehört vor allem der Dekalog. Er enthält Gebote und Verbote, die sich auf das Leben beziehen. Nach dem Fall der Menschen entstand eine zweite Art von Gesetzen. Es waren die, von denen Ezechiel sagt, sie seien nicht gut und gegen das Leben gerichtet (Ez. 20,25). Rupert versteht darunter die zahllosen Einzelgebote zur Kultpraxis. Sie sind zum Leben nicht unbedingt nötig; Christus hat sie aufgehoben, weil sie 'schwach und nutzlos' waren (Hebr. 7,18f.). Sie waren allerdings nicht falsch, enthielten aber die Wahrheit nur schattenhaft. Wer sie geistlich versteht, kann auch aus ihnen die Wahrheit erfahren.[87] Die Antithesen und damit das Neue Gesetz beziehen sich auf das gute Gesetz, das Gott vor dem Fall den Menschen anvertraut hatte und das sie zum Leben führen sollte.

Das Neue Gesetz dehnt seinen Anwendungsbereich von der Tatebene auf die Absicht aus. Der Gerichtsstand im Falle des Alten Gesetzes ist das menschliche Gericht. Gottes Gericht prüft das Herz. Maßstab ist das Naturgesetz in der Fassung der Goldenen Regel.[88]

Die Antithesen bringen nur sechs Beispiele zum richtigen Verhalten und Handeln von Christen. Aber diese Beispiele decken alles ab, was zur Vollkommenheit notwendig ist. Sie schildern einen Weg, der immer weiter von der Welt weg und zum kontemplativen Leben des Mönchs führt. Am Anfang steht das opus justitiae, ein Verhalten, das dem Leben der Urgemeinden entsprechen sollte. Zwei Punkte zeichnen es aus: *esse unanimes in fide et fraterna dilectione* und das Streben nach *Keuschheit*.[89] Rupert nannte es in der Auslegung des Salzwortes eine der zentralen Aufgaben der Apostel und deren Nachfolger 'ubique terrarum consilio castitatis salire credentium corpora'.[90]

Hier führt er seinen Gedanken weiter. Die Verbreitung der Forderung nach Keuschheit hat diskret zu geschehen. Sie darf nicht die natürlichen Anlagen des Menschen übersehen und Anlaß zu Unzucht und Ehebruch sein.[91] Rupert rät beispielsweise von vorschneller Trennung einer Ehe ab. Nicht einmal die Verbindung mit einem ungläubigen Ehepartner ist ein Scheidungsgrund, wie das Beispiel Rahels beweist. Die gestohlenen Göt-

---

87 Ebd. 122, 719ff.
88 Ebd. 130, 1026ff.
89 Ebd. 136, 20ff.
90 Ebd. 115, 445. – Vgl. auch ebd. 447/451.
91 Ebd. 136, 29ff.; 138, 101ff.

zen ihres Vaters wurden dem gläubigen Jakob beinahe zum Verhängnis. Später ließ er sie vergraben und gelangte sicher an sein Ziel (Gen.35). Wenn allerdings der Christ bis zur Tugend der Keuschheit vorgedrungen ist, dann soll er im Genuß seines Erfolges fortfahren und sich soweit als möglich aus allen weltlichen Beschäftigungen zurückziehen. Solange der Nachfolger Christi noch Eigenbesitz hat, kann er sich vor die Notwendigkeit gestellt sehen, schwören zu müssen. Denn Besitz verpflichtet!

Wer vollkommen sein will, muß den Rat Jesu an den reichen Jüngling in Tat umsetzen: Seinen Besitz verkaufen und sich aus der Welt zurückziehen. Darin besteht die Erfüllung der Antithesen vom Eidverbot.[92]

Wenn diese Wegstrecke den Rückzug aus der Welt in sich schloß, kennt der nächste Abschnitt nurmehr *eine* Steigerung; das Böse nicht mit Bösem zu vergelten und Unrecht geduldig zu ertragen. Dies ist die Erfüllung des Gesetzes. Der Kirchenvertreter braucht dazu Geduld. Er wird von Jesus eingeladen, sein Joch auf sich zu nehmen und Sanftmut und Güte von ihm zu lernen. Wer den Rat der Bergpredigt befolgt, findet bereits in dieser Welt Ruhe.

In der Haltung des Gewaltverzichts ist das Beispiel Jesu maßgebend. Er gab denen, die ihn baten, mehr als das Erbetene: Sich selber durch den Tod am Kreuz. Die Meile, über die hinaus man zwei weitere mitgehen soll, bezieht sich auf den Sabbat. Gemeint ist die stille Beschäftigung mit geistlichen Dingen. Aber das betrifft nur die erste Meile. Die beiden andern, zu denen Christen gezwungen werden, beinhalten den Verzicht auf das kontemplative Leben. Jesus will sein Evangelium in allen Erdteilen verkündet haben: in Asien, Afrika und Europa. Das sind die drei Meilen.[93] Bleibt nurmehr das Gebot der Feindesliebe zu erfüllen. Das war dem Gesetz unmöglich, weil das Fleisch schwach und das menschliche Herz verhärtet war (Röm.8). Auch wenn sich dies nicht geändert hat, ist die Feindesliebe dem Christen Gebot. Jesus hat sie beispielhaft vorgelebt. Er brachte den Geist der Liebe, der dem Gesetz abging. Das Bei-

---

92 Ebd. 140, 189-141, 197 'Quomodo ergo dicit nobis non iurare omnino, nisi ita dumtaxat ut velit nos eorum quae occasionem sive etiam necessitatem praebent iurandi nihil proprium possidere in mundo? Et revera hic est ordinatus ad perfectionem iustitiae profectus ut, postquam erueris et proieceris abs te oculum dextrum eo modo quo supra dictum est, totum deinde sequaris consilium, quod huiusmodi est: Si vis perfectus esse, vade et vende universa quae habes, et da pauperibus, et veni sequere me. Cum enim hoc feceris, in tuo iam erit arbitrio non iurare omnio.'.

93 Ebd. 145, 346f. – Vgl. zur Hierarchie von aktivem und kontemplativem Leben Bernards, 1960, 410ff.; Arancibia, ScrVict 17, 1970, 279ff.

spiel der Vollkommenheit und die Gabe dieses Geistes ermöglichen es den Gläubigen, dem Feindesliebegebot zu entsprechen. Jesus liebte die Feinde, weil dies seiner Natur entsprach. Wir sollen sie lieben, indem wir ihn nachahmen. Rupert versäumt nicht, an die zahlreichen Beispiele aus dem Alten und dem Neuen Bund zu erinnern, die gelebte Feindesliebe zeigen.[94]

Die Aufforderung, vollkommen zu sein 'wie Gott' ist die Umkehrung des folgenschweren Satzes der Schlange im Paradies: 'Comedite et eritis sicut dii, scientes bonum et malum'(Gen.3,5). Die Aufforderung der Schlange war Anlaß zum Fall der Menschen. Die Aufforderung Jesu zielt darauf, den Stand des Menschen vor dem Fall zu erneuern. Die Vollkommenheit des Neuen Gesetzes hat ihren Grund in der Gottessohnschaft Jesu. Jesus ist Garant und Maßstab dieser Vollkommenheit. Die Gläubigen, denen die Kindschaft Gottes verheißen ist, haben an seiner Vollkommenheit teil. Als vollkommene Christen sollen sie das Werk der Versöhnung, das Gott durch die Sendung seines Sohnes angefangen hat, unter den Menschen fortsetzen.[95]

Die Tendenz von Ruperts Auslegung der Antithesen ist deutlich. Er bildet die Anweisungen aus der Bergpredigt zu einem Spiegel für den Ordensmann und Prediger um. Die Antithesen gehören in die Reihe der praecepta und consilia, die Jesus an diejenigen richtete, denen die Nachfolge besonders wichtig war: Jünger und Apostel. Deren unmittelbare Nachfolger sind die Inhaber eines kirchlichen Amtes. Die Kategorien der vita apostolica der Urgemeinde, in denen Rupert Jesu Anweisungen für das 12. Jh. auslegt, sind diejenigen der monastischen Reformen seit der Zeit der gregorianischen Reform.[96]

Die Grundlage für ein vollkommenes Leben bilden zwei Wesensmerkmale der urchristlichen vita apostolica: Einmütigkeit im Glauben und brüderliche Liebe. Unbedingt nötig ist weiter das Bemühen um Keuschheit in einem umfassenden Sinn. Castitas meint mehr als körperliche Unversehrtheit. Rupert bezeichnet mit dem Begriff castitas die folgenden Verhaltensweisen: den Verzicht auf alle weltlichen Beschäftigungen, den Rückzug aus der Welt und die Teilnahme am kontemplativen Leben. Keuschheit besteht darin, sich aus den Verstrickungen der Welt zu lösen

---

94 Stephanus, Paulus und Jesus sind die Kronzeugen. Vgl. ebd. 147f.
95 Ebd. 148.
96 Vgl. Lapsanski, 1974, 1ff.

und ganz einem Ziel, der Versenkung in die Geheimnisse Gottes zu leben.[97] Die konsequente Fortsetzung dieses Weges besteht darin, allen
Besitz wegzugeben. Nur durch dieses äußerste Mittel ist der Rückzug aus
der Welt vollkommen. Besitzlosigkeit ist das gemeinsame Merkmal der
beiden Räte Jesu, nicht zu schwören und ihm in Armut nachzufolgen,
verbindet also die Antithesen der Bergpredigt und Mt.19,21. Verzicht
auf eigenen Besitz, Armut, ist eine hohe Stufe christlicher Vollkommenheit. Sie setzt einige Erfahrung voraus. Rupert bleibt auch hier nüchtern.
Armut gehört zu den immer wieder genannten Punkten der monastischen
Reform. Sie setzt die innerliche Loslösung vom Weltleben voraus und gehört in den Bereich des kontemplativen Lebens. Keuschheit als dessen
umfassender Begriff meint indes noch mehr. Keuschheit umfaßt auch das
Amt des Predigers und Lehrers. Der Vollkommene begnügt sich nicht damit, selber keusch zu leben. Er predigt und lehrt sein Ideal auch anderen.
So hoch das kontemplative Dasein seiner Würde nach zu achten ist, muß
es doch überschritten werden. Der Kontemplative soll sich zwingen lassen, die drei Meilen mitzugehen, über die Erdteile weg zu predigen.[98]

Dem entspricht die Deutung von V.19: der Stand der Lehrer und Prediger steht in der Hierarchie am höchsten. Zwar wird auch dem Kirchen-
volk sein Glaube angerechnet, aber Prediger und Lehrer haben zusätzlich
Werke vorzuweisen. Auch die knappe Deutung der Antithesen aus *De
trinitate* läßt sich vom Matthäuskommentar her einordnen. Die kleine
Schar derer, die zu den aktiven Mitstreitern Jesu gehören und sich an seine harten Forderungen halten, sind die Vertreter der Kirche, die kontemplativ lebenden Christen und solche, die, mehr der Not als dem eignen Trieb gehorchend, kirchliche Verantwortung wahrnehmen und das
Lehr- und Predigtamt versehen.

Die Glossa

Die Glossa ist auch in der Auslegung der Antithesen stark von Radbertus' Darstellung beeinflußt. Sie übernimmt die Zuordnung der Geistesgaben zu einzelnen Antithesen.[99] Vollkommenheit besteht in der Gottes-
und Nächstenliebe. Sie schließt Feindesliebe ein. Gott nimmt uns an

---

97 Vgl. dazu Arancibia, ScrVict 17, 1970, bes. 270ff.
98 Vgl. Bernards, 1960, 410ff.; Arancibia, ScrVict 17, 1970, 270ff. (Zur Tugend
     der Keuschheit).
99 Vgl. PL 114, 93D, 96B.

Kindes Statt an, wenn wir lieben. Die Liebe schließt die ganze Person ein: Leib, Seele und Geist, Vernunft und Wille.[100] Genaue Verhaltensregeln bietet der sermo divinus.

Der Geist der Gottesfurcht macht den Menschen sanftmütig und läßt ihn das göttliche Wort verstehen. Dem Einsichtigen schenkt er Gehorsam und die Kraft zur Erfüllung der Gebote.

> 'Hoc ex spiritu pietatis quo mitis fit, et divinum verbum pie intelligit, intelligendo obedit et ad implendum cor erigit.'[101]

Gott will gemäß den Aussagen der Schrift keine Opfer. Wohl aber verlangt er die liebende Zuwendung zum Mitmenschen. Das Neue Gesetz ist vollkommen. Durch Jesu Handeln unterscheidet es sich vom Alten Gesetz: es fehlt ihm alles, was an die Schwäche und den Aberglauben der Menschen unter dem Alten Gesetz erinnerte. Jesus hat es davon gereinigt und das Vollkommenere hinzugefügt.[102]

Das Alte Gesetz ist die Vorstufe zum Neuen. Das Neue beseitigt die Ursachen der bösen Tat.[103] Die Glossa hat die Begriffe passio und propassio übernommen, nicht aber die drei Stufen der Sünde.[104]

Gottfried Babio (Ps. Anselm PL 162)

Die Auslegung ist im ganzen gesehen traditionell. Sie tendiert zur Schematisierung bekannter Auslegungsmuster. Die Stufen der Sünde bilden das gewichtigste Thema. Das Neue Gesetz richtet sich auf Willen und Herz des Menschen. Es verbietet alle schädlichen inneren Regungen. *Motus ad nocendum* und *motus concupiscentiae* sind die beiden Hauptstränge sündlicher Regung. Passio und propassio sind mit den drei Stufen suggestio, delectatio und consensus kombiniert.

Die suggestio steht am Anfang; sie zählt nicht als Sünde. Suggestio ist Übungsfeld für den Kampf gegen das Laster und den Sieg der Tugend.

An zweiter Stelle steht die propassio, eine spontane Gefühlsregung ohne Reflexion über ihren eigenen moralischen Stellenwert. Sie macht zwar schuldig, gehört aber zu den läßlichen Sünden. Die passio schließt

---

100 Ebd. 97B/D.
101 Ebd. 93D/94A.
102 Ebd. 96C.
103 Ebd. 93B/C.
104 Ebd. 94D. Definition von passio/propassio.

das Moment der Überlegung ein. Zur passio gehören delectatio, consensus, actus und consuetudo. Delectatio meint das genießerische Verweilen bei sündigen Gedanken, ohne daß die Absicht besteht, eine allfällige Gelegenheit zum Handeln zu nutzen. Consensus sucht gezielt nach einer Möglichkeit, die Gedanken in Tat umzusetzen. Sie unterscheiden sich von der heimlich vollzogenen Tat nicht. Folgen actus und consuetudo, die beide Überlegung und Tat verbinden.[105]

Jesus verbietet im Neuen Gesetz sowohl propassio wie die verschiedenen Stufen der passio. Aus den beiden motus Zorn und Begierde entstehen sämtliche bösen Taten. Jesus handelt über Zorn und Begierde in den ersten Antithesen.[106]

Beachtenswert sind die Beispiele aus dem monastischen Bereich. Auch das kontemplative Leben kann zum Ärgernis werden. Viele Mönche werden im Verlauf ihres Klosterdaseins nachlässig und faul. Der Abt kann einem aber auch ungeeignete Aufgaben auferlegen. Falls sie akute Gefahr für das eigene Seelenheil bedeuten, darf man sich dagegen wehren, wo nötig sogar aus der Obhut des Abtes fliehen.[107] Auch der Hinweis auf den Fall des ersten Menschenpaares fehlt nicht. Adam und Eva wurden die *oculi concupiscentiae* geöffnet. Daraus entsprangen die Lust an allem Fleischlichen und die Gier nach Weltlichem. Der Frau ist die fleischliche Begierde und Unzucht zugeordnet. Der Mann als sponsa Christi soll Christus, dem höchsten Gut anhangen. Verläßt er dieses Gut zugunsten eines anderen, minderwertigen, so begeht er zu Gott Unzucht und zerstört seine Beziehung.[108]

Scheinbar widersprüchlich ist die Weisung, die Ehe nicht zu scheiden außer bei Unzucht, und der Befehl Jesu an seine Nachfolger, ihre Angehörigen zu hassen (Lk.14). Die Spannung löst sich, wenn als gemeinsame Verhaltensnorm die Liebe zu Gott, dem summum bonum, angenommen wird. In Bezug darauf ist alles andere verachtenswert, weil durch die Umstände dieser Welt verdorben. Besonders verächtlich sind die Umstände der menschlichen Zeugung und Geburt.[109]

---

105   PL 162, 1295D/1296A.

106   Ebd. 1296/1298.

107   Ob allerdings diese Beispiele gegen die Autorschaft des Klerikers Gottfried Babios sprechen ist mehr als fraglich. Vgl. van den Eynde, RThAM 26, 1959, 84.

108   Vgl. PL 162, 1297B/C.

109   Ebd. 1298C/D.

Die Antithese vom Eidverbot ist Anlaß zur Unterscheidung von moralisch positiven, negativen und neutralen Verhaltensweisen. Die Tatsache, daß jemand schwört, gehört in die neutrale Kategorie.[110] Neu ist die Begründung für das Verbot der Eidleistung im Namen von Geschaffenem. Alles Geschaffene ist gut und als Geschaffenes von Gott abhängig. In jedem Geschaffenen wohnt Gott. Alles Geschaffene ist Zeichen der großen Geheimnisse Gottes. Es ist als Zeichen zu ehren und schützt dadurch das von ihm Bedeutete.[111]

Eine ähnliche hohe Wertschätzung der Schöpfung und ihrer Gaben verrät die Auslegung von V.45: die große Wohltat Gottes meint die sichtbare Sonne und den wirklichen Regen. Eine geistliche Deutung auf Christus als *sol iustitiae* und seine Botschaft verkennt nach der Ansicht Gottfrieds, daß das Evangelium nicht von allen angenommen worden ist.[112]

Zacharias Chrysopolitanus

Diese Kompilation bringt nur in Einzelheiten Ergänzungen. Die Unvollkommenheit des Alten Gesetzes wird mit dem Fehlverhalten der Pharisäer in Zusammenhang gebracht. Sie hingen an ihren eigenen Traditionen, statt Gottes Gebot zu erfüllen. Zacharias übernimmt den traditionellen Vorwurf, die Pharisäer hätten gerne große Worte gemacht, ohne sich selber daran zu halten. Jesus richtet sich mit seinem Neuen Gesetz gegen diese Haltung. Wahre Gerechtigkeit ist die Tugend des *suum cuique*. Gerechtigkeit besteht aus mehreren Bereichen oder Teilen. Sie alle werden durch die Antithesen der Bergpredigt abgedeckt.[113]

Die drei Sündenstufen werden den drei Kräften der menschlichen Seele zugeordnet: suggestio entsteht in der memoria oder durch die Sinne, delectatio durch den appetitus carnalis und consensus in der actio. Den dreien entsprechen die Schlange, Eva und Adam in der Geschichte vom Fall.[114] Ehebruch meint jede Gier des Fleisches, die die Seele vom hö-

---

110 Ebd. 1299C.

111 Ebd. 1300A/B.

112 Ebd. 1303B.

113 Vgl. PL 186, 127A (nach Hier.) 'Nota, cum iustitia sit virtus unicuique reddens quod suum est, plures sunt partes iustitiae, quarum conventu efficitur. Religio enim, qua reddimus Deo quod suum est, et pietas parentibus quae sua sunt persolvens, similiter virtus quae reddit maioribus et minoribus quae sua sunt, nec non virtus quae pauperibus quod suum est, largitur: haec inquam omnia ad iustitiam tanquam partes integrales referuntur.'

114 Ebd. 129D/130A.

heren Gesetz abbringt und einer minderwärtigen, sie korrumpierenden Begierde unterliegen läßt. Die Wertung der Ehe ist positiv. Ehe ist *bonum naturale* und als solches durch das göttliche und das menschliche Gesetz gerechtfertigt. Die Institution Ehe hat Gott im Paradies vor dem Fall eingesetzt, um die Fortpflanzung der Menschheit zu sichern, nach dem Fall ist sie gleichzeitig Heilmittel gegen die Unzucht. Die Ehe ist ein Abbild der Trinität und Zeichen der Vermählung Christi mit der Kirche.[115]

Der Vergeltung des Alten Gesetzes setzt das Neue die Gnade entgegen. Entsprechend sollen Christen das Böse durch das Gute überwinden. Weltliche Justiz muß in der Bestrafung des Bösen durch den Eifer um die Gerechtigkeit motiviert sein, dann widerspricht sie Jesu Gebot nicht. Gott hat den Richtern das Geschäft der gerechten Strafe zugeteilt. Sie dürfen sich in ihrem Amt nicht von Hassgefühlen oder dem Wunsch nach Rache leiten lassen.[116]

Vorbild ist Gott selber, der seinem Wesen nach unwandelbar und leidenschaftslos ist. Er ist geduldig und barmherzig, ohne selber von Leidenschaft oder Schmerz berührt zu sein.[117] Entsprechend hat sich der Mensch zu verhalten.

d. Zusammenfassung

Die untersuchten Kommentare verstehen die Antithesen häufig als pars pro toto für das Neue Gesetz. In Anknüpfung an Mt.5,20 gelten die entsprechenden Weisungen des Evangeliums dann als die größere Gerechtigkeit, die von den Christen im Unterschied zu den Juden des Alten Bundes gefordert wird. Eine Verhältnisbestimmung von Altem und Neuem Gesetz steht darum am Anfang fast jeder Antithesenauslegung in den Kommentaren.

Verschiedene Gesichtspunkte werden zu diesem Zweck namhaft gemacht. Im Vordergrund steht ohne Zweifel die Frage nach dem Anwendungsbereich beider Gesetze. Während das Alte Gesetz nur die Tatebene betraf, berücksichtigt das Neue nach Ansicht der meisten Kommentatoren auch die Ebene der Intention. Damit weitet sich sein Gültigkeitsanspruch über denjenigen des Alten Gesetzes aus. Die Gesetze des Alten

---

115   Ebd. 131C/132B.
116   Ebd. 133C.
117   Ebd. 137A.

Bundes gelten nur für den Bereich konkret feststellbarer Handlungen, die des Neuen dagegen legen den Menschen auf seine Gedanken und Gefühle fest. Die Unterscheidung der Sündenstufen *propassio* und *passio*, teilweise auch feinerer Unterteilungen dieser Stufen in *suggestio, delectatio, consensio* und *consuetudo* gehört seit Hieronymus und Augustin zum Allgemeinbesitz der Antithesenauslegung. Die Ausführungen zu den genannten Sündenstufen knüpfen in der Regel entweder an die erste Antithese vom Töten (Mt.5,23ff.; Hrabanus, Bruno, Gottfried Babio) oder an die zweite Antithese zum Ehebruch (Mt.5,27ff.; Hrabanus, Christian von Stablo, Glossa) an.

Der zweite Gesichtspunkt, der zum Vergleich beider Gesetze bedacht wird, betrifft deren unterschiedliche Adressaten und, damit zusammenhängend, die unterschiedlichen Einstellungen der Menschen zu den Weisungen der Schrift. Häufig werden die Juden als Adressaten des Alten Gesetzes von den Christen als den Adressaten des Neuen Gesetzes unterschieden. Die Antithesen stehen dann im Unterschied zur Praxis der Pharisäer und Schriftgelehrten. Von den Christen als den Adressaten des Neuen Gesetzes wird erwartet, daß sie die an sie gestellten Forderungen erfüllen und lehren (Radbertus, Bruno, Rupert von Deutz, Zacharias Chrysopolitanus). Dazu befähigt sie das Beispiel Christi, das den Juden abgeht. Die Liebe Gottes zu den Menschen, die ihren Höhepunkt in der Sendung seines Sohnes fand, ermutigt die Christen zur Praxis der Gebote aus Liebe.

Dieser Gedankengang kann weitergeführt werden bis zu der aus der Auslegung der Seligpreisungen geläufigen Kombination der Antithesen mit den Bitten des Vaterunser und den Geistesgaben nach Jes.11,2. Die Erfüllung der Forderungen des Neuen Gesetzes hängt gemäß dieser Sicht nicht von der besonderen Tugendhaftigkeit der Christen ab, sondern ist Gnadengeschenk (Radbertus, Glossa). Allgemein üblich ist der Hinweis auf gewisse alt- und neutestamentliche Heilige, die exemplarisch einzelne Antithesen erfüllt und damit deren grundsätzliche Praktikabilität bewiesen haben. Im Falle der Antithese zur Feindesliebe werden zum Beispiel David, Stefanus und Paulus genannt (Hrabanus).

Eine andere Auslegungstradition betont stärker den Gesichtspunkt der Vollkommenheit des Neuen Gesetzes und seiner Adressaten. Die inhaltliche Füllung des Begriffes *perfectio* geschieht bei mehreren Auslegern des 12. Jahrhunderts im Rückgriff auf das alte Schlagwort der *vita apostolica*. Dieses Ideal vieler Reformen wird zum Schlüsselbegriff für die

Aktualisierung der Antithesen auf die vom Wettstreit unterschiedlicher monastischer Gemeinschaften um die angemeßene Praxis der evangelischen Weisungen geprägte Gegenwart der Ausleger.

Einzelne Antithesen dienen als Anknüpfungspunkte. Gemeinschaftliches Leben, Verzicht auf Besitz und ähnliche Forderungen werden zu Interpretamenten dieser Bergpredigtworte. Insbesondere die konsequente Ablehnung von Besitz gilt als unerläßliche Grundlage für die radikale Abkehr von allem Irdischen, wie sie vom wahren Christen gefordert wird. Die Aufforderung Jesu an den reichen Jüngling (Mt.19,21) ist in diesem Zusammenhang die beliebteste biblische Belegstelle (Bruno von Segni, Rupert von Deutz). Die Lösung aus allen irdischen Bindungen impliziert den Eintritt ins monastische Leben, denn nur hier sind die nötigen institutionellen Bedingungen gegeben, unter denen radikaler Besitzverzicht praktiziert werden kann. In letzter Zuspitzung dieser Argumentationskette kann gleichsam als Krönung der Verzicht auf das kontemplative Leben zugunsten einer weltweiten Missions- und Lehrtätigkeit gefordert werden (Rupert von Deutz).

Der Hauptvertreter dieser Tradition, Rupert von Deutz, bezeichnet die entsprechenden Antithesen als Ratschläge (*consilia*) an die Adresse weniger, besonders befähigter Christen. Diese Begrifflichkeit weist auf den Gegensatz, in dem die Antithesen zu anderen Bergpredigtworten wie etwa den Seligpreisungen stehen. Es handelt sich bei ihnen nicht um allgemeinverbindliche Gebote, die jederzeit von allen Christen einzufordern wären, sondern um Ratschläge für entschiedene, kompromißlose Nachfolger Jesu. Nach Ansicht Ruperts handelt es sich dabei hauptsächlich um Ordensleute. Großes Gewicht mißt Rupert dem Begriff der *castitas* bei. Er bezeichnet die ungeteilte und alle Lebensbereiche umfassende Ausrichtung des menschlichen Strebens auf Gott und schließt totale Armut, Keuschheit (1.Kor.7) Demut, Güte und Gewaltverzicht ein.

2. Die Predigten

a. Die Predigten des 8. und 9. Jahrhunderts

Das edierte Quellenmaterial bietet zur Thematik von Altem und Neuem Gesetz und zu den Antithesen gegenüber den Kommentaren nicht viel Neues. Ein großer Teil der Predigten ist ohnehin Exzerpt aus den Kommentaren, allenfalls durch aktuelle Anspielungen auf den Predigtsonntag oder den Heiligen des jeweiligen Tages ergänzt.

Die Predigt **Bedas** zu Mt. 5,44 ist ein Exzerpt aus seinem Lukaskommentar. Sie ist mit der Auslegung der Stelle in Hrabanus' Matthäuskommentar identisch.[118]

Hrabanus Maurus

Von Hrabanus sind drei Homilien und ein Sermo aus der ersten Sammlung seiner Predigten, die er Haistulph gewidmet hat, überliefert. Sermoartig ist hom.60 *De iracundia et homicidio cavendo* gestaltet.[119] Ziel geistlichen Strebens ist die munditia cordis. Voraussetzung dazu ist die radikale Ausrottung des Bösen. Hrabanus braucht das Bild der Pflanze: die Pflanze des Bösen ist samt Same, Wurzel und Früchten auszureißen, wenn der Boden dauerhaft rein sein soll. Die unsichtbaren Wurzeln des Bösen stecken in der menschlichen Seele, die Samenkörner sind für den Mord Zorn und Haß, für den Ehebruch der lüsterne Blick... Die Früchte bedeuten die konkreten Taten.[120] Die Zügelung der Affekte ist der beste Weg, um sanftmütig, geduldig und barmherzig zu werden und so am Reich Gottes teilhaben zu können.

Zorn und Haß sind dagegen Leidenschaften, die die Vernunft außer Kraft setzen und zum Verlust der Selbstbeherrschung führen müßen. Die Folgen sind Stolz, Hochmut und, aus diesem Grundübel hervorgehend, Beleidigung der Mitmenschen, Blutvergießen und Mord.

Dagegen hilft nur eines: die Bitte um Vergebung des Bösen aus dem Vaterunser. Sie stärkt die Kräfte der Vernunft und wirkt Geduld und Langmut. Jesus selbst hat die heilende Kraft dieser Bitte und des ganzen Gebets erwiesen. Am Beispiel Jesu soll sich das Verhalten des Christen denn auch orientieren, wenn die Vaterunserbitte wirksam werden soll. Jesus hat den Christen sein Gebet gegeben und hört sie jetzt, wenn sie es beten. Er waltet als Fürsprech und Richter.

Die drei Homilien zu 5,17ff. und 5,25ff. verwenden den Text des Matthäuskommentars unterschiedlich frei. Hom.79 zu 5,17f. übernimmt den Kommentar wörtlich.[121]

---

118 Es handelt sich um hom.39 'In feria sexta post diem cinerum. In illo tempore dixit Jesus discipulis suis: Diligite inimicos vestros; benefacite his qui vos oderunt etc.', PL 94, 352-354.Lukaskommentar, CChr.SL 120, 142, 1652-145, 1784. Vgl. Hraban., PL 107, 825ff.

119 PL 110, 112B/114C.

120 Ebd. 113A/B.

121 Vgl. ebd. 299D/301B zu Dom.II post pentec. (Mt.5,17ff.) mit dem Kommentartext PL 107, 804A/805C; hinzugefügt ist im Fall der Predigt die Schlußfor-
(Fortsetzung der Fußnote nächste Seite)

Der Text von Hom.97 zu 5,25ff. ist etwas freier. Er kürzt die Kommentarvorlage beträchtlich, behält aber den Gesamtduktus der Auslegung bei.[122]

Hom.114[123] beginnt mit der Übernahme des Vorlagetextes und geht zusehens freier mit ihm um. In der zweiten Hälfte der Predigt werden einzelne Blöcke der Auslegung umgestellt, teilweise auch gekürzt. Im Vergleich zum Kommentar fällt insbesondere die stärkere Gewichtung der im Kommentar noch als unerheblich bezeichneten Textvariante aus V.22 'sine causa' auf. Sie steht im Predigttext kommentarlos gleich zweimal.[124]

Anonymus ms. Lyon bibl. mun. 473

PL 118 überliefert unter den Predigten Haimos von Halberstadt zwei Homilien zu 5,20ff. und 5,38ff. Barré hat ihre unterschiedliche Herkunft nachgewiesen. Hom.26 zu 5,38ff. gehört zu den 13 Predigten, die aus einem anonymen Matthäuskommentar (Lyon, Bibl.mun. 473, ff.28^V-89^V) in die ursprüngliche Fassung von Haimos Homiliar interpoliert wurden. Der Kommentar ist in einer Handschrift aus dem 9. Jh. erhalten und scheint teilweise mit dem — ebenfalls ungedruckten — Kommentar des Claudius von Turin übereinzustimmen.[125] Das interpolierte Material

---

 mel, PL 110, 301B. — Ein Textvergleich der beiden Migneausgaben (Predigt/ Kommentar) ergibt etwas mehr als ein Dutzend unterschiedlicher Endungen und im Fall des Homilientextes einige neue Wörter.

122 Ebd. 328D/330C zu Hebdom.IV post pentec. (Mt.5,25ff.) und Kommentar: PL 107, 808D/812C. Es fehlen die Partien aus PL 107, 809C/810D mit der Deutung des Quadrans als Sünde und der Erörterung von donec, ebd. 811B/D sowie die Auslegung des rechten Auges auf den Freund. Initien und Schlußteile der fehlenden Stücke: PL 107, 809C/810D 'Potest ergo convenienter... donec sanentur non parcetur' Ebd. 811B/D 'Sicut ergo tribus gradibus.. cognitio infelicitatis suae.' ebd. 812A/B 'Videtur mihi non.. doctrinae conatur inducere.' Schlußformel der Predigt: PL 110, 330B.

123 PL 110, 359A/361A zu Hebdom. VII post pentec. Kommentartext: PL 107, 805C/808C.

124 Vgl. PL 110, 359A. — Muß daraus auf einen anderen der Auslegung zugrundeliegenden Bibeltext geschlossen werden? Die Auslegung ist im Ganzen dieselbe, wenn auch mit anderem Aufbau. Der Passus aus dem Kommentar zum Begriff 'Racha' wird beispielsweise durch die Erläuterung der Sündenstufen und der ihnen entsprechenden Strafen unterbrochen. (PL 110, 359C/D und PL 107, 806C.D. 807A/B). Der Abschnitt zur Versöhnung mit dem Bruder vor dem Opfergang steht vor der geistlichen Auslegung von Tempel und Altar auf den Menschen und seine Seele. (PL 110, 360D/361A und PL 107, 807A/B, 808A/C).

125 Vgl. Barré, 1962, 50, Anm. 6.

stammt überhaupt aus der karolingischen Zeit. Die hier interessierende Homilie 26[126] nach der Zählung von PL 118 hat ihren Text größtenteils aus Hieronymus' Matthäuskommentar und Augustins *De sermone Domini in monte* übernommen, allerdings teilweise recht frei formuliert.[127] Die Predigt setzt ein mit der Diskussion um die Erfüllbarkeit der neutestamentlichen Gebote. Die Beispiele aus dem Alten und dem Neuen Testament beweisen, daß die Gebote erfüllbar sind. Folgt die Frage nach der Übereinstimmung von alttestamentlichen Stellen wie Lev.19, Sap.11 und Mal.1, die angeblich den Haß der Feinde fordern, mit der Antithese zur Feindesliebe. Die Lösung liegt in der bekannten Trennung von Mensch und *peccator*; den Menschen soll man lieben, sein Sündersein hassen. Die Verwünschungen alttestamentlicher Propheten geschahen in Voraussicht des künftigen Verderbens ihrer Feinde, nicht als böser Wunsch. 1.Joh.5 handelt von der Sünde wider den Heiligen Geist, die schwerer wiegt als Verfolgung durch Feinde.

Homilie 118 gehört zum Originalbestand von Haimos Homiliar;[128] allerdings ist der Autor *Haimo von Auxerre*, der zwischen 840 und 860 im Kloster St. Germain in Auxerre gelehrt hat. Seine Äußerungen zu Mt.5,20ff. sind traditionell. Die neutestamentlichen Gesetze sind nicht einengender als die des Alten Testaments. Sie sind allerdings um so härter, je konkreter sie sich mit geistlichen Dingen befassen. Das Alte Testament regelte durch seine Gesetze alles, was das Fleischliche betraf, das Neue befaßt sich mit der Vollkommenheit. Die neutestamentlichen Gesetze richten sich denn auch an Menschen, die sich auf die himmlische Heimat vorbereiten und dort sein möchten. Entsprechend dazu verheißt das Neue Testament dem Vollkommenen ewiges Leben, das Alte kannte nur irdische, vergängliche Belohnungen. Die Aufforderung, sich mit dem Gegner zu versöhnen, bezieht sich auf das Heilmittel der Buße.

---

126 PL 118, 186C/189C zu Feria sexta post Cinerum (Mt. 5,43ff.). Zum Initium vgl. Barré, 1962, 250.

127 Vgl. PL 118, 186C/D und CChr.SL 77, 34, 696/705 (Hier.) und PL 118, 187C und CChr.SL 35, 79, 1731-84, 1831.

128 PL 118, 629C/634C zu Dom. VII post pentec. (Mt.5,17ff.). Vgl. Barré, 1972, 155 und 49ff. – Zur Identität Haimos vgl. Barré, 1972, 41f.

b. Die Predigten des 11. und 12. Jahrhunderts

Bruno von Segni

Die zwei Predigten des Bischofs von Segni zu 5,44ff. und 5,17ff. sind Exzerpte aus seinem Matthäuskommentar.[129]

Neu ist das Prooemium zur ersten Predigt, das die Antithese zur Feindesliebe mit dem Hinweis auf das erste und größte Gebot Jesu, die Gottes- und Nächstenliebe nach Mt.22,37f. einleitet.[130]

Der Bischof von Segni ist ebenfalls Verfasser von Sentenzen. c.8 von Buch 2 der *Sententiae* handelt von der Geduld. Bruno erinnert an Mt.5, 10, die Aufforderung an die Apostel, geduldig zu bleiben in allem, was sie um der Gerechtigkeit willen erleiden müssen. Ohne Geduld verliert sich der Mensch selber. Daran mahnt Jesus seine Nachfolger in Mt.5,39. Bruno versteht die Antithese als besonders an die kontemplativ Lebenden gerichtet. Sie ist wörtlich zu verstehen.

> 'Haec quidem ad litteram dici videntur; non tamen generaliter omnibus, sed illis specialiter, qui sic mundo mortui sunt, ut in omni humilitate et patientia soli Deo placere desiderant.'[131]

Honorius von Autun

Relativ eigenständig ist die Predigt zu 5,25ff. aus dem Speculum Ecclesiae des Honorius v. Autun.[132]

Die Erklärungen des Evangelientextes sind zwar traditionell: Jesus bezieht sich in der ersten Antithese auf unser Leben. Das Leben ist der Weg, der Gegner die Heilige Schrift, auf die wir hören sollen.[133] Der quadrans aus V.26 wird auf die vier qualitates gedeutet, aus denen der Mensch besteht: Feuer, Luft, Wasser und Erde. Der letzte quadrans, die Erde, vertritt dabei die Sinne. Er ist Entstehungsort der Versuchungen des Fleisches, so wie das Feuer den Zorn, die Luft Hochmut und Überheblichkeit, und das Wasser die Begierde erzeugen. Honorius schärft die Not-

---

129 PL 165, 779B/D zu Feria VI post Cinerum (Mt.5,44); Kommentar: ebd.110A/
     114A sowie Hom.94, Dom. post pentec. (Mt.5,17.), ebd. 823D/824A. Kom-
     mentar: ebd. 103D/106C.

130 Ebd. 779B. – Im Zusammenhang von Homilien und Kommentar bei Bruno
     vgl. Grégoire, 1965, 86ff.

131 PL 165, 929A/B.

132 PL 172, 885B/890B c.XIII Dom. ii in Quadragesima (Mt.5,25ff.). – Vgl. dazu
     Longère, 1983, 87.

133 Ebd. 885B/C.

wendigkeit häufigen Kirchenganges ein und kommt dann auf die unterschiedliche Motivierung der Hörer Jesu zu sprechen. Er vergleicht die Hörer Jesu mit den Predigtbesuchern und schließt mit dem Bild vom Panther, der durch den von ihm ausgehenden süßen Duft alle kranken Tiere heilt und den Drachen in die Flucht schlägt. Der Panther entspricht dem Priester, die Tiere den Gläubigen, der Drache dem Teufel. Durch den heilsamen Duft der Schrift, der vom Priester ausgeht, werden die Gläubigen gesund und der Teufel muß fliehen.[134]

Gottfried von Admont

Gottfried von Admont ist der Verfasser einer längeren Predigt zu 5,20ff.[135]

Predigtsonntag ist der sechste Sonntag nach Pfingsten, was Gottfried zum Anlaß nimmt, um eine Betrachtung über die Erschaffung des Menschen am sechsten Tag anzustellen und die Neuschöpfung des gefallenen Menschen durch die Praxis der evangelischen Tugenden zu predigen. Die Absicht Gottes, den Menschen als sein Abbild zu schaffen und ihn zum Herrscher über die in den Tieren des Paradieses dargestellten Laster zu machen, wurde durch die Sünde Adams und Evas zunichte. Durch die Nachahmung Christi in bußwilliger Gesinnung, guten Werken und reinem Herzen kann die Ebenbildlichkeit aufs Neue erlangt werden.[136] Christus gibt in den Antithesen exakte Anweisungen, wie die Neuschöpfung realisiert werden soll. Er selbst beeinflußt den menschlichen Willen und läßt gute Taten gelingen. Die treibenden Kräfte sind Gottesfurcht und Liebe, Demut und Tugendhaftigkeit. Die Neuschöpfung des Menschen geht parallel zur Schöpfung der Welt in sieben Tagen.

Der Entschluß, dem Bösen abzuschwören, wird gefolgt von der Reinigung der Gedanken und der Sinne und dem Vollbringen guter Taten. Kann der Mensch diesen Zustand mit Ausdauer und Hartnäckigkeit stabil halten, so gilt er als vollkommen und erhält von neuem Anteil an der imago Dei. Am siebten Tag der Neuschöpfung beginnt die ewige Ruhe, in der auch die Gottesschau ihren Platz haben wird.

Die Bergpredigt richtet sich mit diesen Weisungen an die Vollkomme-

---

134 Ebd. 887.
135 PL 174, 472D/483C; hom. 68 in Dom. VI. post pentec. (Mt.5,20f.).
136 Ebd. 473D.

nen, die den steilen Weg zum himmlischen, zum geistlichen Leben gehen wollen. Die Gebote gelten jenen, die alles verlassen haben und zu Nachfolgern Jesu geworden sind, ja die Worte Jesu aus der Bergpredigt gelten direkt den Benediktinern aus Admont:

> 'Vobis electis filiis meis loquor, qui mecum de convalle huius saeculi in montem ascendistis, quia nisi abundaverit iustitia vestra super iustitiam illorum, qui in clericali officio sunt constituti; abundaverit etiam supra iustitiam illorum, qui continenter in saeculo viventes coniugio sibi copulati, non intrabitis in regnum coelorum.'[137]

Das Verhältnis von jüdischer und christlicher Gerechtigkeit entspricht dem Verhältnis von Laien, Klerikern und Ordensangehörigen. Die Gerechtigkeit der Juden bestand in den zehn Geboten, die nur aus Ehrsucht erfüllt wurden. Gottes Kinder sollen sich in der Erfüllung der evangelischen Gebote von der Liebe zu Gott leiten lassen und auf die Verheißungen hoffen. So können sie auch das erfüllen, was den Juden unmöglich war.

Christus ruft auf zur Förderung des Guten, zur Reinigung des Gewissens. Der Weg zur Vollkommenheit geht über die Buße. Jesus gab als Arzt ein heilsames Gebot für diejenigen, die ihre Feinde nicht lieben können. Sie sollen ihnen wenigstens wohltun und für sie beten.[138] Analog dazu ist das Opfer von V.23 zu verstehen: es meint die Eucharistiefeier, kann aber auch als Hinweis auf die Bußtränen verstanden werden. Buße tun und Vollkommenheit erlangen kann kein Mensch aus eigener Kraft. Jesu Opfertod war nötig, um den Menschen die fehlenden Kräfte zu geben. Die Epistellesung aus Gal.3,27 weist darauf hin: jeder Getaufte lebt ganz in Christus.

Werner von St. Blasien

In den Kreis der Reformbenediktiner gehört der Abt von St. Blasien im Schwarzwald, Werner (1156-1176 Abbatiat). St. Blasien war eines der Zentren der Hirsauer Reform unter der Siegburger Observanz.[139]

Werner von St. Blasien hat den einflußreichen *Liber deflorationum*, eine Predigtsammlung mit 39 Predigten hinterlassen.

Aus den Deflorationes Patrum von *Werner von St. Blasien* stammt die lange, mehrteilige Predigt zu 5,20ff.[140]

---

137 Ebd. 479B/C, vgl. auch 478D/479A.
138 Ebd. 481C.
139 Vgl. Schmitz, 1955a, 183f. und b, 392 sowie PL 157, 719/720.
140 PL 157, 1053C/1062A, VI. Dom. post oct. pentec. (Mt.5,20ff.).

Den Anfang macht eine Auslegung des Evangelientextes. Besonderes Gewicht mißt Werner dem Gerichtsgedanken bei, wie er ihn in der ersten Antithese vom Zorn und vom Töten angelegt sieht. Zwei Arten von Gericht müssen unterschieden werden. Die eine betrifft das Gericht Gottes an einigen Menschen hier auf Erden. Möglicherweise rettet es vor dem zweiten Gericht im Jenseits, wo Christus Richter sein und über Erwählung und Verwerfung entscheiden wird. Sicher ist jedenfalls, daß die Strafen im künftigen Gericht härter ausfallen werden als im irdischen Gericht. Für die Strafzuteilung entscheidend ist das Gewissen des Einzelnen.[141]

Der Stand der Vollkommenen wird dem Richter im Gericht helfen, die Unvollkommenen zu richten. Auch von den Unvollkommenen werden nach dem Gericht einige mit Gott herrschen.

Die Erklärung zu Racha übernimmt zum großen Teil die Auslegung von Hieronymus.[142] Die verschiedenen Sünden, im Evangelium durch die wechselnden Schimpfworte gegenüber Brüdern dargestellt, werden je unterschiedliche Aufenthaltsorte in der ewigen Verdammnis zur Folge haben. Auf die Textauslegung folgen zwei sermo-artige Stücke mit den Bezeichnungen *De ira* und *De gehenna*.[143] Ihre Themen sind einzelne Laster und eine realistische Beschreibung der Hölle und ihrer Qualen.

Hochmut, Neid und Zorn sind die den Tugenden Liebe, Demut und Güte entgegengesetzten Laster. Jesus empfahl in den Antithesen der Bergpredigt die genannten Tugenden, weiter geduldiges Ertragen von Unrecht in der Zuversicht auf die künftige Belohnung, die dem Standhaften verheißen ist.[144]

Der Schluß von *De ira* handelt über die Frage, ob die Strafen der Hölle, wie sie Stellen wie Mt. 25, Hiob 20 und Jes. 66 schildern, wörtlich oder übertragen ausgelegt werden sollten. Werner meint, für die Zeit vor dem Jüngsten Gericht habe das übertragene, für die Zeit nach dem Gericht das wörtliche Verständnis zu gelten. Eine andere Möglichkeit sieht er in der Aufteilung der Strafen; einige treffen das Fleisch, einige den Geist des Sünders.[145] *De gehenna* beginnt mit einer längeren Erörterung der Natur des Höllenfeuers nach der Definition von Apk. 19,20 (brennender

---

141 Ebd. 1054D.
142 Ebd. 1055B.
143 Ebd. 1056C/1059A und 1059A/1062A.
144 Ebd. 1057A.
145 Ebd. 1057D/1058A.

Schwefelsee). Um nicht in dieses Feuer geworfen zu werden, soll der Christ auf die Weisungen der Bergpredigt hören. Über Wert oder Unwert seiner Taten entscheidet wiederum sein Gewissen.[146]

Gottfried Babio

Von Gottfried Babio ist eine Predigt zum Fest des Hl. Stephanus über Mt.5,44 erhalten.[147]

Aus Liebe wurde Jesus Mensch, litt, ließ sich verspotten und peitschen und starb am Kreuz. Trotzdem bat er für seine Feinde (Lk.23,34) und erfüllte so sein eigenes Gebot. Ein schwer zu erfüllendes Gebot, gewiß! Doch großer Lohn ist denen verheißen, die sich daran halten. Stephanus zum Beispiel, der erste Märtyrer nach Jesu Himmelfahrt, betete für seine Mörder. Sein Lohn bestand darin, daß er den Himmel offen schauen durfte und Jesus zur Rechten des Vaters stehen sah. Sein Gebet blieb nicht ohne Folgen: nach seinem Tod bekehrte sich Saulus, mehrere Tote wurden durch ihn auferweckt. Das Fest eines solchen Heiligen ist Grund zur Freude und Anlaß zum Gebet. Stephanus möge auch für uns bitten, so wie er einst für seine Feinde betete. Unsere Liebe gelte den Brüdern in der Kirche. Denn ohne Liebe ist jede Tugend wertlos.[148]

Radulphus Ardens

Radulphus Ardens ist der Verfasser einer Predigt zu Mt.5,20ff.[149] Mit Ausnahme der sorgfältigen Gliederung der Predigt analog zu den durch den Predigttext vorgegebenen Abschnitten bleibt alles traditionell. Radulphus teilt in drei Partien: die erste betrifft die Feststellung Jesu, die Gerechtigkeit von Schriftgelehrten und Pharisäern reiche nicht aus, um ins Himmelreich zu gelangen. Radulphus betont den Wert des guten Willens, der den einzelnen Werken erst ihren Wert gibt.[150] Der zweite Teil besteht aus der Auffüllung der kleinsten Gesetze des Alten Bundes durch Jesus. Aber Jesu Gebote sind nur dem buchstäblichen Verstehen nach

---

146 Ebd. 1061A 'Ex dantis quippe corde id quod datur accipitur, idcirco... oblata exteriora munera ex interna cordis munditia condiuntur et discretionis virtus lectorem doceat qualis apud se esse debeat, cum exteriora bona, non solum Deo, sed etiam proximo subministrat.'

147 PL 171, 720D/723A.

148 Ebd. 722D.

149 PL 155, 1996D/2000B, hom. 15 Dom. sexta post trinitatem.

150 Ebd. 1997B.

Anfügungen zum Alten Gesetz. Geistlich ausgelegt sind es eher Erläuterungen dazu. 'Evangelium enim nihil aliud est quam lex spiritualiter intellecta'.[151] So verbietet etwa das alttestamentliche *Non occides* geistlich ausgelegt nicht nur Mord, sondern auch den auf den Akt des Mordes gerichteten Willen. Das Verbot schließt die sechs Arten von Mord ein; es sind dies die Tat, der Wille, das schlechte Beispiel, nutzlose Unterweisung, Raub von Nahrungsmitteln und Vorenthalten des Wortes Gottes.[152] Unbedingt notwendig ist dagegen die Zurechtweisung unter Brüdern, wenn es darum geht, Laster zu bekämpfen. Radulphus nennt Moses, Phineas, Josua und Petrus nebst vielen andern Heiligen als Beispiele einer auf das Wohl der Mitmenschen bedachten brüderlichen Zurechtweisung. Jesaja nennt Prediger, die sich solcher Mahnungen enthalten, stumme Hunde (Jes. 56,10). Im dritten Teil gibt Jesus Anweisungen zu einem gottgefälligen Opfer. Entscheidend ist auch hier die Absicht. Ein Opfer darf nur in der Absicht, Gott zu gefallen geschehen. Schielen nach dem Ruhm verdirbt alles. Opfer sind Gebete, Almosen und das Messopfer.[153]

c. Die volkssprachlichen Predigten

Schönbach bringt im ersten Band der Altdeutschen Predigten zwei kürzere und einen längeren Text zu Mt. 5,20ff. und 5,25ff.[154] Alter und Neuer Bund werden einander entgegengestellt. Ausführlich schildert der Verfasser die Geschichte von Kain und Abel. Kain ist das Urbild des Mörders, dem die Welt verflucht und der Himmel verschlossen ist. Gott will gerechte Opfer (Ps. 4,6) vom Menschen, nämlich ein redliches Leben in brüderlicher Liebe.[155]

Die Predigt Nr. 51, identisch mit dem oben erwähnten längeren Text, klagt die Gewohnheit gewisser hochgestellter Leute an, die Rat suchen und ihn doch nicht befolgen, statt Fasten und Almosen andere ausrauben und diejenigen, die sich wehren, niederschlagen. Anstatt sie darob zur Rechenschaft zu ziehen, lobt sie die Welt dafür: 'daz ist eine kůne man, der ist biderbe, den erin sine lantlůte'.[156] Besonders verbreitet ist

---

151   Ebd. 1997D.
152   Ebd. 1988B.
153   Ebd 2000A.
154   Schönbach, 1886, 111f.
155   Ebd. 112, 15/18. Zu Kain/Abel vgl. ebd. 415.
156   Ebd. 112, 27/28.

solches Treiben an Kirchweihfesten, die doch Gelegenheit zur Buße geben möchten. Die Predigt schließt mit der Mahnung, die Sünden zu bereuen 'uf daz ir entfliht den ewigen tot'.[157]

Predigt Nr. 240 geht über denselben Text. Sie ist kürzer; der Inhalt traditionell. Die Quellen sind von Schönbach zum größten Teil nachgewiesen.[158] Jesus stellt vor dem Mord auch den Zorn unter Anklage 'dise wort sult ir merkin, und ob ir iemanne slaht mit dem wafene, so sult ir uch ouch hûte daz ir imanne slaht mit dem gemûte'.[159] 1. Joh.3,15 und Eph.4,26 sind neutestamentliche Belegstellen. Zorn, Schmähung und Beschimpfung des Nächsten sind nicht erlaubt. Bevor wir Gott darum bitten können, daß er uns unsere Sünden vergebe, müssen wir unseren Brüdern vergeben.

Predigt Nr. 258 zu Mt.5,25[160] unterscheidet zwischen dem übertragenen und dem wörtlichen Verstehen des Textes. Dem wörtlichen Verständnis stellt sich Jesu Gebot unerfüllbar dar. So muß die Auslegung versuchen, vom wörtlichen auf den übertragenen Sinn zu kommen.[161]

Man stelle sich zwei Menschen vor, die miteinander einen Weg gehen, sich aber über die einzuschlagende Richtung nicht einigen können. Hier droht Streit, und der Stärkere wird siegen. Jeder Mensch ist auf dem Weg vom irdischen Elend zur himmlischen Heimat. Seine leibliche Natur gerät unweigerlich in Streit mit dem Wort Gottes, das der Sünde widerrät und die den einzelnen Lastern entgegengesetzten Tugenden aufzählt. Entscheidend ist, ob man auf Gottes Wort hört oder nicht. Denn im Jüngsten Gericht gibt es nur zwei Kategorien: Sünder und Gute; ersteren droht ewige Pein, letztern ewige Gnade.[162]

Die Sammlung von Priester Konrad

Zum sechsten Sonntag nach Pfingsten handelt eine längere Predigt über Röm.6 und Mt.5,20ff. Der Prediger setzt Tod und Auferstehung Jesu in Parallele zum Leben der Gläubigen. Tod und Auferstehung entsprechen der Absage an die Sünde und dem Neubeginn des geistlichen Le-

157   Ebd. 112, 40/41.
158   Ebd. 451.
159   Ebd. 367, 30/32.
160   Ebd. 384/385.
161   Ebd. 384, 34/36.
162   Quellennachweis ebd. 455f.

bens. Jeder Getaufte ist in den Tod und die Auferstehung Jesu hinein getauft. Der einmalige Tod und die einmalige Auferstehung Jesu laufen parallel zum alltäglichen Kampf des Menschen gegen die Sünde und zum Sieg der Tugenden.[163] Jesu Tod am Kreuz wird vom Menschen nachvollzogen, wenn er ganz der Welt und dem ihr zugehörigen Unrecht absagt, von Liebe zu Gott getrieben.

> 'der saelige man der wirt mit dem heiligen Christo ge-
> nagelt zů dem cruce, swener durch die gots minne pai-
> diu dirre welt unde allem unreht widersait.'[164]

Reue, Buße und Beichte beziehen sich auf die drei Tage Jesu im Grabe. Mt. 5,20ff. ist eine Aufforderung an die Jünger, die Gottes Reich besitzen möchten. Untreue, Hochmut und andere weltliche Fehlhaltungen müssen aufgegeben werden. Sie verderben sonst die besten Werke und verunmöglichen den Eintritt ins Reich Gottes. Denn nicht nur große und offensichtliche Sünden wie Mord stehen dem Gottesreich entgegen. 'wan enslahent si den mennisken niht ze tode, si mugen im aver anders so groziu leit tuon, daz si des gots riches umbe verstozen werdent.'[165] Zorn gegen den Mitbruder und grundlose Beschimpfung mit bösen Worten machen den Christen bereits des höllischen Feuers schuldig und lassen ihn der göttlichen Gnade verlustig gehen.[166]

d. Zusammenfassung

Die Zahl der untersuchten Predigten ist recht klein. Es handelt sich bei ihnen zum Teil um Kommentarexzerpte (Beda, Hrabanus, Haimo, Bruno von Segni). Die Akzente der Auslegung sind im wesentlichen dieselben wie diejenigen der Kommentare, soweit sie den Vergleich beider Gesetze und die Problematik der Erfüllbarkeit der evangelischen Weisungen betreffen.

Der Versuch zweier Prediger des 11. und 12. Jahrhunderts, *Brunos von Segni* und *Gottfrieds von Admont*, die Adressaten der Antithesen auf den Kreis der kontemplativ Lebenden einzuschränken, entspricht eben-

---

163 Schönbach, 1891, 131.

164 Ebd. 132, 5/7.

165 Ebd. 132, 36/38.

166 Ebd. 132, 1/3 'swer mit sime ebencristen zurnet unde in beswaert ane sculde mit ubeln worten, der ist vor got wirdic des ewigen hellevihres, der ist die gots hulde ane'. – Schönbach hat für den zweiten Teil der Predigt deren Abhängigkeit von Ps. Beda, PL 92, 27 nachgewiesen. Vgl. Schönbach, 1891, 347f.

falls einer bereits in der Kommentarauslegung festgestellten Auslegungstradition (Rupert von Deutz). Die radikale Ausrichtung des Lebens auf
das *Deo placere*, die den kompromißlosen Bruch mit der Welt voraussetzt, entspricht dem Doppelgebot der Liebe (Mt.22; Bruno von Segni)
und der höheren Gerechtigkeit, die von den Christen gefordert ist (Mt.
5,20 – Gottfried von Admont). Gottfried geht sogar soweit, das Verhältnis pharisäischer und „christlicher" Gerechtigkeit mit unterschiedlichen Ständen innerhalb der christlichen Kirche zu parallelisieren und
eine Wertordnung aufzustellen: an der Spitze stehen die Ordensleute, gefolgt von den Klerikern und, erst danach, von den in Geschwisterehe (!)
lebenden Weltleuten.[167]

Neben diesen bereits geläufigen Auslegungsmustern fallen andere auf.
Der Kampf zwischen Tugenden und Lastern ist ein beliebtes Deutungsmuster für die anspruchsvollen Forderungen der Antithesen. Zorn, Haß
und Neid galten als negative Affekte, die für die Entstehung von Lastern
wie Stolz, Hochmut und Ehrsucht verantwortlich sind. Diese Laster wiederum führen zu konkreten Straftaten wie Mord und Ehebruch. Die Weisungen der Bergpredigt wollen diesen Kreislauf unterbrechen und raten
zur Praxis von Tugenden wie Liebe, Geduld, Ausdauer und Versöhnlich-
keit (Hrabanus, Haimo, Honorius, Gottfried von Admont, Gottfried Babio u.a.). Gottfried von Admont versteht die Erfüllung der Antithesen
als Weg zur Wiederherstellung der Gottebenbildlichkeit des Menschen.
Die Voraussetzung dazu besteht in der Nachfolge Christi in Bußgesinnung, guten Werken und Herzensreinheit.

3. Die Antithesen in der hagiographischen Literatur

Gewaltverzicht und Feindesliebe sind die in der hagiographischen Literatur bevorzugten Themata aus dem Bereich der Antithesen. Die Weisung zum Eidverbot kann in einzelnen Fällen zur Illustration eines – topischen oder realen – Konflikts zwischen weltlicher und geistlicher Macht
verwendet werden.[168]

Ich beschränke mich hier auf die Darstellung einiger Belege aus dem
Bereich von Gewaltverzicht und Feindesliebe. Wie bereits bei der Schilderung der hagiographischen Verwendung von Seligpreisungen angedeu-

---

167 PL 174, 479B/C. – Vgl. oben, 290.
168 Vgl. dazu Ladner, 1968, 62 f.70ff.

tet, gehören die Antithesen Mt.5,38ff. und die Seligpreisung an die Friedensstifter (Mt.5,9) als gegenseitige Interpretamente in der hagiographischen Literatur des untersuchten Zeitraums zusammen. Die Hagiographie
illustriert mit den entsprechenden neutestamentlichen Worten christliche
Tugenden. Wie bei den Seligpreisungen werden auch hier unterschiedliche Handlungsbereiche und Handlungsebenen unterschieden. Der eine
Handlungsbereich ist eng mit der wörtlichen Auslegung der betreffenden
Bergpredigtstellen verknüpft. Konkrete Versuche einzelner Heiliger, zwischen zerstrittenen Parteien zu vermitteln, stehen im Mittelpunkt.[169]
Der andere Handlungsbereich geht eher auf die spirituelle Deutung der
Antithesen zurück und umschreibt mit Hilfe der entsprechenden Aussa-
gen der Bergpredigt mönchische Tugenden wie Geduld und Barmherzigkeit im Umgang mit 'schwachen' Mitmenschen.

Bereits Sulpicius Severus schließt seine Martinsvita mit der Aufzählung der Tugenden des Heiligen, indem er von diesem weiß:

> 'Er war der wahrhaft glückselige Mann, in dem kein
> Falsch war! Niemanden richtete er, niemanden verur-
> teilte er, niemals vergalt er Böses mit Bösem. Allem
> Unrecht gegenüber brachte er solche Geduld auf, daß
> er selbst als Bischof Beleidigungen von den niedrig-
> sten Klerikern ungestraft hinnahm.'[170]

Gewaltverzicht, Geduld, den anderen nicht richten (Mt.7,1ff.) sind
Aspekte der einen Tugend *patientia*. Die Verwendung der Bergpredigtworte durch Sulpicius Severus erinnert an die Auslegung einzelner Seligpreisungen, etwa der an die Sanftmütigen (Mt.5,5) durch die Kommentare.[171] Ähnlich wie Martin von Tours wird Caesarius von Arles beurteilt.
Die Vita rühmt die von Caesarius 'non solum paterno, sed etiam materno affectu' praktizierte Feindesliebe und mahnt dazu, Feindesliebe und
Nächstenliebe gemeinsam zu verwirklichen nach dem Vorbild des Heiligen.[172] Besonders wichtig scheint dabei das Gebet für die Feinde zu sein.

---

169 Ein Zusammenhang mit der Entstehung des neuen Heiligentypus der Merowin-
      gerzeit, dem sich aktiv in die Politik einschaltenden Abt oder Bischof, kann
      nur vermutet werden. – Vgl. Graus, 1965, 353ff. und 386ff.

170 Frank, 1975, 51.

171 Vgl. oben, 255f.

172 MGH.SRM 3, 477, 29-478, 5 'Ille enim hoc maxime et corde et ore gestabat
      et, ut inimicos diligere deberemus, hortatu blandissimo, sermone et exemplo
      laudabiliter instruebat. Vix aliquis illo affectu pro caris quo ille pro inimicis
      (Fortsetzung der Fußnote nächste Seite)

Das vollkommene Verhalten des Heiligen spiegelt sich in der Reaktion seiner Umwelt. Nicht ohne Humor erzählt die im 13. Jh. entstandene Vita des Abtes Erminold von Prüfening vom Ausgang eines Streits zwischen den Mönchen der Abteien Prüfening und St. Emmeram. Die Mönche von St. Emmeram liessen sich in ihrer ohnmächtigen Wut dazu hinreißen, vor den Toren des Klosters von Prüfening einen tiefen Graben auszuheben. Erminold, der Abt von Prüfening, ging zu ihnen hinaus, grüßte sie freundlich und lud die durch die ungewohnte Anstrengung ermüdeten Streithähne zu einem Imbiß ein. Die Vita weiß zu berichten, Erminold sei so freundlich gewesen, daß sich die Mönche von St. Emmeram durch seine Worte noch mehr gestärkt fühlten als durch den Imbiß... Jedenfalls schütteten sie umgehend und freiwillig den Graben wieder zu. Das Fazit der Vita ist eindeutig:

> 'Quid, queso, qui hec lecturi estis, quid vobis videtur de isto, cuius filius sit? Nonne illius, cuius unigenitus in substantia nostre mortalitatis apparuit, fratresque, quos dignatus est adoptare per gratiam, spiritu eis adoptionis infuso in quo clamarent: Abba pater, instruxit dicens: Diligite inimicos vestros et benefacite hiis, qui vos oderunt; et quid ex hoc consequerentur adiungens: Ut sitis, inquit, filii patris vestri celestis, qui solem suum facit oriri super bonos et malos, et pluit super iustos et iniustos.'[173]

Mt.5,44f. und Röm.8,25 sind die Schriftbelege zum tugendhaften Verhalten des heiligen Abtes. Die Feindesliebe ist das signum seiner Gotteskindschaft.[174] Auch die Tierwelt bezeugt die Tugendhaftigkeit der Heiligen. Das folgende Beispiel zeigt, wie die Feindesliebe mit dem alten Motiv der Herrschaft des Heiligen über die *irrationabilia animalia* verbunden werden kann. Der Presbyter Philipp geht völlig unbefangen mit allen Tieren um: Vögel fliegen ihm auf seine Hand, Hasen lecken ihm die Füsse. Die Vita führt dieses Vertrauen auf die Tatsache zurück, daß Philipp

---

orabat; et licet non essent causae, quibus illi quisquam inimicus existeret, nisi forte pro invidia aut disciplina aliqui aemuli esse viderentur, ille tamen eos non solum paterno, sed etiam materno diligebat affectu, hoc saepius nobis insinuans, quia cum dilectio usque ad inimicos extenditur, fieri non potest, ut proximus non ametur.'.

173 MGH.SS 12, 487, 35/41. – Vgl. auch Gaufrid.Grossus Bernard.Tiron.: PL 172, 1388f.; Bald.Burg.Rob.Arbris.: PL 162, 1062f.; Vita Vital.: Anal.Boll. I, 372ff.; Vita Norb.I: MGH.SS 12, 676.

174 Vgl. unten, 299.

sich an die göttlichen Gesetze gehalten habe und die Tiere ihn dazu hätten beglückwünschen wollen.[175] Eines Nachts werden Philipps Ochsen
gestohlen. Am nächsten Morgen bringen die Diebe die beiden gestohlenen Tiere zurück. Philipps Reaktion erstaunt weiter nicht: er gibt den
Dieben zu essen und ermahnt sie, von nun an nicht mehr zu stehlen. Die
Vita verweist dazu auf Mt. 5,44f.

Die Tugend der *patientia* kann aber auch durch eine ausgesprochen
buchstäbliche Deutung der entsprechenden Bibelstellen illustriert werden.

Das folgende Beispiel stammt nicht aus einem hagiographischen Text,
erinnert aber durch die Verbindung der verschiedenen Motive stark an
hagiographische Traditionen. Im *Chronicon Novaliciense* wird von einem anonymen Mönch berichtet, der 'superbia diaboli tumidus' am Fest
des Apostels Petrus einen Mitbruder ohrfeigt. Der Geschlagene bleibt
ruhig und bietet dem Angreifer auch noch die andere Wange dar. Der
Arm des Schlagenden bleibt allerdings am tugendhaften Opfer haften
und läßt sich erst dann lösen, als der angegriffene domnus Gotefredus
für seinen Angreifer eine Messopfer zelebriert.[176] Das alte Motiv vom
Kampf der Laster gegen die Tugend wird hier durch ein Strafwunder ergänzt. Der Angreifer vertritt die Seite des Lasters, Gottfried verkörpert
die Seite der Tugend.

Zahlreiche Belege aus der hagiographischen Literatur bringen die Antithesen zur Feindesliebe als Mahnung in Gestalt einer fiktiven Predigt
des jeweiligen Heiligen.[177]

175　MGH.SS 30/2, 798, 31/32 'Non mirum; obtemperabat einim in omnibus prae-
　　ceptis divinis, quamobrem et irrationabilia animalia congratulabantur illi'. –
　　Zum Motiv der Herrschaft des Heiligen über die Tiere vgl. Frank, 1964, 111ff.
　　(mit Lit.angaben).

176　Chron.Noval.: MGH.SS 7, 119, 33/40 'Contigit hoc, quod narrare volumus, in
　　sollempnitate clari apostoli Petri, quae maxima habetur in cunctis nostris mo-
　　nasteriis. Casu accidit, ut quidam monachus superbia diaboli tumidus non ti-
　　muit, quin extenderet manum suam et virum per omnia dignum feriret. At il-
　　le non solum pacifice pertulit, verum etiam aliam faciem cessit, non immemor
　　precepti Domini: Qui te percusserit in unam maxillam, prebe ei et aliam. Mox
　　vero ille punitus, luit culpam in penam tumoris; extemplo vero tumefactum
　　brachium illius liberari non potuit, quoadusque ipse domnus Gotefredus non
　　celebravit sacrificium pro eo.'. (Vor 1027 entstanden, vgl. Manitius, 1911b,
　　294ff.). – Zum Strafwunder vgl. Graus, 1965, 46ff., 387ff.

177　Vgl. Jonas Bob.Columb.: MGH.SRM 4,105; Vita Eberhardi: ebd. SS 11, 82;
　　Ebo Bamb.Otton.: SS 12, 845; Burch.Chron.Wimp.: SS 30/1, 662; Andr.Strum.
　　Ariald.: SS 30/2, 1065.

Daß die Problematik um Gewaltverzicht und Feindesliebe einem relativ breiten Adressatenkreis bewußt gewesen sein muß, zeigen vereinzelte Belege aus den Bereichen *Kreuzzug* und *Gottesfrieden*.[178] Den Gewissenskonflikt eines jungen Ritters zur Zeit des ersten Kreuzzuges (1096-1099) schildert die *Vita Tancredi*. Tancred ist bereits als Knabe seinen Spielgenossen in zwei sehr unterschiedlichen Bereichen überlegen: Sein Geschick im Umgang mit den Waffen eines Ritters ist ebenso bekannt wie seine große Frömmigkeit. Tancred gerät in lähmende Gewissensnot, weil die Anweisung Jesu zum Gewaltverzicht die heißgeliebte *militia saecularis* scheinbar verbietet. Erst der Aufruf Urbans zum Kreuzzug und der verheißene Nachlaß der Sündenschuld erlösen den jungen Tancred von seinen Zweifeln. 'Experientia vero armorum ad Christi obsequium revocata, supra credibile virum accendit militandi duplicata occasio'.[179]

Zusammenfassend läßt sich festhalten, daß die Anwendung der Antithesen zu Gewaltverzicht und Feindesliebe in der hagiographischen Literatur zwar grundsätzlich der Deutung in Kommentar- und Predigtliteratur entspricht, daß aber erwartungsgemäß die Verbindung mit gewissen Motiven und Themen der Hagiographie im einzelnen Akzentverschiebungen bedingt. Am augenfälligsten ist die Tatsache, daß die Ebene der Intention kaum einmal berührt wird. Wichtig ist vielmehr die Umsetzung der evangelischen Weisungen in konkrete, situationsbezogene Verhaltensweisen, die entsprechende Reaktionen der Umwelt provozieren. Hagiographische Literatur bietet durch diese Art der Anwendung eines Bibeltextes ihren Lesern und Hörern präzise Verhaltensmuster und Identifikationsangebote, was ihr vor allem bezüglich der Frage nach der Erfüllbarkeit gewisser Extremforderungen wie der Feindesliebe einen Plausibilitätsvorsprung vor der Kommentar- und Predigtliteratur sichert.

---

178 Zur Vita Caroli com. Flandriae vgl. oben, 251 und Ghellinck, 1955, 414/415 (hoher hist. Wert der Vita). (MGH.SS 12,560).

179 Radulf.Cadom.gesta Tancr.: RHC Occid. 1866, 606A. – Vgl. die Schilderung des inneren Kampfes, ebd. 605E/F '...disputabat secum in dies animus prudens, eoque frequentior eum coquebat anxietas, quod militiae suae certamina praecepto videbat obviare dominico. Dominus quippe maxillam percussum jubet et aliam percussori praebere; militia vero saecularis, nec cognato sanguini parcere. Dominus tunicam auferenti dandam esse et penulam admonet; militiae necessitas ambabus spoliato reliqua quae supersunt esse auferenda urget.'. Vgl. Odo Clun.Ger.: PL 133, 640ff.

Erstaunlich ist der dabei vorausgesetzte, sämtliche Lebensbereiche umfassende Geltungsanspruch der Forderungen der Bergpredigt. Allerdings bleibt das monastische Milieu für die Auslegung der Antithesen in der hagiographischen Literatur prägend. Biblische Interpretamente sind unter anderen Mt.5,9;7,1; 1.Joh.2.3 und Röm.8;12.

Schluß

Lassen sich die Ausgangsfragen dieser Untersuchung abschließend beantworten? Bekanntlich sollte die Plausibilität der traditionellen Identifizierung der katholisch-mittelalterlichen Bergpredigtauslegung mit dem hermeneutischen Modell einer Zweistufenethik am Beispiel der Kommentare, Predigten und hagiographischer Literatur zwischen 800 und 1200 untersucht werden.

Ein Ergebnis ist dabei vor allem hervorzuheben. Trotz einer gewissen Banalität hat es bisher keine allgemeine Zustimmung gefunden. *Die* Bergpredigtauslegung des Mittelalters gibt es genau so wenig, wie es ein einheitliches Auslegungsmodell einer beliebigen anderen Zeit gibt. (Man vergleiche etwa Augustins *De sermone Domini in monte* mit dem syrischen *Liber Graduum* oder mit den *Matthäushomilien* des Johannes Chrysostomus...). Die herkömmliche Identifizierung von Zweistufenethik und mittelalterlicher Bergpredigtauslegung geht daher von mehreren grundsätzlichen Fehlannahmen aus. Weder ist die Bergpredigt als Texteinheit (Mt.5-7) hauptsächliches Arbeitsfeld mittelalterlicher Exegeten – die monografische Auslegung Augustins ist hier eher eine die Regel bestätigende Ausnahme als ein prägendes Vorbild – noch kann von einer uniformen, einheitlichen Auslegungstradition in exklusivem Sinne die Rede sein. Bergpredigtauslegung des Mittelalters ist Auslegung einzelner Perikopen. Bergpredigtauslegung des Mittelalters setzt sich aus sehr unterschiedlichen und gegensätzlichen Auslegungs*traditionen* zusammen. Aber diese Feststellung genügt als Antwort auf die Eingangsfrage nur formal, denn über die faktischen Auslegungsmuster und -traditionen sagt sie nichts aus.

Hier haben sich zwei Problemkreise als wichtig erwiesen, die an je verschiedene Bergpredigtworte anknüpfen: die Frage nach den Adressaten geht von der unterschiedlichen Lokalisierung der Bergpredigt durch die beiden Evangelien des Lukas und des Matthäus (Mt.5,1f.par) aus. Die Differenzierung von Jüngern und Volk als den Hörern der Predigt Jesu regt die Ausleger seit je zu einer aktualisierten Unterscheidung unterschiedlicher Adressatenkreise der Bergpredigt an.

Die Frage nach der Erfüllbarkeit einzelner Weisungen aus der Bergpredigt ist ihrerseits mit Mt.5,48, der die Antithesen abschließenden Aufforderung, vollkommen zu sein wie der himmlische Vater, verbunden. Entscheidend ist in diesem Zusammenhang, ob der Begriff der Vollkom-

menheit als Eigenschaft der Predigt Jesu oder als Forderung an die Nachfolger ausgelegt wird und welche inhaltliche Füllung er in den einzelnen
Auslegungen erfährt. Diese beiden Problemfelder stellen den Schlüssel
zum Verständnis der mittelalterlichen Auslegungs- und Wirkungsgeschichte dar. Ihre Wurzeln liegen in der Bergpredigtauslegung der Alten Kirche.
Hieronymus prägt in seiner Auslegung von Mt.5,44f. die in der Folge vielzitierte Formulierung, Jesu habe „non inpossibilia... sed perfecta" gefordert.[180] Augustin scheint noch sehr nahe an der Formulierung Hieronymus' zu sein, wenn er den Inhalt der Bergpredigt als „perfectum vitae
christianae modum" bezeichnet.[181]

Allerdings liegt hier bereits der Ansatzpunkt für eine exklusive Deutung der Bergpredigt im Sinne der von Luther kritisierten Zweistufenethik, auch wenn Augustin selber diese Konsequenz nie gezogen hat. Die
Vollkommenheit ist nämlich Merkmal des christlichen modus vitae, und
damit liegt die Frage nach den Bedingungen solcher Lebensführung nahe.

Offensichtlich bedurfte es zur Ausbildung einer die Bergpredigt auf einen kleinen Adressatenkreis einschränkenden Auslegung weiterer Faktoren. Die Untersuchung der Quellentexte hat gewisse neue innerbiblische
Interpretamente zur Bergpredigt als solche Faktoren bestimmen können.
Sie sind allerdings nur Ausdruck einer sich wandelnden kirchlichen und
sozialgeschichtlichen Lage, die die Bergpredigtauslegungsgeschichte ge-
treulich spiegelt. Die wichtigsten einschlägigen Momente sollen kurz genannt werden. Wenn im 9. Jahrhundert *Haimo* die *perfecti monachi* als
diejenigen Adressaten der Bergpredigt nennt, die deren Weisungen und
Gebote umfassend und gültig praktizieren können, so bezieht er seine
Ausführungen auf die erste Seligpreisung. Tatsächlich spielt Mt.5,3 eine
wichtige Rolle in der Entwicklung eines Auslegungsmodells, das den Kreis
der Adressaten auf einen engen Kreis vollkommener Christen eingrenzt.
In der Deutung der ersten Seligpreisung als Aufforderung zu totalem Besitzverzicht sind sich die Ausleger jeglicher Provenienz einig: Autoren aus
dem Weltklerus, Reformbenediktiner und Vertreter von Reformorden
verstehen die pauperes spiritu als solche, die mit der materiellen Armut
kompromißlos ernst machen, und sehen darin ein wesentliches Merkmal
jener perfectio, von der Mt.5,48 handelt. Im Verlauf des 12. Jahrhunderts wird die erste Seligpreisung besonders in den untersuchten Predigten von Benediktinern und Zisterziensern zu einem kritischen Potential,

---

180 CChr.SL 77,34.
181 CChr.SL 35,1.

das seine Herkunft aus dem Programm der Gregorianischen Reform nicht
verleugnet, sondern diese im Gegenteil voraussetzt. Im Reformprogramm
der Gregorianischen Reform war die *vita apostolica* einer der wichtigsten
Punkte, und sie ist es, die im 11. und besonders im 12. Jahrhundert zusehens als Interpretament der ersten Seligpreisung und damit auch der
perfectio Verwendung findet. Ein Leben gemäß den Grundsätzen der vita
apostolica setzt notwendigerweise gewisse individuelle und institutionel-
le Gegebenheiten voraus, die den Adressatenkreis begrenzen. *Bernhard
von Clairvaux* nennt als eine solche Gegebenheit die stabilitas loci, *Rupert
von Deutz* betont dagegen mehr das Moment der inneren Bereitschaft,
überdurchschnittliche Leistungen unter erschwerten äußeren Bedingungen zu erbringen. Rupert verwendet das eindrückliche Bild von der kleinen, schlagkräftigen Elitetruppe, die auf weiche Kleider, bequeme Un-
terkünfte und Schmeichelworte verzichtet und dank unermüdlichem
Einsatz, asketischer Abtötung und Abhärtung Spitzenleistungen vollbringen kann. Solche Äußerungen können nur als bewußte Tendenz, den
Adressatenkreis der Bergpredigt auf den Bereich der Ordensleute einzu-
grenzen, gedeutet werden.

Die Deutung wird bestätigt durch weitere biblische Interpretamente,
die neben Apg. 3,32ff. in die Bergpredigtauslegung einfließen und die in
der Regel bereits eine lange Tradition als dicta probantia monastischer
Lebensweise hinter sich haben. Es handelt sich unter anderen um die Perikope vom reichen Jüngling (Mt.19), einzelne Worte aus den Aussendungsreden (Lk.10 par.) und die Weisungen des Paulus an unverheirate-
te Christen (1.Kor.7). Die genannten Stellen zeichnen sich alle durch einen konkreten Bezug auf Jünger und Apostel aus. Die Verbindung zur
eingangs erwähnten Unterscheidung von Jüngern und Volk zu Beginn der
Bergpredigt (Mt.5,1) liegt nahe. Naheliegend ist aber auch die Übertragung solcher Unterscheidungen auf die Bergpredigt, wie sie in der Perikope vom reichen Jüngling zwischen den Dekaloggeboten und der Forderung radikaler Armut oder in 1.Kor.7 zwischen Geboten (Jesu) und
Ratschlägen (des Paulus) zu finden sind. Wenn Rupert von Deutz als erster das Begriffspaar consilium/praeceptum auf einzelne Worte der Bergpredigt anwendet, so zieht er damit gleichsam das begriffliche Fazit einer Entwicklung, die sich inhaltlich bereits lange zuvor anbahnt.

Es scheint, daß eines der wichtigsten auslösenden Momente bei der
Einführung der neuen Begrifflichkeit in die Bergpredigtauslegung der
Wettstreit zwischen unterschiedlichen Observanzen in den alten Orden

beziehungsweise deren Wettbewerb mit den Reformorden gewesen ist.
Rupert als literarischer Vorkämpfer der anerkanntermaßen laienfeind-
lichen Siegburgerreform[182] hat kaum zufällig die Vorstellung religiöser
Elitegruppen mit den Begriffen Rat und Gebot verbunden, die ja ihrerseits eine lange Vorgeschichte im Bereich der vita monastica aufzuwei-
sen hatten.

Was sich wie eine folgerichtige und konsequente Entwicklung in Richtung einer exklusiven Interpretation gewisser Bergpredigtworte aus-
nimmt, entspricht allerdings keineswegs einem Gesamtbild früh- und
hochmittelalterlicher Bergpredigtauslegung. Gerade die erste Seligpreisung hat ja neben der Auslegung auf Armut im materiellen Bereich auch
andere Deutungen erfahren. Wichtig ist dabei vor allem die innere Einstellung zum Besitz, daneben aber auch die grundsätzliche Haltung der
Demut. Demut als die erste aller Tugenden spielt in der Auslegungsgeschichte der ersten Seligpreisung eine herausragende Rolle. Damit verbinden sich Auslegungsmodelle wie der Kampf zwischen Tugenden und
Lastern oder die Vorstellung eines innerseelischen Prozeßes, den der gefallene Mensch auf der Suche nach der verlorenen Ebenbildlichkeit 'de
virtute in virtutem' aufsteigend durchläuft. Die Verbindung der Seligpreisungen mit den Bitten des Vaterunser und den Gaben des Heiligen Geistes nach Jes.11,2 hat zur Attraktivität dieser Auslegungsmodelle bei-
getragen. Ihnen ist eine gewisse Offenheit eigen; die einzelnen Bergpredigtworte werden nicht auf einen bestimmten Adressatenkreis eingegrenzt, sondern gelten grundsätzlich jedem Christen.

Die beiden Auslegungsmodelle erfahren schließlich gewisse Nuancie-
rungen und Ergänzungen durch die Wirkungsgeschichte der Bergpredigtworte in hagiographischer Literatur. Mit der Erfüllung aller Bergpredigtworte wird selbstverständlich gerechnet. Das Vorbild der Heiligen gilt
als Beweis für die Erfüllbarkeit auch der anspruchsvollen Forderungen.
Darin spiegelt sich jener sozialgeschichtliche Wandel, den Angenendt im
12. Jahrhundert ausmacht und in die Formulierung kleidet, „der Ab-
stand zwischen dem ethisch tatsächlich Verwirklichbaren und den Forderungen der Bergpredigt"[183] sei kleiner geworden und damit habe die
Bergpredigt mit einiger Aussicht auf Erfolg gepredigt werden können.

---

182 Semmler, 1959,213.282ff.
183 Angenendt, 1979,151.

Gewisse Belege aus hagiographischen Texten, in denen Mt.5,9.44ff. als Aufforderung an weltliche Ritter, den Gottesfrieden einzuhalten, beziehungsweise das heilige Land von seinen Feinden zu befreien (!) verwendet wird, illustrieren dies. Auch die in dieser Arbeit nicht eigens behandelten Fürstenspiegel der Zeit sowie die polemische Traktateliteratur aus der Zeit des Investiturstreits weisen in dieselbe Richtung.

Damit bestätigt sich die formale Feststellung, die Geschichte der Bergpredigtauslegung und -wirkung im Früh- und Hochmittelalter sei keine einheitliche, dem Modell einer Zweistufenethik verpflichtete Geschichte. Das entsprechende Vor*urteil* ist endgültig als *Vor*urteil erwiesen. Es entbehrt in seiner Pauschalität für die untersuchte Zeit zwischen 800 und 1200 der Plausibilität.

Anhang I

Quellenindex zum Matthäuskommentar des Hrabanus Maurus, PL 107

lib.cap.	pag.litt.	textus	auctor
II, V	793 D	hic-nominavit	Aug.Cons.Evang.II, XVIIII (145,21-146,5)
		sed-nam	/vgl.clm 6302, f.40r
	793 D-794 A	potest-conclusum	Aug.Cons.Evang.II, XVIIII (146,20-147,4)
	794 A-D	quanquam-sententiarum	Aug.Cons.Evang.II, XVIIII (147,21-148,9)
		mystice autem	/
	794 B-C	mons-appropinquabant	Aug.Sermo.Dom.I,I,2(2,33-3,50)
	794 C-D	mystice-veniret	/vgl.Orléans 65,p.293; clm 14514, f.103r
	794 D	Et-prophetarum	Aug.Sermo.Dom.I,I,2(3,50/55)
		per-doceret	/vgl. clm 14514, f.103r
	794 D-795 A	beati-me	Hier.In.Math.I,V(24,425/32)
		nam-alibi	/
	795 A-B	legimus-coelorum	Aug.Sermo.Dom.I,I,3(3,57-4,73)
	795 B-C	beati-possidet	Hier.In.Math.I,V(24,433/42)
	795 C-D	significat-possunt	Aug.Sermo.Dom.I,2,4(4,76-5,84)
	795 D	beati-poenitentiam	Hier.In Math.I,V(24,443-25, 448)
	795 D-796 A	luctus-fruantur	Aug.Sermo.Dom.I,2,5(5,86/92)
	796 A-B	notandum-laetitiam	/vgl.PL 114, 872C/D; clm 14514, f.103r
	796 B	beati-intelligamus	Hier.In Math.I,V(25,449/52)
	796 B-C	amatores-aeternam	Aug.Sermo.Dom.I,2,6(5,94/98)
	796 C	beati-liberentur	/vgl. Orléans 65,p.294
		mundi-sunt	/
	796 D	quos-pollutum	Hier. In Math.I,V(25,457/58)
		quam-potest	Aug.Sermo.Dom.I,2,8(5,103-6,108)
		dominum-erunt	/vgl. clm 14514,f.76r
		beati-vocatur	/(Bibeltext)
	797 A	qui-vitiorum	Hier.in Math.I,V(25,459/61)
	797 A-B	in-coelorum	Aug.Sermo.Dom.I,2,9(6,110-7,132)

lib.cap.	pag.litt.	textus	auctor
II, V	797 C	beati-terminatur	Hier. In Math.I,V(25,462/66)
	797 C-799 B	igitur-me	Aug.Sermo.Dom.I,3,10-5,13
			(7,148-13,266)
	799 B-C	superiores-erant	Aug.Sermo.Dom.I,3,10(7,136
			/47)
	799 C-D	sed-maledictio	/
	799 D-801 A	animadvertat-immorta-litatem	Aug.Sermo.Dom.I,5,13-15
			(13,267-15,322)
	801 A	nescio-fueris	Hier. In Math.I,V(26,474/80)
	801 A-B	sic-terrae	Aug.Sermo.Dom.I,5,15(15,
			322/29)
	801 B	sal-genus	Hier. In Math.I,V(26,481/82)
	801 B-D	terrae-subditur	/vgl.Huber, 1969, 152ff.
	801 D-802 A	id-est	Aug.Sermo.Dom.I,6,16(16,
			333/43)
	802 A-B	sicut-intelligendi	/vgl. Huber, 1969, ebd.
	802 B-C	terra-sunt	Aug.Sermo.Dom.I,6,17(16,
			346/51)
	802 D-803 A	potest-domesticis	/vgl. PL 114, 873C; clm
			14514,f.76^r
	803 A	docet-tectis	Hier. In Math.I,V(26,496/99)
		ponere-patiatur	Aug.Sermo.Dom.I,6,17(17,
			359/63)
	803 A-B	sub-efficiar	Aug.Sermo.Dom.I,6,17(17,
			372-18,382)
	803 B-C	potest-subditur	/
	803 D-804 A	sic-hominibus	Aug.Sermo.Dom.I,7,18(18,
			388-19,411)
	804 A	nolite-adimplere	/(Bibeltext)
	804 B-C	postquam-confirmavit	Aug.Sermo.Dom.I,7,19-8,20
			(19,415-20,432)
	804 C	sive-prohibens	Hier. In Math.I,V(26,501-27,
			505)
		amen-vobis	/(Bibeltext)
	804 C-D	donec-evangelio	Hier. In Math.I,V(27,506/13)
	804 D	inter-perduci	Aug.Sermo.Dom.I,8,20(21,
			440/43)
		apte-evangelium	/vgl. PL 114, 874A; clm
			14514,f.109^r
	805 A	qui-coelorum	/(Bibeltext)
	805 A	itaque-pollicetur	Hilar. In Matth.4,15(134,10/
			18)
		aliter autem	/
		suggillat-destruant	Hier. In Math.I,V(27,521/24)
	805 A-B	mandata-possunt	Aug.Sermo.Dom.I,8,20(21,
			445/50)

lib.cap.	pag.litt.	textus	auctor
II, V	805 B-C	potest-deum	/
		dico-quia	/(Bibeltext)
	805 C	nisi-coelorum	Aug.Sermo.Dom.I,9,21(22, 457/62)
		ergo-solverit	/(Bibeltext)
	805 D-806 A	illa-custodiamus	Aug.Sermo.Dom.I,9,21(22, 477-23,493)
	806 A-B	inde-significans	/
	806 B-C	sed-invenitur	Aug.Sermo.Dom.I,9,23(24, 519/26)
		aliter	/
	806 C-D	racha-religionem	Hier. In Math.I,V(28,536/48)
	806 D	magni-putant	/
	806 D-807 A	quid-veniretur	Aug.Sermo.Dom.I,9,22(23, 499/502)
	807 A-C	gradus-dicere	Aug.Sermo.Dom.I,9,24(25, 527/52)
	807 C	gehennam-igitur	/
	807 D-808 C	si-tuum	Aug.Sermo.Dom.I,10,26-27 (27,583-29,631)
	808 C-809 A	esto-vestris	Hier.In Math.I,V(28,556-29, 573)
	809 A-B	iudicem-truditur	Aug.Sermo.Dom.I,11,29(30, 644/54)
	809 B	quadrans-persolvas	/vgl. PL 114,874C; clm 14514,f.110^r
	809 B-D	de-luit	Aug.Sermo.Dom.I,11,30(30, 655-32,682)
	809 D-810 A	quidam-intelligi	vgl. Aug.Sermo.Dom.I,11,31 (32,686/690)
	810 A	benevolentiam-miserias	Aug.Sermo.Dom.I,11,31(32, 694/698)
	810 A-B	carni-ipsius	Aug.Sermo.Dom.I,11,31-32 (33,716-34,729)
	810 B-D	quisquis-parcitur	Aug.Sermo.Dom.I,11,32(34, 731-35,759)
	810 D-811 A	audistis-parietur	Aug.Sermo.Dom.I,12,33(35, 767-36,780)
	811 A	in-nominaverint	/
	811 B	inter-suo	Hier. In Math.I,V(30,606-31, 617)
	811 B-D	sicut-suae	Aug.Sermo.Dom.I,12,35-36 (38,823-39,852)
	811 D-812 A	quod-proclivius	Hier. In Math.I,V(31,618/27)
		videtur-oculum	/

lib.cap.	pag.litt.	textus	auctor
II, V	812 A-B	dilectissimum-inducere	Aug.Sermo.Dom.I,13,38(40, 879/88)
	812 B-C	ergo-necessaria	Aug.Sermo.Dom.I,13,38(41, 888/92)
	812 C-D	possumus quoque in-repudii	/ Hier. In Math.I,V(31,627-32, 637)
	812 D	scriptum-sua in-fundi	/ Hier. In Math.I,V(32,639/43)
	812 D-813 A	ego-dimittendi	/
	813 A-D	dominum-vocat	Aug.Sermo.Dom.I,14,39-15, 40(42,908-44,949)
	813 D	sed-solvitur regnum-peragitur	/ Aug.Sermo.Dom.I,15,40(44, 952/62)
	813 D-814 A	multi-infirmo	Aug.Sermo.Dom.I,21,70(79, 1720/30)

RUPTUR

II,VI	814 A-C	attendite-mereantur	vgl. Aug.Sermo.Dom.II,1,1-2 (91/92)
	814 C-D	nam-hominibus	Aug.Sermo.Dom.II,1,3(93, 58-94,64)
	814 D	sicut-volo	Aug.Sermo.Dom,II,1,3(94,70/ 75)
	814 D-815 A	laus-laudant	Aug.Sermo.Dom,II,2,5(96, 109/13)
	815 A-B	cum-suam noli-hominibus	/(Bibeltext) Aug.Sermo.Dom.II,2,5(95, 89-96,108)
	815 B	te-mihi	/
	815 B-D	nihil-dextrae	Aug.Sermo.Dom.II,2,8-9(98, 178-100,204)
	815 D-816 A	agitur-obnubilet	Aug.Sermo.Dom.II,2,9(100, 207/11)
	816 A	et-te	/
	816 A-B	videri-hominibus	Aug.Sermo.Dom.II,3,10(101, 224/32)
	816 B	tu-audiebatur	Hier. In Math.I,6(35,732-36, 739)
	816 C	ista-absconso	Aug.Sermo.Dom.II,3,11(101, 234/37)
	816 C-D	parum-sapientiae	Aug.Sermo.Dom.II,3,17(101, 237-102,252)
		orantes-illis	/(Bibeltext)

lib.cap.	pag.litt.	textus	auctor
II, VI	816 D-817 A	Sicut-eum	Aug.Sermo.Dom.II,3,12(102, 255-103,264)
	817 A	consurgit-absecramus	/
	817 B	non-recordaremur	Aug.Sermo.Dom.II,3,13(103, 275/80)
		sic-coelis	/(Bibeltext)
	817 B-C	nusquam-spreverunt	Aug.Sermo.Dom.II,4,15(105, 314/22)
	817 C	de-pater	Aug.Sermo.Dom.II,4,15(105, 327-106,332)
		magnum-indignus	Aug.Sermo.Dom.II,4,16(106, 341/45)
	817 C-D	deus-deus	Aug.Sermo.Dom.II,4,16-5,17 (106,355-107,366)
	817 D-818 A	sed-convertitur	Aug.Sermo.Dom.II,5,17-18 (107,373-108,389)
	818 B	sanctificetur-timeant	Aug.Sermo.Dom.II,5,19(109, 411/15)
		aliter enim	/
		id-repurgemus	Cypr.De Dom.or.12(96,197/ 202)
	818 B-C	adveniat-desinit	Cypr.De Dom.or.13(97,216/ 20)
	818 C	adveniat-mortuos	Aug.Sermo.Dom.II,6,20(110, 431/38)
	818 C-D	nostrum-mundi	Cypr.De Dom.or 13(97,220/ 25)
	818 D	fiat-sunt	Aug.Sermo.Dom.II,6,21(111, 448/55)
		item-hominibus	Aug.Sermo.Dom.II,6,21(111, 460/63)
	818 D-819 B	voluntas-implere	Cypr.De Dom.or.15(99,270/ 83)
		potest-intelligi	/
	819 B	ut-mente	Aug.Sermo.Dom.II,6,22-23 (112,477/88)
		et	/
	819 B-D	id-induamini	Aug.Sermo.Dom.II,6,23-7,25 (113,503-114,527)
	819 D-820 A	de-est	Aug.Sermo.Dom.II,7,26(114, 537-115,540)
	820 A	restat-erigatur	Aug.Sermo.Dom.II,7,27(115, 557-116,566)
	820 A-B	quod-nostris	/vgl. PL 114,876B; clm 14515, f.110r

lib.cap.	pag.litt.	textus	auctor
II, VI	820 B	post-compellimur	Cypr.De Dom.or.22(103,405-104,411)
	820 B-C	qui-vobis	Cypr.De Dom.or.22-23(104,423/30)
	820 C	nulla-fructus	Aug.Sermo.Dom.II,11,39(130,872/75)
	820 C-D	non-potest	Aug.Sermo.Dom.II,9,30(119,642/48)
	820 D	non-tribulationi	Aug.Sermo.Dom.II,9,32(120,671-121,675)
		multi-inducas	Aug.Sermo.Dom.II,9,30(119,640/42)
	820 D-821 A	qua-tribuatur	Cypr.De Dom.or.25(106,471/75)
		sed-dicimus	/
	821 A	libera-tuti	Cypr.De Dom.or.27(107,507/11)
		sed-sustinere	/
	821 A-B	orandum-est	Aug.Sermo.Dom.II,9,35(125,762/69)
	821 B-823 A	opportuno-pater	Aug.Sermo.Dom.II,9,35-11,38(126,778-130,866)
		amen-scriptum	/
	823 A	signaculum-dicere	Hier.In Math.I,6(37,788/89)
	823 B	hoc-sunt	Hier.In Math.I,6(38,791/95)
	823 B-C	sequitur-dominum	Aug.Sermo.Dom.II,12,40(130,879-131,883)

RUPTUR

lib.cap.	pag.litt.	textus	auctor
II,V	823 C	dicit-suam	/
		quod-conjugia	Aug.Sermo.Dom.I,15,40(44,962/4)
		odimus-optamus	Aug.Sermo.Dom.I,15,42(46,1003-47,1004)
	823 C-D	sic-noster	Aug.Sermo.Dom.I,15,41(45,975-46,988)
	823 D-824 A	exoritur-concupiscentiam	Aug.Sermo.Dom.I,16,43(47,1015-48,1023)
	824 A-B	quis-fornicetur	Aug.Sermo.Dom.I,16,46-47(52,1109-53,1127)
		iterum-tua	/(Bibeltext)
	824 B-D	ego-sit	Hier. In Math.I,V(32,644-33,659)
	824 D-825 A	sicut-meis	Aug.Sermo.Dom.I,17,51(57,1226/36)

lib.cap.	pag.litt.	textus	auctor
II, V	825 A	ita-firmetur	Aug.Sermo.Dom.I,17,51(58, 1248/55)
	825 A-B	itaque-est	Aug.Sermo.Dom.I,17,52(59, 1278-60,883)
	825 B-C	non-dei	Aug.Sermo.Dom.I,17,53(61, 1301/15)
	825 C-D	sit-confirmes	/vgl. PL 114,875A; clm 14514,f.110ʳ
	825 D-826 A	hoc-cogit	Aug.Sermo.Dom.I,17,51(59, 1256/68)
	826 A	audistis-exordia	Hier. In Math.I,V(33,660/66)
	826 A-B	notandum-non	/
	826 B	enim-vindictam	Aug.Sermo.Dom.I,19,56(64, 1372/82)
		ad-est	/
	826 B-827 A	ut-est	Aug.Sermo.Dom.I,19,57(65, 1403-66,1428)
		hac-sententia	/
	827 A-B	ecclesiasticus-lassescat	Hier. In Math.I,V(33,670-34, 685)
	827 B	potest-est	/
	827 B-C	nobilitas-contempserant	Aug.Sermo.Dom.I,19,58(67, 1441/51)
	827 C	et-quod	/
	827 C-828 A	de-imperatur	Aug.Sermo.Dom.I,19,59(69, 1492-70,1515)
	828 A-B	spiritaliter-oportet	/vgl. PL 114,875A; clm 14515,f.110ʳ
	828 B	non-gestum	Aug.Sermo.Dom.I,19,61(70, 1526/32)
		tria-hoc	/
		numero-fieri	Aug.Sermo.Dom.I,19,61(70, 1534-71,1537)
		sanos	/
	828 B-C	neque-ulterius	Aug.Sermo.Dom.I,20,63(72, 1569/77)
		sed-contradicitur	/
	828 C	nisi-potest	Aug.Sermo.Dom.I,20,63(73, 1586/88)
	828 C-D	non-innocentia	/
	828 D	sed-dicit	Aug.Sermo.Dom.I,20,67(76, 1668/70)
		qui-siccatur	Hier. In Math.I,V(34,686/94)
		aliter-autem	/
	828 D-829 A	id-deus	Aug.Sermo.Dom.I,20,67-68 (76,1675-77,1683)

lib.cap.	pag.litt.	textus	auctor
II, V	829 A-B	intelligendum-potest	Aug.Sermo.Dom.I,20,68(77, 1687/98)
	829 B-C	quia-tuum	/
	829 C-D	ego-nesciunt	Hier. In Math.I,V(34,695/ 705)
		oritur-hic	/
	829 D-830 B	quaestio-imprecantis	Aug.Sermo.Dom.I,21,71-72 (79,1731-80,1757)
	830 B-C	item-cur	/
	830 C-D	si-potest	Aug.Sermo.Dom.I,22,73(81, 1774-82,1783)
	830 D-831 A	peccatum-inierant	Aug.Sermo.Dom.I,22,73(82, 1791-83,1800)
	831 A-B	ista-dicit	Aug.Sermo.Dom.I,22,74-75 (83,1813-84,1832)
	831 B-832 A	sine-sunt	Aug.Sermo.Dom.I,22,77-23, 79(87,1903-89,1934)
	832 A-B	quantum-accepimus	Aug.Sermo.Dom.I,23,79(89, 1942/53)
	832 B-D	si-est	/vgl. PL 114,875C
	832 D-833 A	sine-quod	Aug.Sermo.Dom.I,21,69-70 (78,1710-79,1720)

RUPTUR

lib.cap.	pag.litt.	textus	auctor
II,VI	833 A-B	manifestum-sui	Aug.Sermo.Dom.II,12,40 (131,890/95)
	833 B	verbum-vultu	Hier. In Math.I,6(38,797/803)
	833 B-D	in-contegant	Aug.Sermo.Dom.II,12,41 (131,896-132,917)
	833 D-834 A	tu-debeamus	Hier. In Math.I,6(38,804/12)
	834 A-B	hoc-offenditur	Aug.Sermo.Dom.II,12,42 (133,928-134,945)
	834 B-D	nolite-spolient	/vgl. PL 114,876D; clm 14514,f.77ʳ,f.11, Orléans 65,p.299
	834 D-835 B	ergo-transibit	Aug.Sermo.Dom.II,13,44 (135,970-136,985)
	835 B	ubi-vincitur	Hier. In Math.I,6(38,813-39, 817)
		lucerna-informat	/
	835 B-C	lippientes-commorabitur	Hier. In Math.I,6(39,819/24)
	835 C-D	corpus-videatur	/vgl. PL 114,876D
	835 D	si-obvolvetur	Hier. In Math.I,6(39,825/27)
		intentio-est	/
	835 D-836 A	omne-habuerit	Aug.Sermo.Dom.II,13,46 (137,1007/16)

lib.cap.	pag.litt.	textus	auctor
II, VI	836 A	si-est	Aug.Sermo.Dom.II,13,46-14, 47(137,1023-138,1032)
		nemo-servire	/(Bibeltext)
	836 A-B	aut-mammonae	Aug.Sermo.Dom.II,14,47 (138,1032/36)
	836 B	mammona-dominus	Hier. In Math.I,6(39,828/35)
		nam	/
	836 C-D	qui-timet	Aug.Sermo.Dom.II,14,47-48 (138,1039-139,1052)
	836 D	eum-est	/
		sed-illum	Aug.Sermo.Dom.II,14,48 (139,1061-140,1065)
		ideo-vobis	/
		ne-bibatis	Hier. In Math.I,6(39,836/838)
	837 A	quod-tollenda	Beda. In Luc.IV(252,848/ 854)
		hoc-praestabit	Hier. In Math.I,6(40,843/849)
	837 B-C	admonet-faciat	Aug.Sermo.Dom.II,15,49-50 (140,1075-141,1092)
	837 C-D	respicite-repromittitur	Hier. In Math.I,6(40,850/65)
	837 D-838 A	nonne-persuaderentur	Aug.Sermo.Dom.II,15,51-52 (141,1095-142,1019)
	838 A-B	dico-est	Hier. In Math.I,6(41,872/75)
	838 B	si-fidei	/(Bibeltext)
		cras-mecum	Hier. In Math.I,6(41,879/82)
	838 B-C	talis-patietur	/
	838 C	nolite-requirunt	Beda.In Luc.IV,6(253,907- 254,913)
		haec-vobis	/
	838 D-839 B	hic-evangelizando	Aug.Sermo.Dom.II,16,53-54 (143,1133-144,1153)
	839 B	ergo-quaeris	Aug.Sermo.Dom.II,16,55 (147,1208/11)
	839 B-C	quaerite-impedimento	Aug.Sermo.Dom.II,17,56 (147,1220-148,1229)
	839 C	unde et cum	/
		non-superadditur	Beda, In Luc.IV(254,934/ 938)
		nolite-intelligitur	Hier. In Math.I,6(41,876/80)
	839 C-D	non-nobis	/
	839 D	sufficit-relinquamus	Hier. In Math.I,6(41,883/88)
	839 D-840 B	quam-tradidit	Aug.Sermo.Dom.II,17,56-57 (150,1260/76)
	840 B	fuit-vobis	/(Bibeltext)
II,VII	840 B-C	hoc-iudicet	Aug.Sermo.Dom.II,18,59 (154,1352-155,1366)

lib.cap.	pag.litt.	textus	auctor
II, VII	840 C	ad-cordis	Aug.Sermo.Dom.II,18,60 (155,1372-156,1375)
	840 C-D	duo-vobis	Aug.Sermo.Dom.II,18,61 (157,1393/404)
	840 D-841 A	nunquid-est	Aug.Sermo.Dom.II,18,62 (157,1407-158,1415)
	841 A	judicium-morietur	Aug.Sermo.Dom.II,18,62 (158,1422/25)
		hoc-alium	/(Bibeltext)
	841 B	multi-corrigere	Beda, In Luc.II(148,1890/ 1897)
	841 B-C	haec-volunt	Beda, In Luc.II(148,1899/ 1914)
	841 C-D	fit-ejecerit	Hilar.In Matth.V,15(168,14- 170,23)
	841 D-842 A	et-invitemus	Aug.Sermo.Dom.II,19,64 (160,1466-161,1481)
	842 A-B	raro-fratris	Aug.Sermo.Dom.II,19,66 (162,1502/07)
	842 B	nolite-vos	/(Bibeltext)
	842 B-D	sanctum-negligit	Aug.Sermo.Dom.II,20,68-69 (164,1530-165,1566)
		notandum-quod	/
	842 D-843 A	quidam-dissipare	Hier. In Math.I,7(42,908/13)
	843 A	sed	/
	843 A-C	cum-aperiatur	Aug.Sermo.Dom.II,21,71-73 (168,1634-169,1669)
	843 C-844 C	nam-demanant	Beda, In Luc.III(229,2475- 230,2520)
		sed quia	/
	844 C-D	redamare-dicens	Beda, In Luc.II(145,1755/ 1759)
	844 D-845 A	videtur-pertinet	Aug.Sermo.Dom.II,22,75 (173,1717/34)
	845 A	in-lege	/(Bibeltext)
	845 B	per-vincatur	Beda, In Luc.IV(271,1601/ 03)
		non-meum	Aug.Sermo.Dom.II,23,77 (175,1769/72)
	845 B-D	lata-comparantur	Hier. In Math.I,7(43,934/52)
	845 D	simulque notandum quia	/
	845 D-846 B	quod-innocentium	Orig.Homil 4,1(262,6-263,19)
	846 B	sed-est	/
	846 B-C	nolite-blasphemant	Orig.Homil 4,1(263,20/28)

lib.cap.	pag.litt.	textus	auctor
II, VII	846 C	sed-videtur	/
	846 C-D	quos-jejunium	Aug.Sermo.Dom.II,24,80 (179,1842/50)
	846 D	sed-adversitate	/
	846 D-847 A	cum-contegunt	Aug.Sermo.Dom.II,12,41 (132,909/17)
	847 A-B	nunquid-diripiunt	Orig.Homil.4,2(263,29-264, 12)
	847 B-C	quis-sunt	Orig.Homil.4,2(264,18/26)
	847 C-D	aliter-consilio	Beda, In Luc.II(150,1961/ 1980)
	847 D-848 B	sic-voluntatem	/
	848 B-D	quaeramus-coeperit	Hier. In Math.I,7(44,954/74)
	848 D	omnis-invenitur	/
	848 D-849 A	omnis-ejus	Orig.Homil.4,4(266,19-267, 19)
	849 A	igitur-ex	/(Bibeltext)
	849 A-B	qui-continentia	Aug.Sermo.Dom.II,24,81 (180,1863-181,1873)
	849 B-C	quae-coelorum	/
	849 C	regnum-sit	Hilar. In Matth.6,4(174,12/ 19)
		ergo	/
	849 C-D	sicut-negant	Hier. In Math.I,7(45,977/90)
	849 D-850 A	vere-fecimus	Aug.Sermo.Dom.II,25,83-84 (184,1929/42)
	850 A-B	prophetare-narratur	Hier. In Math.I,7(45,996-46, 1006)
	850 B-C	quam-obstrepat	Aug.Sermo.Dom.II,25,86 (186,1962/69)
	850 C	sequitur	/
		tunc-creaturas	Hier. In Math.I,7(46,1007/12)
	850 C-D	quomodo-sequitur	/
	850 D-851 A	recedite-affectum	Hier. In Math.I,7(46,1013/ 18)
	851 A	conclusio-petram	Aug.II,25,87(186,1975-187, 1978)
	851 A-B	cum-perfectum	Aug.Sermo.Dom.I,I,I(2,20/ 27)
	851 B-C	multa-petram	/
	851 C-D	non-aedificat	Aug.Sermo.Dom.II,25,87 (187,1979/94)
	851 D	aliter quoque	/
	851 D-852 A	pluvia-videbis	Hier. In Math.I,7(46,1019-47, 1032)
	852 A-854 B	et-inchoantes	/(852 B-C verm.aus Gregor) vgl.clm 14514,f.78r,f.111r

Anhang II

Die Matthäuskommentare aus PL 107 (Hrabanus Maurus) und PL 92 (Ps. Beda)

	PS. Beda, PL 92			Hrabanus, PL 107
	Mt. 5			
pag.litt.	24 A-25 D	(Seligpreisungen)	vgl.	793 C-801 A
	25 D-26 A	in-orbe		801 C-803 C
	26 C-27 A	implere-est		804 C-805 D
	27 A-28 A	in-accumulemus		806 B-810 A
	28 B-C	inter-amputandi		811 B-812 C
	28 C-D	quod-fornicet		824 A-B/812 D
	29 A-B	permittebantur-ordi-natur		824 C-825 C
	29 B	ac-infirmitas		825 D-826 A
	29 C-D	in-dicens		826 A-C
	29 D-30 C	non-accipere		826 D-829 B
	30 C-D	sciendum-animi		829 C-830 D
	31 A-B	non-uberior		831 C-832 C
	31 B-C	sine-infirmo		832 D-833 A/814 A
	Mt. 6			
	31 C	cavete-repellitur		814 B-C
	31 D	manifestum-potest		815 A-C
	32 A-B	anguli-exorare		816 A-817 A
	32 B-33 C	id-meruerunt		817 D-823 B
	33 C-34 A	his-spiritali		833 A-834 A
	34 A-D	per-provenerit		834 B-836 A
	34 D	nullius-custodire		836 A-840 A
	35 A-36 A	quod-est		837 A-840 A
	Mt. 7			
	36 B-C	hoc-peccati		840 B-841 A
	36 C-D	multi-iram		841 B-C
	36 D	primo-dissipare		841 C-843 A
	36 D-37 C	petitio-Dei		843 A-844 C
	37 C	lata-revertuntur		845 B-C
	37 D-40 A	specialiter-legimus		845 C-854 A

LITERATURVERZEICHNIS

I. Quellen

a. Handschriften

Douai, Bibl. mun.ms. 348 (nach Mikrofilm) [Stegmüller 4, 172]

München, Staatsbibliothek
    clm 3741, f.21^r-f.31^v [Stegmüller 3, 192; Cat. Cod. Man. Bibl.Reg. Mon. t.1, p.2, 1894, 130]
    clm 6302, f.40^v-f.43^r [Bischoff, 1966, 255f.]
    clm 14514, f.76^r-f.130^v [Bischoff, 1966, 241; Stegmüller 3, 79]
    clm 14669, f.6^r-f.10^r [Stegmüller 3, 78]

Orléans, Bibl. mun. 65 (nach Mikrofilm) [Stegmüller 3, 78; Bischoff,1966,244; Cat. man. bibl. publ. France, t.12,33]

Paris, Bibl. nat.
    ms. lat. 286, f.39^r-f.47^v [Bibl. nat.cat.gen. 1, 104; Stegmüller 5, 26]
    ms. lat. 11638, f.31^r-f.44^v [Stegmüller 5, 26]
    ms. lat. 13410, f.44^r-f.79^v [Stegmüller 5, 26]

ebd., Ste. Geneviève, ms. 71, f.66^r-f.75^v [Cat. man. bibl. Ste. Geneviève 1896,50; Stegmüller 2, 239]

b. Anonyme edierte Texte

Ex Chronico S. Benigni Divionensis, ed. G. Waitz, MGH.SS 7, 235-238

Chronicon Gozecense, ed. R. Koepke, MGH.SS 10, 140-157

Chronicon S. Huberti Andaginensis, ed. L.C. Bethmann/W.Wattenbach, MGH.SS 8, 565-630

Chronicon Novaliciense, ed. L.C. Bethmann, MGH.SS 7, 73-133

Chronica Reinhardsbrunnensis, ed. O. Holder-Egger, MGH.SS 30/1,490-656

Chronicon Salernitanum, ed. G.H. Pertz, MGH.SS 3, 467-561

Continuatio chronica Boemorum, ed. R. Köpke, MGH.SS 9, 148-163

Fundatio monasterii Ebracensis, ed. O. Holder-Egger, MGH.SS 15/2,1040-1042

Gesta pontificum Cameracensium, ed. L.C. Bethmann, MGH.SS 7, 393-525

Historiae Farfenses, ed. L.C. Bethmann, MGH.SS 11, 519-590

Historia monasterii Viconiensis, ed. J. Heller, MGH.SS 24, 291-301

Historia pontificalis, ed. W. Arndt, MGH.SS 20, 515-545

Monumenta historiae Villariensis, ed. G. Waitz, MGH.SS 25, 192-235

J.B. PITRA (Hrsg.), Apparatus anonymi cuiusdam scholastici ad vulgarem Rabani editio, Spicilegium Solesmense III, Paris 1855, 436-445

SPECULUM ECCLESIAE, G. Mellbourn (hg), Speculum ecclesiae. Eine frühmittelhochdeutsche Predigtsammlung (Cgm. 39), Lund 1944

VERSUS DE OCTO VICIA ET OCTO BEATITUDINES, MGH. Poetae latines IV, 585-587

Vita abbatum Acaunensium, ed. B. Krusch, MGH.SRM 3, 171-181

Vita Adalberonis episc. Wirziburgensis, ed. W. Wattenbach, MGH.SS 12,127-147

De S. Adalberto episc. Pragensi, ed. M. Perlbach, MGH.SS XV/2, 1868,1177-1184

Vita Adelphii abb. Habendensis, ed. B. Krusch, MGH.SRM 4, 225-228

Vita Amati abb. Habendensis, ed. B. Krusch, MGH.SRM 4, 215-221

Vita Ansberti episc. Rotomagensis, ed W. Levison, MGH.SRM 5, 618-641

Vita Anstrudis abbatiss. Laudunensis, ed. W. Levison, MGH.SRM 6, 64-78

Vita S. Apollinaris episc. Valentinensis, ed. B. Krusch, MGH.SRM 3,194-203

Miracula S. Apollinaris episc. Valentinensis, ed. A. Hofmeister, MGH.SS 30/2, 1343-1346

Vita Aridii abb. Lemovicini, ed. B. Krusch, MGH.SRM 3, 576-612

Vita Arnulfi episc. Mettensis, ed. B. Krusch, MGH.SRM 2, 432-446

Vita Audoini I. episc. Rotomagensis, ed. W. Levison, MGH.SRM 5, 536-567

Vita Balthildis, ed. B. Krusch, MGH.SRM 2, 475-508

Vita Bardonis maior, ed. W. Wattenbach, MGH.SS 11, 321-342

Vita prior Bavonis confess. Gandavensis, ed. B. Krusch MGH.SRM 4, 527-546

Vita Bertilae abbatiss. Calensis, ed. W. Levison, MGH.SRM 6, 95-109

Miraculum Bertini, ed. W. Levison, MGH.SRM 5, 778-780

Vita Betharii episc. Carnoteni, ed. B. Krusch, MGH.SRM 3, 612-619

Vita Bibiani vel Viviani episc. Sanctonensis, ed. B. Krusch, MGH.SRM 3, 92-100

Versus de Bobuleno abbate, ed. B. Krusch, MGH.SRM 4, 153-156

Vita Brunonis episc. Querfordensis, ed. H. Kauffmann, MGH.SS 30/2, 1350-1367

Gesta Dagoberti I. regis Francorum, ed. B. Krusch, MGH.SRM 2, 396-425

Vita Dagoberti III regis Francorum, ed. B. Krusch, MGH.SRM 2, 509-524

Vita S. Eberhardi archiepisc. Salzburgensis, ed. W. Wattenbach, MGH.SS 11, 77-84

Vita Eptadii presbyt. Cervidunensis, ed. B. Krusch, MGH.SRM 3, 184-194

Vita Erminoldi abb. Pruveningensis, ed. P. Jaffé, MGH.SS 12, 480-500

Vita Filiberti abb. Gemeticensis, ed. W. Levison, MGH.SS 5, 583-604

Ex translatione et miraculis S. Firmini Flaviniacensibus, ed. O. Holder-Egger, MGH. SS 15/2, 803-811

Vita Foranni abb. Walciodorensis, AA.SS April III, 814-822 = 2. Aufl. 823-831

Vita et miracula Galterii Pontisarensis, AA.SS April I, 757-767 = 3.Aufl.753-763

Vita Gangulfi Varennensis, ed. W. Levison, MGH.SRM 7, 142-170

Vita Gebehardi episc. Constaniensis, ed. W. Wattenbach, MGH.SS 10, 583-594

Vita S. Genovefae virg. Parisiensis, ed. B. Krusch, MGH.SRM 3, 204-238

Vita Gerardi abb. Broniensis, ed. L. v. Heinemann, MGH.SS 15/2, 654-673

Additamentum Vitae Heinrici II, imperatoris, ed. G. Waitz, MGH.SS 4, 787-820

Vita Hugberti epis. Traiectensis, ed. W. Levison, MGH.SRM 6, 471-496

Tractatus de moribus Lamberti abb. S. Bertini, ed. O. Holder-Egger, MGH.SS 15/2, 946-953

Passio I. Leodegarii episc. Augustodunensis, ed. B. Krusch, MGH.SRM 5, 282-322

Vita Lupi episc. Senonici, ed. B. Krusch, MGH.SRM 4, 176-187

Vita Melanii episc. Redonensis, ed. B. Krusch, MGH.SRM 3, 370-376

Vita Menelei abb. Menatensis, ed. W. Levison, MGH.SRM 5, 129-157

Translatio S. Modoaldi, ed. Ph. Jaffé, MGH.SS 12, 284-315

Vita Norberti archiepisc. Magdeburgensis prima, ed. R. Wilmans, MGH.SS 12, 663-706

De Gallica Petri Damiani profectione et eius ultramontano itinere, ed. G. Schwartz/ A. Hofmeister, MGH.SS 30/2, 1034-1046

Vita et miracula S. Pirmini, ed. O. Holder-Egger, MGH.SS 15/1, 17-35

Vita Philippi presbyt. Cellensis, ed. A. Hofmeister, MGH.SS 30/2, 796-805

Passio Praeiecti episc. et martyr. Arverni, ed. B. Krusch, MGH.SRM 5, 212-248

Vita S. Remacli abb. Stabulensis, ed. B. Krusch, MGH.SRM 5, 104-108

Vita S. Richardi abb. S. Vitoni Virdunensis, ed. W. Wattenbach, MGH.SS 11, 280-290

Vita Roberti abb. Molesmensis, PL 157, 1269-1288

Vita Rusticulae sive Marciae abbatiss. Arelatensis (partim), ed. B. Krusch MGH.SRM 4, 337-351

Vita Sadalbergae abbatiss. Laudunensis, ed. B. Krusch, MGH.SRM 5, 49-66

Vita Sigiramni abb. Longoretensis, ed. B. Krusch, MGH.SRM 4, 603-625

Ex vita Simonis comitis Crespeiensis, ed. O. Holder-Egger, MGH.SS 15/2, 905-906

Vita S. Stephani Grandimontensis, PL 204, 1045-1072

Vita minor et maior Stephani regis Ungariae, ed. W. Wattenbach, MGH.SS 11, 222-242

Vita Vitalis et Gaufridi abb. Saviniacensium, ed. E. Sauvage, Anal. Boll. 1, 1882, 355-410

Vita Walarici abb. Leuconaensis, ed. B. Krusch, MGH.SRM 4, 157-175

Vita Wirntonis abb. Formbacensis, ed. O. Holder-Egger, MGH.SS XV/2, 1126-1135

c. Edierte Texte mit Autorenangabe

ADAM SCOTUS (v.Dryburgh), Sermones, PL 198, 1855, 97-440

ALCUIN, Vita Richarii, ed. B. Krusch, MGH.SRM 4, 381-401

ders., Vita Vedastis episc. Atrebatensis, ed. B. Krusch, MGH.SRM 3, 414-427

AMBROSIUS AUTPERTUS, Expositionis in Apocalypsim libri I-V, ed. R. Weber, CChr.CM 27, 1975

ANDREAS abb. Strumensis, Vita Arialdi, ed. F. Baethgen, MGH.SS 30/2, 1047-1075

ANDREAS, monachus Fontis Ebraldi, Vita Roberti de Arbrissello, PL 162, 1057-1078

ANDREAS presbyt. Chronicon, MGH.SS 3, 231-238

ANSELM s. zu GOTTFRIED BABIO u. HERVAEUS V. BOURG-DIEU

ANSELMUS u. HERIGERUS, Gesta episcoporum Tungrensium, Traiectensium et Leodiensium a. 661-1048, ed. R. Köpke, MGH.SS 7,189-234

ARNOLD V. ST. EMMERAM, Homilia de octo beatitudinibus, PL 141, 1880, 1089A-1094C

AUGUSTIN, De sermone Domini in monte libros duos, ed. A. Mutzenbecher, CChr. SL 35, 1967

ders., De consensu Evangelistarum 1. ibri quattuor, CSEL 43, 1904

ders., Retractationes, CSEL 36, 1963 (repr. 1902)

ders., De doctrina christiana, CChr.SL 32, 1962

ders., s. 218 De Stephano martyre IV, PL 38, 1435/1437

BALDRICUS, Vita Roberti de Arbrissello, PL 162, 1043/1078

BARDO, Vita Anselmi episc. Lucensis, ed. R. Wilmans, MGH.SS 12, 1-35

BAUDONIVIUS, Vita Radegundis reginae Francorum 1.2, ed. B. Krusch, MGH.SRM 2, 358-395

BEDA VENERABILIS, Homiliae, PL 94, 1862, 9-516

ders., In Lucae Evangelium expositio, CChr.CM 120, 1960

PS. BEDA, Expositio in Evangelium Matthaei, PL 92, 1862, 9-132

BERNHARD VON CLAIRVAUX, Opera, hg. J. LECLERCQ/C.H. TALBOT/ H.M. ROCHAIS, Rom 3, 1963-7, 1974. Bd. 3: 1963, Bd.4: 1966, Bd.5: 1968, Bd.6/1: 1970, Bd.6/2: 1972, Bd.7: 1974

BERNO V. REICHENAU, Libellus de quibusdam rebus ad missae officium pertinentibus, PL 142, 1055C/1080A

BERTHA, Vita Adelheidis abbatiss. Vilicensis, ed. O. Holder-Egger, MGH.SS XV/2, 754-763

BONIFATIUS, Sermones, PL 89, 843-872

BRUNO V. SEGNI, Commentaria in Matthaeum, PL 165, 1854, 63-314

ders., Homiliae/Sermones, ebd. 747-868

ders., Sententiae, ebd. 875-1078

BURKHARD V. HALLE/DYTHERO V. HELMSTEDT, Chronicon Ecclesiae Wimpinensis, ed. H. Boehmer, MGH.SS 30/1, 659-677

CALVIN, Johannes, Institutio christianae religionis, (CR 30), 1864

CANDIDUS, Vita Eigilis abb. Fuldensis, ed. G. Waitz, MGH.SS 15/1, 221-233

CHRISTIAN V. STABLO (Druthmarus), Expositio in Evangelium Matthaei, PL 106, 1864, 1261-1504

ders., Widmung zum Mt.Kommentar, MGH.Ep.tom.6/1, 177-178, ed. E. Dümmler, 1902

CHROMATIUS V. AQUILEIA, Opera,CChr.SL 9A, ed. R. Etaix/J.Lemarié, 1974

CYPRIAN, De dominica oratione, CChr.SL 3A, 1976

CYPRIAN/FIRMIN/VIVENTIUS, Vita Caesarii episc. Arelatensis 1.2, ed. B.Krusch, MGH.SRM 3, 433-501

DESIDERIUS abb. Casinensis, Dialogi de miraculis S. Benedicti, ed. A. Hofmeister/ G. Schwartz, MGH.SS 30/2, 1111-1151

DHUODA, Liber manualis, ed. P. Riché, SC 225, 1975

DONATUS, Vita Ermenlandi abb. Antrensis, ed. W. Levison, MGH.SRM 5, 674-710

ders., Vita S. Trudonis conf. Hasbaniensis, ed. W. Levison, MGH.SRM 6, 264-298

EBBO, Vita Ottonis episc. Babenbergensis, ed. R. Köpke, MGH.SS 12, 822-883

EDDIUS STEPHANUS, Vita Wilfridi I. episc. Eboracensis, ed. W. Levison, MGH. SRM 6, 163-263

ERMENRICUS, Sermo de vita S. Sualonis dicti Soli, ed. O. Holder-Egger, MGH.SS 15/2, 151-163

FLODOARDUS, Historia Remensis Ecclesiae, ed. J. Heller/G.Waitz, MGH.SS 13, 405-599

GAUFRIDUS Grossus monachus Tironiensis, Vita S. Bernardi de Tironio, PL 172, 1363-1446

GLOSSA ORDINARIA, Evang. secundum Matthaeum, PL 114, 1879, 63-178

GOTTFRIED V. ADMONT, Homiliae, PL 174, 1854, 21-1134

GOTTFRIED BABIO, überliefert als: Anselm v. Laon, Enarrationes in Matthaeum, PL 162, 1889, 1227-1500 und Hildebert v. LeMans, Sermones, PL 171, 1893, 339-964

GREGOR D. GROSSE, Moralia in Iob, 1.XI-XVII, CChr.SL 143A, 1979 und 1. XXIII-XXXV, CChr.SL 143B, 1985

ders., Homiliae in Ezechielem prophetam, CChr.SL 142, 5-377

GREGOR V. TOURS, Libri Historiarum X, ed. B. Krusch/W.Levison, MGH.SRM I/1,2, 1951

ders., Libri octo miraculorum, ed. B. Krusch, MGH.SRM I/2, 1969 – darin 1.7, Liber vitae patrum, ebd. 211-294

GUERRICUS VON IGNY, Sermons II, hg. J. MORSON/H. COSTELLO/P. DESEIL-

LE, Paris 1973 (SC 202)

GUIBERT V. NOGENT, Liber quo ordine sermo fieri debeat, PL 156, 1880, 21-32

HAIMO V. AUXERRE, überliefert als: Haimo v. Halberstadt, Homiliae, PL 118, 1880, 11-816

HELINAND V. FROIDEMONT, Sermones, PL 212, 1855, 481-720

HERBERT V. LOSINGA, The life, letters and sermons of Bishop H.d.L., ed. E.M. Goulbourn/H. Symonds, Vol.2: The sermons, Oxford/London 1878

HERBORD, Vita Ottonis episc. Babenbergensis, ed. R. Köpke, MGH.SS 12, 746-822

HERVAEUS V. BOURG-DEOLS (Bourg-Dieu), überliefert als: Anselm v.Canterbury, Homiliae, PL 158, 1853, 585-686

HIERONYMUS, Commentariorum in Mathaeum libri IV, CChr.SL 77, 1969

PS. HIERONYMUS, Expositio in IV Evangeliorum, PL 114, 861-916

HILARIUS V. POITIERS, In Matthaeum, SC 254, 1978

HONORIUS AUGUSTODUNENSIS, Speculum ecclesiae, PL 172, 1895, 807-1108

ders., Gemma animae, ebd. 541-738

ders., Sacramentarium, ebd. 737C/806C

HRABANUS MAURUS, Commentariorum in Matthaeum libri octo ad Haistulphum, PL 107, 727-1156

ders., Homiliae, PL 110, 1864, 9-468

ders., De laudibus sanctae crucis, PL 107, 18, 133-294 – cf. Faksimile von cod. reg. lat. 124, H.G. MÜLLER, Hrabanus Maurus – De laudibus sanctae crucis, Düsseldorf/Ratingen 1973

HUGO V. ST. VIKTOR, Didascalicon, ed. Ch. H. BUTTIMER (The Catholic university of America, Studies in medieval and renaissance latin, v.10), Washington 1939

ders., De scripturis et scriptoribus sacris, PL 175, 1879, 9-28

ders., Eruditio didasc. VII, PL 177, 1880

ders., De quinque septenis, Six opuscules spirituels, ed. R. BARON, SC 155, 1969

IACOB V. GUISIA, Annales historiae illustrium principum Hanoniae lib. XII, ed. E. Sackur, MGH.SS 30/1, 44-334

INNOZENZ III., Sermones, PL 217, 1890, 309-690

IOCUNDUS, Translatio S. Servatii, ed. R. Köpke, MGH.SS 12, 85-126

IOHANNES V. GORZE, Vita Chrodegangi episc. Mettensis, MGH.SS 10, 552-572

ders., Miracula SS. Glodesindis et Gorgonii, ed. G.H. Pertz, MGH.SS 4, 235-247

IONAS, Vita Iohannis abb. Reomanensis, ed. B. Krusch, MGH.SRM 3, 502-517

IONAS BOBIENSIS, Vitae Columbani abb. et discipulorumque ejus, ed. B. Krusch, MGH.SRM 4, 1-156

JONAS V. ORLEANS, De institutione laicali libri tres, PL 106, 1864, 121-278 ders., De institutione regia, ebd. 279-306

ISAAC V. STELLA, Sermones t.1, ed. A. HOSTE/G. SALET, SC 130, 1967

IVO CARNOTENSIS, s.9 De circumcisione Domini, PL 162, 571D/573C

LANDULFUS, Historia Mediolanensis, ed. L. Bethmann/W. Wattenbach, MGH.SS 8, 32-100

LEIPZIGER PREDIGTEN, s. unter SCHÖNBACH, Altdeutsche Predigten

LEO D. GROSSE, Tractatus septem et nonaginta, ed. A. Chavasse, CChr.SL 138/138A, 1973

LUDGER, Vita Gregorii abb. Traiectensis, ed. O. Holder-Egger, MGH.SS 15/1, 63-79

LUTHER, Martin, Duodecim consilia evangelica papistarum, WA 51, 1914

ders., De votis monasticis M.L. iudicium, WA 8, 1889

ders., Kleine Antwort auf Herzog Georgen nächstes Buch, WA 38, 1912

ders., Ein Urteyl der Theologen tzu Pariss uber die lere Doctor Luthers. Eyn Urteyl Doctor Luthers. Schutzrede Philippi Melanchthon widder das selb Parisisch urteyl fur D. Luther, WA 8, 1889

ders., Das fünffte, sechste und siebend Capitel S. Matthaei gepredigt ausgelegt, WA 32

MATTHAEUS V. PARIS, Chronica maiora, ed. F. Liebermann, MGH.SS 28, 107-389

MAURER, F., Die religiösen Dichtungen des 11. und 12. Jahrhunderts, Bd.1 und 2, Tübingen 1964/1965

MILO, Vita Amandi, ed. B. Krusch, MGH.SRM 5, 395-483

NIKOLAUS V. CLAIRVAUX, überliefert als: Petrus Damiani, Sermones, PL 144, 1853, 501-924

OBERALTAICHER PREDIGTEN, s. unter SCHÖNBACH, Altdeutsche Predigten

ODO V. CLUNY, Vita S. Geraldi Auriliacensis comitis l.4, PL 133, 639-704

ORIGENES, O's Matthäuserklärung III, GCS 41, 1, 1941

OTTO V. FREISING, Chronicon, ed. R. Wilmans, MGH.SS 20, 83-337

PASCHASIUS RADBERTUS, Expositio in Matheo libri XII, CChr.CM 56, (1.I-IV), ed. B. PAULUS, 1984

PETRUS V. BLOIS, Sermones, PL 207, 1963 (Nachdr.), 559-776

PETRUS CANISIUS, S.P.C. Doctoris Ecclesiae Catechismi latini et germanici, ed. crit. F. Streicher, Rom 1933

PETRUS CHRYSOLOGUS, Sermones VII De oratione Dominica, PL 52, 656C/680B

PETRUS V. CELLE, Sermones, PL 202, 1855, 637-926

PETRUS COMESTOR, Sermones, PL 198, 1855, 1721-1844

PETRUS DAMIANI, Vita Odilonis abb. Cluniacensis, PL 144, 925-944

PETRUS DIACONUS/LEO MARSICANUS, Chronica monasterii Casinensis, ed. W. Wattenbach, MGH.SS 7, 551-844

PRIESTER KONRAD, s.V. Mertens, Das Predigtbuch des Priesters Konrad. Überlieferung, Gehalt und Texte (MTU 33), München 1971

RADULFUS ARDENS, Homiliarum tomus primus et secundus, PL 155, 1880, 1299-2118

RADULFUS CADOMENSIS, Gesta Tancredi, RHC Occid. 3, 1866, 603-716

REMY V. ST. AUXERRE, s. R. Grégoire, Un commentaire latin inédit des Béatitudes, REA 16, 1970, 141-158 und ders., Nouveau témoin du commentaire de Remi d'Auxerre sur S. Matthieu, ebd. 283-287

RICHARD V. ST. VIKTOR, Liber exceptionum, ed. J. Chatillon, (Textes philosophiques du moyen âge 5) Paris 1958

ders., Sermones centum, PL 177, 1879, 899-1222

ders., Allegoriae in Novum testamentum, PL 175, 1879, 751-924

ROBERT canonicus S. Mariani Antissiodorensis, Chronicon, ed. O. Holder-Egger, MGH.SS 26, 219-287

RUPERT V. DEUTZ, De gloria et honore filii hominis super Matthaeum, ed. H.Haacke, CChr.CM 29, 1979

ders., De sancta trinitate et operibus eius, 1.27-38, ed. H. Haacke, CChr.CM 23,1973

ders., Liber de divinis officiis, ed. H. Haacke, CChr.CM 7, 1967

ders., Vita Heriberti, ed. P. DINTER, Krit. Edition mit Kommentar und Untersuchungen (Veröffentlichungen d. Hist. Vereins f.d. Niederrhein, insbes. d. alte Erzbistum Köln, 12), Bonn 1976

SCHÖNBACH, A., Altdeutsche Predigten, Graz 1, 1886-3, 1891 (Nachdruck: Darmstadt 1964) Bd.1: 1886, Bd. 2: 1888, Bd. 3: 1891

SERLO V. VAUBADON, Opera, Bibliotheca Patrum Cisterciensium t.6, ed. F.B. Tissier, Bono-Fonte 1664

SICARDUS V. CREMONA, Mitrale, PL 213, 1855, 13-434

SIGBERT u. GOTTSCHALK V. GEMBLOUX, Gesta abbatum Gemblacensium, MGH.SS 8, 504-564

SIEGEBOTUS, Vita Paulinae, ed. I.R. Dietrich, MGH.SS 30/2 909-938

SMARAGDUS V. ST. MIHIEL, Diadema monachorum, PL 102, 1865, 593-690

ders., Via regia, ebd. 931-970

ST. TRUTPERTER HOHES LIED, s. Das St. Trutperter Hohe Lied, hg. H. Menhardt, Halle 1934

SULPICIUS SEVERUS, Vita S. Martini, CSEL 1, 1876 ed. C. Halm

THANGMAR, Vita Bernwardi episc. Hildesheimensis, ed. G.H. Pertz, MGH.SS 4, 754-786

TOMELLUS, Historia monasterii Hasnoniensis, ed. O. Holder-Egger, MGH.SS 14, 147-160

UODALISCALCUS, De Eginone et Herimanno, ed. Ph. Jaffé, MGH.SS 12, 429-448

VALERIANUS CEMELIENSIS, Homiliae, PL 52

VULCULD, Vita Bardonis archiepisc. Moguntini, ed. W. Wattenbach, MGH.SRM 11, 317-321

WALTER, Vita Caroli comitis Flandriae, ed. R. Köpke, MGH.SS 12, 531-623

WERNER V. ST. BLASIEN (Ellerbach), Deflorationes SS. Patrum, PL 157, 1898, 721-1256

WILHELM V. NEUBURG, Historia Anglicana, ed. R. Pauli, MGH.SS 27, 221-248

WOLFHERIUS, Vitae prior et posterior Godehardi episc. Hildesheimensis, ed. G.H. Pertz, MGH.SS 11, 162-221

ZACHARIAS CHRYSOPOLITANUS (v. Besançon), De concordia evangelistarum, PL 186, 1892, 11-620

ZWINGLI, Ulrich, Von göttlicher und menschlicher Gerechtigkeit, (CR 89), 1908 (Nachdruck 1982), 458-525

II. Sekundärliteratur

a. Hilfsmittel

BLAISE, Albert, Dictionnaire latin-français des auteurs du moyen-âge. – Lexicon Latinitatis medii aevi praesertim ad res ecclesiasticas investigandas pertinens, CChr.CM Turnholti 1975

DU CANGE, Glossarium mediae et infimae Latinitatis conditum a Carolo du Fresne, Domino du Cange, ... digessit G.A.L. Henschel ... Editio nova aucta ... a Leopold Favre, lo tomi, 1882/1887 (Nachdruck: Graz 1954)

Bibl. nat. cat. gen.
Bibliothèque nationale, CATALOGUE général des manuscrits latins, t.1, (Nᵒ: 1-1438), Philippe Lauer, Paris 1939

Cat. man. bibl. publ. France
CATALOGUE général des manuscrits des bibliothèques publiques de France, Départements t.12, Orléans, Ch. Cuissard, Paris 1889

Cat. man. bibl. Ste. Geneviève
CATALOGUE des manuscrits de la bibliothèque Sainte-Geneviève, t.1, Ch. Kohler, Paris, 1896

Cat. Cod. Man. Bibl.
CATALOGUS Codicorum Manuscriptorum Bibliothecae Regiae Monacensis, t.3, p.3, 1873 (Nachdruck: 1968)

LEXER, Matthias, Mittelhochdeutsches Taschenwörterbuch, 35. Aufl., Stuttgart 1979

MORVAY, Karin/GRUBE, Dagmar, Bibliografie der deutschen Predigt des Mittelalters. Veröffentlichte Predigten, München 1974

SCHNEYER, Johann Baptist, Repertorium der lateinischen Sermones des Mittelalters für die Zeit von 1150-1350, Bd. 1-5, (BGPhThM 43, 1-5), Münster² 1973/1974

STEGMÜLLER, Friedrich, Repertorium biblicum Medii Aevi, Madrid Bd. 1, 1950- Bd. 7, 1961

b. Ausgewählte Literatur

ADAM, A., Grundbegriffe des Mönchtums in sprachlicher Sicht, ZKG 65, 1953/54, 209-239

AIGRAIN, René, L'hagiographie, ses sources, son histoire, Paris 1953

ANGENENDT, Arnold, Das Gesetz des Ausgleichs. Ein Beispiel für den Zusammenhang von Kirchengeschichte und Sozialgeschichte, in: Tendenzen der katholischen Theologie nach dem 2. Vatikanischen Konzil, G. Kaufmann (Hrsg.), München 1979, 140-157

ders., Pirmin und Bonifatius. Ihr Verhältnis zu Mönchtum, Bischofsamt und Adel, in: Mönchtum, Episkopat und Adel zur Gründungszeit des Klosters Reichenau, A. Borst (Hrsg.), 1975, 251-304

ders., Theologie und Liturgie der mittelalterlichen Toten-Memoria; in: Memoria. Der geschichtliche Zeugniswert des liturgischen Gedenkens im Mittelalter, MMS 48, München 1985, 79-199

ders., Sühne durch Blut, FMS 18, 1984, 437-467

ARANCIBIA, J.M., Las virtudes de los prelados segun Ruperto de Deutz, ScrVict 17, 1970, 241-282

ARCARI, Paola M., Idee e Sentimenti politici dell' alto Medioevo, (Publicazioni della facultà di giurisprudenza Serie II, 1), Milano 1968

ARNOLD, K., Admont und die monastische Reform des 12. Jahrhunderts, ZRG. KA 58, 89, 1972, 350-369

AUERBACH, Erich, Literatursprache und Publikum in der lateinischen Spätantike und im Mittelalter, Bern 1958

BANDMANN, G., Art. Acht, Achteck, LCI 1, 1968, 40-41

BARON, R., Etudes sur Hugues de Saint-Victor, Bruges 1963

BARRE, Henri, Les homéliaires carolingiens de l'école d'Auxerre. Authenticité – inventaire – tableaux comparatifs – initia (Studi e testi 225), Citta del Vaticano 1962

BARTH, Gerhard, Art. Bergpredigt, TRE 5, 1980, 603-618

BASSI, D., Le beatitudini nella struttura del 'De sermone Domini in monte' e nelle altre opere di S. Agostino, (Miscellanea Agostiniana 2), Rom 1931, 915-931

BECQUET, J., Art. Geoffroy Babion, DS 6, 1967, 229-231

BEINERT, Wolfgang, Die Kirche – Gottes Heil in der Welt. Die Lehre von der Kirche nach den Schriften des Rupert von Deutz, Honorius Augustodunensis und Gerhoch von Reichersberg. Ein Beitrag zur Ekklesiologie des 12. Jahrhunderts (Beiträge zur Gesch. d. Philos. u. Theol. d. Mittelalters, 13), Münster 1973

BENTON, John, Art. Nicolas de Clairvaux, DS 11, 1982, 255-259

BERGERON, L., Art. Bruno de Segni, DS 1, 1937, 1969

BERNARDS, Matthäus, Die Welt der Laien in der kölnischen Theologie des 12. Jahrhunderts. Beobachtungen zur Ekklesiologie Ruperts von Deutz, in: Die Kirche und ihre Ämter und Stände. Festgabe Kardinal Frings, Köln 1960, 391-416

BERNER, Ursula, Die Bergpredigt. Rezeption und Auslegung im 20. Jahrhundert, (GTA 12), Göttingen 1979

BEUMER, Johannes, Rupert von Deutz und seine 'Vermittlungstheologie', MThZ 4, 1953, 255-270

ders., Richard von St. Viktor, Theologie und Mystiker, Schol. 31, 1956, 213-238

BEYSCHLAG, Karlmann, Zur Geschichte der Bergpredigt in der Alten Kirche, ZThK 74, 1977, 291-322

LA BIBBIA
LA BIBBIA NELL'ALTO MEDIOEVO, (Settimane di studio del centro Italiano di

studi sull'alto medioevo X), Spoleto 1963

BISCHOFF, Bernhard, Wendepunkte in der Geschichte der lateinischen Exegese im Frühmittelalter, in: ders., Mittelalterliche Studien 1. Ausgewählte Aufsätze zur Schriftkunde und Literaturgeschichte, Stuttgart 1966, 205-273

DE BLIC, J., Pour l'histoire de la théologie des Dons avant Saint Thomas, RAM 22, 1936, 117-179

ders., L'œuvre exégétique de Walafrid Strabon et la Glossa Ordinaria, RThAM 16, 1949, 5-28

BLIEMETZRIEDER, F.P., Autour de l'œuvre théologique d'Anselme de Laon, RThAM 1, 1929, 435-483

ders., Isaac de Stella. Sa spéculation théologique, RThAM 4, 1932, 134-159

BLOCH, P. Sieben-armige Leuchter in christlichen Kirchen, WRJ 23, 1961, 55-190

BLOMME, Robert, La doctrine du péché dans les écoles théologiques de la première moitié du XIIe siècle (Universitas catholica Lovanensis Dissertationes ad gradum magistri in Facultate Theologica vel in Facultate Iuris Canonici consequendum conscriptae, Series III, t.6), Gembloux/Louvain 1958

BLOOMFIELD, Morton W., The origin of the concept of the seven cardinal sins, HThR 34, 1941, 121-128

ders., The seven deadly sins. An introduction to the history of a religious concept, with special reference to Medieval English literature, 1952 (Repr. Michigan State University Press 1967)

BOECKL, Karl, Die sieben Gaben des Hl. Geistes in ihrer Bedeutung für die Mystik nach der Theologie des 13. und 14. Jh., Freiburg i.B. 1931

BOLTON, W.F., The supra-historical sense in the dialogues of Gregory I, Aevum 33, 1959, 206-213

BONNES, J., Un des plus grands prédicateurs du XIIe siècle, Geoffroy du Loroux, dit Geoffroy Babion, RBen. 46, 1945/46, 174-215

BORK, Hans, Art. Hrabanus Maurus, VL 2, [1]1934, 494-506

BRAUN, Johann Wilhelm, Art. Gottfried von Admont, VL 3, [2]1981, 118-123

BRINKMANN, Hennig, Mittelalterliche Hermeneutik, Darmstadt 1980

BROX, Norbert, Suchen und Finden. Zur Nachgeschichte von Mt.7, 7b/Lk.11,9b, in: Orientierung an Jesus. Zur Theologie der Synoptiker, Festschrift J.Schmid, P. Hoffmann (Hrsg.), Freiburg 1973, 17-36

BRUNHÖLZL, Franz, Zur geistigen Bedeutung des Hrabanus Maurus, in: Hrabanus Maurus, (s.dort), 1-17

ders., Geschichte der lateinischen Literatur des Mittelalters, 1. Band: Von Cassiodor bis zum Ausklang der karolingischen Erneuerung, München 1975

BUZY, Denis, Art. Béatitudes, DS 1, 1937, 1298-1310

CHATILLON, J., Le contenu, l'authenticité et la date du Liber exceptionum et des Sermones centum de Richard de Saint-Victor, RMAL 4, 1948, 343-366

CHELINI, Jean, Les laics dans le société ecclésiastique carolingienne, in: I laici nella... (s. dort), 23-50

CHENU, Marie-Dominique, La théologie au douxième siècle (EPhM 45), Paris 1957

ders., Histoire et allégorie au douxième siècle, in: Glaube und Geschichte. Festgabe Joseph Lortz 2, E. Iserloh/P. Manns (Hrsg.), 1958, Baden-Baden, 59-71

CHILDS, Brevard S., Exodus. A commentary, (Old testament library), London [4]1982

CONGAR, Y.M.J., Les laics et l'ecclésiologie des 'ordines' chez les théologiens des XIe et XIIe siècles, in: I laici nella... (s.dort), 83-117

CREMER, F.G., Christian von Stablo als Exeget − Beobachtungen zur Auslegung von Mt. 9,14-17, RBen.78, 1967, 328-341

CRESPIN, Rémi, Ministère et sainteté. Pastorale du clergé et solution de la crise donatiste dans la vie et la doctrine de Saint Augustin, (Etudes augustiniennes), Paris 1965

CRUEL, R., Geschichte der deutschen Predigt im Mittelalter, Detmold 1879 (Nachdruck 1966, Darmstadt)

CURTIUS, Ernst, Robert, Europäische Literatur und lateinisches Mittelalter, Bern [8] 1973

DANIELOU, Jean, Bible et Liturgie (Lex orandi 11), Paris 1958

ders., Sacramentum futuri. Etudes sur les origines de la typologie biblique (ETH 19), Paris 1950

DEITMARING, Ursula, Die Bedeutung von rechts und links in theologischen und literarischen Texten bis um 1200, ZfdA 98, 1969, 265-292

DELARUELLE, Etienne, La vie commune des clercs et la spiritualité populaire au XIe siècle, in: La vita commune del Clero nei secoli XI e XII, 1962 Milano, 142-173

ders., Jonas d'Orléans et le Moralisme carolingien, Bulletin de littérature ecclésiastique 55, 1954, 129-228

DELEHAYE, Hippolyte, Cinq leçons sur la méthode hagiographique (Subsidia Hagiographica 21), Bruxelles 1934

ders., Les légendes hagiographiques, Bruxelles [3] 1927

DELFGAAUW, Pacificus, La doctrine de la perfection selon saint Bernard, CCist 40, 1978, 111-127

DOELGER, Franz Josef, Zur Symbolik des altchristlichen Taufhauses, Antike und Christentum, Bd.4,2. Aufl. 1980

DUBLANCHY, E., Art. Conseils évangéliques, DTC 3/1, 1908, 1176-1182

DUCHROW, Ulrich, Der Aufbau von Augustins Schriften Confessiones und De trinitate, ZThK 62, 1965, 338-367

DUEMMLER, E., Christian von Stablo, Berl. SB 1890, 935-952

EBELING, Gerhard, Kirchengeschichte als Auslegung der Heiligen Schrift, Sammlung allgemeinverständlicher Vorträge und Schriften 189, Tübingen 1947 =

Wort Gottes und Tradition, Göttingen, 2. Auflage 1966, 9-27

EBERHARDT, O., Via regia. Der Fürstenspiegel Smaragds von St. Mihiel und seine literarische Gattung (MMS 28), München 1970

EGGERS, Hans, Art. Speculum ecclesiae, VL 4, [1]1953, 227-229

FESENMEYER, G., Art. Homiletik, LThK 5, [2]1960, 459-465

FISCHER, Balthasar, Die acht Seligpreisungen als Gesangs- und Gebetstext in Vergangenheit und Gegenwart, TThZ 81, 1972, 276-284

FLECKENSTEIN, J., Über Hrabanus Maurus: Marginalien zum Verhältnis von Gelehrsamkeit und Tradition im 9. Jahrhundert, in: Tradition als historische Kraft. Interdisziplinäre Forschungen zur Geschichte des früheren Mittelalters, hg.N. Kamp/J. Wollasch, Berlin 1982, 204-213

FONCK, A., Art. Perfection chrétienne, DThC 12, 1933, 1219-1251

FRACHEBOUD, A., Le Ps.-Denys parmi les sources du cistercien Isaac de l'Etoile, CCist 9, 1947, 328-341 und ebd. 10, 1948, 19-34

ders., L'influence de S. Augustin sur le cistercien Isaac de l'Etoile, ebd. 11, 1949, 1-17. 264-278 und ebd. 12, 1950, 5-16

ders., Isaac de l'Etoile et l'Ecriture sainte, ebd. 19, 1957, 133-145

FRANK, Suso, Vita Apostolica. Ansätze zur apostolischen Lebensform in der alten Kirche, ZKG 82, 1971, 145-166

ders., Angelikos Bios. Begriffsanalytische und begriffsgeschichtliche Untersuchungen zum 'engelgleichen Leben' im frühen Mönchtum (BGAM 26), Münster 1965

FRANZ, Adolph, Die Messe im deutschen Mittelalter. Beiträge zur Geschichte der Liturgie und des religiösen Volkslebens, Freiburg i.B. 1902

FREISE, Eckhard, Zum Geburtsjahr des Hrabanus Maurus, in: HRABANUS MAURUS (s. dort), 18-74

FREYTAG, H., Quae sunt per allegoriam dicta. Das theologische Verständnis der Allegorie in der frühchristlichen und mittelalterlichen Exegese von Galater 4, 21-31, in: Verbum et Signum 1, H. Fromm – W. Harms – U. Ruberg (Hrsg.) München 1975, 27-43

ders., Art. Honorius, VL 4, [2]1983, 122-132

FRITZ, G., Art. Richard de Saint-Victor, DTC 13, 1937, 2676-2695

GAGGERO, L., Isaac of Stella and the theology of redemption, COCR 22, 1960, 21-36

DE GAIFFIER, Baudouin, Mentalité de l'hagiographe médiéval, d'après quelques travaux récents, An.Boll. 86, 1968, 391-399

ders., Hagiographie et Historiographie, in: ders., Recueil d'hagiographie (SHB 61), Bruxelles, 1961, 139-166

ders., Miracles bibilques et Vies des Saints, NRTh 88, 1966, 376-385

GARDEIL, A., Art. Béatitudes évangeliques, DThC 2/1, 1923, 515-517

DE GHELLINCK, Joseph, L'essor de la littérature latine au XIIe siècle, Bruxelles 2. Aufl. 1955

ders., Le mouvement théologique du XIIe siècle, [2]1948

GLUNZ, Hans, Literarästhetik des europäischen Mittelalters, 1937

GRABMANN, Martin, Geschichte der scholastischen Methode, 2 Bde., Berlin 1956

ders., Art. Radulf Ardens, LThK 8, 1936, 607-608

GRAUS, Frantisek, Volk, Herrscher und Heiliger im Reich der Merowinger. Studien zur Hagiographie der Merowingerzeit, Prag 1965

GREGOIRE, Réginald, Bruno de Segni. Exégète médiéval et théologien monastique, (Centro italiano di studi sull' alto medioevo 3), Spoleto 1965

ders., Art. Paschase Radbert, DS 12, 1984, 295-301

ders., Un commentaire latin inédit des Béatitudes, REAug 16, 1970, 147-158

ders., Nouveau témoin du commentaire de Rémi d'Auxerre sur S. Matthieu, REAug 16, 1970, 283-287

GRIESSER, Bruno, Beiträge zur Textgeschichte der Expositio IV evangeliorum des Ps. Hieronymus, ZKTh 54, 1930, 40-87

ders., Die handschriftliche Überlieferung der Expositio IV evangeliorum des Ps. Hieronymus, RBen 49/50, 1937, 279-321

GROSS, J., Art. Haimo von Auxerre, LThK 4, [3]1960, 1325

GRUENDEL, J., Art. Radulfus Ardens, LThK 8, [2]1963, 967-968

GRUNDFRAGEN CHRISTLICHER MYSTIK, Wissenschaftliche Studientagung Theologia Mystica in Weingarten vom 7.-10. November 1985, hg. M. Schmidt in Zusammenarbeit mit D.R. Bauer, (Mystik in Geschichte und Gegenwart, Texte und Untersuchungen, Abteilung I, Christliche Mystik Bd. 5), Stuttgart 1987

GRUNDMANN, Herbert, Ketzergeschichte des Mittelalters (Die Kirche in ihrer Geschichte II/G 1), Göttingen 1963

ders., Oportet et haereses esse. Das Problem der Ketzerei im Spiegel der mittelalterlichen Bibelexegese, AKG 45, 1963, 129-164

ders., Religiöse Bewegungen im Mittelalter, Darmstadt 1977

GÜNTER, Heinrich, Psychologie der Legende. Studien zu einer wissenschaftlichen Heiligen-Geschichte, Herder 1949

GUINDON, Roger, Le 'De Sermone Domini in monte' de S. Augustin dans l'œuvre de S. Thomas d'Aquin, RUO 28, 1958, 57*-85*

HAACKE, Rhaban, Programme zur bildenden Kunst in den Schriften Ruperts von Deutz (Siegburger Studien 9), Siegburg 1974

HABLITZEL, J.B., Hrabanus und Claudius von Turin, HJ 27, 1906, 74-85

ders., Hrabanus Maurus und Klaudius von Turin, HJ 38, 1917, 538-552

ders., Hrabanus Maurus. Ein Beitrag zur Geschichte der mittelalterlichen Exegese (Bibl. Studien 11/3), Freiburg 1906

HAERING, B., Art. Evangelische Räte, LThK 3, 1246-1250, [2]1959

HAHN, Ferdinand, Exegese, Theologie und Kirche, ZThK 74, 1977, 25-37

HASLER, Viktor, Gesetz und Evangelium in der Alten Kirche bis Origenes. Eine auslegungsgeschichtliche Untersuchung, Zürich/Frankfurt 1953

HAUCK, Albrecht, Kirchengeschichte Deutschlands, Leipzig, 1922-1929, 5 Bde.

HAUSCHILD, Wolf-Dieter, Der Ertrag der neueren auslegungsgeschichtlichen Forschung für die Patristik, VuF 16, 1971, 5-25

HERTLING, Ludwig, Der mittelalterliche Heiligentypus nach den Tugendkatalogen, ZAM 8, 1933, 260-268

HEYSE, E., Art. Arnold von St.Emmeram, Lexikon des Mittelalters 1, 1980, 1008

HISS, W., Die Anthropologie Bernhards von Clairvaux (QSGP 7), Berlin 1965

HOEDL, L./PEPPERMÜLLER, R./REINHARDT, H.J.F., Art. Anselm von Laon und seine Schule, TRE 3, 1978, 1-5

HOLL, Adolf, Augustins Bergpredigt-Exegese nach seinem Frühwerk De sermone Domini in monte, Wien, 1960

HOLL, O., Art. Seligpreisungen, LCI 4, 1972, 148/149

HONECKER, Martin, Christus medicus, KuD 31, 1985, 307-323

HOSTE, A., Art. Hélinand de Froidmont, DS 7, 1969, 141-144

HRABANUS MAURUS
HRABANUS MAURUS: Lehrer, Abt und Bischof [Symposion d.Akad. d.Wiss.u.d. Lit., Mainz, 18.-20.9.1980], hg.R.Kottje/H. Zimmermann, (Abhandlungen d.Geistes- und Sozialwissenschaftl. Klasse/Akad.d.Wissensch.u.d.Lit., Einzelveröffentlichungen 4), Wiesbaden 1982

HUBER, Wolfgang, Heliand und Matthäusexegese. Quellenstudien insbesondere zu Sedulius Scottus (Münchener Germanistische Beiträge 3), München 1969

HUEBNER, Jörg., Christus medicus. Ein Symbol des Erlösungsgeschehens und ein Modell ärztlichen Handelns, KuD 31, 1985, 324-335

HUGLO, Michel, Le chant des béatitudes dans la liturgie hispanique, HispSac 17, 1964, 135-140

ders., Les tonaires. Inventaires, Analyse, Comparaison, (Publications de la société française de musicologie, 3ème série tome II), Paris 1971

IUNG, N., Art. Pierre de Blois, DTC 12, 1935, 1884-1889

ders., Art. Pierre de Celle, DTC 12, 1935, 1896-1901

ders., Art. Pierre Comestor, DTC 12, 1935, 1918-1922

JAESCHKE, Kurt-Ulrich, Art. Bonifatius (Winfrith), TRE 7, 1981, 69-74

JAVELET, R., La vertu dans l'œuvre d'Isaac de l'Etoile, Citeaux 11, 1960, 252-267

ders., Au XIIe siècle, l'Ecriture Sainte servante de la mystique?, RevSR 37, 1963, 345-369

ders., Exégèse spirituelle aux XIe et XIIe siècle, in: Sprache und Erkenntnis im

Mittelalter. Akten des VI. Internationalen Kongresses für mittelalterl. Phil. der Soc. internat. pour l'étude de la philos. méd. 1977 in Bonn, Berlin 1981, 873-880

ders., Image et ressemblance au douxième siècle de saint Anselme à Alain de Lille, Tome 1 et 2, Strasbourg 1967

ders., Psychologie des auteurs spirituels du XIIe siècle, RSR 33, 1959, 18-64. 97-164. 208-268

ders., Intelligence et amour chez les auteurs spirituels du XIIe siècle, RAM 147, 1961, 273-290, ebd. 148, 1961, 429-450

ders., L'extase chez les spirituels du XIIe siècle, DS 4, 2113-2120

JEHL, Rainer, Die Geschichte des Lasterschemas und seiner Funktion. Von der Väterzeit bis zur karolingischen Erneuerung FS 1982, 261-359

JOOSEN, J.C./WASZINK, J.H., Art. Allegorese, RAC 1, 1950, 283-293

KAMLAH, Wilhelm, Apokalypse und Geschichtstheologie. Die mittelalterliche Auslegung der Apokalypse vor Joachim von Fiore (HS 285), Berlin 1935

KANTZENBACH, Friedrich Wilhelm, Die Bergpredigt. Annäherung. Wirkungsgeschichte, 1982, Stuttgart/Berlin etc..

KLEINSCHMIDT, Erich, Herrscherdarstellung. Zur Disposition mittelalterlichen Aussageverhaltens, untersucht an Texten über Rudolf I. von Habsburg, Bern 1974

KOBBE, P., Art. Symbol, RLG 4, ^{2}1984, 308-333

KOCH, Josef, Art. Rupert von Deutz, VL 3, 1943, 1147-1151

KOEPF, Ulrich, Religiöse Erfahrung in der Theologie Bernhards von Clairvaux (BHTh 61), Tübingen 1980

ders., Hoheliedauslegung als Quelle einer Theologie der Mystik, in: Grundfragen christlicher Mystik (s. dort), 50-72

KOETTING, Bernhard, Art. Hagiographie, LThK 4, ^{2}1960, 1316-1321

KOTTJE, R., Art. Hrabanus Maurus, VL 4, ^{2}1983, 166-196

KREWITT, U., Art. Allegorese, TRE 2, 1978, 276-290

ders., Metapher und tropische Rede in der Auffassung des Mittelalters, (Beihefte z. mittellat. Jahrbuch 7), 1971 Ratingen

KUESTERS, Urban, Der verschlossene Garten. Volkssprachliche Hohelied-Auslegung und monastische Lebensform im 12. Jahrhundert (Studia humaniora 2), Düsseldorf 1985

LADNER, G., Theologie und Politik vor dem Investiturstreit. Abendmahlstreit, Kirchenreform, Cluni und Heinrich III., 1968 Darmstadt

I LAICI

I LAICI NELLA 'SOCIETAS CHRISTIANA' DEI SECOLI XI e XII. Atti della terza Settimana internazionale di studio, Mendola 21-27 agosto 1965 (Pubblicazioni dell' Università Cattolica del Sacro Cuore-Contributi serie terza, Varia 5, Miscellanea del Centro di Studi medievali), Milano 1968

LAISTNER, M.L.W., A ninth-century commentator on the gospel according to Matthew, in: ders., Selected essay. The intellectual heritage of the early middle ages, London 1957, 216-236

LANDGRAF, A.M., Einführung in die Geschichte der theol. Literatur der Frühscholastik unter dem Gesichtspunkt der Schulenbildung, Regensburg 1948

LANDGRAF, Margot, Das St. Trutperter Hohe Lied, sein theologischer Gedankengehalt und seine geschichtliche Stellung, besonders im Vergleich zu Williram von Ebersberg (Erlanger Arbeiten z. dt. Literatur 5), Erlangen 1935

LANGOSCH, K., Art. Arnold von St. Emmeram, VL 1, ²1978, 464-470

LAPSANSKI, Duane V., Perfectio Evangelica. Eine begriffsgeschichtliche Untersuchung im frühfranziskanischen Schrifttum (VGI 22), München 1974

LAU, F., Art. Evangelische Räte, RGG 2, ³1958, 785-788

LE BAIL, Anselme, Art. Bernard, DS 1, 1937, 1454-1499

ders., Art. Adam de Perseigne, DS 1, 1937, 198-201

LECLERCQ, Jean, Wissenschaft und Gottverlangen. Zur Mönchstheologie des Mittelalters, Düsseldorf 1963

ders., Recueils d'études sur Saint Bernard et ses écrits, Rom 1962a/b

ders., Recherches sur d'anciens sermons monastiques, RMab 36, 1946, 1-14

ders., L'humanisme bénédictin du VIIIe au XIIe siècle (Studia Anselmiana 20), AnMO I, 1948, 1-20

ders., La spiritualité des chanoines réguliers, in: La vita comune del clero nei secoli XI e XII v.1 (Miscellanea del centro di Studi medioevali III), Milano 1962, 117-135

ders., Art. Ecriture sainte et vie spirituelle, Du 6e au 12e siècle. Saint Bernard et le 12e siècle monastique, DS 4, 1960, 187-194

ders., S. Antoine dans la tradition monastique médiévale, in: Antonius Magnus eremita (StAns 38), Rom 1956, 229-247

ders., Les collections des sermons de Nicolas de Clairvaux, RBen. 66, 1956, 269-302

ders., L'Ecriture sainte dans l'hagiographie monastique du haut moyen âge, in: La Bibbia (s.dort), 103-128

ders., La spiritualité de Pierre de Celle (1115-1183), ETHS 7, Paris 1946, 244ff.

LECLERCQ, Jean/VANDENBROUCKE, F./BOUYER, L., La spiritualité du Moyen âge (Histoire de la spiritualité chrétienne 2), Paris 1961

LEHMANN, Paul, Zu Hrabans geistige Bedeutung, in: ders., Erforschung des Mittelalters. Ausgewählte Abhandlungen und Aufsätze 3, Stuttgart 1960, 198-212

LERCH, David, Isaaks Opferung christlich gedeutet (BHTh 12), Tübingen 1950

ders./VISCHER, Lukas, Die Auslegungsgeschichte als notwendige theologische Aufgabe, in: St Patr I = TU 63, Berlin 1957, 414-419

LINSENMAYER, A., Geschichte der Predigt in Deutschland von Karl dem Grossen bis zum Ausgang des 14. Jh., München 1886

LIST, Rudolf, Stift Admont 1074-1974, Festschrift zur Neunhundertjahrfeier, Ried 1974

LOBRICHON, G., Une nouveauté: Les gloses de la Bible, in: Le Moyen Age et la Bible,hg.P.Riché/G.Lobrichon, Paris 1984, 95-114

LOEWENBERG, B., Art. Oktav, LThK 7, 1962, 1127

LONGERE, Jean, La prédication médiévale, Paris 1983

LOTTIN, Psychologie et Morale aux XIIe et XIIIe siècles, t.3/2,1: Problèmes de Morales, Louvain/Gembloux 1949

LOUF, M.-André, Une théologie de la pauvreté monastique chez le bien-heureux Guerric d'Igny, COCR 20, 1958, 207-222.362-373

DE LUBAC, Henri, Exégèse médiévale. Les quatre sens de l'écriture, Paris 1, 1959-2, 1965 t.1/1: 1959a t.1/2: 1959b t.2/1: 1961 t.2/2:1964

ders.,   Sur un vieux distique. La doctrine du 'quadruple sens', Mélanges offerts à Fernand Cavallera, Toulouse 1948, 347-366

LUZ, Ulrich, Das Evangelium nach Matthäus (Mt 1-7), EKK I/1, Zürich/Neukirchen 1985

MACCARONE, Michele, Art. Innocent III, DS 7, 1971, 1767-1773

MC NALLY, Robert E., The bible in the early middle ages (Woodstock papers 4), Westminster 1959

MAGRASSI, Mariano, Teologia e storia nel pensiero di Ruperto di Deutz, Rom 1959

MALONE, Edward E., The monk and the martyr, in: Antonius Magnus eremita (St Ans 38), Rom 1956, 201-228

MANITIUS, Max, Geschichte der lateinischen Literatur des Mittelalters, 3 Bde. (HK AW 9.), München 1911

MARILIER, J., Art. Hagiographie, Catholicisme 5, 1962, 485-492

MARTIMONT, Aimé-Georges, (Hrsg.), Handbuch der Liturgiewissenschaft, 2 Bde., Freiburg 1965

MEIER, Christel, Gemma spiritalis. Methode und Gebrauch der Edelsteinallegorese vom frühen Christentum bis ins 18. Jahrhundert, 1. Teil (MMS 34/1), München 1976

dies.,   Das Problem der Qualitätenallegorese, FMS 8, 1974, 385-435

dies.,   Überlegungen zum gegenwärtigen Stand der Allegorie-Forschung. Mit besonderer Berücksichtigung der Mischformen, FMS 10, 1976, 1-69

dies.,   'Virtus' und 'operatio' als Kernbegriffe einer Konzeption der Mystik bei Hildegard von Bingen, in: Grundfragen christlicher Mystik (s. dort), 73-101

MENNESSIER, A.-I., Art. Conseils évangéliques, DS 2, 1953, 1592-1609

MENSURA, MASS, ZAHL, ZAHLENSYMBOLIK IM MITTELALTER. Hg. von A. ZIMMERMANN (Misc. Mediev. 16/1-2), Köln 1983

MERCIER, J., Art. Serlon de Vaubadon, DTC 14, 1941, 1940

MERTENS, Volker, Das Predigtbuch des Priesters Konrad. Überlieferung, Gestalt, Gehalt und Texte (MTU 33), München 1971

ders., Art. Leipziger Predigten VL 5, [2]1985, 695-701

ders., Art. Priester Konrad, VL 5, [2]1985, 131-134

MEYER, Heinz. Die Zahlenallegorese im Mittelalter (MMS 25), Münster 1975

ders., SUNTRUP, R., Zum Lexikon der Zahlenbedeutungen im Mittelalter. Einführung in die Methode und Probeartikel: Die Zahl 7, FMS 11, 1977, 1-72

ders., SUNTRUP, R., Lexikon der mittelalterlichen Zahlenbedeutungen, MMS 56, München 1987

MITTERER, A., Die 7 Gaben des Hl. Geistes nach der Väterlehre ZKTh 49, 1925, 529-566

MOEDERL, Anton, Der Pseudo-Hieronymianische Evangelien-Kommentar (Diss.), München 1925

MOHRMANN, Christine, Le style de saint Bernard, in: dies., Etudes sur le latin des Chrétiens, t.2, Rom 1961, 347-367

MOLLAT, M., Art. Pauvreté chrétienne, III. Moyen âge, DS 12, 1984, 647-658

ders., Les pauvres au Moyen âge. Etudes sociales, Paris 1979

ders., (Hrsg.), Etudes sur l'histoire de la pauvreté (Publications de la Sorbonne 8, 1-2), Paris 1974

MOLSDORF, W., Christliche Symbolik der mittelalterlichen Kunst, 2. Aufl., Leipzig 1926

MOORE, Philip S., The authorship of the Allegoriae super Vetus et Novum Testamentum, NSchol 9, 1935, 209-225

Moses in Schrift und Überlieferung. Mit Beiträgen von H. Cazelles, A.Gélin etc., Düsseldorf 1963

LE MOYEN AGE

LE MOYEN AGE ET LA BIBLE, hg. P. Riché/G. Lobrichon, Paris 1984

MUELLER, Hans-Georg, Hrabanus Maurus — De laudibus sanctae crucis — Studien zur Überlieferung und Geistesgeschichte mit dem Faksimiledruck aus Codex Reg.Lat. 124 der vatikanischen Bibliothek (Beihefte zum 'Mittellat. Jahrbuch' 11), Düsseldorf 1973

OHLY, Friedrich, Hohelied-Studien. Grundzüge einer Geschichte der Hohelied-Auslegung des Abendlandes bis um 1200 (Schriften der Wissenschaftlichen Gesellschaft an der J.W. Goethe-Universität Frankfurt/M., Geisteswissenschaftliche Reihe 1), Wiesbaden 1958

ders., Schriften zur mittelalterlichen Bedeutungsforschung, Darmstadt [2]1983

ders., Der Prolog des St. Trutperter Hoheliedes, ZdA 84, 1952/53, 198-232

ders., Süße Nägel der Passion. Ein Beitrag zur theologischen Semantik, in: Collectanea Philologica. Festschrift für Helmut Gipper zum 65. Geburtstag, Bd. 2, G. Heintz/P. Schmitter (Hrsg.), Baden-Baden 1985, 403-613

OURY, Guy, Art. Hervé de Bourg-Dieu, DS 7, 1969, 383-378

PASCHINI, D.P., Chromatius d'Aquilée et le commentaire Pseudo-Hiéronymien sur les quatre évangiles, R.Ben. 26, 1909, 469-475

PELTIER, H., Art. Raban Maur, DTC 13, 1937, 1601-1620

PETIT, F., La spiritualité des Prémontrés au XIIe et XIIIe siècles, Paris 1947

PFAELTZER, N., Die deutschen Vaterunser-Auslegungen von den Anfängen bis ins zwölfte Jahrhundert, Frankfurt 1959

QUACQUARELLI, A., L'ogdoade patristica e suoi riflessi nelle liturgia e nei monimenti (Quaderni die Vetera Christianorum 7), Bari 1983

RACITI, G., Art. Isaac de l'Etoile, DS 7, 1971, 2011-2038

RAEDLE, Fidel, Studien zu Smaragd von Saint-Mihiel (Medium aevum 29), München 1974

REAU, Louis, Iconographie de l'art chrétien, t.2 Iconographie de la Bible, Paris 1957

RICHE, Pierre, Les écoles et l'enseignement dans l'occident chrétien de la fin du Ve siècle au milieu du XIe siècle, Paris 1979

RIEDLINGER, Helmut, Die Makellosigkeit der Kirche in den lateinischen Hoheliedkommentaren des Mittelalters (BGPhMA 38), Münster 1958

ROCHAIS, H.M., Enquête sur les sermones divers et les sentences de Saint Bernard (ASOC 18), Rom 1962

ROSENFELD, H., Legende (Sammlung Metzler, Realien zur Literatur Abt.E Poetik), Stuttgart [4]1982

RUH, Kurt, Deutsche Predigtbücher des Mittelalters, in: Beiträge zur Geschichte der Predigt. Vorträge und Abhandlungen, H. Reinitzer (Jahrbuch des dt. Bibel Archivs Hamburg = Vestigia Biblica 3), Hamburg 1981, 11-30

ders., Art. Hugo von St. Viktor, VL 4, [2]1983, 282-292

ders., Art. Innozenz III., VL 4, [2]1983, 388-395

SCHEFFCZYK, Leo, Art. Remigius von Auxerre, LThK 8, [2]1963, 1223-1225

SCHINDLER, Alfred, Art. Augustin I, TRE 4, 1979, 645-698

ders., Vom Nutzen und Nachteil der Kirchengeschichte für das Verständnis der Bibel heute, Reformatio 30, 1981, 261-277

SCHLEUSENER-EICHHOLZ, Gudrun, Das Auge im Mittelalter, 2 Bde., (MMS 35), Münster 1985

SCHLUETZ, Karl, Isaias 11,2 (die 7 Gaben des Hl. Geistes) in den ersten 4 christlichen Jahrhunderten (Diss.), Münster 1932

SCHMID, O., Zacharias Chrysopolitanus und sein Kommentar zur Evangelienharmonie, ThQ 68, 1886, 531-547

SCHMITZ, Ph., Geschichte des Benediktinerordens, Bd. 1, Einsiedeln 1955

SCHNEIDER, A., (Hrsg.), Die Cistercienser, Köln 1974

SCHNETTLER, K., Das Homiliarium des Radulfus ardens, ThGl 18, 1926, 626-635

SCHOENBACH, Anton, E., Über einige Evangelienkommentare des Mittelalters, SAWW.PH 146, 4, Wien 1903

SCHREIBER, G., Prämonstratenserkultur des 12. Jahrhunderts, APraem 16, 1940, 41-107 und 17, 1941, 5-33

SCHUPP, V., Septenar und Bauform. Studien zur 'Auslegung des Vaterunsers', zu 'De VII sigillis' und zum 'Palästinalied' Walthers von der Vogelweide, Berlin 1964

SEEBERG, Reinhold, Lehrbuch der Dogmengeschichte, Bd. 3: Die Dogmenbildung des Mittelalters, Darmstadt 1974

SEMMLER, J., Die Klosterreform von Siegburg. Ihre Ausbreitung und ihr Reformprogramm im 11. und 12. Jahrhundert (Rhein. Archiv 53), Bonn 1959

SMALLEY, Beryl, The study of the Bible in the Middle Ages, Oxford 1952

dies.,   Art. Glossa ordinaria, TRE 13, 1984, 452-457

dies.,   L'exégèse biblique dans la littérature latine, in: La Bibbia (s.dort), 631-655

SPELSBERG, Helmut, Hrabanus Maurus. Bibliografie, (Veröffentlichungen der Hessischen Landesbibliothek Fulda 4), 1984

SPICQ, Ceslaus, Esquisse d'une histoire de l'exégèse latine au Moyen âge (Bibl. Thom, XXVI), Paris 1944

SPINELLI, Mario, Le beatitudini nel commento dei padri latini (Letture cristiane delle origini 8/Antologie), Torino 1982

SPITZ, Hans-Jörg, Die Metaphorik des geistigen Schriftsinns. Ein Beitrag zur allegorischen Bibelauslegung des ersten christlichen Jahrtausend (MMS 12), München 1972

SPRANDEL, R., Gesellschaft und Literatur im Mittelalter, UTB 1218, München 1982

STAATS, Reinhard, Ogdoas als ein Symbol für die Auferstehung VigChr 26, 1971,29-52

ders.,   Theologie der Reichskrone. Ottonische 'Renovatio imperii' im Spiegel einer Insignie (MGMA 13), Stuttgart 1976

STACPOLE, Albéric, Art. Herbert Losinga, DS 7, 1969, 265-268

STADTLAND-NEUMANN, Hiltrud, Evangelische Radikalismen in der Sicht Calvins. Sein Verständnis der Bergpredigt und der Aussendungsrede (Matth.10), (Beiträge z. Gesch.u.Lehre d.Reform.Kirche 24), Neukirchen 1966

STEIDLE, Basilius, 'Homo Dei Antonius' Zum Bild des 'Mannes Gottes' im alten Mönchtum, in: Antonius Magnus eremita 356-1956, Studia ad Antiquum Monachismum spectantia (StAns 38), Rom 1956, 148-200

ders.,   Die Tränen, ein mystisches Problem im alten Mönchtum, BenM 20, 1938, 181-187

STEINGER, H., Art. Hohe Lied, Das St. Trutperter, VL 2, 1936, 474-479

STOTZ, Peter, Ardua spes mundi. Studien zu lateinischen Gedichten aus Sankt Gallen (GWZ 32), Bern 1972

STRECKER, Georg, Die Bergpredigt. Ein exegetischer Kommentar, Göttingen 1984

STRUNK, Gerhard, Kunst und Glaube in der lateinischen Heiligenlegende. Zu ihrem Selbstverständnis in den Prologen, MA 12, München 1970

STUHLMACHER, Peter, Vom Verstehen des Neuen Testaments. Eine Hermeneutik (Grundrisse zum NT 6, NTD Erg.bd.), Göttingen ²1986

SUNTRUP, Rudolf, Zahlenbedeutung in der Liturgieallegorese, ALW 36, 1984, 321-346

TAEGER, B., Zahlensymbolik bei Hraban, bei Hincmar − und im 'Heliand'? Studien zur Zahlensymbolik im Frühmittelalter (MTU 30), München 1970

TILLMANNS, Barbara, Die sieben Gaben des Heiligen Geistes in der deutschen Dichtung des Mittelalters, Diss. Kiel 1963

VALVEKENS, J.B., Zacharias Chrysopolitanus, APraem 28, 1952, 53-58

VAN DEN EYNDE, Damien, Les 'Magistri' de Commentaire 'Unum ex quatuor' de Zacharias Chrysopolitanus, Anton 23, 1948, 203-220

ders., Autour des 'Enarrationes in Evangelium S. Matthaei' attribuées à Geoffroi Babion, RThAM 26, 1959, 50-84

VAN LAARHOVEN, Jan, 'Christianitas' et réforme grégorienne (SGSG VI), 1959/60 Rom, G.B. Borino (Hrsg.), 1-98

VAN UYTFANGHE, Marc, La bible dans les vies de Saints mérovingiennes. Quelques pistes de recherche, RHEF 62, 1976, 103-111

ders., Modèles bibliques dans l'hagiographie, in: Le Moyen Age et la Bible (s.dort), 449-487

VEIT, W., Toposforschung, Ein Forschungsbericht, DVfLG 37, 1963, 120-163

VERNET, F., Art. Autobiographies spirituelles, DS 1, 1937, 1141-1159

ders., Art. Biographies spirituelles, Moyen âge, DS 1, 1937, 1646-1679

VERSTEYLEN, A., Art. Adam l'Ecossais, DS 1, 1937, 196-198

VETTER, E.M./DIEMER, P., Zu den Darstellungen der acht Töne im Chor der ehemaligen Abteikirche von Cluny, WTJ 32, 1970, 37-48

VOGEL, Cyrille (hg.), Le pécheur et la pénitence au Moyen Age, Paris 1982

WALTHER, H., Versifizierte 'Pater noster' und 'Credo', RMAL 20, 1964, 45-64

WASSELYNCK, René, L'influence des Moralia in Job de S. Grégoire le Grand sur la théologie morale entre le VIIe et le XIIe siècle, Lille 1956

ders., L'influence de l'exégèse de S. Grégoire le Grand sur les commentaires bibliques médiévaux (VIIe-XIIe s.), RThAM 32, 1965, 157-204

WEDER, Hans, Exegese und Dogmatik. Überlegungen zur Bedeutung der Dogmatik für die Arbeit des Exegeten, ZThK 84, 1987, 137-161

WEISWEILER, Heinrich, Paschasius Radbertus als Vermittler des Gedankengutes der karolingischen Renaissance in den Matthäuskommentaren des Kreises um Anselm von Laon, Schol. 35, 1960, 363-402. 503-536

WILMART, A., Art. Hervé de Bourg-Dieu, DS 1, 1937, 629

342   Bibliographie

ders.,   Les homélies attribués à saint Anselme, AHDL, t.2, 1927, 5-29

WOLF, Herbert, Art. Predigt, RDL 3, ²1977, 223-257

WOLLASCH, Joachim, Eine adlige Familie des frühen Mittelalters. Ihr Selbstver-
    ständnis und ihre Wirklichkeit, AKuG 39, 1957, 150-188

WOLTER, Hans, Bernhard von Clairvaux und die Laien. Aussagen der monastischen
    Theologie über Ort und Berufung der Laien in der erlösten Welt, Schol. 34,
    1959, 161-189

WORSTBROCK, Franz Josef, Art. Haimo von Halberstadt, VL 3, ²1981, 650-651

ders.,   Art. Christian von Stablo, VL 1, ²1978, 1223-1225

ZOEPF, L., Das Heiligen-Leben im 10. Jahrhundert, Leipzig/Berlin 1908

Autorenregister (zu den Quellen)

Adam von Dryburgh 112f., 236f.
Amalar von Metz 143
Ambrosius 139
Anselm von Canterbury 209
Anselm von Laon 85
Ps. Anselm (Vgl. Gottfried Babio) 86, 199, 279f.
Arnold von St. Emmeram 165, 169, 207f.
Augustin 7, 10f., 29, 38ff., 68, 76, 121, 131, 137ff., 147, 150, 181, 302ff.
Beda 90, 120, 203, 245, 284f., 295
Ps. Beda 23, 71, 74, 182, 185, 255, 261f.
Bernhard von Clairvaux 13f., 18, 17, 28f., 48, 125, 134, 165, 173ff.,
              210ff., 244f., 304
Berno von Reichenau 146
Berthold von Chiemsee XV
Bonifatius 203f., 244
Bruno von Segni 79ff., 89, 90f., 123, 134, 192f., 202f., 209, 270ff., 283f.,
              288, 295f.
Candidus 144
Christian von Stablo (Druthmarus) 9f., 21, 37, 48, 78f., 89, 114, 121,
              134, 190f., 202, 268ff., 283
Dhuoda 153f.
Ps. Dionysius 209
Gerhoch von Reichersberg 143
Glossa ordinaria 198 f., 278f.
Gottfried von Admont 49, 51f., 68, 92 ff, 117, 120, 123, 289f., 295f.
Gottfried Babio 86, 199, 202f., 237f., 279f, 283, 292, 296
Gregor der Grosse 29, 147
Guerricus von Igny 28, 48, 125, 134, 228ff.
Guibert von Nogent 4, 29
Hadewijch 19
Haimo von Auxerre 204f., 245, 287
Haimo von Halberstadt 116, 120, 127, 134, 286f., 295, 303
Helinand von Froidemont 124, 231ff.
Herbert von Losinga 208, 245
Hervaeus von Bourg-Dieu 209f.,
Hieronymus 8, 48, 66, 121, 147, 252f., 303
Ps. Hieronymus 26, 70, 89
Honorius Augustodunensis 91f., 288f.
Hrabanus Maurus 10f., 21, 23, 48, 71ff., 85, 89, 140f., 154ff., 165f.,
              182ff., 202f., 205f., 244, 255ff., 283, 285f., 295
Ps. Hrabanus 5
Hugo von Strassburg XV
Hugo von St. Viktor 94f., 145, 157., 233
Innozenz III. 95f., 119, 241f., 245
Johannes Hus XV

Jonas von Orléans 54
Isaac von Stella 17, 19f., 48, 64, 113, 115, 123, 220ff., 246
Leo der Grosse 39f., 52, 54
Luther, Martin XIVff., 136
Maurice von Sully 29
Nikolaus von Clairvaux 230f.
Origenes 52
Paschasius Radbertus 14, 22, 23, 48, 64, 75ff., 85, 88f., 118, 121, 126,
                134, 185ff., 202f., 262ff., 283
Paulinus von Aquileja 151
Petrus Canisius 136
Petrus Comestor 117, 130, 234ff., 245
Petrus von Blois 238ff., 244
Priester Konrad 243f., 294f.
Radulfus Ardens 52, 115, 129, 240, 292f.
Radulfus von Laon 85
Remigius von Auxerre 191f.
Richard von St. Viktor 233f.
Rupert von Deutz XV 15, 23f., 49ff., 61, 68f., 81ff., 89, 98f., 119, 134,
              141f., 145ff., 193ff., 202, 272ff., 283f., 296, 304f.
Serlo von Vaubadon 218ff.
Sicardus von Cremona 146
Smaragdus von St. Mihiel 110, 134
Sulpicius Severus 297
Thomas Cisterciensis 55
Valerian von Cemele 53
Vulcuold 170
Ps. Walafrid Strabo 23, 26, 253ff.
Werner von St. Blasien 290ff.
Zacharias Chrysopolitanus (von Besançon) 23, 84f., 89, 197f., 283

Bibelstellen

Gen.	1,16ff.	51, 105, 117
	2,24	227
	3,5	277
	3,19f.	173
	4,17	232
	28,12f.	42, 238
	29	46
	35	276
Ex.	13,5	148
	19	38, 40
	20,18	82
	25,31ff.	94f.
Lev.	2,13	76, 82, 90
	19	287
	19,2	178
Nu.	13	195
Dt.	24,1f.	12
Jos.	15,18f.	148
Ri.	2,4f.	195
1.Sam.	15,35	193
	24	259
2.Sam.	18	259
1.Kön.	12,14	16, 50, 272
	20,28	41
Jes.	4,1	177
	8,16	195
	11,1f.	18, 47, 76
	11,2f.	65, 66, 138f., 201, 283
	40,9f.	41, 91
	56,10	293
	61,1	183
	66,24	291
Jer.	31,31f.	40
Ez.	20,25	275
	40,30.37	42, 143
Hos.	6,6	178
Mal.	1	287
Ps.	2,6f	41
	4,6	293
	6,1	7

Ps.	7,5	259
	10,3	198
	10,18	191
	15,1	41
	21,27	191
	33,7	191
	36,7	41
	40,5	153
	42,4	193
	44,3	211
	50,9	191
	66,12	76
	72,3	41
	76,5	41
	77,53	149
	84,6	41
	84,8	42
	90,10	8
	106,3	193
	107,2	266
	109,9	259
	118,32	14
	137,1	235
	137,9	193
	146,5	153
Hi.	3,1	61
Prov.	1,7	183
	3,6	209
	11,21	141, 287
	14,10	198
	15,3f.	149
Cant.	1,1	55
	5,13	160
	5,16	211
	7,1f.	161
	7,4	164
	7,5	163
	7,6f.	163
Koh.	3,1ff.	237
	5,9	198
	7,4	198
Thr.	3,27.30	259
Dan.	7,9ff.	196
	12,3	84
	12,4	195
Sir.	10,12	183

Sir.	30,23	206
	31	198
Mt.	2,13f.	236
	4,1ff.	179
	4,25	25
	5-7	26f., 38, 74, 302
	5,1	25, 41, 61, 69, 114, 304
	5,1f.	26, 38, 114, 120, 203, 209, 230, 233, 240, 304
	5,3-12	XVII, 7, 133, 136ff., 182, 210
	5,3	123, 228, 245, 249, 305
	5,4	148, 183, 195
	5,5	179, 193, 195, 237, 297
	5,6	179, 183, 187
	5,7	183, 206f.
	5,8	35, 64, 179, 196
	5,9	36, 37, 181, 184, 188, 244, 250f., 301
	5,10	66, 184, 243, 288
	5,10ff.	244
	5,11	87
	5,11f.	132, 184
	5,12	237
	5,13-16	XVII, 70ff., 87f., 90, 95, 96, 110f., 118, 132f.
	5,13	12
	5,14	62
	5,14f.	62, 100f., 103f., 132f.
	5,15f.	33, 67
	5,16	45
	5,17	43, 56, 65f., 82, 123, 146, 285, 288
	5,18	10, 66
	5,20	43, 51, 52, 296
	5,20ff.	31, 286, 287, 289, 292, 293, 294, 295
	5,21ff.	43, 133
	5,22	11, 286
	5,23-48	12, 252ff,
	5,23f.	12, 159, 257, 261, 269, 283
	5,25	43, 294
	5,25f.	285, 286, 288, 293
	5,26	268, 288
	5,27f.	253, 256, 257, 283
	5,29	XV, 11, 51
	5,29f.	253
	5,33f.	37, 254
	5,38f.	37, 250, 286
	5,39	XV, 178, 288
	5,41f.	255
	5,42	116
	5,44	284, 292
	5,44f.	288, 298, 299

Mt.	5,45	111, 281
	5,48	47, 51, 60, 121ff., 135, 252, 260, 270, 302, 303
	6,1	45, 100ff.
	6,9ff.	XVII, 201
	6,17	67
	6,22f.	XV
	6,25f.	XVII, 31, 51
	7,1	117, 247, 297
	7,6	27, 70
	7,12	53, 212
	7,13f.	42, 272
	7,15f.	31, 125
	7,17f.	128
	8,1f.	39, 114
	9,49	90
	11	259
	11,8	272
	11,12	257
	11,29	35, 45, 178, 259, 270
	13,44f	24, 216
	15,9	193
	15,32	179
	18,9	XV
	19	205, 246, 304
	19,16f.	81, 123, 217, 220, 245, 252, 270, 278, 284
	19,27	52, 123
	22	296
	22,30	257
	22,37f.	54, 288
	23,2	77
	25	291
	25,34	149
	27,15	274
Mk.	1	39
	4	116
	10,28f.	134
	16,1ff.	148
Lk.	2,21	7
	3,9	172
	4,14f.	98
	6	39
	6,24f.	69, 116, 197
	6,36	206
	6,17f.	204
	10	246, 304
	10,4	124, 134, 226
	10,25ff.	17

Lk.	11,21	153
	11,24	178
	11,33	90ff., 96
	14	280
	14,25f.	12
	14,26	257
	19,41	179
	21,19	193
	23	259
	23,34	59, 292
	24	148
Joh.	1,9	98
	1,12	113
	3,31	173
	4,24	173
	4,34	178, 183
	6	179
	7,37f.	207
	11,35f.	193
	13,34	61, 111
	14	179, 200, 206
	14,2	242, 245
	14,27	179
	15,15	113
	15,16	50, 273
	15,18f.	179
	18,22f.	45
	18,23	259
	19,28	179
	20,1f.	150
	20,11f.	149
	20,17.21	196
	20,19f.	150
	24,46f.	149
Apg.	1	95, 206
	3,32f.	304
	3,6	191
	5,4	269
	7	259
	7,55f.	36
	10,37f.	148
	23,1f.	45
Röm.	1,9	259
	2,17f.	176
	3,22	191
	4,5	274
	5	113

Röm.	5,10	59, 257
	6	176, 294
	8	276, 301
	8,3	59
	8,25	298
	9	259
	12	257, 301
	12,17f.	176
	12,18	193
	12,19	173
	12,21	183
1.Kor.	1,30	191
	2,14	170
	2,6	76
	3,1f.	116
	3,16f.	257
	7	12
	7,29f.	257
	13	184
2.Kor.	3,6	2
	3,17	173
	5,18f.	196
	6,10	191
	11,29	249
	11,31	258
Gal.	1,20	258
	3,27	290
	3,28	257
	5	128
Eph.	2,11f.	176
	2,14	193
	3,18f.	141
	4,26	294
	5,8	77
	6,16f.	145
Phil.	4	200
Kol.	2,11f.	65
1.Thess.	5,5	99
2.Tim.	3,5	126
	3,12	196
	4	259
Tit.	3,4	206
Hebr.	4,12	196
	7,18f.	275
	11,10	195

Hebr.	11,13f.	195
	11,35f.	196
	12,14	193
Jak.	4,6	257
	5,12	271
1.Petr.	2,1ff.	150
	3,18f.	149
	3,20	177
	3,20f.	7
2.Petr.	2,5	147, 177
1.Joh.	2,3	301
	3,15	255, 27i
	4,12	196, 260
	4,16	156
	5	150, 260, 287
Apk.	19,20	291
	21	180

Beiträge zur Geschichte der biblischen Exegese

Herausgegeben von Oscar Cullmann, Nils A. Dahl, Ernst Käsemann, Hans-Joachim Kraus, Heiko A. Oberman, Harald Riesenfeld, Karl Hermann Schelkle

2   Pierre Prigent
Apocalypse XII
1959. IV, 154 Seiten. Faden-
geheftete Broschur.

4   Klaus P. Köppen
Die Auslegung der Ver-
suchungsgeschichte unter
besonderer Berücksichtigung
der Alten Kirche
1961. III, 126 Seiten. Faden-
geheftete Broschur.

5   Werner Monselewski
Der barmherzige Samariter
1967. VII, 205 Seiten. Leinen.

6   Adolf Smitmans
Das Weinwunder von Kana
1966. VII, 337 Seiten. Leinen.

7   Klaus Otto
Das Sprachverständnis bei
Philon von Alexandrien
1968. VIII, 162 Seiten. Faden-
geheftete Broschur.

8   François Bovon
De Vocatione Gentinum
1967. XVII, 373 Seiten. Leinen.

9   Martin Künzi
Das Naherwartungslogion
Matthäus 10,23
1970. VII, 201 Seiten. Leinen.

10 Norskov V. Olsen
The New Testament Logia
on Divorce
1971. VI, 161 Seiten. Faden-
geheftete Broschur.

11 Hans Ch. Knuth
Zur Auslegungsgeschichte
von Psalm 6
1971. XI, 430 Seiten. Leinen.

12 Eckhard Schendel
Herrschaft und Unterwerfung
Christi
1971. XI, 227 Seiten. Leinen.

13 Bo Reicke
Die zehn Gebote in Ge-
schichte und Gegenwart
1973. VI, 73 Seiten. Broschur.

14 Daniel A. Bertrand
Le baptême de Jésus
1973. XII, 161 Seiten. Leinen.

15 Rowan A. Greer
The Captain of our Salvation
1973. VIII, 371 Seiten. Leinen.

16 Friedrich G. Lang
2. Korinther 5,1−10 in der
neueren Forschung
1973. VII, 207 Seiten. Leinen.

17 Ward Gasque
A History of the Criticism of
the Acts of the Apostles
1975. X, 324 Seiten. Leinen.

18 François Altermath
Du Corps Psychique au
Corps Spirituel
1977. XI, 285 Seiten. Leinen.

19 Bruce Demarest
A History of Interpretation
of Hebrews 7,1−10 from the
Reformation to the Present
1976. VIII, 146 Seiten. Broschur.

20 William Rader
The Church and Racial
Hostility
1978. IX, 273 Seiten. Leinen.

21 Martin Künzi
Das Naherwartungslogion
Markus 9,1 par
1977. VII, 247 Seiten. Leinen.

22 Rudolf Brändle
Matth. 25,31−46 im Werk
des Johannes Chrysostomos
1979. VIII, 386 Seiten. Leinen.

23 Kenneth Hagen
Hebrews Commenting from
Erasmus to Bèze 1516−1598
1981. VIII, 125 Seiten. Faden-
geheftete Broschur.

24 Hans U. Hofmann
Luther und die Johannes-
Apokalypse
1982. XIV, 745 Seiten. Leinen.

25 Anthony Casurella
The Johannine Paraclete in
the Church Fathers
1983 XIV, 258 Seiten. Leinen.

26 Alan H. Jones
Independence and Exegesis
1983. XI, 302 Seiten. Leinen.

27 David Brady
The contribution of British
Writers between 1560 and
1830 to the Interpretation of
Revelation 13.16−18
1983. VII, 335 Seiten. Leinen.

28 Reinhard Bodenmann
Naissance d'une Exégèse
1986. XVIII, 442 Seiten. Leinen.

29 Karl-Heinz Schlaudraff
„Heil als Geschichte"?
1988. XXI, 282 Seiten. Leinen.

J.C.B. Mohr (Paul Siebeck) Tübingen

DATE DUE
